广视角·全方位·多品种

权威·前沿·原创

皮书系列为
"十二五"国家重点图书出版规划项目

中国社会科学院创新工程学术出版项目

文化蓝皮书
BLUE BOOK OF CHINA'S CULTURE

中国文化消费需求景气评价报告（2014）

ANNUAL EVALUATION REPORT OF CHINA'S CULTURAL CONSUMPTION DEMAND (2014)

主　编／王亚南
联合主编／张晓明　祁述裕　郝朴宁
副主编／刘　婷　赵　娟　魏海燕

社会科学文献出版社
SOCIAL SCIENCES ACADEMIC PRESS (CHINA)

图书在版编目(CIP)数据

中国文化消费需求景气评价报告. 2014/王亚南主编. —北京：社会科学文献出版社，2014.2
（文化蓝皮书）
ISBN 978-7-5097-5654-6

Ⅰ.①中… Ⅱ.①王… Ⅲ.①文化生活-消费-顾客需求-研究报告-中国-2014 Ⅳ.①G124

中国版本图书馆 CIP 数据核字（2014）第 026919 号

文化蓝皮书
中国文化消费需求景气评价报告（2014）

主　　编／王亚南
联合主编／张晓明　祁述裕　郝朴宁
副 主 编／刘　婷　赵　娟　魏海燕

出 版 人／谢寿光
出 版 者／社会科学文献出版社
地　　址／北京市西城区北三环中路甲29号院3号楼华龙大厦
邮政编码／100029

责任部门／皮书出版分社 (010) 59367127　　责任编辑／高　启　王　颉
电子信箱／pishubu@ssap.cn　　　　　　　　　责任校对／秦　晶　高忠磊
项目统筹／邓泳红　　　　　　　　　　　　　　责任印制／岳　阳
经　　销／社会科学文献出版社市场营销中心 (010) 59367081　59367089
读者服务／读者服务中心 (010) 59367028

印　　装／北京季蜂印刷有限公司
开　　本／787mm×1092mm　1/16　　　印　张／25
版　　次／2014年2月第1版　　　　　　字　数／405千字
印　　次／2014年2月第1次印刷
书　　号／ISBN 978-7-5097-5654-6
定　　价／79.00元

本书如有破损、缺页、装订错误，请与本社读者服务中心联系更换
▲ 版权所有　翻印必究

本项研究获得以下机构及其项目支持

      中国社会科学院创新工程学术出版项目
      中共云南省委宣传部云南省哲学社会科学创新工程
      云南省社会科学院中国文化发展研究与评价重点实验室
      云南师范大学人文社会科学重点研究项目

发 布 机 制 中国文化消费需求景气评价中心

合 作 单 位 云南省社会科学院文化开发研究中心
      中国社会科学院文化研究中心
      国家行政学院社会和文化教研部
      云南师范大学公共文化服务与文化产业发展研究所
      社会科学文献出版社
      光明日报文化产业研究中心

联 盟 单 位 上海交通大学国家文化产业创新与发展研究基地
      中国传媒大学文化产业研究院
      武汉大学国家文化创新研究中心

顾   问 王伟光 周文彰 仇　和 张田欣 赵　金

首席科学家 王亚南 张晓明 祁述裕

学术委员会 （以姓氏笔画为序）
      王亚南 邓泳红 尹　鸿 包霄林 任　佳
      向　勇 刘　巍 刘玉珠 齐勇锋 祁述裕
      花　建 李　涛 李康化 范　周 杨　林
      杨正权 杨福泉 宋建武 张晓明 张瑞才
      陈少峰 金元浦 郑　海 郑晓云 郝朴宁
      胡惠林 高书生 殷国俊 崔成泉 章建刚
      傅才武 童　怀 谢寿光 蒯大申 熊澄宇

主　　　编　王亚南
联 合 主 编　张晓明　祁述裕　郝朴宁
副　主　编　刘　婷　赵　娟　魏海燕
编　　　委　(以姓氏笔画为序)
　　　　　　方　彧(执行)　邓云斐(执行)　冯　瑞
　　　　　　曲晓燕　朱　岚　李　坚　肖　青(执行)
　　　　　　汪　洋(执行)　沈宗涛(执行)　宋锡辉
　　　　　　邹建达　张雍德　陆双梅(执行)　陈　帅
　　　　　　纳文汇　姚天祥　饶　远　袁春生(执行)
　　　　　　高　启　黄　淳　黄小军　董　棣　惠　鸣
　　　　　　温　源　谢青松　窦志萍　意　娜

撰著者
总　报　告　王亚南　刘　婷　赵　娟　郝朴宁　魏海燕
技　术　报　告　王亚南　赵　娟　刘　婷　方　彧
城乡排行报告　王亚南　郝朴宁　魏海燕　冯　瑞
城镇排行报告　郝朴宁　王亚南　刘　婷　肖　青
乡村排行报告　刘　婷　王亚南　赵　娟　陆双梅
城市排行报告　王亚南　方　彧　魏海燕　汪　洋
子　报　告　(以文序排列)
　　　　　　张雍德　饶　远　宋锡辉　邹建达　魏海燕
　　　　　　李宇峰　肖　青　孔志坚　李　淼　刘　婷
　　　　　　袁春生　常　飞　陆双梅　赵　娟　李汶娟
　　　　　　汪　洋　邓云斐　方　彧　沈宗涛

主要编撰者简介

王亚南 （1956～），男，汉族，云南昆明人，云南省社会科学院研究员，文化开发研究中心主任，云南师范大学公共文化服务与文化产业发展研究所所长。主要学术方向为民俗学、民族学及文化理论、文化战略和文化产业研究，得到国内相关学术界公认的主要学术贡献：(1) 1985年首次界定"口承文化"概念随后完成系统研究，提出口承文化传统为人类社会的文明渊薮；(2) 1988年解析人生仪礼中"亲长身份晋升仪式"，指出中国传统"政亲合一"社会结构体制和"天赋亲权"社会权力观念；(3) 1996年开始从事文化战略和文化产业研究，提出"高文化含量"的"人文经济"论述，概括出文化产业发展的"云南模式"；(4) 1999年提出"现代中华民族是56个国内民族平等组成的国民共同体"和"中国是国内多民族的统一国家"论点；(5) 近几年研创出"中国文化消费需求景气评价体系"，从2011年起主持撰著发布《中国文化消费需求景气评价报告》（系列）。

郝朴宁 （1957～），男，汉族，上海人，云南师范大学中国西南对外开放与边疆安全研究中心教授，公共文化服务与文化产业发展研究所常务副所长，硕士生导师，"云南舆情研究基地"首席专家召集人（排名第一），中国电视艺术家协会会员，中国影视学会理事，教育部中国高校影视教育学会理事，国家广播电影电视总局中国广播电视协会西部学术基地学术委员，云南省中国特色社会主义理论体系研究中心特聘研究员。主要学术方向为影视艺术、文化产业、新闻传播学研究。主持完成国家社科基金项目"民族文化原传介质研究"，主持完成省院省校合作项目"云南民族文化遗存形态产业社会化与文化生态建设"。专著《民族文化传播理论描述》为国内第一部系统研究民族文化传播的理论成果。参与多部电视连续剧的拍摄，担任大型电视纪录片《跨越》（六集）的策划和总撰稿。

刘　婷（1978～），女，汉族，云南澄江人，云南省社会科学院文化开发研究中心副研究员，云南大学艺术人类学在读博士生，"云南文化发展蓝皮书"副主编，云南省中青年社会科学工作者协会秘书长。主要学术方向为艺术人类学及休闲文化、休闲产业研究，代表作为《民俗休闲文化论》，独立承担国家社会科学基金西部项目《云南少数民族民俗文化保护的新思路》。全程参与研创"中国文化消费需求景气评价体系"，合作发表《面向协调增长的中国文化消费需求——"十五"以来分析与"十二五"测算》、《中国文化产业未来十年发展空间——以扩大文化消费需求与共享为目标》、《各省域文化产业未来十年增长空间——基于需求与共享的测算排行》等论文和研究报告，参与组织撰著《中国文化消费需求景气评价报告》（系列），负责人员组织和撰稿统筹。

赵　娟（1981～），女，汉族，湖南邵阳人，云南省社会科学院文化开发研究中心助理研究员，"云南文化发展蓝皮书"副主编，云南省中青年社会科学工作者协会秘书处主任。主要学术方向为比较文学、民族文化和文化产业研究。全程参与研创"中国文化消费需求景气评价体系"，合作发表《以国家统计标准分析各地文化产业发展成效》、《中国文化产业未来十年发展空间——以扩大文化消费需求与共享为目标》、《各省域文化产业未来十年增长空间——基于需求与共享的测算排行》等论文和研究报告，参与组织撰著《中国文化消费需求景气评价报告》（系列），负责文稿统改。

方　彧（1984～），女，汉族，江西赣州人，国家民政部中国老龄科学研究中心助理研究员，《中国老龄事业发展报告》执行编委，中国社会科学院博士，获教育部博士研究生学术新人奖。主要学术方向为口头传统、老龄文化和文化产业研究。全程参与研创"中国文化消费需求景气评价体系"，合作发表《中国文化产业新十年路向——基于文化需求和共享的考量》、《中国文化产业发展空间：4万亿消费需求透析》等论文和研究报告，参与组织撰著《中国文化消费需求景气评价报告》（系列），负责文稿统改及英译审校。

摘　要

　　2012年，全国城乡文化消费需求继续保持高增长：总量增长12.64%，达到11405.97亿元；人均值增长12.09%，达到844.45元。以人均值衡量，城乡文化消费增长明显高于产值增长，明显低于城乡居民收入增长，略微低于总消费增长，极显著低于积蓄增长。文化消费城乡差距比上年缩小1.97%，各省域间城乡文化消费地区差距比上年缩小1.04%。

　　21个省域城乡文化消费总量增长超过10%，其中11个省域城乡总量增长超过15%，3个省域城乡总量增长超过20%；19个省域城乡文化消费人均值增长超过10%，其中10个省域城乡人均值增长超过15%，3个省域城乡人均值增长超过20%。正是绝大部分省域城乡文化消费需求高增长，带来了全国总体城乡文化消费需求的高增长。

　　各地文化消费需求景气评价排行：江苏、北京、上海为"2012年度城乡景气领先"前3位，天津、吉林、河南为"2012年度城乡景气提升"前3位；江苏、北京、广东为"2012年度城镇景气领先"前3位，海南、天津、河南为"2012年度城镇景气提升"前3位；青海、江苏、山西为"2012年度乡村景气领先"前3位，天津、吉林、广西为"2012年度乡村景气提升"前3位；广州、西安、南京为"2012年度城市景气领先"前3位，天津、合肥、长春为"2012年度城市景气提升"前3位。

目录

B I 总报告

B.1 中国城乡文化消费需求景气总体评价
　　——1991年以来分析与2012年度测评 ………… 王亚南 等 / 001
　一　21年来全国城乡文化消费需求增长态势 ………………… / 002
　二　21年来全国城乡文化消费相关背景情况 ………………… / 007
　三　21年来全国文化消费城乡、区域协调状况 ……………… / 013
　四　21年来全国城乡文化消费需求景气测评 ………………… / 015

B II 综合分析与评价篇

B.2 中国文化消费需求景气评价体系技术报告
　　——兼1991~2012年基本态势分析 …………… 王亚南 等 / 019
B.3 省域城乡文化消费需求景气评价排行
　　——2000~2012年测评与后续年度预测 ……… 王亚南 等 / 054
B.4 省域城镇文化消费需求景气评价排行
　　——2000~2012年测评与后续年度预测 ……… 郝朴宁 等 / 088
B.5 省域乡村文化消费需求景气评价排行
　　——2000~2012年测评与后续年度预测 ………… 刘　婷 等 / 121

B.6 中心城市文化教育消费需求景气评价排行
　　——2005~2012年测评与后续年度预测 …………… 王亚南 等 / 152

B Ⅲ　省域城乡篇

B.7　江苏：2012年横向测评城乡景气保持首位 ……………… 张雍德 / 185
B.8　天津：2012年纵向测评城乡景气升至首位 ……………… 饶　远 / 196
B.9　新疆："十二五"以来城乡景气提升第2位 ……………… 宋锡辉 / 206
B.10　青海："十一五"以来城乡景气提升第3位 ……………… 邹建达 / 216
B.11　辽宁："十五"以来城乡景气提升第3位 ………………… 魏海燕 / 226

B Ⅳ　省域城镇篇

B.12　江苏：2012年横向测评城镇景气保持首位 …………… 李宇峰 / 236
B.13　海南：2012年纵向测评城镇景气升至首位 …………… 肖　青 / 246
B.14　天津："十二五"以来城镇景气提升第1位 …………… 孔志坚 / 256
B.15　安徽："十一五"以来城镇景气提升第2位 …………… 李　淼 / 265
B.16　江西："十五"以来城镇景气提升第1位 ………………… 刘　婷 / 275

B Ⅴ　省域乡村篇

B.17　青海：2012年横向测评乡村景气升至首位 …………… 袁春生 / 285
B.18　天津：2012年纵向测评乡村景气升至首位 …………… 常　飞 / 294
B.19　重庆："十二五"以来乡村景气提升第1位 …………… 陆双梅 / 303
B.20　江苏："十一五"以来乡村景气提升第3位 …………… 赵　娟 / 313
B.21　西藏："十五"以来乡村景气提升第2位 ………………… 李汶娟 / 322

ⅢⅥ 中心城市篇

Ⅲ.22 广州：2012年横向测评城市景气保持首位 ………… 汪 洋 / 332

Ⅲ.23 天津：2012年纵向测评城市景气升至首位 ………… 邓云斐 / 343

Ⅲ.24 武汉："十二五"以来城市景气提升第1位 ………… 方 彧 / 353

Ⅲ.25 合肥："十一五"以来城市景气提升第1位 ………… 沈宗涛 / 363

Abstract ……………………………………………………………… / 373

Contents ……………………………………………………………… / 374

总 报 告

General Report

B.1
中国城乡文化消费需求景气总体评价

——1991年以来分析与2012年度测评

王亚南 等*

摘 要：2012年，全国城乡文化消费需求继续保持高增长：总量增长12.64%，达到11405.97亿元；人均值增长12.09%，达到844.45元。以人均值衡量，城乡文化消费增长明显高于产值增长，明显低于城乡居民收入增长，略微低于总消费增长，极显著低于积蓄增长。文化消费城乡差距比上年缩小1.97%，各省域间城乡文化消费地区差距比上年缩小1.04%。2012年全国总体城乡综合景气指数测算："九五"以来纵向测评显著高于基数值，"十五"以来纵向测评略微低于基数值，"十一五"以来纵向测评明显低于基数值，一年以来纵向测评略微高于基数值；

---

* 撰稿：王亚南、刘婷、赵娟、郝朴宁（见主要编撰者简介）、魏海燕（云南省政协信息中心主任编辑，主要从事传媒信息分析研究）。

城乡、地区无差距年度横向测评显著低于理想值，原因仍在于城乡差距、地区差距的持续存在。

关键词：

全国城乡 文化消费 景气评价 综合测评

全面建成小康社会应该采用什么样的指标来衡量？显然不能再像2000年以人均GDP达到800美元标志"基本小康"那样简陋。可以肯定的是，"民生指标"将起到不容置疑、不可替代的重要作用。全面建成小康社会进程中的文化发展目标也应当落实在自身的"出发点和落脚点"之上。

中共中央十八届三中全会决定"推进文化体制机制创新"部分强调指出，坚持以人民为中心的工作导向，进一步深化文化体制改革，构建现代公共文化服务体系，促进基本公共文化服务标准化、均等化，推动文化惠民项目与群众文化需求有效对接；"推进社会事业改革创新"部分强调指出，努力为社会提供多样化服务，更好满足人民需求，实现发展成果更多更公平惠及全体人民。这同样适用于文化建设事业。在社会主义市场经济体制下满足人民需求，主要应表现为满足消费需求，包括最典型的"保基本"最低生活保障，也是保障贫困人群的温饱消费需求，而非实行衣食实物配给制。因此，人民群众文化消费需求正体现了文化民生的基本方面。

本文对1991年以来全国城乡居民文化消费需求增长总体态势展开分析，并对2012年度全国城乡文化消费需求景气总体状况进行测评。这既是全国城乡文化消费需求景气状况总体评价，又为各地城乡文化消费需求景气评价排行提供演算基准。囿于制图篇幅限制，全文图中各五年期头年与末年直接对接，但其间增长数据仍为年度增长指数。文中分析历年增长态势时，则运用测评数据库后台演算功能，测算筛选出的最高与最低年度值包含图里省略的年度。

一 21年来全国城乡文化消费需求增长态势

文化消费需求总量是文化产业生产总量实际进入居民日常生活消费的具体

表现，也是文化建设和文化生产的发展成果实际转化为人民群众文化消费需求的具体体现。全国城乡文化消费需求总量增长状况可以提供一种宏观视角，有利于把握城乡总体态势，本文分析测算由全国城乡文化消费总量增长开始。

（一）城乡文化消费总量增长态势

1991~2012年全国城乡文化消费需求总量增长态势见图1，其中包含城乡综合、城镇与乡村单行三个层面的文化消费需求总量增长态势。城镇与乡村之和即为城乡综合总量，二者相互对应共同构成全国总体格局，有必要放在一起进行对比分析。

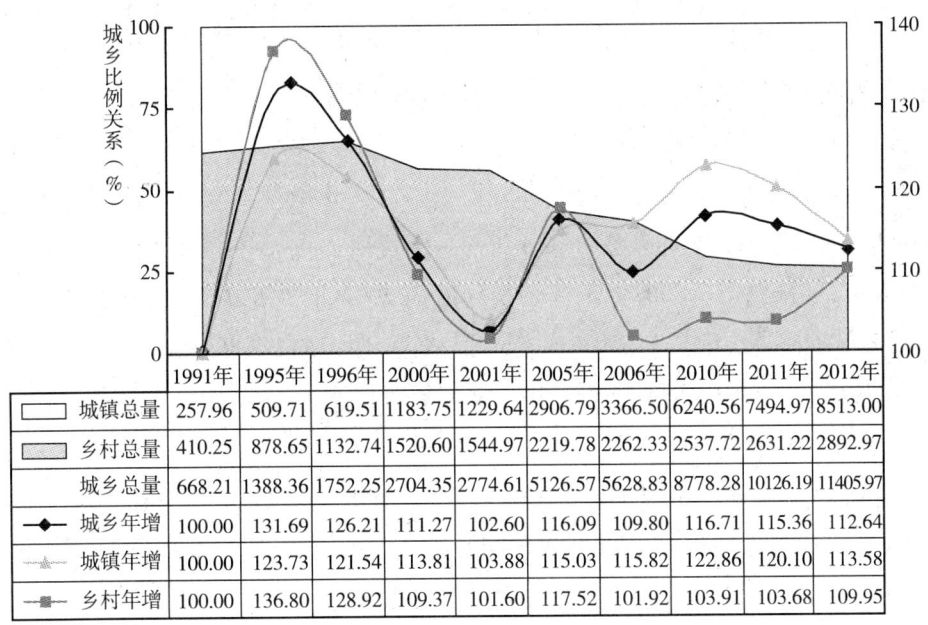

图1 全国城乡文化消费需求总量增长态势

注：左轴面积：城镇与乡村文化消费总量（亿元转换为%），城乡间变动呈比例关系，二者之和为城乡总量；右轴曲线：城乡（附城镇、乡村）年度增长指数（上年=100）。数据演算依据：国家统计局《中国统计年鉴》相应年卷，其中重庆在1997年前尚未作为省域统计，西藏缺1993年、1995年和1997~1998年城镇数据，相应年度总量未含，后同。

图1将全国城镇与乡村文化消费总量绝对值转换为图形面积直观比例，同时展示出1991年以来城乡之间的增长互动关系，二者增长指数曲线之间的第

三条曲线即为城乡综合增长指数。

1991~2012年，全国城乡文化消费总量由668.21亿元增至11405.97亿元，增加10737.76亿元，21年间总增长1606.94%，年均增长14.47%。最高增长年度为2002年，增长率31.89%；最低增长年度为2001年，增长率2.60%。其中，"九五"期间年均增长14.26%，"十五"期间年均增长13.65%，"十一五"期间年均增长11.36%。"十一五"年均增幅低于"十五"2.29个百分点，低于"九五"2.90个百分点。

同期，全国城镇文化消费总量由257.96亿元增至8513.00亿元，增加8255.04亿元，21年间总增长3200.12%，年均增长18.12%。最高增长年度为2002年，增长率62.66%；最低增长年度为1992年，增长率2.92%。其中，"九五"期间年均增长18.36%，"十五"期间年均增长19.68%，"十一五"期间年均增长16.51%。"十一五"年均增幅低于"十五"3.17个百分点，低于"九五"1.85个百分点。

同期，全国乡村文化消费总量由410.25亿元增至2892.97亿元，增加2482.72亿元，21年间总增长605.17%，年均增长9.75%。最高增长年度为1995年，增长率36.80%；最低增长年度为2007年，负增长1.04%。其中，"九五"期间年均增长11.59%，"十五"期间年均增长7.86%，"十一五"期间年均增长2.71%。"十一五"年均增幅低于"十五"5.15个百分点，低于"九五"8.88个百分点。

全国城乡之间文化消费总量增长比较，"九五"期间，城镇总量总增长高达乡村总量增长的1.81倍，城镇年均增幅高出乡村6.77个百分点；"十五"期间，城镇总量总增长高达乡村总量增长的3.17倍，城镇年均增幅高出乡村11.82个百分点；"十一五"期间，城镇总量总增长高达乡村总量增长的8.01倍，城镇年均增幅高出乡村13.80个百分点。21年以来，全国城镇总量总增长高达乡村总量增长的5.29倍，城镇年均增幅高出乡村8.37个百分点。这足以表明，全国乡村文化消费需求总量增长乏力。不过，全国城镇与乡村之间增长不平衡程度究竟如何，还需要排除其间城市（镇）化进程带来人口分布变化的因素，以全国城镇与乡村人均值增长态势加以精确衡量。

无论是单独看"九五"、"十五"和"十一五"期间，还是前后21年贯通起来看，全国城镇文化消费总量年均增长都远远高于乡村增长。可以推想，全国城镇与乡村文化消费总量及其年均增长应当受到我国城市（镇）化进程带来城乡人口比例变化的影响，这或许能够解释为何乡村增长在各个时段都大大低于城镇水平和城乡综合水平。但是，另一个方面的事实却不容忽视，不论是单独看城镇或乡村，还是城乡综合来看，与"九五"、"十五"期间相比，"十一五"期间全国文化消费总量年均增长幅度都明显下降。

"十二五"头2年，全国城乡文化消费需求总量年均增长13.99%，低于"九五"年均增幅0.27个百分点，但高于"十五"年均增幅0.34个百分点，也高于"十一五"年均增幅2.63个百分点；城镇总量增长16.80%，乡村总量增长6.77%，城镇总量年度增幅仍高达乡村年度增幅的2.60倍，全国城乡之间文化消费需求总量增长差距继续显著扩大。

（二）城乡人均文化消费增长态势

全国人均数值无疑不会受到城市（镇）化进程带来城乡人口分布变化的影响，有利于在前后时间阶段之间、在城镇与乡村之间进行比较。1991~2012年全国城乡人均文化消费需求增长态势见图2。

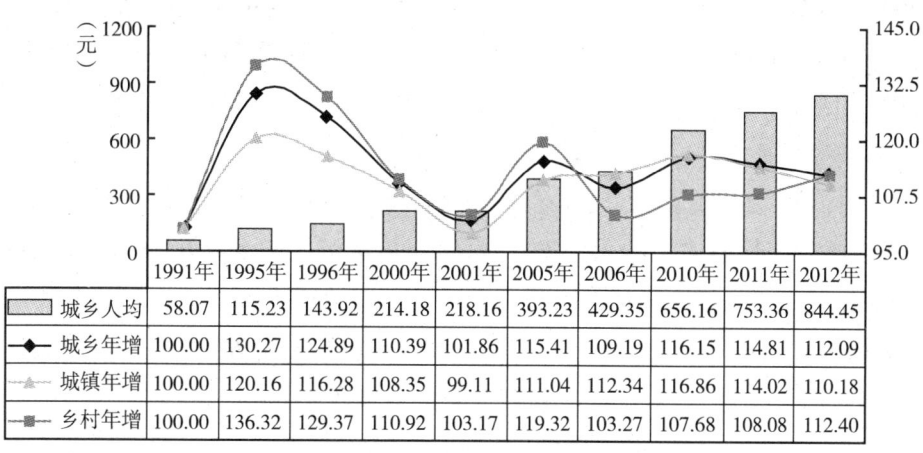

图2 全国城乡人均文化消费需求增长态势

注：左轴柱形：城乡人均文化消费（元）；右轴曲线：城乡（附城镇、乡村）年度增长指数（上年=100，小于100为负增长）。

图2展示出1991年以来全国城乡人均文化消费历年绝对值变化态势，同时展示出城乡综合、城镇与乡村单行三个层面的人均文化消费增长指数。

1991~2012年，全国城乡人均文化消费由58.07元增至844.45元，增加786.38元，21年间总增长1354.19%，年均增长13.60%。最高增长年度为2002年，增长率31.01%；最低增长年度为2001年，增长率1.86%。其中，"九五"期间年均增长13.20%，"十五"期间年均增长12.92%，"十一五"期间年均增长10.78%。"十一五"年均增幅低于"十五"2.14个百分点，低于"九五"2.42个百分点。

同期，全国城镇人均文化消费（历年绝对值见图5）21年间总增长1344.58%，年均增长13.56%。最高增长年度为2002年，增长率55.53%；最低增长年度为2001年，负增长0.89%。其中，"九五"期间年均增长12.43%，"十五"期间年均增长14.78%，"十一五"期间年均增长12.93%。"十一五"年均增幅低于"十五"1.85个百分点，高于"九五"0.50个百分点。

同期，全国乡村人均文化消费（历年绝对值见图5）21年间总增长816.27%，年均增长11.12%。最高增长年度为1995年，增长率36.32%；最低增长年度为2007年，增长率0.17%。其中，"九五"期间年均增长12.77%，"十五"期间年均增长9.61%，"十一五"期间年均增长4.41%。"十一五"年均增幅低于"十五"5.20个百分点，低于"九五"8.36个百分点。

全国城乡之间文化消费人均值增长比较，"九五"期间，城镇人均值总增长仅为乡村人均值增长的96.69%，城镇年均增幅低于乡村0.34个百分点；"十五"期间，城镇人均值总增长为乡村人均值增长的1.70倍，城镇年均增幅高出乡村5.17个百分点；"十一五"期间，城镇人均值总增长为乡村人均值增长的3.47倍，城镇年均增幅高出乡村8.52个百分点。21年以来，城镇人均值总增长为乡村人均值增长的1.65倍，城镇年均增幅高出乡村2.44个百分点。全国文化消费需求增长的城乡差距赫然在目，这无疑表明，城镇与乡村之间增长严重失衡，原因确实在于乡村增长明显乏力。不过，城镇与乡村人均值增长差距没有总量增长差距那样巨大，说明城市（镇）化进程在城乡总量增长差距上发生了显著影响。

归结起来，21年间，全国人均文化消费需求增长态势暴露出必须引起高度重视的两个问题：（1）与"九五"和"十五"期间相比，"十一五"期间年均增长幅度明显下降，城镇与乡村都是如此；（2）文化消费需求的城乡差距显著扩大，尤其是"十一五"以来继续加速扩大。让人感到欣喜的是，"十二五"以来，上述两点问题均出现缓解。

"十二五"头2年，全国城乡文化消费人均值年均增长13.44%，高于"九五"年均增幅0.24个百分点，亦高于"十五"年均增幅0.52个百分点，更高于"十一五"年均增幅2.66个百分点；城镇人均值增长12.08%，低于"九五"年均增幅0.35个百分点，亦低于"十五"年均增幅2.70个百分点，也低于"十一五"年均增幅0.85个百分点；乡村人均值增长10.22%，低于"九五"年均增幅2.55个百分点，但高于"十五"年均增幅0.61个百分点，更高于"十一五"年均增幅5.81个百分点。城镇人均值年度增幅仍为乡村年度增幅的1.19倍，全国城乡之间文化消费人均值增长差距明显缩小，但依然存在。

前后时段之间、城镇与乡村之间人均绝对值及其增长比较只是一种初级的比较，还需要把全国城乡人均文化消费需求增长放到经济增长（取人均产值来体现）、民生增进（取人均收入、总消费和积蓄来体现）背景当中，这样才能得到更加令人信服的可比性。这就是本项评价体系构思并设置其他各项测评指标的事实根据和数理依据所在。

二 21年来全国城乡文化消费相关背景情况

（一）文化消费与经济社会基本面关系态势

全国城乡总体分析是全面展开各地城镇文化消费需求景气评价排行的基础，相关经济、社会背景因素透析理应从全国开始。1991~2012年全国人均产值与城乡人均收入、消费（本项研究划分为非文消费与文化消费两个部分）、积蓄关系态势见图3。

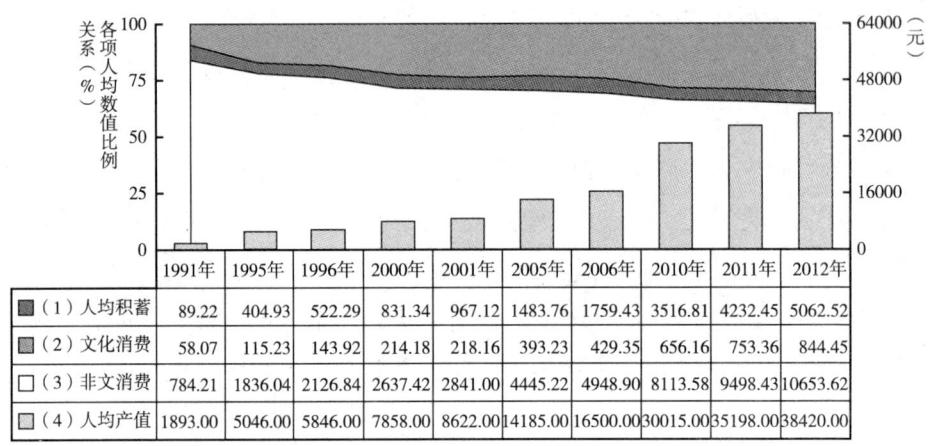

图3 全国人均产值与城乡人均收入、消费、积蓄关系态势

注：左轴面积：城乡人均积蓄、人均文化消费、人均非文消费（元转换为%），（1）+（2）+（3）=人均收入，（2）+（3）=人均总消费，（1）+（2）=人均非文消费剩余，各项数值变动呈比例关系；右轴柱形：人均产值（元），2011年产值数据按历年惯例据《中国统计年鉴》2013年卷校订。

图3将1991年以来全国人均产值、城乡人均收入、消费与积蓄各项绝对值转换为图形面积比例，直观地表现出全国城乡文化消费需求与其经济、社会背景因素协同增长的相互关系态势。通过图3里各类数值演算，可以清楚地看出：

"九五"期间，全国人均产值年均增长9.26%，城乡人均收入年均增长9.34%，人均总消费年均增长7.88%，人均积蓄年均增长15.47%，人均文化消费年均增长13.20%。城乡人均文化消费年均增长幅度高于同期人均产值年均增幅3.94个百分点，高于城乡人均收入年均增幅3.86个百分点，高于人均总消费年均增幅5.32个百分点，低于人均积蓄年均增幅2.27个百分点。全国城乡文化消费需求"九五"期间出现明显提升态势，这恰好体现了中国逐步实现小康建设目标、民众精神文化需求上升的社会背景。

"十五"期间，全国人均产值年均增长12.54%，城乡人均收入年均增长11.41%，人均总消费年均增长11.15%，人均积蓄年均增长12.28%，人均文化消费年均增长12.92%。城乡人均文化消费年均增长幅度高于同期人均产值年均增幅0.38个百分点，高于城乡人均收入年均增幅1.51个百分点，高于人均总消费年均增幅1.77个百分点，高于人均积蓄年均增幅0.64个百分点。全国城乡文化消费需求高涨在"十五"期间得以充分显现，这其实正是此间中国文化产业蓬勃发展、文化建设掀起高潮的社会需求背景。

"十一五"期间，全国人均产值年均增长16.17%，高出"十五"年均增幅3.63个百分点，高出"九五"年均增幅6.91个百分点；城乡人均收入年均增长14.21%，高出"十五"年均增幅2.80个百分点，高出"九五"年均增幅4.87个百分点；人均总消费年均增长12.63%，高出"十五"年均增幅1.48个百分点，高出"九五"年均增幅4.75个百分点；人均积蓄年均增长18.84%，高出"十五"年均增幅6.56个百分点，高出"九五"年均增幅3.37个百分点；人均文化消费年均增长10.78%，低于"十五"年均增幅2.14个百分点，低于"九五"年均增幅2.42个百分点。城乡人均文化消费年均增长幅度低于同期人均产值年均增幅5.39个百分点，低于城乡人均收入年均增幅3.43个百分点，低于人均总消费年均增幅1.85个百分点，尤其是极大地低于人均积蓄年均增幅8.06个百分点。此时，在人均产值、收入和总消费年均增幅均有所提高，而人均积蓄年均增幅更显著提高的情况下，人均文化消费年均增幅却明显降低。其社会背景在于，"十一五"前三年国内物价上涨产生影响，后两年国际金融危机风波又至。由于我国社会保障体系建设滞后，广大民众为求"自我保障"纷纷抑制消费加大积蓄，首当其冲受到挤压的就是"非必需"的精神文化消费。

"十二五"头2年，全国人均产值年均增长13.14%，城乡人均收入年均增长16.10%，人均总消费年均增长14.50%，人均积蓄年均增长19.98%，人均文化消费年均增长13.44%。城乡人均文化消费年均增长幅度高于同期人均产值年均增幅0.30个百分点，低于城乡人均收入年均增幅2.66个百分点，低于人均总消费年均增幅1.06个百分点，低于人均积蓄年均增幅6.54个百分点。

1991～2012年贯通起来，全国人均产值年均增长15.41%，城乡人均收入年均增长14.69%，人均总消费年均增长13.25%，人均积蓄年均增长21.20%，人均文化消费年均增长13.60%。城乡人均文化消费年均增长幅度明显低于同期人均产值年均增幅1.81个百分点，较明显低于城乡人均收入年均增幅1.09个百分点，略微高于人均总消费年均增幅0.35个百分点，极显著低于人均积蓄年均增幅7.60个百分点。21年以来考察，全国城乡文化消费需求增长滞后于全国经济发展，大体滞后于城乡一般民生增进，尤其是受到城乡积蓄增长的严重挤压，"增长协调性"略显欠佳。其间，"十一五"时期的"增长协调性"状况明显不及"十五"时期，也明显不及"九五"时期，"十二五"以来稍有好转。

在全国城乡人均文化消费需求与其相关背景因素增长关系综合分析的基础之上，至此就可以按照本项评价体系设定的指标系统，进一步展开城乡文化消费相关各项比例值测算。

（二）文化消费相关比例关系值变动态势

1991~2012年全国城乡人均文化消费相关比例关系值变动态势见图4。

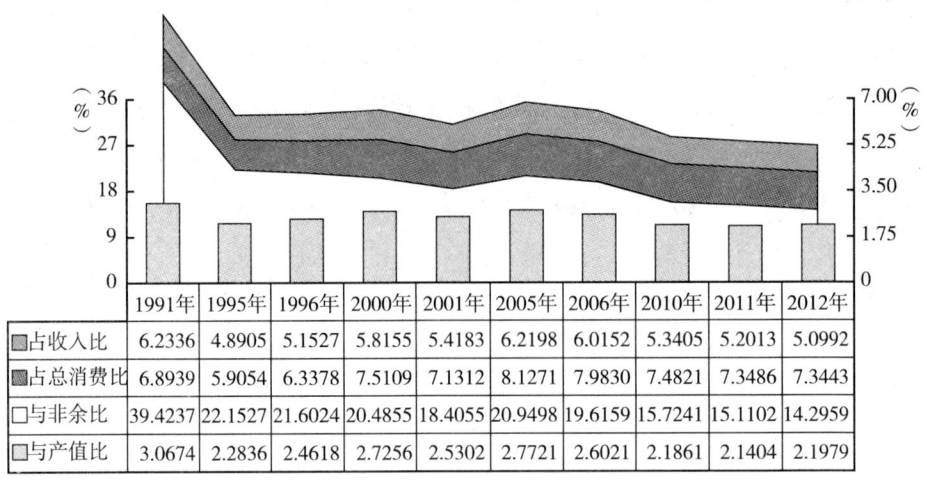

图4 全国城乡人均文化消费相关比例值变动态势

注：左轴面积：城乡人均文化消费占人均收入比、占人均总消费比、与人均非文消费剩余（图例简称"非余"）比（％），各项比值年度变动呈直观比例叠加；右轴柱形：城乡人均文化消费与人均产值比（％）。

1. 文化消费与产值关系变化状况

1991~2012年，全国城乡人均文化消费与人均产值的比例由3.07%下降至2.20%，降低0.87个百分点。全国城乡此项比值最高值为1991年3.07%，最低值为2008年2.13%，总体上呈现下降态势。就图4中所列年度来看，此项比值仅在1996年、2000年、2005年、2012年出现增高，其余年度均为降低。

分阶段考察全国城乡此项比值变化动态，"九五"前后（1995年与2000年）对比提高0.44个百分点；"十五"前后（2000年与2005年）对比提高0.05个百分点；"十一五"前后（2005年与2010年）对比降低0.59个百分点。各个五年期全国城乡此项比值升降变动，"十五"期间较明显逊于"九五"期间，"十一五"期间又明显逊于"十五"期间。

"十二五"头2年间，全国城乡人均文化消费与人均产值的比例提高0.0118个百分点，城乡文化消费需求增长与全国经济发展的协调性逆转略有上升。

2. 文化消费占收入比重变化状况

1991~2012年，全国城乡人均文化消费占人均收入的比重由6.23%下降至5.10%，降低1.13个百分点。全国城乡此项比值最高值为2002年6.38%，最低值为1994年4.75%，总体上呈现下降态势。就图4中所列年度来看，此项比值仅在1996年、2000年、2005年出现增高，其余年度均为降低。

分阶段考察全国城乡此项比值变化动态，"九五"前后（1995年与2000年）对比提高0.93个百分点；"十五"前后（2000年与2005年）对比提高0.40个百分点；"十一五"前后（2005年与2010年）对比降低0.88个百分点。各个五年期全国城乡此项比值升降变动，"十五"期间明显逊于"九五"期间，"十一五"期间又显著逊于"十五"期间。

"十二五"头2年间，全国城乡人均文化消费占人均收入的比重降低0.24个百分点，城乡文化消费需求增长与城乡民众收入增高的协调性继续明显下降。

3. 文化消费占总消费比重变化状况

1991~2012年，全国城乡人均文化消费占人均总消费的比重由6.89%上升至7.34%，升高0.45个百分点。全国城乡此项比值最高值为2002年8.30%，最低值为1994年5.76%，总体上呈现上升态势。就图4中所列年度来看，此项比值仅在1996年、2000年、2005年出现增高，其余年度均为降低。

分阶段考察全国城乡此项比值变化动态,"九五"前后(1995年与2000年)对比提高1.61个百分点;"十五"前后(2000年与2005年)对比提高0.62个百分点;"十一五"前后(2005年与2010年)对比降低0.65个百分点。各个五年期全国城乡此项比值升降变动,"十五"期间显著逊于"九五"期间,"十一五"期间又显著逊于"十五"期间。

"十二五"头2年间,全国城乡人均文化消费占人均总消费的比重降低0.14个百分点,城乡文化消费需求增长与城乡民众总消费增加的协调性继续明显下降。

4. 文化消费与非文消费剩余关系变化状况

1991～2012年,全国城乡人均文化消费与人均非文消费剩余的比例由39.42%下降至14.30%,降低25.12个百分点。全国城乡此项比值最高值为1991年39.42%,最低值为2012年14.30%,总体上呈现下降态势。就图4中所列年度来看,此项比值仅在2005年出现增高,其余年度均为降低。

分阶段考察全国城乡此项比值变化动态,"九五"前后(1995年与2000年)对比降低1.67个百分点;"十五"前后(2000年与2005年)对比提高0.46个百分点;"十一五"前后(2005年与2010年)对比降低5.23个百分点。各个五年期全国城乡此项比值升降变动,"十五"期间明显好于"九五"期间,"十一五"期间则显著逊于"十五"期间。

"十二五"头2年间,全国城乡人均文化消费与人均非文消费剩余的比例降低1.43个百分点,城乡文化消费需求增长与城乡民众必需消费之外余钱增多的协调性继续明显下降。

全国城乡文化消费需求背景的相关比值分析表明,在城乡文化消费需求增长与全国经济发展、城乡民生进步的协调性关系中,1991～2012年文化消费占总消费比呈上升态势,其余比值呈下降态势。其中,"九五"期间文化消费与产值比、占收入比、占总消费比呈上升态势,与非文消费剩余比呈下降态势;"十五"期间文化消费各项比值全面呈现轻微的提升态势;"十一五"期间文化消费各项比值全面呈现明显的下降态势。"十二五"头2年间,全国城乡文化消费增长略微高于产值增长,明显低于城乡收入增长,较明显低于总消费增长，极显著低于积蓄增长，文化消费与产值比呈上升态势，占收入比、占总消费比、与非文消费剩余比呈下降态势。

三 21年来全国文化消费城乡、区域协调状况

检测城镇与乡村之间文化消费需求的协调增长，同时也检测地区之间城乡文化消费需求的协调增长，这是本项研究评价的独到设计。至此再把全国城乡文化消费需求增长放到城乡之间、地区之间协调增长背景当中，同样可以看出具有可比性的状况和具有警示性的动向，有利于进一步展开分析评价。1991~2012年全国文化消费城乡比、城乡文化消费地区差变动态势见图5。

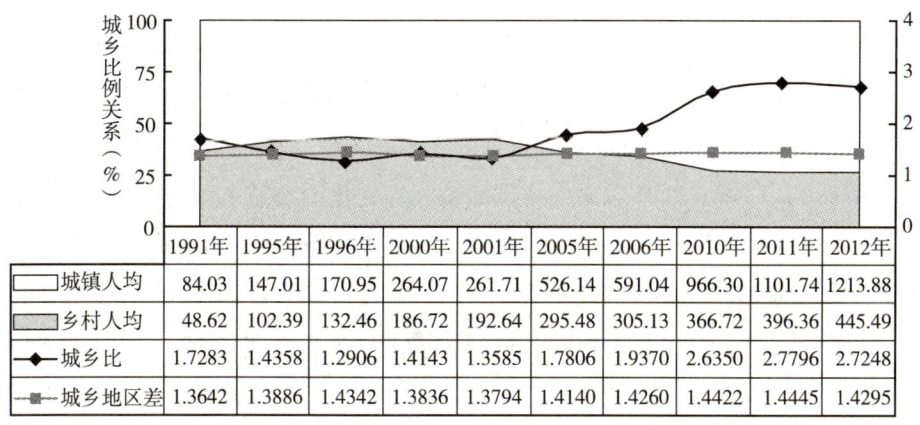

图5 全国人均文化消费城乡比、地区差变动态势

注：左轴面积：城镇、乡村人均文化消费（元转换为%），城乡间变动呈比例关系；右轴曲线：人均文化消费城乡比（乡村=1），城乡人均文化消费地区差（无差距=1）。

（一）文化消费城乡比扩减态势

1991~2012年全国人均文化消费城乡比由1.7283扩大至2.7248，扩大57.66%。全国人均文化消费城乡比最小值为1996年1.2906，最大值为2011年2.7796，总体上呈现持续明显扩大态势。就图5中所列年度来看，城乡比仅在1995~1996年、2001年、2012年出现缩减，其余年度均为扩增。近十年来国家将解决"三农"问题列为全国工作重中之重，以至免除数千年来的农

业税，保证各地乡村加快发展，在此期间恰恰发生如此情况并多年持续，不能不让人感到震惊。众多中心城市决意实施"国际赶超"战略，其建设发展具有更大的加速度，无形中折损了全国城乡均衡发展的应有成效。

分阶段考察，全国人均文化消费城乡比"九五"前后（1995年与2000年）对比缩小1.50%；"十五"前后（2000年与2005年）对比扩大25.90%；"十一五"前后（2005年与2010年）对比扩大47.98%。全国人均文化消费城乡比扩增变动，"十五"期间开始明显扩大，"十一五"期间扩大程度比"十五"更为严重，人均文化消费需求的城乡差距正在迅速加剧扩大。

全国文化消费城乡比的演算基础是城镇与乡村之间不同的人均文化消费绝对值及其增长变化。全国文化消费城乡比发生变动，同时受到全国城镇与乡村两个方面的历年文化消费需求动态影响。

1991~2012年，全国城镇人均文化消费由84.03元增高为1213.88元，增加1129.85元，21年间总增长1344.58%，年均增长13.56%；乡村人均文化消费由48.62元增高为445.49元，增加396.87元，21年间总增长816.27%，年均增长11.12%。21年以来，全国城镇人均文化消费需求年均增长高于乡村年均增长2.44个百分点，乡村年均增长幅度仅为城镇年均增幅的82.01%，导致文化消费城乡比持续显著扩大。

分阶段考察，"九五"期间，全国城镇人均消费总增长79.63%，年均增长12.43%；乡村人均消费总增长82.36%，年均增长12.77%。乡村年均增长幅度高于城镇年均增幅0.34个百分点，文化消费城乡比有所缩小。

"十五"期间，全国城镇人均文化消费总增长99.24%，年均增长14.78%；乡村人均文化消费总增长58.25%，年均增长9.61%。乡村年均增长幅度低于城镇年均增幅5.17个百分点，文化消费城乡比明显扩大。

"十一五"期间，全国城镇人均文化消费总增长83.66%，年均增长12.93%；乡村人均文化消费总增长24.11%，年均增长4.41%。乡村年均增长幅度低于城镇年均增幅8.52个百分点，文化消费城乡比显著扩大。

"十二五"头2年间，全国城镇人均文化消费增长12.08%，乡村人均文化消费增长10.22%。乡村年度增长幅度低于城镇年度增幅1.86个百分点，全国文化消费城乡比相对于2年前扩大3.41%。

(二)城乡文化消费地区差扩减态势

1991~2012年全国城乡人均文化消费地区差由1.3642扩大至1.4295,扩大4.79%。全国城乡人均文化消费地区差最小值为1992年1.3490,最大值为2008年1.4593,总体上呈现持续逐渐扩大态势。就图5中所列年度来看,地区差仅在2000~2001年、2012年出现缩减,其余年度均为扩增。近十余年来国家相继实施西部大开发、中部崛起、东北老工业基地振兴几大战略,促进这些地区的发展跟上全国步伐,在此期间恰恰发生如此情况并多年持续,不能不令人感到意外。东部若干省市争相实行"率先现代化"战略,其建设发展抢占更为有利的先机,无形中折损了全国区域均衡发展的应有成效。

分阶段考察,全国城乡人均文化消费地区差"九五"前后(1995年与2000年)对比缩小0.36%;"十五"前后(2000年与2005年)对比扩大2.20%;"十一五"前后(2005年与2010年)对比扩大1.99%。全国城乡人均文化消费地区差扩增变动,"十一五"期间比"十五"期间略有减轻,但城乡人均文化消费需求的地区差距保持持续逐渐扩大之势。

全国城乡文化消费地区差的演算基础是各省域之间不同的城乡人均文化消费绝对值及其增长变化。全国城乡文化消费地区差发生变动,同时受到全国31个省域城乡文化消费需求历年增长动态影响。全国城乡人均文化消费地区差扩大,意味着较多省域城乡人均文化消费需求与全国城乡总体平均水平相比,分别趋于偏高或偏低的两极分化。

"十二五"头2年间,全国城乡人均文化消费地区差缩小0.88%。城乡文化消费地区差的扩减变化态势尽管不如文化消费城乡比的扩减变化态势那样多呈负面效果,但同样值得随时加以关注。

四 21年来全国城乡文化消费需求景气测评

综合以上分析,21年以来,全国城乡文化消费需求总量年均增长14.47%,人均需求年均增长13.60%;城乡文化消费增长明显低于产值增长,较明显低于城乡收入增长,略微高于总消费增长,极显著低于积蓄增长;人均文化消费城乡差距扩大57.66%，地区差距扩大4.79%。这些都集中体现在全国城乡文化消费需求景气指数的综合测评演算中。

1991~2012年全国城乡文化消费需求景气指数变动态势见图6。全国城乡文化消费需求景气指数基于不同时间段、不同基准值的各类测评结果均落实在2012年之上。景气指数取百分制，以便横向衡量百分点高低，纵向衡量百分比升降。

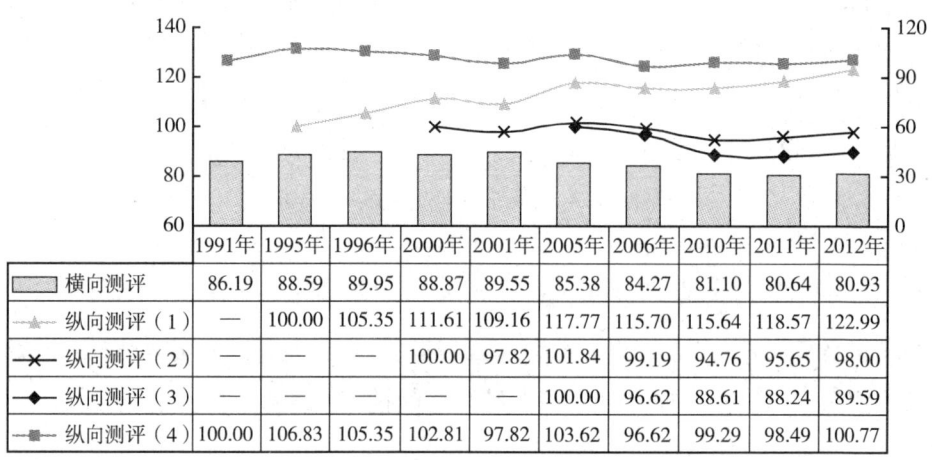

图6 全国城乡人均文化消费需求景气指数变动态势

注：左轴柱形：横向测评（城乡、地区无差距理想值=100）；左轴曲线：纵向测评（起点年度基数值=100），（1）1995年起点、（2）2000年起点、（3）2005年起点；右轴曲线：纵向测评（4），上年起点。

（一）各年度横向测评景气指数

在各年度理想值横向测评中，城乡文化消费总量份额值以全国城乡总量基准值（全国份额为100%基准）来衡量，人均绝对值、各项比例值以全国城乡平均值来衡量，份额上升或高于全国平均值"加分"，份额下降或低于全国平均值"减分"；文化消费城乡比、地区差以无差距理想状态加以衡量，无论是全国总体还是各地，只要存在城乡比和地区差，一律实行"扣分"。

以全国文化消费需求城乡之间、地区之间实现无差距状态为"理想值"100，2012年全国城乡此项景气指数为80.93，低于城乡、地区无差距理想值

19.07，但高于上年2011年0.29。各年度此项景气指数对比，图6中所列全部10个年度均低于无差距理想值100。其中，最高值为1996年89.95，最低值为2011年80.64。这是由于，全国城乡总体人均文化消费绝对值、各项比例值作为各地基准，同样也自为基准，文化消费城乡比、地区差就成了全国总体的主要衡量指标，而城乡比和地区差大体上一直在扩大。

在此项测评中，全国城乡总体"失分"全部来自人均文化消费城乡比、城乡人均文化消费地区差的存在及其扩大。只要城乡比和地区差缩小，全国城乡总体景气指数就能够上升；只有彻底消除城乡比和地区差，全国城乡总体景气指数才能够达到"理想值"100。

（二）"九五"以来纵向测评景气指数

在"九五"以来基数值纵向测评中，全国城乡文化消费总量份额值、人均绝对值、各项比例值、城乡比和地区差一概以自身1995年相应数值为起点年度基数值加以衡量，无论是全国总体还是各地，各项指标数值优于1995年"加分"，逊于1995年"减分"，最终平衡各项指标间升降得失。以下各类纵向测评同理，区别仅在于起始年度不同。

以"八五"末年1995年为起点基数值100，2012年全国城乡此项景气指数为122.99，高于1995年起点基数22.99，也高于2011年4.42。"九五"以来各年度此项景气指数对比，图6中所列全部8个年度均高于起点年基数值100。其中，最高值为2012年122.99，最低值为1996年105.35。进入"十一五"，全国城乡此项景气指数略有下降，2011年有所回升，2012年继续上升。

（三）"十五"以来纵向测评景气指数

以"九五"末年2000年为起点基数值100，2012年全国城乡此项景气指数为98.00，低于2000年起点基数2.00，但高于2011年2.35。"十五"以来各年度此项景气指数对比，图6中所列2005年高于起点年基数值100，其余5个年度低于基数值。其中，最高值为2005年101.84，最低值为2010年94.76。进入"十一五"，全国城乡此项景气指数有所下降，2011年略有回升，2012年继续上升。

（四）"十一五"以来纵向测评景气指数

以"十五"末年2005年为起点基数值100，2012年全国城乡此项景气指数为89.59，低于2005年起点基数10.41，但高于上年2011年1.35。"十一五"以来各年度此项景气指数对比，图6中所列全部4个年度均低于起点年基数值100。其中，最高值为2006年96.62，最低值为2011年88.24。"十一五"一开始，全国城乡此项景气指数明显下降，2011年基本止跌。这表明，近几年来国家持续实施"拉动内需、扩大消费、改善民生"策略，对于提升全国城乡文化消费需求所产生的实际成效有所显现。

（五）逐年度纵向测评景气指数

以上一年2011年为起点基数值100，2012年全国城乡此项景气指数为100.77，高于上年2011年基数值0.77，图6中所列1995～1996年、2000年、2005年、2012年高于上一年基数值100，其余4个年度低于基数值。其中，最高值为1995年106.83，最低值为2006年96.62。

在各类纵向测评中，"失分"来自城乡文化消费总量份额值下降（全国份额基准不发生作用），人均绝对值负增长（全国层面2007年乡村总量、2001年城镇人均值曾经出现负增长），各项比例值降低，城乡比和地区差扩大；反过来，"得分"则来自城乡文化消费总量份额值上升，人均绝对值增长，各项比例值提高，城乡比和地区差缩小。

图6里纵向测评（1）～（3）分别检测了"九五"、"十五"、"十一五"以来全国城乡文化消费景气动态，把这三者加以对比，可以看出一个颇有意味的现象：以1995年为起点，景气指数提升显著；以2000年为起点，景气指数出现起伏；以2005年为起点，景气指数下降明显。这或许反映出一种"增长的递减效应"，即所谓"起点低，进步大"，反过来看则是"基数大，增长难"。国家及各地下决心真正实施强有力的措施，尽快实现经济发展与基本民生、文化民生增进的协调同步，切实保证"人民共享发展成果"，遏制城乡差距、地区差距多年来不合时宜的"逆动"扩大之势，继而尽快缩小直至消除城乡差距和地区差距，应当是实现"全面协调可持续发展"的主要着力点。

综合分析与评价篇

Reports on Comprehensive Analysis and Evaluation

B.2
中国文化消费需求景气评价体系技术报告
—— 兼1991~2012年基本态势分析

王亚南 等*

摘　要： 本文系"中国文化消费需求景气评价体系"技术报告，基于全国城乡综合演算数据，对基础数据来源、数据推演方法、相关数值关系、具体指标测算加以说明，并分析各类数据事实所反映出来的全国城乡文化消费需求基本态势。本项评价体系通用于省域城乡综合测评、城镇与乡村单行测评、中心城市测评，城镇、乡村和中心城市评价指标同构，演算方法同理。

关键词： 文化消费　景气评价　城乡综合测评　指标与方法

---

* 撰稿：王亚南、赵娟、刘婷、方彧（见主要编撰者简介）。

本文系"中国文化消费需求景气评价体系"技术报告，对评价指标系统和测评演算方法进行阐述。同时，文中基于全国城乡综合演算数据，对基础数据来源、数据推演方法、相关数值关系、具体指标测算加以说明，并分析各类数据事实所反映出来的全国城乡文化消费需求基本态势。其中，对总报告已详细分析的文化消费总量和人均值增长、城镇与乡村增长差距从简，而文化消费与产值、收入、总消费、积蓄之间的关系、地区之间增长差距适度展开考察。

一 基础数据来源及其演算方法

本项评价体系通用于省域（除了台港澳以外省级行政区划设置，包括省、自治区和直辖市）城乡综合测评、城镇与乡村单行测评、中心城市（4个直辖市、22个省会城市、5个自治区首府、5个非省会副省级城市）测评，所使用的基础数据出自每年正式出版的国家统计局《中国统计年鉴》、国家统计局城市社会经济调查司《中国城市统计年鉴》和《中国城市（镇）生活与价格年鉴》（2013年版改为《中国价格统计年鉴》），各地相关统计年鉴数据可以作为辅助校验参考。同一来源的数据具有同一统计制度之下的口径同一性和标准同一性，能够确保全国及各省域、各城市之间数据演算的通约性及其测评结果的可比性。以上三种年鉴历年卷一般在每年年底（也有延至下年年初）出版，正式公布上一个年度统计数据。2012年统计数据为以上各种年鉴2013年卷新近出版公布的最新数据。

本项评价体系采用的基础数据包括：全国及各地产值，全国及各地居民收入、总消费（从中又区分出非文消费与文化消费）、积蓄（消费剩余，即收入与总消费之差）。

（一）文化消费总量数值的演算处理

文化消费总量数据需要通过多重演算衍生得出。

在现行统计制度下，全国及各地居民总消费（其中包含文化消费）分为城镇与乡村两个方面分别统计，因而城乡综合数据需要结合相应范围城乡人口分布数据，推算得出城乡综合总量和人均数值。东、中、西部和东北四大区域的各类数据在《中国统计年鉴》里多年阙如，需要根据相关省域数据再推算得出。其间数据关系及演算方法见表1。还应当说明，《中国统计年鉴》2005年卷开始提供东中西部和东北城镇、乡村居民总消费及文化教育综合人均值等数据，但由于无法前溯以往年度，本项研究评价仍然通过自己的演算方法得出相应数据，以保持历年的一致性。

表1 城乡综合数值演算方法及城镇与乡村统计数据关系处理

范围和内容	基础数据	引入人口参数	城镇、乡村之和	引入人口参数	范围和内容
全国城镇文化消费	城镇人均	→城镇总量	→城乡总量	→城乡人均	全国城乡综合文化消费
全国乡村文化消费	乡村人均	→乡村总量			
范围和内容	演算人口参数	相关省域之和	城镇、乡村之和	演算人口参数	范围和内容
四大区域城镇文化消费	城镇人均←	城镇总量	→城乡总量	→城乡人均	东、中、西部和东北城乡综合文化消费
四大区域乡村文化消费	乡村人均←	乡村总量			
范围和内容	基础数据	引入人口参数	城镇、乡村之和	引入人口参数	范围和内容
省域城镇文化消费	城镇人均	→城镇总量	→城乡总量	→城乡人均	省域城乡综合文化消费
省域乡村文化消费	乡村人均	→乡村总量			
范围和内容	基础数据	引入人口参数	注：总量演算仅用于得出全国及各省域、中心城市消费总量，各类测评排行演算取人均值进行，各地总量数值不具可比性		
中心城市文化教育消费	城市人均	→城市总量			

人口数据对于演算各类总量数值和人均数值具有基础性的意义，有必要首先予以说明。

（1）国家统计局"国家统计数据库"曾经校订《中国统计年鉴》历年卷公布的全国城乡人口数据，包括省域人口数据，本项评价体系演算数据库及时跟进采用；同时按照统计规范，转换为年平均人口数据进行演算，相应演算数值与本项研究早期成果（使用年末人口数据）会有微小出入。

（2）《中国统计年鉴》历年卷公布的全国城乡总人口包括军队等特殊群体

（计入城镇人口），分地区人口不涉及，加之演算全国及各地人口最终需转换为年平均人口，全国年平均总人口不严格等于各省域年平均人口之和，由此演算的全国总量数值与各省域总量之和有出入，未予平衡，原样保留。

（3）《中国统计年鉴》未逐年提供分地区城乡人口分布数据。本项研究出于逐年开展演算测评的需要，依据2000~2005年省域城镇与乡村人口各自年均增长率，推算其间2001~2004年省域城镇与乡村人口年均增长值；又依据2005~2009年省域城镇与乡村人口各自年均增长率，推算2010年省域城镇与乡村人口增长值。最后按省域城乡总人口进行平衡处理，得出相应年度城乡人口分布数值，再分别转化为城镇与乡村年平均人口，据此进行相关演算。

（4）近两年，《中国城市统计年鉴》改变统计口径，不提供中心城市的城镇人口数据，而提供市辖区人口数据。本项评价体系随之改变人口取值口径（同样转化为年平均人口），依此推算市辖区总量数值。以作为城市主体的市辖区代表整个城市，以市辖区居民代表城市的市民群体，应该是合适的。

此外，1997年以前重庆尚未作为省域单列，西藏缺1993年、1995年和1997~1998年数据，相应年度全国总量演算不包含此二地，即计算总量的人口基数对应减除。

（二）各项人均值基础数据具体出处

1. 人均产值

（1）全国人均产值。2009年及其以前各年全国人均产值数据通见《中国统计年鉴》2010年卷"2-1 国内生产总值"，该表加注说明："2009年为初步核实数据，2005~2008年数据在第二次经济普查后作了修订。"以后各年全国人均产值数据同理，现2012年数据亦为《中国统计年鉴》2013年卷提供的初步核实数据，到下一年度仍有必要按照《中国统计年鉴》2014年卷再予修订。

（2）省域人均产值。历年各省域人均产值数据见于《中国统计年鉴》历年卷《地区生产总值》（各年卷表号不一，不标表号，后同）。此外，国家统计局"国家统计数据库"曾经校订历年各省域人均产值数据，本项评价体系及时跟进采用，于是省域人均产值相关演算数值与本项研究此前推出的相应成果可能会有细微出入。

（3）中心城市人均产值。本项评价体系未采用《中国城市统计年鉴》提供的各中心城市人均产值数据，原因在于，少数城市人均产值按常住人口（却无数据）演算，其余城市按户籍人口演算，口径不一致不宜采用。本项评价体系采用中心城市户籍人口（转化为年平均人口）和产值总量数据，重新自行演算人均产值。其中，2011～2013年版依据《中国城市统计年鉴》历年卷表"2-1人口"各城市市辖区人口数据（转化为年平均人口），表"2-13综合经济（一）"各城市市辖区产值总量数据进行演算。因《中国城市统计年鉴》历年出版时间滞后，2014年版改为依据《中国统计年鉴》历年卷《城市概况》一章之《省会城市和计划单列市主要经济指标》数据表进行演算，为了保证数据口径的一致性，前溯年度数据也一律改用《中国统计年鉴》之《城市概况》数据。

这样一来正符合本项评价体系的指标设计思路，可以检验出中国自古以来城乡间鸿沟、地区间鸿沟延续至今并筑成当今第三种社会鸿沟——数亿工人阶级"蓝领"大军体制内（城镇户籍工人）外（所谓"外来农民工"）身份间"国民待遇"的非均等性。

当今中国，越发达的大城市这一问题越严重，其他城市也普遍如此。一方面产值增长代表社会财富增长，这是数以亿计"外来农民工"参与创造的，但产值按属地统计，与劳动力输出地甚至付出者无关，劳动力输入地只要劳动者创造的财富，却拒不接纳"新兴产业工人"及其家庭落籍；另一方面各城市"人民共享发展成果"主要惠及当地城市户籍居民，受排斥的亿万"外来农民工"被迫每年奔忙回乡，制造出一个"春运"怪现象，难以见到普惠而非奖励举家落地入籍，以"倒春运"方式接待家乡父老前来共享城市发展成果。

在本项评价体系里，各中心城市较高的人均产值作为演算分母，折算出较低的文化消费与产值比，就是对于这样一种"发展缺陷"的"折扣"测算。在这个意义上，此项测评指标也可算是本项评价体系暗含的第三项校正指标（详见后文）。实际上，在省域分析评价中，虽然直接采用《中国统计年鉴》经平衡处理的各地区人均产值数据，但发达省域偏高的人均产值作为演算分母，折算出偏低的文化消费与产值比，在一定程度上体现了这一层意义。

这一暗含的第三项校正指标涉及全社会国民口径的公平就业。在现有社会结构体制下，所谓"就业"仅指"城镇统计口径就业"，不包括"进城务工人员"统计。2013年有699万大学生毕业，被称为"最难就业年"。事实上，当今每年都是"最难就业年"，早已达到数亿的"农民工"（包括进城务工和乡镇企业两个方面）得以公平就业，正式得到"产业工人"身份，获得与"城里人"平等的养家收入，能够在城市（镇）举家落户（由此才能彻底解决"随迁子女"义务教育的公平问题），才是真正的"最难"。做不到这一点，或做不好这一点，都是对城市发展成效的自然扣除。这就是本项评价体系的内核指向。

2. 人均收入

全国及省域城镇居民历年人均可支配收入数据见《中国统计年鉴》历年卷《各地区城镇居民平均每人全年家庭收入来源》；乡村居民历年人均纯收入数据见《各地区按来源分农村居民家庭人均纯收入》。结合相应年度全国及省域城乡人口分布数据演算，即可得到全国及省域城乡综合人均收入数值。中心城市居民历年人均可支配收入见《中国城市（镇）生活与价格年鉴》历年卷"1-5大中城市居民家庭基本情况"。

3. 人均总消费

全国及省域城镇居民历年人均总消费数据见《中国统计年鉴》历年卷《各地区城镇居民家庭平均每人全年消费性支出》；乡村居民历年人均总消费数据见《各地区农村居民家庭平均每人生活消费支出》。结合相应年度全国及省域城乡人口分布数据演算，即可得到全国及省域城乡综合人均总消费数值。中心城市居民历年人均消费性支出见《中国城市（镇）生活与价格年鉴》历年卷《1-5大中城市居民家庭基本情况》。人均总消费数值又可区分为人均非文消费数值与文化消费数值。

4. 人均文化消费

全国及省域城镇居民历年人均文化消费数据见《中国统计年鉴》历年卷《各地区城镇居民家庭平均每人全年消费性支出》之"教育文化娱乐服务"统计项中"文化娱乐用品"和"文化娱乐服务"两个小项；乡村居民历年人均文化消费数据见《各地区农村居民家庭平均每人生活消费支出》之"文教、

娱乐用品及服务"整个统计项。结合相应年度全国及省域城乡人口分布数据演算,即可得到全国及省域城乡综合人均文化消费数值。《中国统计年鉴》2012年卷首次统一了城镇与乡村"文化教育消费"统计项名称,统称"文教娱乐",除此而外一切不变。

由此可以看到,城镇居民的"文化消费"与"教育消费"已加区分,而乡村居民的"文化消费"与"教育消费"却未区分。这就是乡村"文化消费"占收入比重显得高于城镇的原因所在。在较早年度的统计年鉴里,《各地区农村居民家庭平均每人生活消费支出》统计表里"非商品支出"统计项曾经列出若干细目,倘若依此排除其中的"教育消费"部分,则乡村"文化消费"所剩无几。这或许就是对乡村居民"文化教育消费"不予区分的原因所在。

中心城市居民历年人均教育文化娱乐服务消费见《中国城市（镇）生活与价格年鉴》历年卷"1-5大中城市居民家庭基本情况"。中心城市"教育文化娱乐服务"消费统计项下未再细分"文化消费"与"教育消费",其相关数据为"文化教育消费"综合统计。

2013年,原《中国城市（镇）生活与价格年鉴》更名为《中国价格统计年鉴》,完全放弃"生活"部分,而且也未另分出一卷"中国城市生活统计年鉴"。询问原因得知,"生活"部分的民生数据——各城市居民人均收入、总消费（其间包含文化教育消费）数据有争议,一些城市提出意见,因此干脆放弃不再出版公布。这引出了两个重大问题:（1）统计部门数据出现疑问应该研究和解决抽样方式的科学性、样本选取的规范性、样本人群的代表性诸问题,依然必须面向公众社会出版公布,否则属于违反政府信息公开法规的不作为。（2）当前正值"全面建成小康社会"冲刺的最后几年,民生数据对于检验"全面建成"成效具有无可比拟、不可替代的重要性,决不能再像当年憧憬"基本小康"那样,仅仅用人均GDP来敷衍。总之,统计部门擅自不予出版公布公共数据信息是不可理喻、不可接受的!

为保障本项研究评价正常开展,只能用既往年度各中心城市居民人均收入、总消费、文化教育消费年均增长率,推演测算2012年各项人均数值,据此再进行后续演算（包括文化教育消费总量）。

5. 人均积蓄

收入数据与总消费数据之差即为积蓄数值。本项研究一向使用"积蓄"概念，以区别于民众已经存入银行的"储蓄"，"积蓄"包括放在任何地方的"余钱"，理应远远高于"储蓄"；同时也代替经济学里惯用的"消费剩余"概念。源于西方经济学的所谓"消费剩余"强调的是主动消费，"剩余"不过是消费后的被动结果。完善的市场经济体制必须有健全的社会保障体系与之相配套，只有"福利国家"才有可能产生低储蓄的"消费主义"。

中国民众历来注重积蓄的传统反而是主动抑制消费，社会保障体系建设滞后更促使广大民众加大积蓄以求"自我保障"，积蓄由此成为当今中国社会的一种"必需"。这意味着，中国民众在"必需消费"（本项评价体系假设设为全部非文消费）之外，还有"必需积蓄"——诸如家庭购房"基金"、子女教育"基金"、个人医疗养老"基金"等，于是"非必需"的精神文化消费反而成了"必需积蓄"之外的"积蓄剩余"。中国经济发展长期面临国内消费需求不足的困扰，"十一五"前几年全国城乡文化消费需求增长下滑，而城乡居民积蓄普遍猛增，根本原因就在于缺乏健全的社会保障体系。

二 各项测评指标及其设计思路

本项评价体系设计并使用的测评指标一共分为三类八项。由于难寻可供借鉴的国内外现成经验数据及其测算方法，这些指标多为本项评价从实际出发，从我国现行统计制度及其既有统计数据项目出发，精心构思甚至是独创而来。

（一）基础指标：文化消费绝对值

文化消费绝对值分为总量绝对值和人均绝对值两类数值。各地总量需转换为占全国份额值。

1. 文化消费总量份额值

城乡文化消费需求总量是文化产业生产总量实际进入日常生活消费的具体表现，也是文化建设和文化生产的发展成果实际转化为广大人民群众文化消费需求的具体体现。然而，无论是各地生产总量还是消费总量数值背后，都存在省域大小、人口多少的差异，地区经济规模、产业基础等也都存在巨大差异，总量数值在各地之间不具备可比性。本项研究主要在全国层面直接考察城乡文化消费需求总量增长态势。

各地城乡文化消费需求总量绝对值本身不具可比性，但各地城乡总量增长幅度和占全国份额变化却可以进行比较。实际上，总量年均增长与份额增减变化是联系在一起的，总量年均增长排序与份额增减变化排序也是一致的。

1991～2012年全国城乡文化消费总量增长态势见图1，囿于制图篇幅限制，其中各五年期头年与末年直接对接，但其间增长数据仍为年度增长指数。文中分析历年增长态势时，则运用测评数据库后台演算功能，测算筛选出的最高与最低年度值包含图里省略年度（后同）。

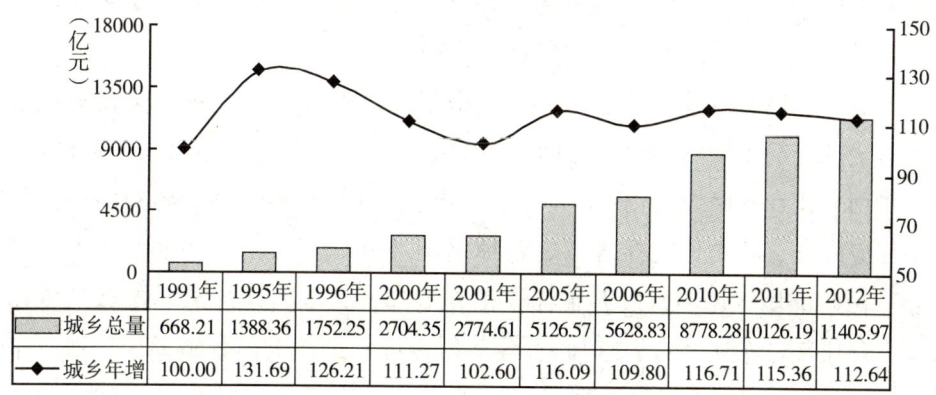

图1 1991～2012年全国城乡文化消费总量增长态势

注：左轴柱形：全国城乡文化消费总量；右轴曲线：年度增长指数（上年＝100）。

各地城乡文化消费总量占全国份额升降变化，取决于全国与当地两个方面的增长差异。1991～2012年，全国城乡文化消费总量总增长1606.94%，年均增长14.47%。其中，"九五"期间，全国总量总增长94.79%，年均增长14.26%；"十五"期间，全国总量总增长89.57%，年均增长13.65%；"十一五"期间，全国总量总增长71.23%，年均增长11.36%；"十二五"头2年，全国总量总增长29.93%，年均增长13.99%。全国城乡文化消费总量最高增长年度为2002年，增长率31.89%；次高增长年度为1995年，增长率31.69%；最低增长年度为2001年，增长率2.60%；次低增长年度为2008年，增长率6.59%。

此项指标测算中，全国城乡总量自为基准，各地以自身总量占全国份额年度增减变化来衡量。在各年度横向测评里，各地以上一年自身总量占全国份额为基数，譬如设2011年各自占全国份额为100（取百分制为正文按惯例保留2位小数表达方便），则2012年东部整体测算值为99.25，东北整体测算值为99.70，中部整体测算值为102.68，西部整体测算值为100.83。这意味着，用此项指标检测1年以来，份额有所上升者获"加分"，而份额有所下降者遭"减分"。在历年度纵向测评里，各地以起始年度自身总量占全国份额为基数，譬如"十五"以来测评，设2000年各自占全国份额为100，则2012年东部整体测算值为116.19，东北整体测算值为105.02，中部整体测算值为86.00，西部整体测算值为81.08。这意味着，用此项指标检测12年以来，份额有所上升者获"加分"而份额有所下降者遭"减分"。

通过十年测试过程和本年实用结果都可以看出，增补各地文化消费总量占全国份额年度增减变化指标，对于各地景气评价排行没有实质性影响，其作用主要在于两个方面：（1）由于增加了一项指标，其余各项指标的权重相应降低，特别体现在各年度各地之间的横向测评中，基本上作为"减分"因素的城乡比和地区差指标权重相应降低，全国及各地"得分"普遍以一定比例小幅增高；（2）原有各项指标设计重在突出各地差异，产生了"锐化"效果，而此项指标加入后，则产生了"柔化"效果，特别体现在各地自身前后年度之间的纵向测评中，各地"分值"差距以一定比例小幅缩减。

实际说来，这两点作用都符合本项评价的要义。测评及其排行的意图在于使"软"的甚至是"虚"的文化发展研究和评价有一套"过硬"的指标系统，全国及各地"分值"过低或其间差距过大并无必要，只需保证演算过程能够通约，测评结果即可以比较。

2. 人均文化消费绝对值

文化消费的各项比例值指标和比差值指标，均需要依据人均文化消费绝对值来加以演算。所以，人均文化消费绝对值是一项基础性指标。《中国统计年鉴》历年卷直接提供了全国和省域城镇与乡村两方面的人均文化消费统计数据，但城乡综合测评还需演算得出全国及各地城乡综合人均数值。1991～2012年全国城乡人均文化消费增长态势见图2。

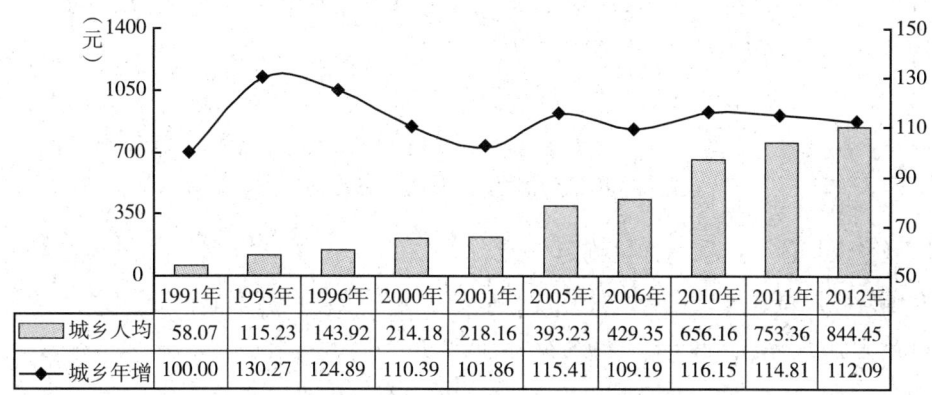

图2　1991～2012年全国城乡人均文化消费增长态势

注：左轴柱形：全国城乡人均文化消费；右轴曲线：年度增长指数（上年＝100）。

由图2并结合图3可以看出，在"十一五"全国人均产值接近和超越3000美元的背景下，全国城乡文化消费需求增长反而不如"十五"全国人均产值接近和超越1000美元期间。显然，影响广大人民群众文化消费需求，不仅仅是单纯的人均产值增长因素，还有深刻的社会发展背景因素。分析影响中国城乡文化消费需求的相关因素，特别是理清文化消费需求增长与经济社会发展基本格局的相关关系，对于扩大城乡文化消费需求，增加城乡文化消费总量，强化文化产业发展的内生动力，促进文化与经济、社会的协调发展至关重要。

1991～2012年，全国城乡人均文化消费总增长1354.19%，年均增长13.60%。其中，"九五"期间，全国人均值总增长85.87%，年均增长13.20%；"十五"期间，全国人均值总增长83.60%，年均增长12.92%；"十一五"期间，全国人均值总增长66.86%，年均增长10.78%；"十二五"头2年，全国人均值总增长28.70%，年均增长13.44%。全国城乡人均文化消费最高增长年度为2002年，增长率31.01%；次高增长年度为1995年，增长率30.27%；最低增长年度为2001年，增长率1.86%；次低增长年度为

2008年，增长率6.05%。

在此项指标的各年度横向测评里，全国城乡总体人均值自为基准，各地以自身人均值与全国人均值之间的差距指数衡量。譬如，设2012年全国城乡人均值为100，对照本文图8进行比较演算（后同），东部城乡整体测算值为144.04，东北城乡整体测算值为84.35，中部城乡整体测算值为75.80，西部城乡整体测算值为71.39。这意味着，在本年度，东部人均值明显高于全国城乡人均值，此项指标检测获"加分"；而东北、中部和西部人均值明显低于全国城乡人均值，此项指标检测遭"减分"。在此项指标的历年度纵向测评里，全国及各地城乡均以自身起始年度相应数值为基数衡量。譬如，分别设全国城乡总体1995年、2000年、2005年和2010年人均值为100，则2012年测算值分别为732.84、394.27、214.75和128.70。这意味着，考察过去17年间、12年间、7年间、2年间，全国城乡总体人均值皆为明显提升，此项指标检测获明显"加分"。各地依此类推。

一般而言，全国及各地人均文化消费绝对值总是处于持续增高之中，此项指标在纵向测评中实为最为强劲的"加分"因素。但是，一旦出现年度负增长，或整个五年期内时段负增长，甚至是两个五年期连续十年累计负增长（少数省域乡村层面即是如此），此项指标即成为"减分"因素。"十一五"期间各年里，人均文化消费绝对值负增长导致"减分"的情况在各省域乡村间屡见不鲜，甚至在各省域城镇间也时有所见。

（二）平衡指标：文化消费比值

尽可能利用现行统计制度下的各类国家颁布的统计数据项，构成并衡量由此产生的各种比例值关系，正是本项评价体系从实际出发建立测评指标系统的基本方法。人均文化消费数值与人均产值、收入、总消费、积蓄数值之间的关系分析，尤其是从中折射出来的经济、社会发展的背景因素，是本项评价体系确立人均文化消费比例值指标的依据。

1. 人均文化消费与人均产值比例

居民总消费与GDP的比例关系（居民消费率）可以衡量国内民生消费拉动GDP的效应，文化消费与GDP的比例关系（居民文化消费率）同样可以衡量文化消费拉动 GDP 的效应，反过来看，则是我国经济增长带动民生和文化民生消费需求增长的实际效应。假设一个地区的城乡居民消费和文化消费的民生需求长期得不到有力提升，那么生产增长和文化生产增长也就背离了自身依存的基本目的，恐怕只能被视为某种"把手段当成目的"的无效生产。

在此项指标的测算中，如果一个地区人均产值增长持续高涨，而城乡居民人均文化消费需求增长连年低落，那么测评分值无疑将会降低。对于各地文化产业增加值，尤其需要进行如此衡量，以破解近几年来各地之间愈演愈烈的"文化产业增加值追逐"现象，发展文化生产就是为了满足文化消费需求，遗憾的是缺乏统一标准的逐年分地区文化产业增加值统计数据。

1991～2012 年全国城乡人均文化消费与产值增长关系态势见图3。

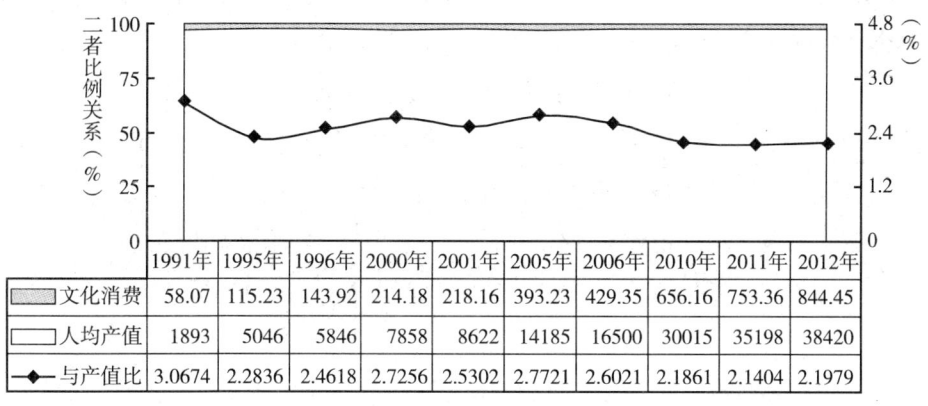

图3 全国人均产值、城乡人均文化消费及其间比例关系态势

注：左轴面积：全国人均产值、城乡人均文化消费（元转换为%），二者变动呈比例关系；右轴曲线：全国城乡人均文化消费与人均产值比。

图3将全国人均产值、城乡人均文化消费绝对值转换为图形面积直观比例，并设置动态曲线标明人均文化消费与人均产值的比例变动态势。从中直观清楚可见，1991～2012 年，全国城乡人均文化消费与人均产值的比例呈现波动下降走势，最高值为 1991 年 3.07%，最低值为 2008 年 2.13%。尤其是进入"十一五"以来，全国人均产值接近并超越 3000 美元期间，城乡文化消费与产值的比例却持续下降。以图3中所列年度来看，此项比值仅在 1996 年、

2000年、2005年、2012年出现增高，其余年度均为降低。这就说明，人均产值的数值达到特定高度，必将带来文化消费需求高涨的所谓"国际经验"，并不适用于"中国现实"。

全国城乡人均文化消费与人均产值的比例升降变化，取决于人均产值与人均文化消费两个方面的增长差异。1991~2012年，全国人均产值总增长1929.58%，年均增长15.41%。人均产值总增长幅度为人均文化消费总增幅的1.42倍，人均文化消费年均增长幅度低于人均产值年均增幅1.81个百分点。

其中，"九五"期间，全国人均产值总增长55.73%，年均增长9.26%；人均产值总增长幅度为人均文化消费总增幅的64.90%，人均文化消费年均增长幅度高于人均产值年均增幅3.94个百分点。"十五"期间，全国人均产值总增长80.52%，年均增长12.54%；人均产值总增长幅度为人均文化消费总增幅的96.32%，人均文化消费年均增长幅度高于人均产值年均增幅0.38个百分点。"十一五"期间，全国人均产值总增长111.60%，年均增长16.17%；人均产值总增长幅度为人均文化消费总增幅的1.67倍，人均文化消费年均增长幅度低于人均产值年均增幅5.39个百分点。"十二五"头2年，全国人均产值增长13.14%。人均产值年度增长幅度为人均文化消费年度增幅的97.56%，人均文化消费增幅高于人均产值增幅0.30个百分点。

由于不同时期产值与文化消费增长出现差异，全国城乡人均文化消费与人均产值的比值在"九五"期间提高0.44个百分点，在"十五"期间提高0.05个百分点，在"十一五"期间降低0.59个百分点，在"十二五"头2年提高0.0118个百分点（为了准确表达细微差异变化，破例采用4位小数，后同），1991~2012年累计降低0.87个百分点。

在此项指标的各年度横向测评里，全国城乡总体比值自为基准，各地以自身比值与全国比值之间的差距指数衡量。譬如，设2012年全国城乡此项比值为100，对照B3省域城乡排行报告表3，东部城乡整体测算值为95.88，东北城乡整体测算值为70.43，中部城乡整体测算值为89.81，西部城乡整体测算值为87.47。这意味着，在本年度，东、中、西部和东北此项比值全都低于全国城乡平均比值（全国平均值一般应在各区域数值之间。本项评价体系依据《中国统计年鉴》公布的基础数据进行演算，保证演算方法的合理性和演算过程的准确性，基础数据的发布权和解释权属于国家统计局。原因可能在于，年鉴不提供四大区域统计数据，此处只能依据相关省域各类人均基础数据推算四大区域相应总量数值，再分别反推算出相应人均数值，其间带入总量演算误差（各地总量之和不等于全国总量）而难以进行平衡处理。此项指标检测遭较明显"减分"，其间东部略好于中部和西部，明显好于东北。在此项指标的历年度纵向测评里，全国及各地城乡均以自身起始年度的此项比值为基数衡量。譬如，分别设全国城乡总体1995年、2000年、2005年和2010年此项比值为100，则2012年测算值分别为96.25、80.64、79.29和100.54。这意味着，考察过去17年间、12年间、7年间、2年间，全国城乡总体此项比值多为降低，此项指标检测多遭"减分"。各地依此类推。

显然，由于21年以来全国城乡人均文化消费与人均产值的比值处于持续波动降低之中，此项指标在纵向测评中成为分量较重的"减分"因素，仅在很少几个年度成为与上一年相比的微弱"加分"因素。此间"十二五"以来2年检测呈现"加分"，正体现了"十二五"规划"努力实现居民收入增长与经济发展同步"约束性指标的力量，实在令人可喜！

2. 人均文化消费占人均收入比重

诚然，在各地人均文化消费绝对值背后，还存在人们收入水平的差异，人均文化消费占当地人均收入的比重显然更具有可比性。人均文化消费占当地人均收入的比值可以类比于一定收入水平下人均食物消费比重变化的"恩格尔定律"，体现出一定收入水平下的文化消费需求，不妨作为某种"文化民生系数"的演算基础。

倘若一个地区的城乡居民人均文化消费在当地人均收入中占有较高比重，那么当地城乡文化消费需求相对旺盛的事实就是毫无疑义的。反之，倘若一个地区的城乡人均文化消费绝对值也许不算低，但在当地人均收入中所占比重却偏低，那么也不能表明当地城乡文化消费需求旺盛。这就是比值比绝对值更能说明问题的原因所在。

1991~2012年全国城乡人均文化消费与收入增长关系态势见图4。

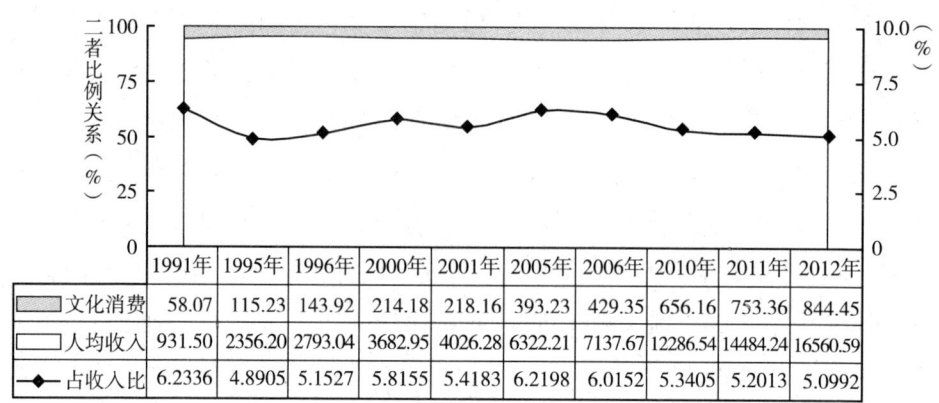

图 4　全国城乡人均收入、文化消费及其间比例关系态势

注：左轴面积：全国城乡人均收入、人均文化消费（元转换为%），二者变动呈比例关系；右轴曲线：全国城乡人均文化消费占人均收入比。

图 4 将全国城乡人均收入、人均文化消费绝对值转换为图形面积直观比例，并设置动态曲线标明人均文化消费占人均收入的比重变动态势。从中直观清楚可见，1991～2012 年，全国城乡人均文化消费占人均收入的比重呈现波动下降走势，最高值为 2002 年 6.38%，最低值为 1994 年 4.75%。尤其是进入"十一五"以来，全国城乡人均收入持续增长期间，城乡文化消费占收入的比重却持续下降。以图 4 中所列年度来看，此项比值仅在 1996 年、2000 年、2005 年出现增高，其余年度均为降低。这就说明，人均收入增长导致恩格尔系数下降，必然带来文化消费需求高涨的"合理推论"，也不适用于"中国现实"。

全国城乡人均文化消费占人均收入的比重升降变化，取决于人均收入与人均文化消费两个方面的增长差异。1991～2012 年，全国城乡人均收入总增长 1677.84%，年均增长 14.69%。人均收入总增长幅度为人均文化消费总增幅的 1.24 倍，人均文化消费年均增长幅度低于人均收入年均增幅 1.09 个百分点。

其中，"九五"期间，全国城乡人均收入总增长 56.31%，年均增长 9.34%；人均收入总增长幅度为人均文化消费总增幅的 65.58%，人均文化消费年均增长幅度高于人均收入年均增幅 3.86 个百分点。"十五"期间，全国城乡人均收入总增长71.66%，年均增长11.41%；人均收入总增长幅度为人均文化消费总增幅的85.72%，人均文化消费年均增长幅度高于人均收入年均增幅1.51个百分点。"十一五"期间，全国城乡人均收入总增长94.34%，年均增长14.21%；人均收入总增长幅度为人均文化消费总增幅的1.41倍，人均文化消费年均增长幅度低于人均收入年均增幅3.43个百分点。"十二五"头2年，全国城乡人均收入增长16.10%。人均收入年度增长幅度为人均文化消费年度增幅的1.21倍，人均文化消费增幅低于人均收入增幅2.66个百分点。

由于不同时期收入与文化消费增长出现差异，全国城乡人均文化消费占人均收入的比值在"九五"期间提高0.93个百分点，在"十五"期间提高0.40个百分点，在"十一五"期间降低0.88个百分点，在"十二五"头2年降低0.24个百分点，1991~2012年累计降低1.13个百分点。

在此项指标的各年度横向测评里，全国城乡总体比值自为基准，各地以自身比值与全国比值之间的差距指数衡量。譬如，设2012年全国城乡此项比重值为100，对照本书《省域城乡文化消费需求景气评价排行》一文表4（第065~066页），东部城乡整体测算值为107.33，东北城乡整体测算值为87.99，中部城乡整体测算值为92.48，西部城乡整体测算值为95.21。这意味着，在本年度，东部此项比值较明显高于全国城乡平均比值，此项指标检测获较明显"加分"；西部、中部和东北此项比值较明显低于全国城乡平均比值，此项指标检测较明显"减分"，其间西部和中部又略高于东北。在此项指标的历年度纵向测评里，全国及各地城乡均以自身起始年度此项比值为基数衡量。譬如，分别设全国城乡总体1995年、2000年、2005年和2010年此项比值为100，则2012年测算值分别为104.27、87.68、81.98和95.48。这意味着，考察过去17年间、12年间、7年间、2年间，全国城乡总体此项比值多为降低，此项指标检测多遭"减分"。各地依此类推。

由于21年以来全国城乡人均文化消费占人均收入的比值大体上处于持续降低之中，此项指标在纵向测评中主要成为"减分"因素，仅在很少几个年度成为与上一年相比的微弱"加分"因素。

3. 人均文化消费占人均总消费比重

同样，在各地人均文化消费绝对值背后，也存在人们消费水平的差异，人均文化消费占当地人均总消费的比重更具有可比性。人均文化消费占当地人均总消费的比重值可以类比于人均食物消费占总消费支出比重的"恩格尔系数",体现出一定消费结构中的文化消费需求,不妨直接视为一种"文化民生系数"。把总消费分解为"非文消费"与文化消费,文化消费与非文消费的关系也就表现为文化消费占总消费的比重。

倘若一个地区的城乡人均文化消费在当地人均总消费中占有较高比重,那么当地城乡文化消费需求相对旺盛的事实也是确定无疑的。反之,倘若一个地区的城乡人均文化消费绝对值也许不算低,但在当地人均总消费中所占比重却偏低,那么也不能表明当地城乡文化消费需求旺盛。在此,同样是比值比绝对值更能说明问题。

1991~2012年全国城乡人均文化消费与总消费增长关系态势见图5。

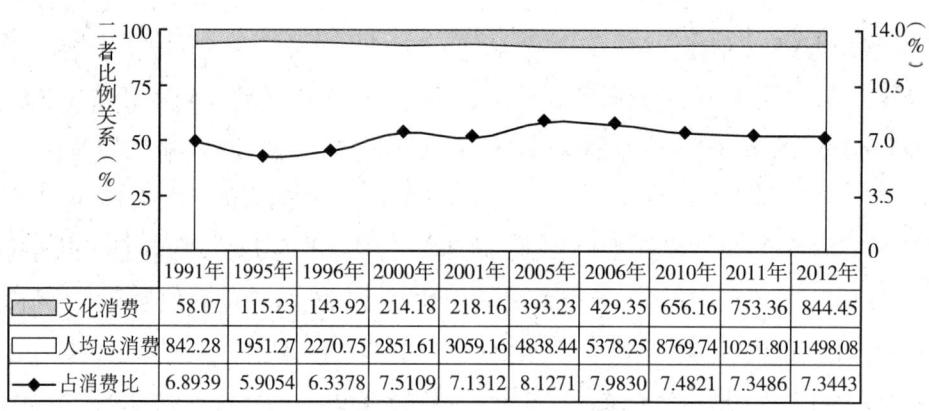

图5 全国城乡人均总消费、文化消费及其间比例关系态势

注:左轴面积:全国城乡人均总消费、人均文化消费(元转换为%),二者变动呈比例关系;右轴曲线:全国城乡人均文化消费占人均总消费比。

图5将全国城乡人均总消费、人均文化消费绝对值转换为图形面积直观比例,并设置动态曲线标明人均文化消费占人均总消费的比重变动态势。从中直观清楚可见,1991~2012年,全国城乡人均文化消费占人均总消费的比重总体上呈现波动上升走势,最低值为1994年5.76%,最高值为2002年8.30%。然而,进入"十一五"以来,全国城乡人均总消费持续增多期间,城乡文化消费占总消费的比重却逐步下降。以图5中所列年度来看,此项比值仅在

1996年、2000年、2005年出现增高，其余年度均为降低。这就说明，人均总消费增长引起消费结构发生变化，必定带来文化消费需求高涨的"常识判断"，同样不适用于"中国现实"。

全国城乡人均文化消费占人均总消费的比重升降变化，取决于人均总消费与人均文化消费两个方面的增长差异。1991~2012年，全国城乡人均总消费总增长1265.11%，年均增长13.25%。人均总消费总增长幅度为人均文化消费总增幅的93.42%，人均文化消费年均增长幅度高于人均总消费年均增幅0.35个百分点。

其中，"九五"期间，全国城乡人均总消费增长46.14%，年均增长7.88%；人均总消费增长幅度为人均文化消费增幅的53.73%，人均文化消费年均增长幅度高于人均总消费年均增幅5.32个百分点。"十五"期间，全国城乡人均总消费总增长69.67%，年均增长11.15%；人均总消费增长幅度为人均文化消费总增幅的83.34%，人均文化消费年均增长幅度高于人均总消费年均增幅1.77个百分点。"十一五"期间，全国城乡人均总消费增长81.25%，年均增长12.63%；人均总消费增长幅度为人均文化消费增幅的1.22倍，人均文化消费年均增长幅度低于人均总消费年均增幅1.85个百分点。"十二五"头2年，全国城乡人均总消费增长14.50%；人均总消费年度增长幅度为人均文化消费年度增幅的1.08倍，人均文化消费增幅低于人均总消费增幅1.06个百分点。

由于不同时期总消费与文化消费增长出现差异，全国城乡人均文化消费占人均总消费的比值在"九五"期间提高1.61个百分点，在"十五"期间提高0.62个百分点，在"十一五"期间降低0.65个百分点，在"十二五"头2年降低0.14个百分点，1991~2012年累计提高0.45个百分点。

在此项指标的各年度横向测评里，全国城乡总体比值自为基准，各地以自身比值与全国比值之间的差距指数衡量。譬如，设2012年全国城乡此项比重值为100，对照B3省域城乡排行报告表5，东部城乡整体测算值为111.27，东北城乡整体测算值为86.09，中部城乡整体测算值为92.87，西部城乡整体测算值为88.86。这意味着，在本年度，东部此项比值明显高于全国城乡平均比值，此项指标检测获较明显"加分"；中部、东北和西部此项比值明显低于全国城乡平均比值,此项指标检测遭明显"减分",其间中部又略高于东北和西部。在此项指标的历年度纵向测评里,全国及各地城乡均以自身起始年度此项比值为基数衡量。譬如,分别设全国城乡总体1995年、2000年、2005年和2010年此项比值为100,则2012年测算值分别为124.37、97.78、90.37和98.16。这意味着,考察过去17年间、12年间、7年间、2年间,全国城乡总体此项比值多为降低,此项指标检测多遭"减分"。各地依此类推。

由于21年以来全国城乡人均文化消费占人均收入的比值大体上处于持续降低之中,此项指标在纵向测评中也主要成为"减分"因素,仅在很少几个年度成为与上一年相比的微弱"加分"因素。

4. 人均文化消费与人均非文消费剩余比例

对应于"非文消费",便有"非文消费剩余",文化消费与积蓄之和即为"非文消费剩余",亦即人均收入与非文消费之差。这是本项评价体系独创的一种特殊思考和变通设计,目的在于关注并测评文化消费与积蓄之间的特定关系值。如果把"非文消费"假定为物质生活和社会生活的"必需消费",那么文化消费作为"非必需"消费自然与积蓄一起归入"非文消费剩余"。这样一来,对应于"非必需"文化消费与"必需"非文消费的关系处理为文化消费占总消费的比重值,文化消费与积蓄的关系也就处理为文化消费与非文消费剩余的比例值。

倘若一个地区的城乡居民人均积蓄增长极度攀升,势必首先直接挤压作为"积蓄剩余"的"非必需"文化消费,那么当地城乡文化消费需求萎缩的事实也就显而易见。这就是中国民众文化消费需求的"积蓄增长负相关效应"。

之所以把文化消费与积蓄的关系分析处理为文化消费与非文消费剩余比例关系,还有一个技术原因:本项评价体系的指标设计需要同样可以分别适用于城乡综合、城镇和乡村单独测评。乡村居民消费支出包括实物消费,而收入却是指"纯收入";少数地方在少数年度乡村居民人均总消费略大于人均收入,人均积蓄便成为负值,于是在测评演算中也会出现不合理的负值指数。笔者变通设计为文化消费与非文消费剩余的比例值,也就避开了这一技术难题。

1991~2012年全国城乡人均文化消费与非文消费剩余增长关系态势见图6。

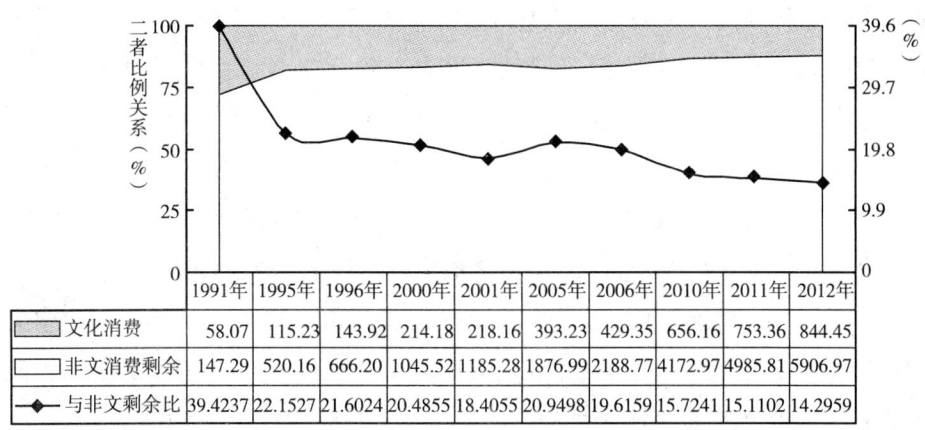

图6 全国城乡人均非文消费剩余、文化消费及其间比例关系态势

注：左轴面积：全国城乡人均非文消费剩余、人均文化消费（元转换为%），二者变动呈比例关系；右轴曲线：全国城乡人均文化消费与人均非文消费剩余比。

图6将全国城乡人均非文消费剩余、人均文化消费绝对值转换为图形面积直观比例，并设置动态曲线标明人均文化消费与人均非文消费剩余的比例变动态势。从中直观清楚可见，1991～2012年，全国城乡人均文化消费与人均非文消费剩余的比值呈现略有波动的持续下降走势，最高值为1991年39.42%，最低值为2012年14.30%。尤其是进入"十一五"以来，全国城乡人均积蓄持续增大期间，城乡文化消费与非文消费剩余的比例却显著下降。以图6中所列年度来看，此项比值仅在2005年出现增高，其余年度均为降低。这就说明，人均积蓄增长造成人们"必需"消费之外余钱增多，势必带来文化消费需求高涨的"臆想假说"，还是不适用于"中国现实"。

全国城乡人均文化消费与人均非文消费剩余的比例升降变化，取决于人均非文消费剩余与人均文化消费两个方面的增长差异。1991～2012年，全国城乡人均非文消费剩余总增长3910.44%，年均增长19.22%。人均非文消费剩余总增长幅度为人均文化消费总增幅的2.89倍，人均文化消费年均增长幅度低于人均非文消费剩余年均增幅5.62个百分点。

其中，"九五"期间，全国城乡人均非文消费剩余总增长101.00%，年均增长14.98%；人均非文消费剩余总增长幅度为人均文化消费总增幅的1.18倍，人均文化消费年均增长幅度低于人均非文消费剩余年均增幅1.78个百分点。"十五"期间,全国城乡人均非文消费剩余总增长79.53%,年均增长12.42%;人均非文消费剩余总增长幅度为人均文化消费总增幅的95.13%,人均文化消费年均增长幅度高于人均非文消费剩余年均增幅0.50个百分点。"十一五"期间,全国城乡人均非文消费剩余总增长122.32%,年均增长17.33%;人均非文消费剩余总增长幅度为人均文化消费总增幅的1.83倍,人均文化消费年均增长幅度低于人均非文消费剩余年均增幅6.55个百分点。"十二五"头2年,全国城乡人均非文消费剩余增长18.98%;人均非文消费剩余年度增长幅度为人均文化消费年度增幅的1.45倍,人均文化消费增幅低于人均非文消费剩余增幅5.54个百分点。

由于不同时期非文消费剩余与文化消费增长出现差异,全国城乡人均文化消费与人均非文消费剩余的比值在"九五"期间降低1.67个百分点,在"十五"期间提高0.46个百分点,在"十一五"期间降低5.23个百分点,在"十二五"头2年降低1.43个百分点,1991~2012年累计降低25.13个百分点。

在此项指标的各年度横向测评里,全国城乡总体比值自为基准,各地以自身比值与全国比值之间的差距指数衡量。设2012年全国城乡此项比值为100,对照B3省域城乡排行报告表6,东部城乡整体测算值为99.44,东北城乡整体测算值为93.62,中部城乡整体测算值为92.72,西部城乡整体测算值为111.48。这意味着,在本年度,西部此项比值明显高于全国城乡平均比值,此项指标检测获明显"加分";东部此项比值略微高于全国城乡平均比值,此项指标检测获微小"加分";东北和中部此项比值明显低于全国城乡平均比值,此项指标检测遭明显"减分"。在此项指标的历年度纵向测评里,全国及各地城乡均以自身起始年度此项比值为基数衡量。譬如,分别设全国城乡总体1995年、2000年、2005年和2010年此项比值为100,则2012年测算值分别为64.53、69.79、68.24和90.92。这意味着,考察过去17年间、12年间、7年间、2年间,全国城乡总体此项比值皆为显著降低,此项指标检测皆遭显著"减分"。各地依此类推。

由于21年以来全国城乡人均文化消费与人均非文消费剩余的比值大体上处于持续显著降低之中,此项指标在纵向测评中显然成为分量很重的"减分"

因素，仅在很少几个年度成为与上一年相比的微弱"加分"因素。

以上从四个方面考察全国城乡文化消费相关比例关系变化，全都呈现出颇为一致的变动走向，本身就可以形成一种相互验证的内在联系。这足以表明，本项评价体系精心设计选取这样一些指标，来检验城乡文化消费需求增长与全国经济发展、城乡民生增进之间的整体协调关系，无疑是切实可行的。

（三）校正指标：文化消费比差

尽快消除中国经济、社会、民生发展各方面的城乡差距和地区差距，实现"城乡一体化"和"区域均衡发展"，保障全国各地城乡居民的同等"国民待遇"，应当成为国家和地方实绩及各级政府政绩考核的主要指标，这也是当前国家建设、社会治理中最大的"维稳"要务。民生的要义首先在于社会公平，在人文发展领域尤其如此，民生至上，均衡优先，必须成为文化建设与发展的基本原则。

本项评价体系首创将衡量城乡差距的"城乡比"统计指数之倒数用于通约演算，使"城乡比"成为测评指标；同时独创用以衡量地区差距的"地区差"测评指标，并完成全国、各大区域、省域和中心城市间的通约演算。在"科学发展、统筹协调"的背景下，这两项指标可以作为检验文化消费需求均等性的重要标准。文化消费的城乡差距、地区差距体现出文化需求城乡、区域之间增长不均衡的严重缺陷，"增长的缺陷"实质上就是对于增长成效的自然扣除。这两项校正指标类似于"绿色GDP"的"节能减排"折算扣除，意在推进文化发展成果的城乡、区域均等共享，促成保障社会公平的必要体制和可行机制。

1. 人均文化消费城乡比

在当今中国，"像欧洲"一样的城市与"像非洲"一样的乡村形成鲜明对照，事实上强化了上古以来根深蒂固的"国野之分"传统社会分层格局。近年来，国家大力推进解决"重中之重"的"三农"问题，倡导"城市反哺乡村"，已经取得显著进步。但是，各地城市发展拥有更大的加速度，城乡差距并未改观，反而迅速拉大。

文化消费城乡比表达为以乡村人均数值为1来衡量的城镇人均数值倍数

比。城乡比的理想值必定是1，即城乡之间无差距，城镇与乡村人均数值之比呈现为1∶1。以各地城乡比的倒数作为权衡指数，在理想状况下1的倒数仍为1，以1衡量任何数值仍为原数值本身。只要城乡比大于1，作为其倒数的指数值便小于1，权衡折扣便发生作用；反之，若城乡比小于1出现"倒挂"，即乡村人均文化消费反而高于城镇，权衡方式奉行"矫枉必须过正"原则，自然予以"加分"。

1991~2012年全国人均文化消费城乡比变动态势见图7。

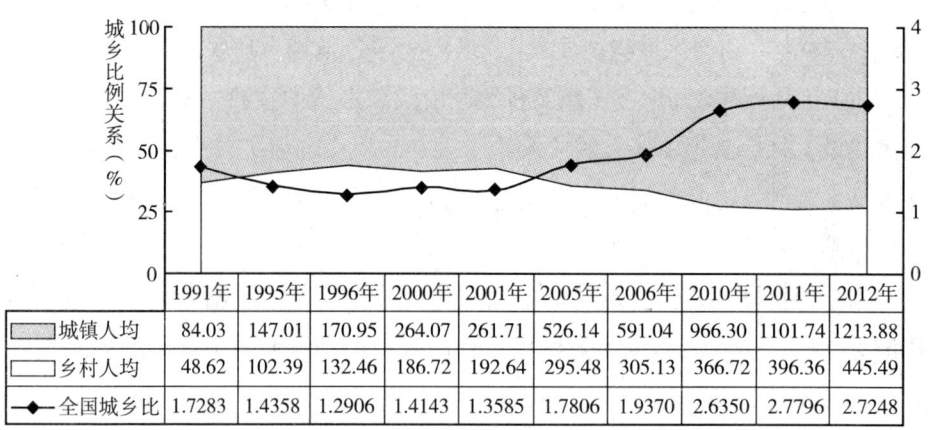

图7　1991~2012年全国人均文化消费城乡比变动态势

注：左轴面积：全国城镇、乡村人均文化消费（元转换为%），城乡间变动呈比例关系；右轴曲线：全国人均文化消费城乡比（乡村=1）。

图7将全国城镇与乡村人均文化消费绝对值转换为图形面积直观比例，并设置动态曲线标明人均文化消费城乡比变动态势。从中直观清楚可见，1991~2012年，全国人均文化消费城乡比大体上呈现极为显著的逐步扩大走势。以图7中所列年度来看，城乡比仅在1995~1996年、2001年、2012年呈现为缩减，其余年度均为扩增。这就说明，1991年以来，在全国经济发展、城镇居民收入较高增长，文化消费也相对较高增长的同时，乡村居民文化消费增长却明显偏低。进入"十五"以来十余年间，全国人均文化消费城乡比持续明显扩大，乡村层面的文化民生（文化消费为最主要指标）远远落后于城镇。

全国文化消费城乡比大小及其扩减变化，取决于全国城镇与乡村两个方面人均文化消费绝对值及其增长差异。鉴于本书总报告里已有详尽的城乡增长对比分析，此处从简。1991~2012年全国城镇人均文化消费总增长幅度为乡村人均文化消费总增幅的1.65倍，乡村人均文化消费年均增长幅度低于城镇人均文化消费年均增幅2.44个百分点。

其中，"九五"期间，全国城镇人均文化消费总增长幅度为乡村人均文化消费总增幅的96.69%，乡村人均文化消费年均增长幅度高于城镇人均文化消费年均增幅0.34个百分点。"十五"期间，全国城镇人均文化消费总增长幅度为乡村人均文化消费总增幅的1.70倍，乡村人均文化消费年均增长幅度低于城镇人均文化消费年均增幅5.17个百分点。"十一五"期间，全国城镇人均文化消费总增长幅度为乡村人均文化消费总增幅的3.47倍，乡村人均文化消费年均增长幅度低于城镇人均文化消费年均增幅8.52个百分点。"十二五"头2年，全国城镇人均文化消费总增长幅度为乡村人均文化消费总增幅的1.19倍，乡村人均文化消费年均增长幅度低于城镇人均文化消费年均增幅1.86个百分点。

由于不同时期城镇与乡村人均文化消费绝对值及其增长差异显著，全国文化消费城乡比在"九五"期间缩小1.50%，在"十五"期间扩大25.90%，在"十一五"期间扩大47.98%，在"十二五"头2年扩大3.41%，1991~2012年累计扩大57.66%。

在此项指标的各年度横向测评里，以城乡比无差距理想值衡量，无论全国还是各地，只要城乡比大于1就一律"减分"，而城乡比小于1（"倒挂"）反获"加分"。譬如，设无差距理想值为100，则2012年全国总体测算值（$1/n \times 100$，其中n为城乡比）仅为36.70，即此项指标检测"失分"达到63.30%。对照本书《省域城乡文化消费需求景气排行》一文表7依此类推，东部整体测算值为39.60，东北整体测算值为67.87，中部整体测算值为40.81，西部整体测算值为33.42。这意味着，在本年度，东北"失分"明显较少；东部和中部"失分"也小于全国总体"失分"；西部"失分"则大于全国总体"失分"。

在此项指标的历年度纵向测评里，全国及各地均以自身起始年度城乡比为基数衡量。譬如，分别设全国总体1995年、2000年、2005年和2010年城乡比数值为100,则2012年测算值分别仅为52.69、51.90、65.35和96.70。这意味着,考察过去17年间、12年间、7年间、2年间,全国总体城乡比皆为显著扩大,此项指标检测皆遭显著"减分"。各地依此类推。

由于21年以来全国及各省域人均文化消费城乡比大体上处于持续显著扩大之中,此项指标在横向测评和纵向测评中主要成为分量很重的"减分"因素。不过,在"城乡倒挂"的局部地区则成为横向测评的"加分"因素,在若干年度也成为全国及各地与上一年相比纵向测评的"加分"因素。

必须说明,乡村人均"文化消费"与"教育消费"未予区分,国家统计局在相关统计中笼统视为"文化消费";其实视为"教育消费"亦可,甚至更为合适。如果城镇方面也取"文化教育消费"来衡量,实际上的城乡差距将会更大——2012年全国总体文化教育消费城乡比高达4.5646(城乡比、地区差数值差异细微,破例一律使用4位小数表达)。即便把乡村"文化教育消费"笼统作为"文化消费"来看待,文化消费城乡比的扩大也已经到了必须引起极度重视的程度。

2. 人均文化消费地区差

在当今中国,东部发展的"率先"与西部发展的滞后也形成鲜明对照,全国各地经济、社会、民生发展诸方面事实上存在的不平衡局面极不利于我国的国家整体治理。10余年来,国家相继实施"西部大开发"、"中部崛起"、"东北老工业基地振兴"战略,但东部各地已经争相宣布"率先实现现代化",区域发展差距还在继续扩大。

衡量地区差需要确定一个基准值,那就是人均文化消费全国平均值,这样才能在全国及各地之间形成可比性。以人均文化消费全国平均值为1来衡量各地的文化消费人均值,得到各自距离全国平均值的离散绝对值,不论高于还是低于皆为偏离。东中西部和东北四大区域取相应范围内各省域离散绝对值的平均值,全国则取31个省域离散绝对值的平均值。基准指数1加上各地离散绝对值或其平均值,分别作为各省域、四大区域和全国文化消费地区差。地区差的理想值同样为1,即地区之间无差距,各地人均数值之比呈现为1:1:1……。同样以地区差的倒数作为权衡指数,与城乡比演算的不同之处在于,这里没有"倒挂",任何地方高于全国平均值的偏离须扣除"未能带动均衡增长"的折扣，低于全国平均值的偏离须扣除"拖了均衡增长后腿"的折扣。这就是说，"率先"增长与"滞后"增长一样，同为"均衡增长"之偏差，都会"失分"。

1991～2012年全国城乡人均文化消费地区差变动态势见图8。必须说明，全国文化消费地区差必须基于全部31个省域数值进行演算，这里不过是出于制图的方便考虑，姑且用东中西部和东北四大区域代替31个省域作为示意。

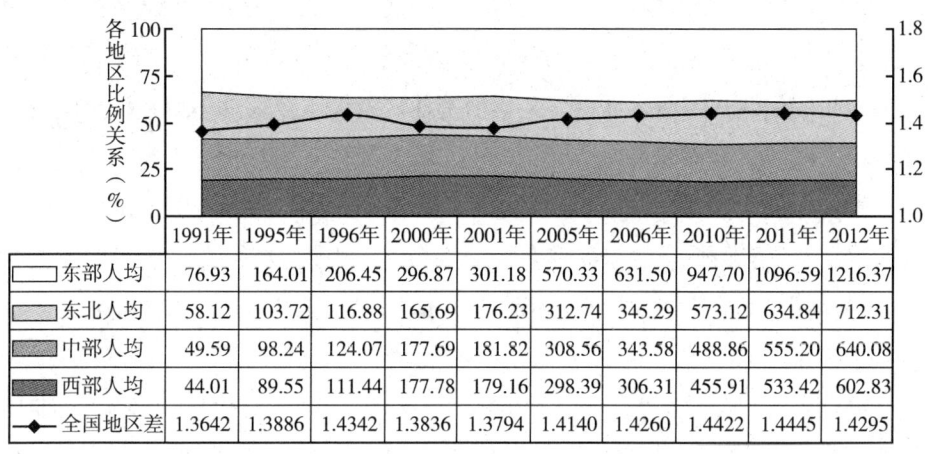

图8　1991～2012年全国城乡人均文化消费地区差变动态势

注：左轴面积：各地城乡人均文化消费（元转换为%），地区间变动呈比例关系；右轴曲线：全国城乡人均文化消费地区差（无差距=1）。

图8将东、中、西部和东北四大区域城乡人均文化消费绝对值转换为图形面积直观比例，并设置动态曲线标明城乡人均文化消费地区差变动态势。从中直观清楚可见，1991～2012年，全国城乡人均文化消费地区差大体上呈现较为明显的逐步扩大走势。以图8中所列年度来看，地区差仅在2000～2001年、2012年呈现为缩减，其余年度均为扩增。这就表明，1991年以来，在全国经济发展，东部发达地区居民收入明显增长，文化消费也相对明显增长的同时，中西部地区居民文化消费增长却明显偏低。进入"十五"以来10余年间，全国城乡人均文化消费地区差持续明显扩大，最近两年仍然接近于最高位。

全国城乡文化消费地区差大小及其扩减变化，取决于全国及31个省域城乡人均文化消费绝对值及其增长差异。鉴于直接使用31个省域数据无法融入一图，此处权变使用东、中、西部和东北四大区域数据举例说明。对照本文图2，2012年，东部城乡整体人均文化消费绝对值高于全国城乡人均值44.04%，亦即东部城乡整体与全国总体基准值1的偏差值为0.4404，假设这是某一省域，则该省域地区差为1.4404。对照本书《省域城乡文化消费需求景气评价排行》一文表8（见第078页），以东部10个省域城乡人均值进行同样演算，取10省域偏差值的平均值，东部城乡文化消费地区差为1.7224。

进一步解释，东中西部和东北四大区域地区差取相关全部省域偏差值的平均值，而非区域整体偏差值。东部10个省域各自的偏差值远离东部整体偏差，更加偏高或偏低，因而东部城乡文化消费地区差大于东部整体偏差。全国及东北和中、西部演算依此类推。同年，东北城乡整体人均文化消费绝对值低于全国城乡人均值15.65%，东北城乡文化消费地区差为1.1814；中部城乡整体人均文化消费绝对值低于全国城乡人均值24.20%，中部城乡文化消费地区差为1.2389；西部城乡整体人均文化消费绝对值低于全国城乡人均值28.61%，西部城乡文化消费地区差为1.3429。

再以东、中、西部和东北为例考察地区差距动态变化。"八五"末年（1995年），东部城乡人均文化消费绝对值为全国城乡人均值的1.42倍，东北城乡人均文化消费绝对值为全国城乡人均值的90.01%，中部城乡人均文化消费绝对值为全国城乡人均值的85.26%，西部城乡人均文化消费绝对值为全国城乡人均值的77.71%。东部"率先"而东北和中、西部"滞后"的地区差距明显。

"九五"末年（2000年），东部城乡人均文化消费绝对值为全国城乡人均值的1.39倍，东北城乡人均文化消费绝对值为全国城乡人均值的77.36%，中部城乡人均文化消费绝对值为全国城乡人均值的82.96%，西部城乡人均文化消费绝对值为全国城乡人均值的83.01%。东部"率先"而中、西部"滞后"的地区差距明显，东北已落后于中西部。

"十五"末年（2005年），东部城乡人均文化消费绝对值为全国城乡人均值的1.45倍，东北城乡人均文化消费绝对值为全国城乡人均值的79.53%，中部城乡人均文化消费绝对值为全国城乡人均值的78.47%，西部城乡人均文化消费绝对值为全国城乡人均值的75.88%。东部"率先"而中、西部"滞后"的地区差距比5年前又有扩大,东北又反超中、西部。

"十一五"末年(2010年),东部城乡人均文化消费绝对值为全国城乡人均值的1.44倍,东北城乡人均文化消费绝对值为全国城乡人均值的87.34%,中部城乡人均文化消费绝对值为全国城乡人均值的74.50%,西部城乡人均文化消费绝对值为全国城乡人均值的69.48%。东部"率先"而中、西部"滞后"的地区差距比5年前继续扩大,东北则继续上升。

"十二五"第2年(2012年),东部城乡人均文化消费绝对值为全国城乡人均值的1.44倍,东北城乡人均文化消费绝对值为全国城乡人均值的84.35%,中部城乡人均文化消费绝对值为全国城乡人均值的75.80%,西部城乡人均文化消费绝对值为全国城乡人均值的71.39%。与2年前相比,东部"率先"维持不变,东北不再上升而稍有回降,中、西部"滞后"则略有缓解。

由于不同时期31个省域城乡人均文化消费增长绝对值及其增长差异明显,较多省域人均值及其增长分别向"率先"与"滞后"两极偏离。以上分析用四大区域替代演示,21年里,东部人均值累计总增长为西部的116.65%,西部人均值年均增长低于东部0.78个百分点。全国城乡文化消费地区差在"九五"期间缩小0.36%,在"十五"期间扩大2.20%,在"十一五"期间扩大1.99%,在"十二五"头2年缩小0.88%,1991～2012年累计扩大4.79%。

在此项指标的各年度横向测评里,以地区差无差距理想值衡量,无论全国还是各地,只要存在地区差一律"减分",而且没有"倒挂"的例外。譬如,设无差距理想值为100,则2012年全国总体测算值（$1/n \times 100$,其中n为地区差）为69.95,即此项指标检测"失分"达到30.05%。对照本书《省域城乡文化消费需求景气评价排行》一文表8依此类推,东部整体测算值为58.06,东北整体测算值为84.65,中部整体测算值为80.72,西部整体测算值为74.47。这意味着,在本年度,东北"失分"明显较少；中部和西部"失分"也小于全国总体"失分"；东部"失分"则明显大于全国总体"失分"。在此项指标的历年度纵向测评里,全国及各地均以自身起始年度地区差为基数衡量。譬如,分别设全国城乡总体1995年、2000年、2005年和2010年地区差数值为100,则2012年测算值分别为97.14、96.79、98.91和100.88。这意味着，考察过去17年间、12年间、7年间、2年间，全国城乡总体地区差多为逐渐扩大，此项指标检测多遭相应"减分"。各地依此类推。

由于21年以来全国城乡地区差大体上处于逐步缓慢扩大之中，此项指标在横向测评和纵向测评中主要成为分量较重的"减分"因素。不过，在逐年纵向测评中，也成为若干年度与上一年相比的"加分"因素。此间"十二五"以来2年检测呈现微量"加分"，正体现了"十二五"规划"增强区域发展协调性"的要求，迈出缩小地区差距的可喜第一步。

文化消费需求的城乡差距、地区差距是城镇与乡村之间、地区之间民生和文化民生发展不平衡造成的，各省域都应对此承担责任，接受相应的折算扣除。东、中、西部和东北四大区域也是如此，其间的省域共同承担责任。全国总体文化消费城乡比、地区差的折算"失分"当然应由全国共同承担责任，在全国层面加以扣除。民生建设、人文发展的要义首先在于公平正义和均等协调，这些都是"科学发展观"的应有之义。

三 指标权重分配与测评演算方式

测评方式必须充分考虑到全国各地发展不平衡的现状，保证评价结果真正具有合理性和可比性。

全国各地经济社会发展极不平衡，地方经济增长及民众收入水平、消费结构、积蓄习惯等差异极大，同时应用多项衡量指标展开综合评价，有可能在各地之间达成一定平衡。各地或许会在不同指标上各有千秋，任何一个方面的指标优势都能够得到彰显，最后多重指标综合为统一的景气指数评价结果，在各地之间形成简捷直观的综合效应比较。

在此间文化消费需求的种种量化体现中，人均绝对值、四项比例值皆为现实状况的定量反映，没有理论值或理想值可依，应以全国平均值来衡量各地高下；城乡比和地区差却有无差距理想值。于是，测评方式显然应当围绕全国平均值和无差距理想值来设计。不过这还不够，为了在发展极不平衡的各地之间实现相同起点的公平测评，本评价体系特别设计出一种基于既往年度自身状况的历时性基数值纵向测评。

（一）各项测评指标的权重分配

同时运用多项指标展开综合评价时，各项指标之间的权重分配便有举足轻重的意义。

各类权重值一般都没有理论值或理想值可依，而主要是一种经验值。各地人均文化消费绝对值的可比性较差，而文化消费相关比值更具可比性，可以衡量出各地不同经济背景、收入水平、消费结构、积蓄习惯之下的文化消费需求状况，因而比例值指标的权重高于绝对值指标。城乡差距和地区差距持续扩大是当今中国最明显的"发展缺陷"，城乡比和地区差指标权重基于城乡、地区无差异理想状态的综合测算结果反推：由于一些地区其他指标有可能得分较高，以至于拉高综合分值，而城乡比、地区差事实上显著存在，因而此类校正指标权重应当较大，以调控综合分值达到"理想值100"的地区不宜过多，超出"理想值100"的"超理想"分值不宜过高。与此同时，在一个较长时段的纵向测评中，譬如整个"十五"规划期纵向测评中，最后能够保证全国大部分地区综合评价的景气指数有所提升。经过反复赋值测试，在纵向测评"从宽"而横向测评"从严"之间寻求有效平衡，并经过2008～2010年连续4年实际评价中尝试运用，从2011年测评开始，本项评价体系将文化消费总量份额值、人均绝对值、四项比例值、城乡比和地区差两项比差值共八项指标之间的权重分配调整为2:1:2:2:2:2:4:3。

诚然，测评指标可以继续增加，指标间权重也不妨加以调整（增加测评指标本身就意味着原有权重分配比例关系发生变化），因而评价结果百分值不具有绝对值意义。但是，只要使用同样的指标，按照同样的权重进行演算，采用同样的测评方式得出结果，就具有纵向对比年度间升降、横向比较地区间高低的相对值可比性。

这样的指标权重分配同时顾及了多层次、多角度分析测评的演算模型相容性。其实，就《中国统计年鉴》基础数据严格说起来，由于各地乡村居民文化消费与教育消费数值未予区分，于是实际上的文化消费城乡比理应要大得多，因此一并进行文化教育消费分析测评想必更具有合理性和可比性。正是鉴于此，本项评价体系必须同时能够兼用于城乡综合、城镇与乡村单独三个方面的文化消费、教育消费和文化教育消费三种类型的分析测评,其评价指标系统和测评演算模型必须统一。

本项评价体系各项指标及其演算权重和测评方式见表2。所有指标演算测评通用于全国总体、四大区域整体、31个省域和36个中心城市,已连续数年分别推出31个省域城乡综合、城镇单行、乡村单行三个层面的文化消费需求景气评价排行,以及36个中心城市文化教育消费需求景气评价排行。

表2 全国文化消费需求景气评价指标及其演算权重和测评方式

序号	演算权重	评价指标		共时性理想值横向测评	历时性基数值纵向测评
		分类	取值(城乡综合或单行)		
1	2	绝对值	文化(文教或教育)消费总量占全国份额变化	取上一年度基数值衡量	取自身起始年度基数值衡量
2	1		人均文化(文教或教育)消费		
3	2	比例值	与人均产值比	取全国平均值为基准衡量	
4	2		占人均收入比		
5	2		占人均总消费比		
6	2		与人均非文消费剩余比		
7	4	校正值	城乡比	取无差距理想值衡量	
8	3		地区差		

(二)城镇与乡村单行测评的特殊说明

有必要专门予以说明,在分别针对城镇居民与乡村居民文化消费需求景气的单行测评操作中,人均文化消费与人均产值的比值、人均文化消费城乡比两项指标具有特殊性。

(1)《中国统计年鉴》发布全国及各省域人均产值数据并不区分城乡范围。在城乡综合演算测评中,人均文化消费已经演算为城乡综合数值,与人均产值数值形成城乡综合的比例关系值;而在城镇与乡村单行演算测评中,则是城镇或乡村单方面的人均文化消费数值分别与城乡综合的人均产值数值形成比例关系值,可揭示出同一经济增长背景下城乡之间文化消费需求增进的差距。其间显然有所不同,体现为综合与不同侧面的关系。

(2)本项评价体系将统计数据中用以表示城乡差距的"城乡比"设置为

一项校正指标。在城乡综合演算测评中，人均文化消费城乡比揭示出城乡综合数值中实际存在的城乡差距；而在城镇与乡村单行演算测评中，人均文化消费城乡比则揭示出对应的另一方面与之形成的现实差距。其间显然也有所不同，体现为整体与不同部分之间的关系。

在本项评价体系实际演算操作中，三类八项指标同样用于城乡综合测评、城镇与乡村单行测评、中心城市测评。其数理思路在于，本项评价体系的最终测算结果——文化消费需求景气指数——并不追求具有绝对意义，而注重演算的通约性和结果的可比性；其技术可行性在于，人均文化消费与人均产值的比值、人均文化消费城乡比皆为比例关系值，因而在同构的数值关系推演中，具有演算的通约性和结果的可比性。无论是城乡综合演算，或是城镇与乡村单行演算，还是中心城市演算，只要以同样的测评指标、同样的演算方式同时运用于各个地区之间、各个年度之间，演算过程就是可以通约的，演算结果也是能够加以比较的。

（三）测评方式及其结果排行

1. 共时性的理想值横向测评

各地之间共时性横向比较的理想值测评，用以比较全国及各地在同一年度里文化消费需求景气指数高低。在此测评方式中，文化消费总量份额值一项指标以上一年自身基数值来衡量，份额增大"加分"，份额减小"减分"；人均文化消费绝对值、与人均产值的比例值、占人均收入的比重值、占人均总消费的比重值、与人均非文消费剩余的比例值共五项指标，以当年全国平均值为基准值来衡量，取各地相应数值对应于基准值的权衡指数进行加权演算，高出全国平均值基准"加分"，低于全国平均值基准"减分"；城乡比和地区差两项比差值指标以无差距理想值来衡量，无论对全国，对东中西部和东北四大区域，还是对各省域、各中心城市（城乡比检测基于所在省域），只要存在城乡差距和地区差距，一律实行"减分"（城乡比"倒挂"的"加分"特例除外）。这样一来，全国及各地份额在对应于自身基数值（全国总体也可理解为占"份额"100%即1∶1）这一点上同样是平等的，各大区域、各省域和各中心城市比值在对应于全国平均值基准这一点上是平等的，全国及各地城乡比和地区差在对应于无差距理想值这一点上也是平等的。同一测评标准的平等保证了测评结果的合理可比性，高低上下一目了然。

在理想值横向测评中，由于文化消费绝对值（包括总量份额值和人均绝对值）、相关比值均以全国平均值为基准（相对于各地占全国份额，全国总体占"份额"100%也可理解为全国平均值，演算方式相通）来衡量，城乡比和地区差则以无差距理想值来衡量，即全国总体若实现城乡之间、地区之间无差距，则达到"理想值100"，而"失分"必定出自无法回避的城乡差距和地区差距。所以，在目前城乡比和地区差明显存在甚至还有可能继续扩大的情况下，全国总体难以达到"理想值100"；时逢城乡比和地区差缩小之际，全国总体评价分值即可上升。

2. 历时性的基数值纵向测评

各地自身历时性纵向对比的基数值测评，用以对比全国及各地起始年度以来文化消费需求景气指数升降。在此测评方式中，文化消费总量份额值、人均文化消费绝对值、与人均产值的比例值、占人均收入的比重值、占人均总消费的比重值、与人均非文消费剩余的比例值、城乡比和地区差共八项指标，全部以全国及各地自身起始年度相应数值为基数值（全国总体占"份额"100%基准也可理解为基数值）来衡量，取终止年度相应数值对应于基数值的权衡指数进行加权演算，有所提高即高出基数获得"加分"，若有降低即低于基数则要"减分"。这样一来，全国及各地都平等地站在同一个起始年度各自的起点上，测评到终止年度时若干年内自身的变化状况，即在同一标准下各自与自身以往相对比，增减升降显而易见。

在基数值纵向测评中，由于全部指标均以往年度自身基数值来衡量，全国总体也不会单纯等待城乡比和地区差"失分"扣减，而有可能在绝对值和比例值增高、城乡比和地区差缩小多个方面，表现出超越自身以往年度基数的上升态势，从而获得"加分"。

本文图1至图8仅仅限于全国总体状况，四大区域和各省域、各中心城市测评分析图示与之同构。本项评价体系的测评数据库已经完成了1991~2012年全国、东、中、西部和东北四大区域、31个省域的城乡居民综合测评、城镇居民与乡村居民单行测评的文化消费、教育消费和文化教育消费需求景气评价排行，以及2005~2012年36个中心城市市辖区居民文化教育消费需求景气评价排行，可以随时根据需要提取其间任何年度范围、地域范围、人群分布范围和测评内容范围的演算数值，构建出所需的变动态势分析图表（可参看本书省域城乡篇、省域城镇篇、省域乡村篇和中心城市篇子报告）。

最后还应当补充说明两点。

（1）本项研究面向人文研究界和读书界，有必要保持符合"人本"的自然语言风格，避免任何一种演算公式和复杂运算符号，力求以初等数学方法解决问题，这样就能够完全使用自然语言进行表述。当然，在义务教育普及的社会背景之下，阿拉伯数字和简单运算符号成为公众常识，视为已经进入自然语言。

（2）本项测评体系的全部演算在测评数据库里一次性完成，演算过程中小数无限制保留；书中图表所列数值仅能保留小数点后2位或4位，依据图表里的数值进行验算，可能会出现小数点后细微差异，并非演算误差。尤其是正文里加以描述的数字（亦由测评演算数据库同步生成自动校验），按行文惯例只能取2位小数，分别经过多重四舍五入，切不可据此进行验算。需验算可取图表里数据按应有步骤从头进行，譬如比较某地与全国年均增幅差异：分别取当地和全国终止年度与起始年度绝对值之商，历时N年即进行N次开方，转换为百分数值，方可比较其间之差距。

B.3
省域城乡文化消费需求景气评价排行
——2000~2012年测评与后续年度预测

王亚南 等*

摘　要：

2012年，有21个省域城乡文化消费总量增长超过10%，其中11个省域城乡总量增长超过15%，3个省域城乡总量增长超过20%；有19个省域城乡文化消费人均值增长超过10%，其中10个省域城乡人均值增长超过15%，3个省域城乡人均值增长超过20%。各省域城乡综合文化消费需求景气评价排行结果：城乡、地区无差距理想值横向测评，江苏、北京、上海为"2012年度城乡景气领先"前3位；历年各地自身基数值纵向测评，江苏、青海、辽宁为"2000~2012年城乡景气提升"前3位；江苏、天津、青海为"2005~2012年城乡景气提升"前3位；天津、新疆、宁夏为"2010~2012年城乡景气提升"前3位；天津、吉林、河南为"2012年度城乡景气提升"前3位。

关键词：

省域城乡　文化消费　综合评价　景气排行

本项评价体系运用于全国省域城乡综合文化消费需求景气测评，数年来已经推出多个年度的实际评价结果，年度测评排行至上一统计年度2011年，具

---

* 撰稿：王亚南、郝朴宁（见主要编撰者简介）、魏海燕（云南省政协信息中心主任编辑，主要从事传媒信息分析研究）、冯瑞（昆明市委宣传部研究室主任，主要从事哲学、文化发展战略研究）。

有延续性，可对照参看。①

本文全面展开2012年全国及东、中、西部和东北四大区域、31个省域城乡综合文化消费需求景气分析测算及其评价排行。鉴于另有省域城乡子报告详加考察，本文分析侧重于东、中、西部和东北四大区域加以比较，对省域则着眼于各项指标排行。

一 各省域城乡文化消费需求增长基本状况

各省域城乡文化消费需求总量增长态势可以提供一种宏观视角，本文分析测算就由各省域城乡文化消费总量占全国份额增减变化开始。

（一）各省域城乡总量份额增减变化

2000~2012年各省域城乡文化消费总量增长及其占全国份额增减变化态势见表1，全国城乡总体数据作为测评演算基准列于首行。各省域依属地方位，由北至南、从东到西分为东北和东、中、西部四大区域，按12年里文化消费总量占全国份额增减变化幅度高低排列。其中，省域主排行以1、2、3……为序，四大区域作为附加排行以［1］、［2］、［3］、［4］为序（后同）。

表1 各省域城乡文化消费总量增长及其占全国份额变动状况

地区	文化消费总量增长				占全国城乡份额变动			
	2000年总量（亿元）	2012年总量（亿元）	12年年均增长		2000年份额（％）	2012年份额（％）	12年份额增减	
			增长指数（上年=100）	指数排序			增减百分比	增减排序
全 国	2704.35	11405.97	112.74	—	100	100	—	—
江 苏	202.36	1322.84	116.94	1	7.4828	11.5978	54.99	1
北 京	81.78	469.77	115.68	2	3.0240	4.1186	36.20	2
上 海	98.46	548.12	115.38	3	3.6408	4.8056	31.99	3
广 东	267.89	1487.53	115.36	4	9.9059	13.0417	31.66	4

① 《中国统计年鉴》各年卷发布上一年全国人均产值均为"初步核实数据"，下一年卷再予修订，形成历年通行惯例。本项评价体系演算数据库随之进行校订，因此本文中2011年全国人均产值据《中国统计年鉴》2013年卷校订，相关一应演算数值、测评结果与已发表成果会有微小出入。

续表

地 区	文化消费总量增长				占全国城乡份额变动			
	2000年总量（亿元）	2012年总量（亿元）	12年年均增长		2000年份额（%）	2012年份额（%）	12年份额增减	
			增长指数（上年=100）	指数排序			增减百分比	增减排序
天 津	34.17	169.16	114.26	6	1.2635	1.4831	17.38	6
福 建	86.32	383.33	113.23	9	3.1919	3.3608	5.29	9
浙 江	170.15	712.28	112.67	13	6.2917	6.2448	-0.75	13
河 北	100.30	382.55	111.80	19	3.7088	3.3539	-9.57	19
海 南	12.64	44.61	111.08	21	0.4674	0.3911	-16.32	21
山 东	218.34	715.17	110.39	25	8.0737	6.2701	-22.34	25
东 部	1272.42	6235.34	114.16	[1]	47.0509	54.6673	16.19	[1]
辽 宁	75.83	378.00	114.32	5	2.8040	3.3141	18.19	5
吉 林	44.79	189.29	112.76	12	1.6562	1.6596	0.21	12
黑龙江	55.79	214.10	111.86	17	2.0630	1.8771	-9.01	17
东 北	176.41	781.40	113.20	[2]	6.5232	6.8508	5.02	[2]
山 西	49.95	231.82	113.65	7	1.8470	2.0324	10.04	7
河 南	134.13	569.43	112.80	11	4.9598	4.9924	0.66	11
安 徽	98.99	394.09	112.20	16	3.6604	3.4551	-5.61	16
江 西	72.90	278.97	111.83	18	2.6957	2.4458	-9.27	18
湖 北	120.16	389.08	110.29	26	4.4432	3.4112	-23.23	26
湖 南	156.66	431.87	108.82	30	5.7929	3.7864	-34.64	30
中 部	632.79	2295.25	111.33	[3]	23.3990	20.1232	-14.00	[3]
青 海	5.87	26.65	113.44	8	0.2171	0.2336	7.60	8
内蒙古	50.45	223.18	113.19	10	1.8655	1.9567	4.89	10
宁 夏	10.32	42.16	112.44	14	0.3816	0.3696	-3.14	14
陕 西	71.69	290.52	112.37	15	2.6509	2.5471	-3.92	15
云 南	65.05	247.86	111.79	20	2.4054	2.1731	-9.66	20
贵 州	45.94	161.80	111.06	22	1.6987	1.4186	-16.49	22
重 庆	61.05	213.43	110.99	23	2.2575	1.8712	-17.11	23
新 疆	29.04	98.85	110.75	24	1.0738	0.8667	-19.29	24
西 藏	1.0083	3.2214	110.14	27	0.0373	0.0282	-24.40	27
四 川	159.10	484.38	109.72	28	5.8831	4.2467	-27.82	28
甘 肃	46.00	137.19	109.53	29	1.7010	1.2028	-29.29	29
广 西	94.84	260.53	108.79	31	3.5069	2.2842	-34.87	31
西 部	640.36	2189.75	110.79	[4]	23.6789	19.1983	-18.92	[4]

注：(1) 表中均为演算衍生数值；(2) 全国城乡总人口统计包括军队等（计入城镇人口），各地城乡人口统计不涉及，故各地总量之和不等于全国总量；(3) 各地文化消费总量份额增减百分比负值为下降百分比；(4) 西藏总量过小，取4位小数。数据演算依据《中国统计年鉴》相应年卷。

2000～2012年，全国城乡文化消费总量从2704.35亿元增长至11405.97亿元，增长绝对值总量8701.62亿元，总增长321.76%，年均增长12.74%。同期，东部整体年均增长14.16%，高于全国城乡平均增长，占全国城乡份额由47.05%上升为54.67%，升幅为16.19%；东北整体年均增长13.20%，高于全国城乡平均增长，占全国城乡份额由6.52%上升为6.85%，升幅为5.02%；中部整体年均增长11.33%，低于全国城乡平均增长，占全国城乡份额由23.40%下降为20.12%，降幅为14.00%；西部整体年均增长10.79%，低于全国城乡平均增长，占全国城乡份额由23.68%下降为19.20%，降幅为18.92%。

分阶段对比考察，"十五"期间，全国城乡文化消费总量年均增长13.65%。东部年均增长15.43%，高于全国平均增长；东北年均增长13.77%，高于全国平均增长；中部年均增长11.82%，低于全国平均增长；西部年均增长11.24%，低于全国平均增长。"十一五"期间，全国城乡文化消费总量年均增长11.36%。东部年均增长12.49%，高于全国平均增长；东北年均增长13.23%，高于全国平均增长；中部年均增长9.51%，低于全国平均增长；西部年均增长8.76%，低于全国平均增长。

对比两个五年期城乡文化消费总量增长变化，"十一五"全国年均增长比"十五"降低2.29个百分点。四大区域各有不同，东部"十一五"年均增长比"十五"降低2.94个百分点；东北"十一五"年均增长比"十五"降低0.54个百分点；中部"十一五"年均增长比"十五"降低2.31个百分点；西部"十一五"年均增长比"十五"降低2.48个百分点。

2000～2012年各省域城乡文化消费需求总量年均增长幅度比较，江苏、北京、上海、广东、辽宁、天津、山西、青海、福建、内蒙古、河南、吉林12个省域年均增长幅度从高到低依次高于全国城乡平均增长；浙江、宁夏、陕西、安徽、黑龙江、江西、河北、云南、海南、贵州、重庆、新疆、山东、湖北、西藏、四川、甘肃、湖南、广西19个省域年均增长幅度从高到低依次低于全国城乡平均增长。其中，占据首位的江苏年均增长高于全国城乡平均增长4.20个百分点；处于末位的广西年均增长低于全国城乡平均增长3.95个百分点。

这12年期间，各省域城乡文化消费总量占全国城乡份额增减变化比较，江苏、北京、上海、广东、辽宁、天津、山西、青海、福建、内蒙古、河南、吉林12个省域份额各有上升,按增幅从大到小依次排列;浙江、宁夏、陕西、安徽、黑龙江、江西、河北、云南、海南、贵州、重庆、新疆、山东、湖北、西藏、四川、甘肃、湖南、广西19个省域份额各有下降,按降幅从小到大依次排列。其中,占据首位的江苏占全国城乡份额提高了54.99%;处于末位的广西占全国城乡份额降低了34.87%。

2012年,全国城乡文化消费总量增长12.64%,低于"十五"年均增长1.01个百分点,高于"十一五"年均增长1.28个百分点。同年,海南、甘肃、河南、北京、湖北、四川、江苏、贵州、辽宁、新疆、陕西、吉林、江西、山西、云南、福建16个省域文化消费总量增长幅度从高到低依次高于全国城乡平均增长;广东、安徽、宁夏、河北、湖南、西藏、青海、山东、广西、天津、内蒙古、浙江、重庆、黑龙江、上海15个省域文化消费总量增长幅度从高到低依次低于全国城乡平均增长。

各省域城乡文化消费总量数值本身不具可比性,但增长幅度和份额变化却可以进行比较,此处仅提供各地总量增长幅度和份额增减排序。鉴于各省域人口差异极大,各自文化消费需求总量占全国份额差距巨大,份额增减百分点并无比较意义,故采用份额增减百分比加以比较,便于进行排序。实际上,总量增长与份额增减是联系在一起的,总量年均增长排序与份额增减百分比排序也是一致的。

(二)各省域城乡文化人均绝对值增长变化

2000~2012年各省域城乡人均文化消费绝对值增长态势分析见表2,各省域按12年里城乡人均文化消费绝对值年均增长指数高低排列。

表2 各省域城乡人均文化消费绝对值增长状况

地区	人均文化消费绝对值				人均文化消费增长变动				
	2000年		2012年		12年增量及增量比			12年年均增长	
	人均值(元)	排序	人均值(元)	排序	增量值(元)	增量比(全国=1)	增量比排序	增长指数(上年=100)	指数排序
全 国	214.18	—	844.45	—	630.27	1	—	112.1114	—
辽 宁	181.51	17	861.84	9	680.33	1.0794	9	113.86	2
吉 林	167.77	20	688.37	13	520.60	0.8260	12	112.48	7
黑龙江	146.84	27	558.43	23	411.59	0.6530	22	111.77	12

续表

地 区	人均文化消费绝对值				人均文化消费增长变动				
	2000年		2012年		12年增量及增量比			12年年均增长	
	人均值（元）	排序	人均值（元）	排序	增量值（元）	增量比（全国=1）	增量比排序	增长指数（上年=100）	指数排序
东 北	165.69	[4]	712.31	[2]	546.62	0.8673	[2]	112.92	[1]
江 苏	278.35	6	1672.49	3	1394.14	2.2120	3	116.12	1
福 建	256.69	7	1026.59	7	769.90	1.2215	7	112.24	9
广 东	357.74	4	1410.06	4	1052.32	1.6696	4	112.1087	10
北 京	625.71	2	2298.33	2	1672.62	2.6538	2	111.45	15
上 海	632.15	1	2318.65	1	1686.50	2.6758	1	111.44	16
天 津	348.67	5	1222.22	6	873.55	1.3860	6	111.02	18
河 北	150.96	26	526.63	26	375.67	0.5960	24	110.97	19
浙 江	375.16	3	1302.15	5	926.99	1.4708	5	110.93	21
海 南	162.96	21	505.80	27	342.84	0.5440	28	109.90	25
山 东	244.22	8	740.26	11	496.04	0.7870	14	109.68	26
东 部	296.87	[1]	1216.37	[1]	919.50	1.4589	[1]	112.47	[2]
河 南	142.12	28	605.97	20	463.85	0.7360	18	112.85	3
安 徽	158.10	23	659.23	15	501.13	0.7951	13	112.64	5
山 西	154.84	24	643.59	18	488.75	0.7755	15	112.61	6
江 西	173.98	19	620.45	19	446.47	0.7084	19	111.18	17
湖 北	201.98	11	674.51	14	472.53	0.7497	16	110.57	23
湖 南	239.28	9	652.65	17	413.37	0.6559	21	108.72	30
中 部	177.69	[3]	640.08	[3]	462.39	0.7336	[3]	111.27	[3]
内蒙古	213.16	10	897.82	8	684.66	1.0863	8	112.73	4
青 海	114.34	30	466.91	28	352.57	0.5594	27	112.44	8
陕 西	197.43	14	775.16	10	577.73	0.9166	10	112.07	11
贵 州	123.08	29	465.43	29	342.35	0.5432	29	111.72	13
重 庆	198.00	13	727.92	12	529.92	0.8408	11	111.46	14
宁 夏	188.11	15	655.32	16	467.21	0.7413	17	110.96	20
云 南	154.27	25	533.61	25	379.34	0.6019	23	110.89	22
四 川	185.52	16	600.74	21	415.22	0.6588	20	110.29	24
甘 肃	180.38	18	533.63	24	353.25	0.5605	26	109.46	27
广 西	200.44	12	558.65	22	358.21	0.5683	25	108.92	28
新 疆	160.28	22	445.12	30	284.84	0.4519	30	108.88	29
西 藏	39.23	31	105.46	31	66.23	0.1051	31	108.59	31
西 部	177.78	[2]	602.83	[4]	425.05	0.6744	[4]	110.71	[4]

注：(1) 表中均为城乡综合演算衍生数值；(2) 各地人均文化消费绝对值"增量比"小于1为小于全国城乡人均增量；(3) 全国和广东12年年均增长指数用4位小数进行比较。

2000~2012年，全国城乡人均文化消费需求从214.18元增长至844.45元，人均绝对值增量630.27元，总增长294.27%，年均增长12.11%。同期，东部整体人均绝对值从全国城乡人均值的138.61%提高至144.04%，年均增长12.47%，高于全国城乡平均增长0.36个百分点，绝对值增量为全国城乡平均值的145.89%；东北整体人均绝对值从全国城乡人均值的77.36%提高至84.35%，年均增长12.92%，高于全国城乡平均增长0.81个百分点，绝对值增量为全国城乡平均值的86.73%；中部整体人均绝对值从全国城乡人均值的82.96%降低至75.80%，年均增长11.27%，低于全国城乡平均增长0.84个百分点，绝对值增量为全国城乡平均值的73.36%；西部整体人均绝对值从全国城乡人均值的83.01%降低至71.39%，年均增长10.71%，低于全国城乡平均增长1.40个百分点，绝对值增量为全国城乡平均值的67.44%。

分阶段对比考察，"十五"期间，全国城乡人均文化消费年均增长12.92%。东部年均增长13.95%，高于全国平均增长；东北年均增长13.55%，高于全国平均增长；中部年均增长11.67%，低于全国平均增长；西部年均增长10.91%，低于全国平均增长。"十一五"期间，全国城乡人均文化消费年均增长10.78%。东部年均增长10.69%，低于全国平均增长；东北年均增长12.88%，高于全国平均增长；中部年均增长9.64%，低于全国平均增长；西部年均增长8.85%，低于全国平均增长。

对比两个五年期城乡人均文化消费需求增长变化，"十一五"全国年均增长比"十五"降低2.14个百分点。四大区域各有不同，东部"十一五"年均增长比"十五"降低3.26个百分点；东北"十一五"年均增长比"十五"降低0.67个百分点；中部"十一五"年均增长比"十五"降低2.03个百分点；西部"十一五"年均增长比"十五"降低2.06个百分点。

2000~2012年各省域城乡人均文化消费需求年均增长幅度比较，江苏、辽宁、河南、内蒙古、安徽、山西、吉林、青海、福建9个省域年均增长幅度从高到低依次高于全国城乡平均增长；广东、陕西、黑龙江、贵州、重庆、北京、上海、江西、天津、河北、宁夏、浙江、云南、湖北、四川、海南、山东、甘肃、广西、新疆、湖南、西藏22个省域年均增长幅度从高到低依次低于全国城乡平均增长。其中，占据首位的江苏年均增长高于全国城乡平均增长

4.01个百分点；处于末位的西藏年均增长低于全国城乡平均增长3.52个百分点。

各省域城乡人均文化消费绝对值比较，在2000年，上海、北京、浙江、广东、天津、江苏、福建、山东、湖南9个省域人均绝对值从高到低依次高于全国城乡平均值；内蒙古、湖北、广西、重庆、陕西、宁夏、四川、辽宁、甘肃、江西、吉林、海南、新疆、安徽、山西、云南、河北、黑龙江、河南、贵州、青海、西藏22个省域人均绝对值从高到低依次低于全国城乡平均值。其中，占据首位的上海人均值高达全国城乡平均值的295.15%；处于末位的西藏人均值仅为全国城乡平均值的18.32%。

到2012年，上海、北京、江苏、广东、浙江、天津、福建、内蒙古、辽宁9个省域人均绝对值从高到低依次高于全国城乡平均值；陕西、山东、重庆、吉林、湖北、安徽、宁夏、湖南、山西、江西、河南、四川、广西、黑龙江、甘肃、云南、河北、海南、青海、贵州、新疆、西藏22个省域人均绝对值从高到低依次低于全国城乡平均值。其中，占据首位的上海人均值高达全国城乡平均值的274.57%；处于末位的西藏人均值仅为全国城乡平均值的12.49%。

2012年，全国城乡人均文化消费年度增长12.09%，低于"十五"年均增长0.83个百分点，高于"十一五"年均增长1.31个百分点。同年，海南、河南、甘肃、湖北、四川、江苏、北京、贵州、辽宁、陕西、新疆、吉林、江西、山西、云南、安徽16个省域人均文化消费年均增长幅度从高到低依次高于全国城乡平均增长；福建、广东、宁夏、河北、湖南、西藏、山东、青海、广西、内蒙古、浙江、天津、黑龙江、重庆、上海15个省域人均文化消费年均增长幅度从高到低依次低于全国城乡平均增长。

人均文化消费绝对值系本项评价体系进行演算测评的基础性指标，虽然在最后的综合评价中演算权重不高，但却是以下各项指标演算的基础，因而实际上具有决定性意义。当然，全国及各省域城乡文化消费需求状况分析不能孤立地进行，必须放到全国及各地经济增长、民生增进的相关背景当中，同时放到城乡之间、地区之间协调增长背景当中，进一步展开分析。

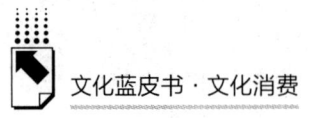

二 各省域城乡相关背景协调增长情况对比

在本项评价体系当中,全国及各省域城乡文化消费需求及其增长需要放到相关经济、民生背景中考察其间的"协调增长"状况,从而得出极其重要的各项比值平衡指标演算数值。

(一)与产值的比例关系变化

2000~2012年各省域城乡人均文化消费与人均产值的比例变动态势分析见表3,各省域按2012年城乡人均文化消费与人均产值的比值高低排列。表中同时提供了2000年和2012年各地人均产值数据,对照本文表2里各地人均文化消费数据,可以进行重复验算。

表3 各省域城乡人均文化消费与人均产值比例变动状况

地区	2000年			2012年			2000~2012年比值升降变化		
	人均产值(元)	文化消费与产值比(%)	比值排序	人均产值(元)	文化消费与产值比(%)	比值排序	升降百分点	升降百分比	排序
全 国	7858	2.73	—	38420	2.20	—	-0.5277	-19.36	—
上 海	29671	2.13	26	85373	2.72	1	0.5854	27.48	1
江 苏	11765	2.37	21	68347	2.45	4	0.0812	3.43	2
北 京	24122	2.59	19	87475	2.63	2	0.0335	1.29	3
广 东	12736	2.81	14	54095	2.61	3	-0.2023	-7.20	5
福 建	11194	2.29	22	52763	1.95	15	-0.3474	-15.15	7
浙 江	13416	2.80	15	63374	2.05	10	-0.7416	-26.52	10
河 北	7592	1.99	28	36584	1.44	25	-0.5489	-27.61	11
天 津	17353	2.01	27	93173	1.31	30	-0.6975	-34.71	15
海 南	6798	2.40	20	32377	1.56	23	-0.8350	-34.83	16
山 东	9326	2.62	17	51768	1.43	26	-1.1887	-45.39	21
东 部	12305	2.41	[3]	57722	2.11	[1]	-0.3052	-12.65	[1]
辽 宁	11177	1.62	30	56649	1.52	24	-0.1026	-6.32	4
黑龙江	8294	1.77	29	35711	1.56	22	-0.2067	-11.68	6
吉 林	7351	2.28	23	43415	1.59	21	-0.6966	-30.52	13
东 北	9178	1.81	[4]	46014	1.55	[4]	-0.2573	-14.25	[2]

续表

地区	2000年			2012年			2000~2012年比值升降变化		
	人均产值（元）	文化消费与产值比（%）	比值排序	人均产值（元）	文化消费与产值比（%）	比值排序	升降百分点	升降百分比	排序
河南	5450	2.61	18	31499	1.92	16	-0.6840	-26.23	9
山西	5722	2.71	16	33628	1.91	17	-0.7921	-29.27	12
安徽	4779	3.31	10	28792	2.29	8	-1.0186	-30.79	14
江西	4851	3.59	7	28800	2.15	9	-1.4321	-39.93	19
湖北	6293	3.21	13	38572	1.75	20	-1.4610	-45.52	22
湖南	5425	4.41	2	33480	1.95	14	-2.4614	-55.80	30
中部	5308	3.35	[2]	32427	1.97	[2]	-1.3741	-41.04	[3]
云南	4769	3.23	12	22195	2.40	6	-0.8306	-25.68	8
青海	5138	2.23	24	33181	1.41	27	-0.8183	-36.77	17
新疆	7372	2.17	25	33796	1.32	29	-0.8571	-39.42	18
甘肃	4129	4.37	3	21978	2.43	5	-1.9406	-44.42	20
四川	4956	3.74	6	29608	2.03	11	-1.7144	-45.80	23
西藏	4572	0.86	31	22936	0.46	31	-0.3983	-46.42	24
重庆	5616	3.53	8	38914	1.87	18	-1.6550	-46.94	25
贵州	2759	4.46	1	19710	2.36	7	-2.0995	-47.06	26
宁夏	5376	3.50	9	36394	1.80	19	-1.6985	-48.54	27
陕西	4968	3.97	5	38564	2.01	12	-1.9640	-49.42	28
广西	4652	4.31	4	27952	2.00	13	-2.3102	-53.62	29
内蒙古	6502	3.28	11	63886	1.41	28	-1.8730	-57.13	31
西部	4744	3.75	[1]	31357	1.92	[3]	-1.8249	-48.70	[4]

注：（1）人均产值数据出自《中国统计年鉴》相应年卷，其余为演算衍生数值；（2）比值升降百分点负值为下降百分点，升降百分比负值为下降百分比。以升降百分比排序更加准确（后文表4~6同）。

2000~2012年，全国人均产值从7858元增长至38420元，年均增长14.14%，高于同期全国城乡人均文化消费年均增长2.03个百分点。12年里，全国城乡人均文化消费与人均产值的比例从2.73%下降至2.20%，降低0.53个百分点，降幅为19.36%。同期，东部整体比值从2.41%下降至2.11%，降低0.30个百分点；东北整体比值从1.81%下降至1.55%，降低0.26个百分点；中部整体比值从3.35%下降至1.97%，降低1.38个百分点；西部整体比值从3.75%下降至1.92%，降低1.83个百分点。

各省域城乡人均文化消费与人均产值的比值比较，在2000年，贵州、湖南、甘肃、广西、陕西、四川、江西、重庆、宁夏、安徽、内蒙古、云南、湖北、广东、浙江15个省域此项比值从高到低依次高于全国城乡总体比值；山西、山东、河南、北京、海南、江苏、福建、吉林、青海、新疆、上海、天津、河北、黑龙江、辽宁、西藏16个省域此项比值从高到低依次低于全国城乡总体比值。其中，占据首位的贵州此项比值高于全国城乡总体比值1.74个百分点；处于末位的西藏此项比值低于全国城乡总体比值1.87个百分点。

到2012年，仅有上海、北京、广东、江苏、甘肃、云南、贵州、安徽8个省域此项比值从高到低依次高于全国城乡总体比值；江西、浙江、四川、陕西、广西、湖南、福建、河南、山西、重庆、宁夏、湖北、吉林、黑龙江、海南、辽宁、河北、山东、青海、内蒙古、新疆、天津、西藏23个省域此项比值从高到低依次低于全国城乡总体比值。其中，占据首位的上海此项比值高于全国城乡总体比值0.52个百分点；处于末位的西藏此项比值低于全国城乡总体比值1.74个百分点。

2000~2012年各省域城乡人均文化消费与人均产值的比值升降变化比较，仅有上海、江苏、北京3个省域此项比值按升幅从大到小依次各有提升；辽宁、广东、黑龙江、福建、云南、河南、浙江、河北、山西、吉林、安徽、天津、海南、青海、新疆、江西、甘肃、山东、湖北、四川、西藏、重庆、贵州、宁夏、陕西、广西、湖南、内蒙古28个省域此项比值按降幅从小到大依次各有下降。其中，占据首位的上海此项比值提高了27.48%；处于末位的内蒙古此项比值降低了57.13%。

2012年与上一年相比，全国城乡此项比值提升2.69%。同时，海南、河南、北京、甘肃、江苏、山西、湖北、广东、四川、辽宁、江西、新疆、河北、吉林、宁夏、福建16个省域此项比值按升幅从大到小依次各有提升；陕西、安徽、山东、浙江、内蒙古、广西、上海、湖南、云南、贵州、青海、黑龙江、天津、西藏、重庆15个省域此项比值按降幅从小到大依次各有下降。

这一比值关系分析表明，2000~2012年，全国及各省域城乡文化消费需求增长与产值增长相比较，其间"增长协调性"欠佳。在全国及绝大部分省域，城乡文化消费需求增长赶不上产值增长，经济发展成果未能在提升城乡居民文化消费需求上同步体现出来。到2012年，情况出现好转，全国及大部分省域城乡此项比值有所上升。

（二）占收入的比重关系变化

2000～2012年各省域城乡人均文化消费占人均收入的比重变动态势分析见表4，各省域按2012年城乡人均文化消费占人均收入的比值高低排列。表中同时提供了2000年和2012年各省域城乡人均收入数据，对照本文表2里各地人均文化消费数据，可以进行重复验算。

表4 各省域城乡人均文化消费占人均收入比重变动状况

地区	2000年			2012年			2000～2012年比值升降变化		
	人均收入（元）	文化消费占收入比（%）	比值排序	人均收入（元）	文化消费占收入比（%）	比值排序	升降百分点	升降百分比	排序
全　国	3682.95	5.8155	—	16560.59	5.0992	—	0.7163	-12.32	—
辽　宁	3967.28	4.5753	28	18358.35	4.6946	17	0.1193	2.61	4
黑龙江	3558.14	4.1269	30	13795.25	4.0480	27	-0.0789	-1.91	7
吉　林	3391.78	4.9463	25	14815.24	4.6464	19	-0.2999	-6.06	9
东　北	3676.95	4.5062	[4]	15875.36	4.4869	[4]	-0.0193	-0.43	[1]
江　苏	4892.22	5.6897	15	23114.85	7.2356	1	1.5459	27.17	1
广　东	6930.86	5.1616	23	23721.57	5.9442	4	0.7826	15.16	2
上　海	10974.50	5.7602	13	37793.15	6.1351	3	0.3749	6.51	3
北　京	9033.10	6.9268	4	33709.72	6.8180	2	-0.1088	-1.57	6
福　建	4934.26	5.2022	22	20612.51	4.9804	9	-0.2218	-4.26	8
天　津	6854.16	5.0870	24	26667.83	4.5831	22	-0.5039	-9.91	10
浙　江	6633.38	5.6556	16	27101.01	4.8048	11	-0.8508	-15.04	16
河　北	3289.30	4.5893	27	13839.85	3.8054	29	-0.7839	-17.08	17
海　南	3414.71	4.7724	26	14305.12	3.5358	30	-1.2366	-25.91	25
山　东	4068.62	6.0025	9	17876.78	4.1409	26	-1.8616	-31.01	29
东　部	5381.09	5.5169	[3]	22224.91	5.4730	[1]	-0.0439	-0.80	[2]
山　西	2869.66	5.3957	21	13450.50	4.7849	12	-0.6108	-11.32	11
安　徽	2846.20	5.5547	17	13489.45	4.8870	10	-0.6677	-12.02	12
河　南	2614.77	5.4354	19	12885.89	4.7026	16	-0.7328	-13.48	14
湖　北	3548.07	5.6928	14	14691.62	4.5911	21	-1.1017	-19.35	18
江　西	2940.88	5.9158	12	13436.64	4.6176	20	-1.2982	-21.94	21
湖　南	3363.80	7.1135	3	13807.33	4.7268	15	-2.3867	-33.55	30

续表

地区	2000年			2012年			2000~2012年比值升降变化		
	人均收入（元）	文化消费占收入比（%）	比值排序	人均收入（元）	文化消费占收入比（%）	比值排序	升降百分点	升降百分比	排序
中 部	3010.54	5.9024	[2]	13572.79	4.7159	[3]	-1.1865	-20.10	[3]
青 海	2748.81	4.1598	29	11081.63	4.2134	25	0.0536	1.29	5
贵 州	2248.49	5.4737	18	9730.38	4.7833	13	-0.6904	-12.61	13
内蒙古	3339.74	6.3824	7	16496.61	5.4424	7	-0.9400	-14.73	15
云 南	2583.63	5.9710	11	11375.76	4.6908	18	-1.2802	-21.44	19
陕 西	2606.24	7.5754	2	13047.30	5.9412	5	-1.6342	-21.57	20
西 藏	2462.74	1.5931	31	8517.16	1.2382	31	-0.3549	-22.28	22
重 庆	3311.66	5.9788	10	16111.46	4.5180	23	-1.4608	-24.43	23
四 川	2943.06	6.3037	8	12680.43	4.7375	14	-1.5662	-24.85	24
宁 夏	2740.36	6.8644	5	13036.57	5.0268	8	-1.8376	-26.77	26
新 疆	2966.75	5.4027	20	11438.04	3.8916	28	-1.5111	-27.97	27
甘 肃	2251.29	8.0123	1	9308.23	5.7329	6	-2.2794	-28.45	28
广 西	2951.44	6.7914	6	12508.18	4.4663	24	-2.3251	-34.24	31
西 部	2796.70	6.3569	[1]	12416.66	4.8550	[2]	-1.5019	-23.63	[4]

注：(1) 表中均为城乡综合演算衍生数值；(2) 比值升降百分点负值为下降百分点，升降百分比负值为下降百分比。

2000~2012年，全国城乡人均收入从3682.95元增长至16560.59元，年均增长13.35%，高于同期全国城乡人均文化消费年均增长1.24个百分点。12年里，全国城乡人均文化消费占人均收入的比重从5.82%下降至5.10%，降低0.72个百分点，降幅为12.37%。同期，东部整体比值从5.52%下降至5.47%，降低0.05个百分点；东北整体比值从4.51%下降至4.49%，降低0.02个百分点；中部整体比值从5.90%下降至4.72%，降低1.18个百分点；西部整体比值从6.36%下降至4.86%，降低1.50个百分点。

各省域城乡人均文化消费占人均收入的比值比较，在2000年，甘肃、陕西、湖南、北京、宁夏、广西、内蒙古、四川、山东、重庆、云南、江西12个省域此项比值从高到低依次高于全国城乡总体比值；上海、湖北、江苏、浙江、安徽、贵州、河南、新疆、山西、福建、广东、天津、吉林、海南、河北、辽宁、青海、黑龙江、西藏19个省域此项比值从高到低依次低于全国城乡总体比值。其中，占据首位的甘肃此项比值高于全国城乡总体比值2.20个百分点；处于末位的西藏此项比值低于全国城乡总体比值4.22个百分点。

到2012年，江苏、北京、上海、广东、陕西、甘肃、内蒙古7个省域此项比值从高到低依次高于全国城乡总体比值；宁夏、福建、安徽、浙江、山西、贵州、四川、湖南、河南、辽宁、云南、吉林、江西、湖北、天津、重庆、广西、青海、山东、黑龙江、新疆、河北、海南、西藏24个省域此项比值从高到低依次低于全国城乡总体比值。其中，占据首位的江苏此项比值高于全国城乡总体比值2.14个百分点；处于末位的西藏此项比值低于全国城乡总体比值3.86个百分点。

2000~2012年各省域城乡人均文化消费占人均收入的比值升降变化比较，仅有江苏、广东、上海、辽宁、青海5个省域此项比值按升幅从大到小依次各有提升；北京、黑龙江、福建、吉林、天津、山西、安徽、贵州、河南、内蒙古、浙江、河北、湖北、云南、陕西、江西、西藏、重庆、四川、海南、宁夏、新疆、甘肃、山东、湖南、广西26个省域此项比值按降幅从小到大依次各有下降。其中，占据首位的江苏此项比值提高了27.17%；处于末位的广西此项比值降低了34.24%。

2012年与上一年相比，全国城乡此项比值下降1.96%。同时，仅有海南、河南、北京、四川、甘肃、湖北、江苏、辽宁、吉林9个省域此项比值按升幅从大到小依次各有提升；江西、陕西、山西、贵州、广东、安徽、新疆、河北、宁夏、福建、云南、湖南、西藏、山东、内蒙古、广西、天津、浙江、青海、黑龙江、上海、重庆22个省域此项比值按降幅从小到大依次各有下降。

这一比值关系分析表明，2000~2012年，全国及各省域城乡文化消费需求增长与收入增长相比较，其间"增长协调性"欠佳。在全国及绝大部分省域，城乡文化消费需求增长赶不上居民收入增长，民生增进成效未能在提升城乡居民文化消费需求上同步体现出来。

（三）占总消费的比重关系变化

2000~2012年各省域城乡人均文化消费占人均总消费的比重变动态势分析见表5，各省域按2012年城乡人均文化消费占人均总消费的比值高低排列。

表中同时提供了2000年和2012年各省域城乡人均总消费数据，对照本文表2里各地人均文化消费数据，可以进行重复验算。

表5 各省域城乡人均文化消费占人均总消费比重变动状况

地区	2000年 人均总消费（元）	文化消费占总消费比（%）	比值排序	2012年 人均总消费（元）	文化消费占总消费比（%）	比值排序	2000~2012年比值升降变化 升降百分点	升降百分比	排序
全国	2851.61	7.5109	—	11498.08	7.3443	—	-0.1666	-2.22	—
江苏	3545.79	7.8502	11	15187.64	11.0122	1	3.1620	40.28	1
广东	5527.43	6.4721	26	17459.70	8.0761	4	1.6040	24.78	2
上海	8293.64	7.6222	12	24725.28	9.3776	3	1.7554	23.03	3
北京	7332.13	8.5338	3	22366.82	10.2756	2	1.7418	20.41	4
福建	3719.03	6.9020	23	13988.31	7.3389	7	0.4369	6.33	7
浙江	5025.23	7.4655	15	17487.80	7.4461	6	-0.0194	-0.26	11
天津	4946.50	7.0489	21	17807.76	6.8634	13	-0.1855	-2.63	14
河北	2124.97	7.1039	20	8675.51	6.0703	26	-1.0336	-14.55	22
海南	2492.30	6.5386	25	9718.36	5.2046	29	-1.3340	-20.40	27
山东	2966.95	8.2312	7	11429.40	6.4768	21	-1.7544	-21.31	28
东部	4022.12	7.3808	[3]	14884.94	8.1718	[1]	0.7910	10.72	[1]
辽宁	3150.68	5.7611	28	12869.44	6.6968	15	0.9357	16.24	5
吉林	2765.45	6.0665	27	10699.01	6.4339	22	0.3674	6.06	8
黑龙江	2705.19	5.4281	29	9837.59	5.6765	27	0.2484	4.58	10
东北	2895.09	5.7232	[4]	11265.73	6.3228	[4]	0.5996	10.48	[2]
山西	2104.29	7.3582	16	8920.22	7.2150	8	-0.1432	-1.95	13
河南	1884.71	7.5409	13	8643.06	7.0111	11	-0.5298	-7.03	15
江西	2180.27	7.9796	9	8693.10	7.1373	10	-0.8423	-10.56	17
湖北	2769.44	7.2933	17	10344.94	6.5202	20	-0.7731	-10.60	18
安徽	2111.68	7.4869	14	9872.63	6.6774	16	-0.8095	-10.81	19
湖南	2893.25	8.2704	5	9879.28	6.6062	18	-1.6642	-20.12	26
中部	2312.50	7.6841	[2]	9384.05	6.8210	[2]	-0.8631	-11.23	[3]
西藏	1940.69	2.0217	31	4835.20	2.1811	31	0.1594	7.88	6
青海	2233.07	5.1205	30	8622.24	5.4152	28	0.2947	5.76	9
贵州	1838.84	6.6932	24	7000.73	6.6483	17	-0.0449	-0.67	12
云南	2163.44	7.1307	19	8109.39	6.5802	19	-0.5505	-7.72	16
重庆	2747.01	7.2078	18	11489.65	6.3354	23	-0.8724	-12.10	20
陕西	2206.74	8.9469	2	10086.65	7.6850	5	-1.2619	-14.10	21

续表

地区	2000年			2012年			2000~2012年比值升降变化		
	人均总消费（元）	文化消费占总消费比（%）	比值排序	人均总消费（元）	文化消费占总消费比（%）	比值排序	升降百分点	升降百分比	排序
内蒙古	2588.83	8.2337	6	12863.49	6.9796	12	-1.2541	-15.23	23
宁夏	2304.20	8.1638	8	9728.86	6.7359	14	-1.4279	-17.49	24
四川	2362.70	7.8521	10	9499.48	6.3239	24	-1.5282	-19.46	25
广西	2409.09	8.3203	4	8906.18	6.2726	25	-2.0477	-24.61	29
甘肃	1801.62	10.0121	1	7448.75	7.1640	9	-2.8481	-28.45	30
新疆	2303.68	6.9578	22	9060.54	4.9127	30	-2.0451	-29.39	31
西部	2274.77	7.8155	[1]	9236.93	6.5263	[3]	-1.2892	-16.50	[4]

注：(1) 表中均为城乡综合演算衍生数值；(2) 比值升降百分点负值为下降百分点，升降百分比负值为下降百分比。

2000~2012年，全国城乡人均总消费从2851.61元增长至11498.08元，年均增长12.32%，高于同期全国城乡人均文化消费年均增长0.21个百分点。12年里，全国城乡人均文化消费占人均总消费的比值从7.51%下降至7.34%，降低0.17个百分点，降幅为2.26%。同期，东部整体比值从7.38%上升至8.17%，提升0.79个百分点；东北整体比值从5.72%上升至6.32%，提升0.60个百分点；中部整体比值从7.68%下降至6.82%，降低0.86个百分点；西部整体比值从7.82%下降至6.53%，降低1.29个百分点。

各省域城乡人均文化消费占人均总消费的比值比较，在2000年，甘肃、陕西、北京、广西、湖南、内蒙古、山东、宁夏、江西、四川、江苏、上海、河南13个省域此项比值从高到低依次高于全国城乡总体比值；安徽、浙江、山西、湖北、重庆、云南、河北、天津、新疆、福建、贵州、海南、广东、吉林、辽宁、黑龙江、青海、西藏18个省域此项比值从高到低依次低于全国城乡总体比值。其中，占据首位的甘肃此项比值高于全国城乡总体比值2.50个百分点；处于末位的西藏此项比值低于全国城乡总体比值5.49个百分点。

到2012年，江苏、北京、上海、广东、陕西、浙江6个省域此项比值从高到低依次高于全国城乡总体比值；福建、山西、甘肃、江西、河南、内蒙古、天津、宁夏、辽宁、安徽、贵州、湖南、云南、湖北、山东、吉林、重庆、四川、广西、河北、黑龙江、青海、海南、新疆、西藏25个省域此项比值从高到低依次低于全国城乡总体比值。其中，占据首位的江苏此项比值高于全国城乡总体比值3.67个百分点；处于末位的西藏此项比值低于全国城乡总体比值5.16个百分点。

2000~2012年各省域城乡人均文化消费占人均总消费的比值升降变化比较，江苏、广东、上海、北京、辽宁、西藏、福建、吉林、青海、黑龙江10个省域此项比值按升幅从大到小依次各有提升；浙江、贵州、山西、天津、河南、云南、江西、湖北、安徽、重庆、陕西、河北、内蒙古、宁夏、四川、湖南、海南、山东、广西、甘肃、新疆21个省域此项比值按降幅从小到大依次各有下降。其中，占据首位的江苏此项比值提高了40.28%；处于末位的新疆此项比值降低了29.39%。

2012年与上一年相比，全国城乡此项比值下降0.06%。同时，海南、北京、河南、四川、湖北、江西、甘肃、江苏、辽宁、西藏、吉林、贵州、陕西13个省域此项比值按升幅从大到小依次各有提升；山西、广东、宁夏、河北、湖南、浙江、安徽、山东、福建、云南、黑龙江、上海、新疆、内蒙古、广西、天津、青海、重庆18个省域此项比值按降幅从小到大依次各有下降。

这一比值关系分析表明，2000~2012年，全国及各省域城乡文化消费需求增长与总消费增长相比较，其间"增长协调性"欠佳。在全国及绝大部分省域，城乡文化消费需求增长赶不上居民总消费增长，拉动内需扩大消费成效未能在提升城乡居民文化消费需求上同步体现出来。

（四）与非文消费剩余的比例关系变化

2000~2012年各省域城乡人均文化消费与人均非文消费剩余的比例变动态势分析见表6，各省域按2012年城乡人均文化消费与人均非文消费剩余的比值高低排列。表中同时提供了2000年和2012年各省域城乡人均非文消费剩余数据，对照本文表2里各地人均文化消费数据，可以进行重复验算。

省域城乡文化消费需求景气评价排行

表6　各省域城乡人均文化消费与人均非文消费剩余比例变动状况

地区	2000年			2012年			2000~2012年比值升降变化		
	人均非文消费剩余（元）	文化消费与非文消费剩余比（%）	比值排序	人均非文消费剩余（元）	文化消费与非文消费剩余比（%）	比值排序	升降百分点	升降百分比	排序
全国	1045.52	20.4855	—	5906.97	14.2959	—	-6.1896	-30.21	—
江苏	1624.78	17.1316	24	9599.71	17.4223	5	0.2907	1.70	1
广东	1761.16	20.3128	14	7671.93	18.3794	4	-1.9334	-9.52	2
河北	1315.28	11.4771	30	5690.37	9.2548	30	-2.2223	-19.36	8
上海	3313.02	19.0809	16	15386.52	15.0693	12	-4.0116	-21.02	9
天津	2256.33	15.4531	27	10082.29	12.1225	25	-3.3306	-21.55	10
福建	1471.91	17.4391	23	7650.80	13.4181	21	-4.0210	-23.06	12
海南	1085.38	15.0143	28	5092.56	9.9322	29	-5.0821	-33.85	17
浙江	1983.30	18.9159	17	10915.36	11.9295	26	-6.9864	-36.93	20
北京	2326.68	26.8927	6	13641.22	16.8484	6	-10.0443	-37.35	23
山东	1345.88	18.1455	21	7187.64	10.2991	28	-7.8464	-43.24	25
东部	1655.83	17.9286	[3]	8556.34	14.2160	[2]	-3.7126	-20.71	[1]
黑龙江	999.79	14.6871	29	4516.09	12.3653	24	-2.3218	-15.81	6
辽宁	998.12	18.1855	19	6350.76	13.5707	18	-4.6148	-25.38	14
吉林	794.10	21.1267	12	4804.60	14.3273	14	-6.7994	-32.18	16
东北	947.55	17.4863	[4]	5321.95	13.3844	[3]	-4.1019	-23.46	[2]
安徽	892.62	17.7118	22	4276.05	15.4169	11	-2.2949	-12.96	5
河南	872.18	16.2951	26	4848.81	12.4973	22	-3.7978	-23.31	13
山西	920.21	16.8265	25	5173.87	12.4393	23	-4.3872	-26.07	15
湖北	980.61	20.5977	13	5021.19	13.4333	19	-7.1644	-34.78	19
江西	934.59	18.6153	18	5364.00	11.5670	27	-7.0483	-37.86	24
湖南	709.84	33.7099	1	4580.69	14.2478	15	-19.4621	-57.73	30
中部	875.74	20.2909	[4]	4828.82	13.2555	[4]	-7.0354	-34.67	[3]
内蒙古	964.06	22.1101	11	4530.94	19.8153	3	-2.2948	-10.38	3
青海	630.09	18.1474	20	2926.29	15.9557	8	-2.1917	-12.08	4
新疆	823.35	19.4673	15	2822.61	15.7698	10	-3.6975	-18.99	7
甘肃	630.05	28.6297	4	2393.10	22.2985	1	-6.3312	-22.11	11
四川	765.89	24.2230	9	3781.69	15.8854	9	-8.3376	-34.42	18
贵州	532.73	23.1032	10	3195.09	14.5670	13	-8.5362	-36.95	21
陕西	596.93	33.0750	2	3735.82	20.7495	2	-12.3255	-37.27	22
宁夏	624.27	30.1329	3	3963.03	16.5359	7	-13.5970	-45.12	26
重庆	762.65	25.9619	8	5349.73	13.6067	17	-12.3552	-47.59	27

续表

地区	2000年			2012年			2000~2012年比值升降变化		
	人均非文消费剩余（元）	文化消费与非文消费剩余比（%）	比值排序	人均非文消费剩余（元）	文化消费与非文消费剩余比（%）	比值排序	升降百分点	升降百分比	排序
云南	574.46	26.8544	7	3799.98	14.0425	16	-12.8119	-47.71	28
广西	742.79	26.9852	5	4160.66	13.4270	20	-13.5582	-50.24	29
西藏	561.28	6.9901	31	3787.42	2.7845	31	-4.2056	-60.17	31
西部	699.71	25.4081	[1]	3782.56	15.9371	[1]	-9.4710	-37.28	[4]

注：（1）表中均为城乡综合演算衍生数值；（2）比值升降百分点负值为下降百分点，升降百分比负值为下降百分比。

2000~2012年，全国城乡人均非文消费剩余从1045.52元增长至5906.97元，年均增长15.52%，高于同期全国城乡人均文化消费年均增长3.41个百分点。12年里，全国城乡人均文化消费与人均非文消费剩余的比值从20.49%下降至14.30%，降低6.19个百分点，降幅为30.21%。同期，东部整体比值从17.93%下降至14.22%，降低3.71个百分点；东北整体比值从17.49%下降至13.38%，降低4.11个百分点；中部整体比值从20.29%下降至13.26%，降低7.03个百分点；西部整体比值从25.41%下降至15.94%，降低9.47个百分点。

各省域城乡人均文化消费与人均非文消费剩余的比值比较，在2000年，湖南、陕西、宁夏、甘肃、广西、北京、云南、重庆、四川、贵州、内蒙古、吉林、湖北13个省域此项比值从高到低依次高于全国城乡总体比值；广东、新疆、上海、浙江、江西、辽宁、青海、山东、安徽、福建、江苏、山西、河南、天津、海南、黑龙江、河北、西藏18个省域此项比值从高到低依次低于全国城乡总体比值。其中，占据首位的湖南此项比值高于全国城乡总体比值13.22个百分点；处于末位的西藏此项比值低于全国城乡总体比值13.50个百分点。

到2012年，甘肃、陕西、内蒙古、广东、江苏、北京、宁夏、青海、四川、新疆、安徽、上海、贵州、吉林14个省域此项比值从高到低依次高于全国城乡总体比值；湖南、云南、重庆、辽宁、湖北、广西、福建、河南、山西、黑龙江、天津、浙江、江西、山东、海南、河北、西藏17个省域此项比值从高到低依次低于全国城乡总体比值。其中，占据首位的甘肃此项比值高于全国城乡总体比值8.00个百分点；处于末位的西藏此项比值低于全国城乡总体比值11.51个百分点。

2000~2012年各省域城乡人均文化消费与人均非文消费剩余的比值升降变化比较，仅有江苏1个省域此项比值有所提升；广东、内蒙古、青海、安徽、黑龙江、新疆、河北、上海、天津、甘肃、福建、河南、辽宁、山西、吉林、海南、四川、湖北、浙江、贵州、陕西、北京、江西、山东、宁夏、重庆、云南、广西、湖南、西藏30个省域此项比值按降幅从小到大依次各有下降。其中，占据首位的江苏此项比值提高了1.70%；处于末位的西藏此项比值降低了60.17%。

2012年与上一年相比，全国城乡此项比值下降5.39%。同时，仅有海南、河南、新疆、北京、江苏5个省域此项比值按升幅从大到小依次各有提升；吉林、辽宁、甘肃、安徽、四川、湖北、山西、云南、广东、福建、天津、青海、广西、陕西、贵州、河北、江西、内蒙古、湖南、山东、宁夏、西藏、重庆、浙江、上海、黑龙江26个省域此项比值按降幅从小到大依次各有下降。

这一比值关系分析表明，2000~2012年，全国及各省域城乡文化消费需求增长与非文消费剩余增长相比较，其间"增长协调性"明显欠佳。在全国及绝大部分省域，城乡文化消费需求增长赶不上居民必需消费（本项评价体系设定全部非文消费为必需消费）之外余钱增多，全面建设小康社会发展成就未能在提升城乡居民文化消费需求上同步体现出来。

三 各省域城乡、区域之间均衡增长状况

在本项评价体系当中，文化消费需求及其增长还需要放到城乡关系、地区关系背景中考察其间的"均衡增长"状况，从而得出不可或缺的各项比差值校正指标演算数值。

（一）文化消费需求的城乡差距变化

2000~2012年各省域人均文化消费城乡比及其变动态势分析见表7，各省

域按2012年人均文化消费城乡比从小到大排列。表中同时提供了2000年和2012年各省域城镇与乡村人均文化消费基础数据，可以进行重复验算。

表7 各省域人均文化消费城乡差距变动状况

地 区	2000年文化消费城乡差距			2012年文化消费城乡差距			2000~2012年城乡比扩减变化	
	城镇人均值（元）	乡村人均值（元）	城乡比（乡村=1）	城镇人均值（元）	乡村人均值（元）	城乡比（乡村=1）	扩减百分比	排序
全 国	264.07	186.72	1.4143	1213.88	445.49	2.7248	92.66	—
黑龙江	143.16	150.67	0.9502	589.27	518.04	1.1375	19.71	7
吉 林	163.62	171.77	0.9526	759.59	606.26	1.2529	31.52	13
辽 宁	169.55	195.38	0.8678	1027.31	556.56	1.8458	112.70	22
东 北	158.82	173.01	0.9180	819.87	556.46	1.4734	60.50	[1]
天 津	393.83	235.22	1.6743	1328.97	766.08	1.7348	3.61	3
河 北	210.21	130.71	1.6082	722.41	358.49	2.0151	25.30	8
山 东	306.66	207.87	1.4752	963.88	500.98	1.9240	30.42	11
浙 江	427.60	327.99	1.3037	1539.55	902.23	1.7064	30.89	12
江 苏	292.12	268.99	1.0860	1966.12	1184.18	1.6603	52.88	15
北 京	667.58	484.86	1.3769	2481.74	1152.67	2.1530	56.37	16
上 海	642.25	559.12	1.1487	2482.39	952.10	2.6073	126.98	24
福 建	260.19	254.30	1.0232	1348.74	565.83	2.3836	132.96	25
广 东	396.00	313.46	1.2633	1875.74	466.63	4.0198	218.20	29
海 南	144.94	174.39	0.8311	747.25	253.97	2.9423	254.02	31
东 部	369.57	239.90	1.5405	1587.35	628.57	2.5253	63.93	[2]
西 藏	162.56	11.11	14.6319	325.07	40.86	7.9557	-45.63	1
新 疆	268.12	105.98	2.5299	680.79	261.74	2.6010	2.81	2
青 海	181.62	79.38	2.2880	675.19	283.28	2.3835	4.17	4
云 南	317.20	106.14	2.9885	931.36	289.22	3.2202	7.75	5
甘 肃	298.66	143.87	2.0759	870.89	327.30	2.6608	28.18	9
宁 夏	280.31	144.98	1.9334	934.76	373.36	2.5036	29.49	10
重 庆	288.81	154.52	1.8691	990.06	394.23	2.5114	34.36	14
四 川	259.26	159.55	1.6249	965.27	329.29	2.9314	80.40	17
贵 州	207.93	97.26	2.1379	896.13	226.44	3.9575	85.11	18
陕 西	231.28	181.81	1.2721	1123.04	445.47	2.5210	98.18	21
广 西	236.74	186.76	1.2676	946.18	270.24	3.5013	176.21	27
内蒙古	186.45	232.58	0.8017	1185.26	513.97	2.3061	187.65	28
西 部	251.46	149.03	1.6873	962.57	321.70	2.9921	77.33	[3]

续表

地区	2000年文化消费城乡差距			2012年文化消费城乡差距			2000~2012年城乡比扩减变化	
	城镇人均值（元）	乡村人均值（元）	城乡比（乡村=1）	城镇人均值（元）	乡村人均值（元）	城乡比（乡村=1）	扩减百分比	排序
山西	192.25	135.39	1.4200	786.44	498.02	1.5791	11.20	6
湖南	280.36	222.50	1.2600	950.44	400.22	2.3748	88.48	19
安徽	192.03	145.46	1.3202	984.62	385.92	2.5514	93.26	20
河南	173.06	133.08	1.3004	975.48	343.83	2.8371	118.17	23
湖北	189.77	209.89	0.9041	926.08	394.63	2.3467	159.56	26
江西	146.42	184.24	0.7947	938.65	342.70	2.7390	244.66	30
中部	198.85	169.07	1.1762	938.05	382.79	2.4505	108.34	[4]

注：(1) 各省域城镇与乡村人均文化消费数据出自《中国统计年鉴》相应年卷，其余为演算衍生数值；(2) 城乡比小于1为"城乡倒挂"，即城镇人均数值低于乡村；(3) 城乡比扩减百分比负值为城乡比缩小。

2000~2012年，全国城镇人均文化消费从264.07元增长至1213.88元，总增长359.68%，年均增长13.55%；全国乡村人均文化消费从186.72元增长至445.49元，总增长138.59%，年均增长7.52%。12年里，全国城镇人均文化消费年均增长幅度高于乡村6.03个百分点。全国人均文化消费城乡比从1.4143扩大至2.7248，文化消费需求的城乡差距扩大92.66%。

同期，东部整体城镇人均文化消费年均增长12.91%，乡村年均增长8.36%，城镇年均增幅高于乡村4.55个百分点，文化消费城乡比从1.5405扩大至2.5253，扩大63.93%；东北整体城镇人均文化消费年均增长14.66%，乡村年均增长10.22%，城镇年均增幅高于乡村4.44个百分点，文化消费城乡比从0.9180扩大至1.4734，扩大60.50%；中部整体城镇人均文化消费年均增长13.80%，乡村年均增长7.05%，城镇年均增幅高于乡村6.75个百分点，文化消费城乡比从1.1762扩大至2.4505，扩大108.34%；西部整体城镇人均文化消费年均增长11.84%，乡村年均增长6.62%，城镇年均增幅高于乡村5.22个百分点，文化消费城乡比从1.6873扩大至2.9921，扩大77.33%。

分阶段对比考察，"十五"期间，全国人均文化消费城乡比扩大25.91%；其中，东部扩大18.13%，东北扩大11.33%，中部扩大36.85%，西部扩大20.85%；"十一五"期间，全国人均文化消费城乡比扩大47.98%；其中，东部扩大34.11%，东北扩大19.24%，中部扩大47.65%，西部扩大67.19%。

对比两个五年期人均文化消费城乡比扩减变化，全国城乡比"十一五"扩大程度比"十五"增高22.07%。四大区域各有不同，东部城乡比"十一五"扩大程度比"十五"增高15.98%，东北城乡比"十一五"扩大程度比"十五"增高7.91%，中部城乡比"十一五"扩大程度比"十五"增高10.80%，西部城乡比"十一五"扩大程度比"十五"增高46.34%。

前后对比考察，2000年，东北、中部城乡比小于全国总体城乡比，东部、西部城乡比大于全国总体城乡比；2012年，东部、东北、中部城乡比小于全国总体城乡比，西部城乡比仍大于全国总体城乡比。

各省域人均文化消费城乡比状况比较，在2000年，江西、内蒙古、海南、辽宁、湖北、黑龙江、吉林、福建、江苏、上海、湖南、广东、广西、陕西、河南、浙江、安徽、北京18个省域文化消费城乡比从小到大依次小于全国总体城乡比，其间前7位为"城乡倒挂"，即城镇人均值低于乡村；山西、山东、河北、四川、天津、重庆、宁夏、甘肃、贵州、青海、新疆、云南、西藏13个省域文化消费城乡比从小到大依次大于全国总体城乡比。其中，占据首位的江西城乡比仅为全国总体城乡比的56.19%；处于末位的西藏城乡比高达全国总体城乡比的1034.60%。

到2012年，黑龙江、吉林、山西、江苏、浙江、天津、辽宁、山东、河北、北京、内蒙古、湖北、湖南、青海、福建、宁夏、重庆、陕西、安徽、新疆、上海、甘肃22个省域文化消费城乡比从小到大依次小于全国总体城乡比；江西、河南、四川、海南、云南、广西、贵州、广东、西藏9个省域文化消费城乡比从小到大依次大于全国总体城乡比。其中，占据首位的黑龙江城乡比仅为全国总体城乡比的41.75%；处于末位的西藏城乡比高达全国总体城乡比的291.97%。

2000~2012年，仅有西藏1个省域文化消费城乡比有所缩小；新疆、天津、青海、云南、山西、黑龙江、河北、甘肃、宁夏、山东、浙江、吉林、重庆、江苏、北京、四川、贵州、湖南、安徽、陕西、辽宁、河南、上海、福建、湖北、广西、内蒙古、广东、江西、海南30个省域文化消费城乡比按扩增幅度从小到大依次各有扩大。其中，占据首位的西藏城乡比缩小了45.63%；处于末位的海南城乡比扩大了254.02%。

2012年与上一年相比,全国文化消费城乡比缩小2.01%。同时,天津、吉林、广西、重庆、贵州、云南、黑龙江、湖南、宁夏、河北、广东、河南、福建、上海、四川、浙江、新疆、青海18个省域文化消费城乡比按缩小幅度从大到小依次各有缩小;湖北、北京、山西、江苏、陕西、山东、江西、甘肃、安徽、内蒙古、西藏、海南、辽宁13个省域文化消费城乡比按扩增幅度从小到大依次各有扩大。

这意味着,从2000年到2012年,全国及各省域城镇与乡村相比较,其间文化消费需求的"增长协调性"欠佳十分显著。在全国绝大部分省域,文化消费城乡比普遍加速扩大,较多省域的城乡比扩大程度极其严重。到2012年,情况出现好转,全国及大部分省域文化消费城乡比有所缩小。

(二)城乡文化消费需求的地区差距变化

2000年和2012年各省域城乡人均文化消费地区差及其变动态势分析见表8,各省域以2012年城乡人均文化消费地区差从小到大排列。按照文化消费地区差演算方法,对应本文表2里各地人均文化消费数据,可以进行重复验算。同时利用表8里表栏空间,另附2000年和2012年所在省域人均文化消费城乡比排序结果。

表8 各省域城乡人均文化消费地区差距变动状况

地 区	2000年文化消费地区差距		2012年文化消费地区差距		2000~2012年地区差扩减变化		附:城乡比排序(配合表7)	
	地区差(无差距=1)	排序	地区差(无差距=1)	排序	扩减百分比	排序	2000年	2012年
全 国	1.3836	—	1.4295	—	3.32	—	—	—
辽 宁	1.1525	10	1.0206	1	-11.44	2	4	7
吉 林	1.2167	14	1.1848	6	-2.62	9	7	2
黑龙江	1.3144	22	1.3387	17	1.85	16	6	1
东 北	1.2279	[2]	1.1814	[1]	-3.79	[1]	[1]	[1]
浙 江	1.7516	28	1.5420	26	-11.97	1	16	5
天 津	1.6279	26	1.4474	23	-11.09	3	23	6
上 海	2.9515	31	2.7457	31	-6.97	4	10	21
北 京	2.9214	30	2.7217	30	-6.84	5	18	10
山 东	1.1402	9	1.1234	4	-1.47	10	20	8

续表

地区	2000年文化消费地区差距		2012年文化消费地区差距		2000~2012年地区差扩减变化		附:城乡比排序(配合表7)	
	地区差(无差距=1)	排序	地区差(无差距=1)	排序	扩减百分比	排序	2000年	2012年
广 东	1.6703	27	1.6698	27	-0.03	12	12	30
福 建	1.1985	13	1.2157	8	1.44	14	8	15
河 北	1.2952	20	1.3764	20	6.27	20	21	9
海 南	1.2391	15	1.4010	21	13.07	25	3	26
江 苏	1.2996	21	1.9806	29	52.40	31	9	4
东 部	1.7095	[4]	1.7224	[4]	0.75	[2]	[3]	[3]
河 南	1.3364	23	1.2824	14	-4.04	6	15	24
安 徽	1.2618	17	1.2193	9	-3.37	7	17	19
山 西	1.2771	18	1.2379	12	-3.07	8	19	3
江 西	1.1877	12	1.2653	13	6.53	21	1	23
湖 南	1.1172	6	1.2271	11	9.84	24	11	13
湖 北	1.0570	2	1.2012	7	13.64	26	5	12
中 部	1.2062	[1]	1.2389	[2]	2.71	[3]	[2]	[2]
青 海	1.4661	25	1.4471	22	-1.30	11	28	14
陕 西	1.0782	5	1.0821	3	0.36	13	14	18
贵 州	1.4254	24	1.4488	24	1.64	15	27	29
西 藏	1.8168	29	1.8751	28	3.21	17	31	31
重 庆	1.0756	4	1.1380	5	5.80	18	24	17
内蒙古	1.0048	1	1.0632	2	5.81	19	2	11
云 南	1.2797	19	1.3681	19	6.91	22	30	27
宁 夏	1.1217	7	1.2240	10	9.12	23	25	16
四 川	1.1338	8	1.2886	15	13.65	27	22	25
新 疆	1.2516	16	1.4729	25	17.68	28	29	20
甘 肃	1.1578	11	1.3681	18	18.16	29	26	22
广 西	1.0641	3	1.3384	16	25.78	30	13	28
西 部	1.2396	[3]	1.3429	[3]	8.33	[4]	[4]	[4]

注:(1)表中均为演算衍生数值;(2)地区差扩减百分比负值为地区差缩小。所附城乡比排序配合表7。

2000~2012年,全国城乡人均文化消费地区差从1.3836扩大至1.4295,文化消费需求的地区差距扩大3.32%。同期,东部整体城乡文化消费地区差扩大0.75%,东北整体城乡文化消费地区差缩小3.79%,中部整体城乡文化消费地区差扩大2.71%,西部整体城乡文化消费地区差扩大8.33%。

分阶段对比考察,"十五"期间,全国城乡人均文化消费地区差扩大2.20%;其中,东部扩大1.01%,东北缩小1.02%,中部扩大0.46%,西部扩大5.21%。"十一五"期间,全国城乡人均文化消费地区差扩大1.99%;其中,东部扩大1.46%,东北缩小5.91%,中部扩大2.98%,西部扩大3.97%。

对比两个五年期乡人均文化消费地区差扩减变化,全国城乡地区差"十一五"扩大程度比"十五"降低0.20%。四大区域各有不同,东部城乡地区差"十一五"扩大程度比"十五"增高0.45%,东北城乡地区差"十一五"扩大程度比"十五"降低4.89%,中部城乡地区差"十一五"扩大程度比"十五"增高2.52%,西部城乡地区差"十一五"扩大程度比"十五"降低1.24%。

前后对比考察,2000年,东北、中部、西部城乡地区差小于全国城乡总体地区差,东部城乡地区差大于全国城乡总体地区差;2012年,东北、中部、西部城乡地区差仍小于全国城乡总体地区差,东部城乡地区差仍大于全国城乡总体地区差。

各省域城乡人均文化消费地区差状况比较,在2000年,内蒙古、湖北、广西、重庆、陕西、湖南、宁夏、四川、山东、辽宁、甘肃、江西、福建、吉林、海南、新疆、安徽、山西、云南、河北、江苏、黑龙江、河南23个省域城乡文化消费地区差从小到大依次小于全国城乡总体地区差;贵州、青海、天津、广东、浙江、西藏、北京、上海8个省域城乡文化消费地区差从小到大依次大于全国城乡总体地区差。其中,占据首位的内蒙古地区差仅为全国城乡总体地区差的72.62%;处于末位的上海地区差高达全国城乡总体地区差的213.32%。

到2012年,辽宁、内蒙古、陕西、山东、重庆、吉林、湖北、福建、安徽、宁夏、湖南、山西、江西、河南、四川、广西、黑龙江、甘肃、云南、河北、海南21个省域城乡文化消费地区差从小到大依次小于全国城乡总体地区差;青海、天津、贵州、新疆、浙江、广东、西藏、江苏、北京、上海10个省域城乡文化消费地区差从小到大依次大于全国城乡总体地区差。其中,占据首位的辽宁地区差仅为全国城乡总体地区差的71.39%;处于末位的上海地区差高达全国城乡总体地区差的192.07%。

2000~2012年,浙江、辽宁、天津、上海、北京、河南、安徽、山西、吉林、山东、青海、广东12个省域城乡文化消费地区差按缩减幅度从大到小依次各有缩小；陕西、福建、贵州、黑龙江、西藏、重庆、内蒙古、河北、江西、云南、宁夏、湖南、海南、湖北、四川、新疆、甘肃、广西、江苏19个省域城乡文化消费地区差按扩增幅度从小到大依次各有扩大。其中，占据首位的浙江地区差缩小了11.97%；处于末位的江苏地区差扩大了52.40%。

2012年与上一年相比，全国城乡文化消费地区差缩小1.04%。同时，上海、天津、浙江、海南、河南、湖北、内蒙古、甘肃、四川、陕西、贵州、吉林、江西、新疆、山西、广东、云南、福建、安徽19个省域城乡文化消费地区差按缩减幅度从大到小依次各有缩小；西藏、辽宁、宁夏、河北、青海、湖南、广西、山东、北京、黑龙江、江苏、重庆12个省域城乡文化消费地区差按扩增幅度从小到大依次各有扩大。

这意味着，从2000年到2012年，全国各地之间城乡人均文化消费需求增长相互比较，其间的"增长协调性"欠佳也较为显著。在全国及大部分省域，城乡文化消费地区差普遍扩大。其中有所区别之处在于，发达地区城乡文化消费地区差扩大是由于"率先"增长的偏离，欠发达地区城乡文化消费地区差扩大则由于"滞后"增长的偏离。到2012年，情况出现好转，全国及大部分省域城乡文化消费地区差有所缩小。

四 各省域城乡文化消费需求景气排行与预测

基于以上各项指标的分析数值，按照本项评价体系的测评方式和演算权重，最后测算得出2012年各省域城乡综合文化消费需求景气评价排行。基于不同时间段、不同基准值的各类测评结果均落实在2012年。景气指数取百分制，以便横向衡量百分点高低，纵向衡量百分比升降。

（一）2012年文化消费需求景气评价

2000年以来各省域城乡综合演算的文化消费需求景气指数变动态势分析见表9，各省域以2012年城乡之间、地区之间无差距理想状态横向测评的文化消费需求景气排行指数高低排列。

表9 各省域城乡文化消费需求景气指数变动状况

地区	起始年度基数值自身纵向测评（起点年基数值=100）								2012年城乡地区无差距理想值各地横向测评（理想值=100）	
	"十五"以来12年(2000~2012)		"十一五"以来7年(2005~2012)		"十二五"以来2年(2010~2012)		最近一年以来(2011~2012)			
	景气指数	排序	景气指数	排序	景气指数	排序	景气指数	排序	景气指数	排序
全 国	98.00	—	89.59	—	99.35	—	100.77	—	80.93	—
江 苏	128.58	1	111.71	1	103.49	14	101.32	13	102.73	1
北 京	110.17	6	99.74	7	103.75	13	103.03	8	100.14	2
上 海	111.19	5	98.27	8	95.10	26	98.16	25	93.00	3
广 东	107.21	10	95.16	9	105.29	12	101.69	12	88.52	6
浙 江	101.91	12	87.18	19	95.42	25	98.63	22	84.26	9
福 建	100.32	13	93.17	12	98.76	18	100.17	19	83.13	12
天 津	109.51	7	108.62	2	110.78	1	107.80	1	79.50	16
山 东	88.21	24	79.74	26	96.31	22	96.53	29	76.07	24
河 北	98.56	16	87.28	18	98.41	19	100.64	15	69.45	28
海 南	79.23	29	83.31	22	84.83	29	105.26	4	66.52	30
东 部	107.61	[2]	95.10	[1]	100.41	[2]	100.26	[3]	83.50	[1]
吉 林	105.41	11	105.70	4	101.82	15	107.47	2	86.62	8
辽 宁	111.80	3	94.46	11	95.70	24	98.27	24	84.13	10
黑龙江	107.85	9	92.09	13	83.50	30	97.67	26	80.85	15
东 北	108.09	[1]	94.90	[2]	92.91	[4]	99.99	[4]	82.53	[2]
山 西	109.32	8	91.85	14	96.61	21	100.48	17	83.68	11
安 徽	99.45	14	87.86	17	90.94	28	97.32	28	82.11	13
湖 南	75.25	30	72.58	31	98.25	20	100.30	18	79.33	17
湖 北	82.50	28	84.56	21	107.38	4	103.15	7	78.72	18
江 西	84.18	26	78.84	27	99.07	17	99.42	21	77.39	21
河 南	99.09	15	101.87	6	105.61	9	107.00	3	77.09	22
中 部	89.01	[3]	85.54	[3]	99.78	[3]	101.63	[1]	79.02	[3]
陕 西	91.16	23	86.63	20	94.48	27	99.76	20	91.57	4
甘 肃	86.46	25	76.40	29	105.90	8	101.92	11	88.98	5
内蒙古	92.14	19	90.92	15	101.76	16	95.74	30	86.85	7
宁 夏	91.67	22	102.24	5	107.45	3	100.58	16	80.97	14
四 川	83.60	27	82.37	24	106.36	6	103.87	6	78.70	19
重 庆	91.81	20	82.80	23	106.02	7	98.47	23	78.07	20
云 南	98.52	17	88.02	16	105.48	11	102.40	10	77.01	23
贵 州	92.32	18	81.08	25	96.28	23	103.90	5	75.41	25
广 西	70.38	31	75.79	30	106.93	5	102.61	9	72.99	26

续表

地　区	起始年度基数值自身纵向测评（起点年基数值=100）								2012年城乡地区无差距理想值各地横向测评（理想值=100）	
	"十五"以来12年（2000~2012）		"十一五"以来7年（2005~2012）		"十二五"以来2年（2010~2012）		最近一年以来（2011~2012）			
	景气指数	排序	景气指数	排序	景气指数	排序	景气指数	排序	景气指数	排序
青　海	112.66	2	107.13	3	105.49	10	97.39	27	71.57	27
新　疆	91.75	21	94.57	10	109.39	2	101.31	14	69.04	29
西　藏	111.37	4	78.01	28	80.71	31	95.28	31	33.69	31
西　部	86.20	[4]	83.24	[4]	102.93	[1]	101.06	[2]	77.57	[4]

1. 各年度横向测评景气指数

以文化消费需求城乡之间、地区之间实现无差距状态为"理想值"100，在年度横向测评中，2012年全国城乡文化消费需求景气指数为80.93，低于理想值19.07。此项测评中，由于全国城乡文化消费总量份额值（全国份额为100%基准）、人均绝对值、各项比值作为演算基准，全国城乡总体景气指数高低，全都缘于文化消费城乡比、城乡文化消费地区差缩小或扩大。

东部城乡整体景气指数为83.50，低于理想值16.50，同时高于全国城乡总体景气指数2.57；东北城乡整体景气指数为82.53，低于理想值17.47，同时高于全国城乡总体景气指数1.60；中部城乡整体景气指数为79.02，低于理想值20.98，同时低于全国城乡总体景气指数1.91；西部城乡整体景气指数为77.57，低于理想值22.43，同时低于全国城乡总体景气指数3.36。此项测评中，四大区域和各省域城乡景气指数高低，除了缘于自身文化消费城乡比、与全国地区差的存在及其扩减变化以外，更有可能主要缘于其人均文化消费绝对值、相关各项比值高于或低于全国总体平均值。

各省域城乡综合景气指数比较，江苏、北京、上海城乡景气指数从高到低依次占据"2012年度城乡文化消费需求景气领先"全国前3位。此外，陕西、甘肃、广东、内蒙古、吉林、浙江、辽宁、山西、福建、安徽、宁夏11个省域城乡景气指数从高到低依次高于全国城乡总体景气指数；黑龙江、天津、湖南、湖北、四川、重庆、江西、河南、云南、山东、贵州、广西、青海、河北、新疆、海南、西藏17个省域城乡景气指数从高到低依次低于全国城乡总体景气指数。

2."十五"以来纵向测评景气指数

以"九五"末年2000年为起点基数值100,在"十五"以来12年间自身纵向测评中,2012年全国城乡文化消费需求景气指数为98.00,低于2000年基数值2.00。此项测评中,全国城乡总体景气指数升降,缘于与自身2000年相比,2012年各项指标数值或有升降。四大区域和各省域城乡亦然。

东部城乡整体景气指数为107.61,高于自身2000年基数值7.61,同时高于全国城乡总体景气指数9.61;东北城乡整体景气指数为108.09,高于自身2000年基数值8.09,同时高于全国城乡总体景气指数10.09;中部城乡整体景气指数为89.01,低于自身2000年基数值10.99,同时低于全国城乡总体景气指数8.99;西部城乡整体景气指数为86.20,低于自身2000年基数值13.80,同时低于全国城乡总体景气指数11.80。

各省域城乡综合景气指数比较,江苏、青海、辽宁城乡景气指数从高到低依次占据"2000~2012年城乡文化消费需求景气提升"全国前3位。此外,西藏、上海、北京、天津、山西、黑龙江、广东、吉林、浙江、福建、安徽、河南、河北、云南14个省域城乡景气指数从高到低依次高于全国城乡总体景气指数;贵州、内蒙古、重庆、新疆、宁夏、陕西、山东、甘肃、江西、四川、湖北、海南、湖南、广西14个省域城乡景气指数从高到低依次低于全国城乡总体景气指数。

3."十一五"以来纵向测评景气指数

以"十五"末年2005年为起点基数值100,在"十一五"以来7年间自身纵向测评中,2012年全国城乡文化消费需求景气指数为89.59,低于2005年基数值10.41。此项测评中,全国城乡总体景气指数升降,缘于与自身2005年相比,2012年各项指标数值或有升降。四大区域和各省域城乡亦然。

东部城乡整体景气指数为95.10,低于自身2005年基数值4.90,同时高于全国城乡总体景气指数5.51;东北城乡整体景气指数为94.90,低于自身2005年基数值5.10,同时高于全国城乡总体景气指数5.31;中部城乡整体景气指数为85.54,低于自身2005年基数值14.46,同时低于全国城乡总体景气指数4.05;西部城乡整体景气指数为83.24,低于自身2005年基数值16.76,

同时低于全国城乡总体景气指数6.35。

各省域城乡综合景气指数比较,江苏、天津、青海城乡景气指数从高到低依次占据"2005~2012年城乡文化消费需求景气提升"全国前3位。此外,吉林、宁夏、河南、北京、上海、广东、新疆、辽宁、福建、黑龙江、山西、内蒙古12个省域城乡景气指数从高到低依次高于全国城乡总体景气指数;云南、安徽、河北、浙江、陕西、湖北、海南、重庆、四川、贵州、山东、江西、西藏、甘肃、广西、湖南16个省域城乡景气指数从高到低依次低于全国城乡总体景气指数。

4. "十二五"以来纵向测评景气指数

以"十一五"末年2010年为起点基数值100,在"十二五"以来2年间自身纵向测评中,2012年全国城乡文化消费需求景气指数为99.35,低于2010年基数值0.65。此项测评中,全国城乡总体景气指数升降,缘于与自身2010年相比,2012年各项指标数值或有升降。四大区域和各省域城乡亦然。

东部城乡整体景气指数为100.41,高于自身2010年基数值0.41,同时高于全国城乡总体景气指数1.06;东北城乡整体景气指数为92.91,低于自身2010年基数值7.09,同时低于全国城乡总体景气指数6.44;中部城乡整体景气指数为99.78,低于自身2010年基数值0.22,同时高于全国城乡总体景气指数0.43;西部城乡整体景气指数为102.93,高于自身2010年基数值2.93,同时高于全国城乡总体景气指数3.58。

各省域城乡综合景气指数比较,天津、新疆、宁夏城乡景气指数从高到低依次占据"2010~2012年城乡文化消费需求景气提升"全国前3位。此外,湖北、广西、四川、重庆、甘肃、河南、青海、云南、广东、北京、江苏、吉林、内蒙古13个省域城乡景气指数从高到低依次高于全国城乡总体景气指数;江西、福建、河北、湖南、山西、山东、贵州、辽宁、浙江、上海、陕西、安徽、海南、黑龙江、西藏15个省域城乡景气指数从高到低依次低于全国城乡总体景气指数。

5. 逐年度纵向测评景气指数

各年度均以上一年为起点基数值100,在逐年自身纵向测评中,2012年全国城乡文化消费需求景气指数为100.77,高于上一年基数值0.77。此项测评中,全国城乡总体景气指数升降,缘于与自身上一年相比,本年度各项指标数值或有升降。四大区域和各省域城乡亦然。

东部城乡整体景气指数为100.26,高于自身上一年基数值0.26,同时低于全国城乡总体景气指数0.51;东北城乡整体景气指数为99.99,低于自身上一年基数值0.01,同时低于全国城乡总体景气指数0.78;中部城乡整体景气指数为101.63,高于自身上一年基数值1.63,同时高于全国城乡总体景气指数0.86;西部城乡整体景气指数为101.06,高于自身上一年基数值1.06,同时高于全国城乡总体景气指数0.29。

各省域城乡综合景气指数比较,天津、吉林、河南城乡景气指数从高到低依次占据"2012年度城乡文化消费需求景气提升"全国前3位。此外,海南、贵州、四川、湖北、北京、广西、云南、甘肃、广东、江苏、新疆11个省域城乡景气指数从高到低依次高于全国城乡总体景气指数;河北、宁夏、山西、湖南、福建、陕西、江西、浙江、重庆、辽宁、上海、黑龙江、青海、安徽、山东、内蒙古、西藏17个省域城乡景气指数从高到低依次低于全国城乡总体景气指数。

(二)2013年景气预测与2014年增长测算

鉴于2013年统计数据尚待公布,而现实年度已经进入2014年,在此依据2000~2012年各省域人均产值及其城乡人均收入、总消费、积蓄、文化消费各项年均增长率,预测2013年各自文化消费需求景气指数,并测算2014年各省域城乡文化消费需求增长,其中城乡比指标检测值需依据城镇与乡村人均数值的不同年均增长率推算。这就是说,充分发挥本项研究测评的演算数据库潜力,基于现有基础数据推演的"最大"概率或然性,按照2000年以来12年间各省域城乡相关方面演算的平均变动趋向,预测2013年景气状况,并测算2014年增长态势。

各省域城乡综合演算的文化消费需求2013年景气状况预测、2014年增长态势测算见表10,各省域分为东北和东中西部四大区域,以由北至南、从东到西的大致地理分布排列。依照本文表1至表8列出的各项基础数据,同样可以进行重复验算。鉴于表中均为预测数值,不加以分析,也不列排行,仅供参考。

表10 各省域城乡文化消费2013年景气状况预测与2014年增长态势测算

地区	2013年景气状况预测		2014年增长态势测算					
	自身纵向测评2012年基数=100	各地横向测评无差距理想值=100	城乡综合预测		城乡差距、地区差距检测			
			文化消费总量（亿元）	文化消费人均值（元）	城镇人均文化消费（元）	乡村人均文化消费（元）	城乡比（乡村=1）	地区差（无差距=1）
全国	98.79	80.44	14498.08	1061.39	1565.26	514.97	3.0395	1.4412
黑龙江	99.98	81.61	267.89	697.68	745.98	636.43	1.1721	1.3427
吉林	99.60	86.13	240.69	870.98	981.08	748.07	1.3115	1.1794
辽宁	99.21	83.47	494.06	1117.33	1387.08	662.65	2.0932	1.0527
东北	99.58	82.33	1001.38	908.31	1077.82	676.07	1.5943	1.1916
北京	100.08	99.97	628.67	2854.87	3088.86	1331.64	2.3196	2.6897
天津	100.14	80.03	220.84	1506.40	1627.61	932.70	1.7451	1.4193
河北	99.22	69.13	478.17	648.56	887.44	424.14	2.0923	1.3890
山东	97.95	74.86	871.53	890.54	1166.59	580.09	2.0111	1.1610
江苏	100.58	103.99	1808.85	2255.06	2701.58	1516.00	1.7821	2.1246
上海	99.85	94.77	729.70	2879.41	3109.79	1040.43	2.9890	2.7129
浙江	99.49	84.49	904.24	1602.27	1905.99	1067.97	1.7847	1.5096
福建	98.85	82.81	491.45	1293.40	1774.33	646.51	2.7445	1.2186
广东	99.10	89.29	1979.47	1772.21	2430.82	498.62	4.8751	1.6697
海南	96.78	63.56	55.04	610.89	982.15	270.39	3.6323	1.4244
东部	99.67	83.81	8126.41	1538.69	2023.81	738.03	2.7425	1.7319
山西	99.94	83.53	299.39	816.08	994.56	618.76	1.6073	1.2311
河南	98.67	75.73	724.59	771.64	1301.33	402.76	3.2310	1.2730
安徽	98.82	81.64	496.13	836.36	1292.96	454.07	2.8475	1.2120
湖北	97.29	76.40	473.24	824.65	1206.11	438.42	2.7510	1.2230
江西	97.08	75.71	348.89	766.91	1279.34	380.05	3.3663	1.2774
湖南	96.67	77.05	511.40	771.45	1164.91	441.36	2.6394	1.2732
中部	97.95	77.48	2845.07	792.50	1214.81	438.65	2.7694	1.2483
内蒙古	97.63	86.19	285.94	1140.96	1613.20	586.59	2.7502	1.0750
陕西	98.02	89.97	366.83	973.62	1461.41	517.23	2.8254	1.0827
宁夏	98.44	79.78	53.30	806.86	1142.55	437.12	2.6138	1.2398
甘肃	98.19	86.62	164.59	639.36	1040.94	375.35	2.7732	1.3976
青海	100.24	72.21	34.28	590.30	840.37	350.19	2.3998	1.4438
新疆	98.81	67.93	121.24	527.73	795.17	304.71	2.6131	1.5028
重庆	98.40	77.64	262.93	904.32	1215.73	460.83	2.6381	1.1480
四川	97.67	76.52	583.14	730.69	1201.71	371.56	3.2343	1.3116
贵州	98.29	74.09	199.58	580.94	1143.18	260.66	4.3852	1.4527

续表

地区	2013年景气状况预测		2014年增长态势测算					
	自身纵向测评2012年基数=100	各地横向测评无差距理想值=100	城乡综合预测		城乡差距、地区差距检测			
			文化消费总量（亿元）	文化消费人均值（元）	城镇人均文化消费（元）	乡村人均文化消费（元）	城乡比（乡村=1）	地区差（无差距=1）
广　西	96.15	70.99	308.32	662.72	1191.95	287.40	4.1473	1.3756
云　南	99.23	76.29	309.76	656.22	1114.50	341.81	3.2606	1.3817
西　藏	100.04	33.69	3.91	124.35	364.87	50.76	7.1875	1.8828
西　部	97.86	76.08	2687.76	738.89	1203.90	365.72	3.2919	1.3578

注：总量测算未涉及人口增长，且未经平衡，各地总量之和不等于全国总量。

关于本书省域城乡子报告，在此加上两点说明。

（1）省域城乡篇选择本文表9里5类排行处于首位者，取年度横向测评、年度纵向测评、各五年期以来纵向测评由近及远，形成省域子报告展开深入分析。若某地占据多类首位，后面各类则延取第2位；若某地占据多类首位和第2位，无以取得第2位，则续延取第3位。具体说来：2012年城乡横向测评取首位江苏，2012年城乡纵向测评取首位天津，"十二五"以来城乡纵向测评取第2位新疆（首位天津），"十一五"以来城乡纵向测评取第3位青海（首位江苏，第2位天津），"十五"以来城乡纵向测评取第3位辽宁（首位江苏，第2位青海）。不过，在省域子报告中，"十二五"以来2年纵向测评动态曲线过短，制图效果不佳，故予以省略，特加说明。

（2）在省域子报告里，囿于制图篇幅限制，各图中"十五"规划期头年与末年直接对接，但其间增长数据仍为年度增长指数。文中分析历年增长态势时，则运用测评数据库后台演算功能，测算筛选出的最高与最低年度值包含图里省略年度。借此一并交代，以免各文反复交代，显得重复。

B.4
省域城镇文化消费需求景气评价排行
—— 2000~2012年测评与后续年度预测

郝朴宁 等*

摘 要:
2012年，有22个省域城镇文化消费总量增长超过10%，其中15个省域城镇总量增长超过15%，8个省域城镇总量增长超过20%；有15个省域城镇文化消费人均值增长超过10%，其中9个省域城镇人均值增长超过15%，2个省域城镇人均值增长超过20%。各省域城镇单行文化消费需求景气评价排行结果：城乡、地区无差距理想值横向测评，江苏、北京、广东为"2012年度城镇景气领先"前3位；历年各地自身基数值纵向测评，江西、江苏、辽宁为"2000~2012年城镇景气提升"前3位；江苏、安徽、辽宁为"2005~2012年城镇景气提升"前3位；天津、湖北、江苏为"2010~2012年城镇景气提升"前3位；海南、天津、河南为"2012年度城镇景气提升"前3位。

关键词:
省域城镇 文化消费 单行评价 景气排行

本项评价体系运用于全国省域城镇单行文化消费需求景气测评，数年来已经推出多个年度的实际评价结果，年度测评排行至上一统计年度2011年，具有延续性，可对照参看。

---

* 撰稿：郝朴宁、王亚南、刘婷（见主要编撰者简介）、肖青（云南师范大学传媒学院副教授，主要从事民族文化传播、民族文化产业研究）。

省域城镇文化消费需求景气评价排行

本文全面展开 2012 年全国及东中西部和东北四大区域、31 个省域城镇单行文化消费需求景气分析测算及其评价排行。鉴于另有省域城镇子报告详加考察,本文分析侧重于东、中、西部和东北四大区域加以比较,对省域则着眼于各项指标排行。

一 各省域城镇文化消费需求增长基本状况

各省域城镇文化消费需求总量增长态势可以提供一种宏观视角,本文分析测算就由各省域城镇文化消费总量占全国份额增减变化开始。

(一)各省域城镇总量份额增减变化

2000~2012 年各省域城镇文化消费总量增长及其占全国份额增减变化态势见表 1,全国城镇总体数据作为测评演算基准列于首行。各省域依属地方位,由北至南、从东到西分为东北和东、中、西部四大区域,按 12 年里文化消费总量占全国份额增减变化幅度高低排列。其中,省域主排行以 1、2、3……为序,四大区域作为附加排行以〔1〕、〔2〕、〔3〕、〔4〕为序(后同)。

表 1 各省域城镇文化消费总量增长及其占全国份额变动状况

地 区	文化消费总量增长				占全国城镇份额变动			
	2000 年总量(亿元)	2012 年总量(亿元)	12 年年均增长		2000 年份额(%)	2012 年份额(%)	12 年份额增减	
			增长指数(上年=100)	指数排序			增减百分比	增减排序
全 国	1183.75	8513.00	117.87	—	100	100	—	—
江 西	16.65	196.70	122.85	1	1.4065	2.3106	64.28	1
河 南	36.94	380.42	121.45	3	3.1206	4.4687	43.20	3
安 徽	32.63	268.71	119.21	7	2.7565	3.1565	14.51	7
山 西	21.21	142.97	117.24	12	1.7918	1.6794	-6.27	12
湖 北	44.36	281.32	116.64	14	3.7474	3.3046	-11.82	14
湖 南	53.25	288.54	115.12	23	4.4984	3.3894	-24.65	23
中 部	205.05	1558.66	118.42	〔1〕	17.3221	18.3092	5.70	〔1〕
江 苏	85.95	971.13	122.39	2	7.2608	11.4076	57.11	2
福 建	35.48	296.39	119.35	5	2.9973	3.4816	16.16	5
广 东	159.09	1324.84	119.32	6	13.4395	15.5626	15.80	6

续表

地区	文化消费总量增长				占全国城镇份额变动			
	2000年总量（亿元）	2012年总量（亿元）	12年年均增长		2000年份额（%）	2012年份额（%）	12年份额增减	
			增长指数（上年=100）	指数排序			增减百分比	增减排序
海 南	4.36	33.65	118.57	9	0.3683	0.3953	7.33	9
河 北	35.57	242.46	117.34	11	3.0049	2.8481	-5.22	11
北 京	67.26	437.25	116.88	13	5.6819	5.1363	-9.60	13
上 海	87.88	524.03	116.04	18	7.4239	6.1556	-17.08	18
浙 江	91.83	528.44	115.70	19	7.7576	6.2074	-19.98	19
天 津	27.61	149.06	115.09	24	2.3324	1.7510	-24.93	24
山 东	100.87	481.36	113.91	27	8.5212	5.6544	-33.64	27
东 部	695.90	4988.61	117.84	[2]	58.7878	58.5999	-0.32	[2]
辽 宁	38.02	292.20	118.52	10	3.2118	3.4324	6.87	10
吉 林	21.46	111.85	114.75	26	1.8129	1.3139	-27.52	26
黑龙江	27.74	128.10	113.60	29	2.3434	1.5048	-35.79	29
东 北	87.22	532.16	116.27	[3]	7.3681	6.2511	-15.16	[3]
内蒙古	18.58	168.47	120.17	4	1.5696	1.9790	26.08	4
陕 西	26.52	204.80	118.57	8	2.2403	2.4057	7.38	8
宁 夏	4.90	30.20	116.36	15	0.4139	0.3548	-14.28	15
广 西	30.67	188.27	116.32	17	2.5909	2.2116	-14.64	16
贵 州	18.11	111.17	116.32	16	1.5299	1.3059	-14.64	17
四 川	57.91	332.19	115.67	20	4.8921	3.9021	-20.24	20
青 海	3.19	18.05	115.54	21	0.2695	0.2120	-21.34	21
重 庆	28.83	162.57	115.50	22	2.4355	1.9097	-21.59	22
云 南	30.50	164.64	115.09	25	2.5766	1.9340	-24.94	25
甘 肃	17.96	84.98	113.83	28	1.5172	0.9982	-34.21	28
新 疆	16.27	66.16	112.40	30	1.3744	0.7772	-43.45	30
西 藏	0.7758	2.2570	109.27	31	0.0655	0.0265	-59.54	31
西 部	254.22	1533.79	116.16	[4]	21.4758	18.0170	-16.11	[4]

注：(1) 表中均为演算衍生数值；(2) 全国城镇总人口统计包括军队等，各地城镇人口统计不涉及，故各地总量之和不等于全国总量；(3) 各地文化消费总量份额增减百分比负值为下降百分比；(4) 西藏总量过小，取4位小数。数据演算依据《中国统计年鉴》相应年卷。

2000~2012年，全国城镇文化消费总量从1183.75亿元增长至8513.00亿元，增长绝对值总量7329.25亿元，总增长619.16%，年均增长17.87%。同期，东部整体年均增长17.84%，低于全国城镇平均增长，占全国城镇份额由

58.79%下降为58.60%，降幅为0.32%；东北整体年均增长16.27%，低于全国城镇平均增长，占全国城镇份额由7.37%下降为6.25%，降幅为15.16%；中部整体年均增长18.42%，高于全国城镇平均增长，占全国城镇份额由17.32%上升为18.31%，升幅为5.70%；西部整体年均增长16.16%，低于全国城镇平均增长，占全国城镇份额由21.48%下降为18.02%，降幅为16.11%。

分阶段对比考察，"十五"期间，全国城镇文化消费总量年均增长19.68%。东部年均增长19.98%，高于全国平均增长；东北年均增长16.38%，低于全国平均增长；中部年均增长20.61%，高于全国平均增长；西部年均增长17.03%，低于全国平均增长。"十一五"期间，全国城镇文化消费总量年均增长16.51%。东部年均增长15.77%，低于全国平均增长；东北年均增长15.76%，低于全国平均增长；中部年均增长16.42%，低于全国平均增长；西部年均增长15.64%，低于全国平均增长。

对比两个五年期城镇文化消费总量增长变化，"十一五"全国年均增长比"十五"降低3.17个百分点。四大区域各有不同，东部"十一五"年均增长比"十五"降低4.21个百分点；东北"十一五"年均增长比"十五"降低0.62个百分点；中部"十一五"年均增长比"十五"降低4.19个百分点；西部"十一五"年均增长比"十五"降低1.39个百分点。

2000～2012年各省域城镇文化消费需求总量年均增长幅度比较，江西、江苏、河南、内蒙古、福建、广东、安徽、陕西、海南、辽宁10个省域年均增长幅度从高到低依次高于全国城镇平均增长；河北、山西、北京、湖北、宁夏、广西、贵州、上海、浙江、四川、青海、重庆、湖南、天津、云南、吉林、山东、甘肃、黑龙江、新疆、西藏21个省域年均增长幅度从高到低依次低于全国城镇平均增长。其中，占据首位的江西年均增长高于全国城镇平均增长4.98个百分点；处于末位的西藏年均增长低于全国城镇平均增长8.60个百分点。

这12年期间，各省域城镇文化消费总量占全国城镇份额增减变化比较，江西、江苏、河南、内蒙古、福建、广东、安徽、陕西、海南、辽宁10个省域份额各有上升，按增幅从大到小依次排列；河北、山西、北京、湖北、宁夏、广西、贵州、上海、浙江、四川、青海、重庆、湖南、天津、云南、吉林、山东、甘肃、黑龙江、新疆、西藏21个省域份额各有下降,按降幅从小到大依次排列。其中,占据首位的江西占全国城镇份额提高了64.28%;处于末位的西藏占全国城镇份额降低了59.54%。

2012年,全国城镇文化消费总量增长13.58%,低于"十五"年均增长6.10个百分点,低于"十一五"年均增长2.93个百分点。同年,海南、甘肃、辽宁、湖北、江苏、河南、四川、陕西、北京、安徽、江西、山西、新疆、福建、贵州、西藏、内蒙古17个省域文化消费总量增长幅度从高到低依次高于全国城镇平均增长;山东、广东、青海、宁夏、云南、河北、湖南、浙江、天津、广西、吉林、上海、重庆、黑龙江14个省域文化消费总量增长幅度从高到低依次低于全国城镇平均增长。

各省域城镇文化消费总量数值本身不具可比性,但增长幅度和份额变化却可以进行比较,此处仅提供各地总量增长幅度和份额增减排序。鉴于各省域人口差异极大,各自文化消费需求总量占全国份额差距巨大,份额增减百分点并无比较意义,故采用份额增减百分比加以比较,便于进行排序。实际上,总量增长与份额增减是联系在一起的,总量年均增长排序与份额增减百分比排序也是一致的。

(二)各省域城镇文化人均绝对值增长变化

2000~2012年各省域城镇人均文化消费绝对值增长态势分析见表2,各省域按12年里城镇人均文化消费绝对值年均增长指数高低排列。

表2 各省域城镇人均文化消费绝对值增长状况

地 区	人均文化消费绝对值				人均文化消费增长变动				
	2000年		2012年		12年增量及增量比			12年年均增长	
	人均值(元)	排序	人均值(元)	排序	增量值(元)	增量比(全国=1)	增量比排序	增长指数(上年=100)	指数排序
全 国	264.07	—	1213.88	—	949.81	1	—	113.55	—
辽 宁	169.55	26	1027.31	10	857.76	0.9031	10	116.20	4
吉 林	163.62	27	759.59	25	595.97	0.6275	24	113.65	12
黑龙江	143.16	31	589.27	30	446.11	0.4697	29	112.51	14

续表

地区	人均文化消费绝对值				人均文化消费增长变动				
	2000年		2012年		12年增量及增量比			12年年均增长	
	人均值(元)	排序	人均值(元)	排序	增量值(元)	增量比(全国=1)	增量比排序	增长指数(上年=100)	指数排序
东 北	158.82	[4]	819.87	[4]	661.05	0.6960	[4]	114.66	[1]
江 西	146.42	29	938.65	18	792.23	0.8341	13	116.75	2
河 南	173.06	25	975.48	13	802.42	0.8448	11	115.50	5
安 徽	192.03	21	984.62	12	792.59	0.8345	12	114.59	8
湖 北	189.77	22	926.08	21	736.31	0.7752	14	114.12	9
山 西	192.25	20	786.44	24	594.19	0.6256	25	112.46	15
湖 南	280.36	11	950.44	16	670.08	0.7055	19	110.71	24
中 部	198.85	[3]	938.05	[3]	739.20	0.7783	[2]	113.80	[2]
江 苏	292.12	9	1966.12	3	1674.00	1.7625	3	117.22	1
福 建	260.19	14	1348.74	6	1088.55	1.1461	6	114.70	6
海 南	144.94	30	747.25	26	602.31	0.6341	23	114.65	7
广 东	396.00	4	1875.74	4	1479.74	1.5579	4	113.84	11
上 海	642.25	2	2482.39	1	1840.14	1.9374	1	111.93	17
北 京	667.58	1	2481.74	2	1814.16	1.9100	2	111.56	20
浙 江	427.60	3	1539.55	5	1111.95	1.1707	5	111.27	21
河 北	210.21	18	722.41	27	512.20	0.5393	27	110.84	22
天 津	393.83	5	1328.97	7	935.14	0.9846	8	110.67	25
山 东	306.66	7	963.88	15	657.22	0.6919	20	110.01	27
东 部	369.57	[1]	1587.35	[1]	1217.78	1.2821	[1]	112.91	[3]
内蒙古	186.45	23	1185.26	8	998.81	1.0516	7	116.66	3
陕 西	231.28	17	1123.04	9	891.76	0.9389	9	114.07	10
贵 州	207.93	19	896.13	22	688.20	0.7246	18	112.95	13
广 西	236.74	16	946.18	17	709.44	0.7469	15	112.24	16
四 川	259.26	15	965.27	14	706.01	0.7433	16	111.58	18
青 海	181.62	24	675.19	29	493.57	0.5197	28	111.56	19
重 庆	288.81	10	990.06	11	701.25	0.7383	17	110.81	23
宁 夏	280.31	12	934.76	19	654.45	0.6890	21	110.56	26
云 南	317.20	6	931.36	20	614.16	0.6466	22	109.39	28
甘 肃	298.66	8	870.89	23	572.23	0.6025	26	109.33	29
新 疆	268.12	13	680.79	28	412.67	0.4345	30	108.07	30
西 藏	162.56	28	325.07	31	162.51	0.1711	31	105.94	31
西 部	251.46	[2]	962.57	[2]	711.11	0.7487	[3]	111.84	[4]

注：(1) 城镇人均文化消费数据出自《中国统计年鉴》相应年卷，其余为演算衍生数值；(2) 各地人均文化消费绝对值"增量比"小于1为小于全国城镇人均增量。

2000~2012年,全国城镇人均文化消费需求从264.07元增长至1213.88元,人均绝对值增量949.81元,总增长359.68%,年均增长13.55%。同期,东部整体人均绝对值从全国城镇人均值的139.95%降低至130.77%,年均增长12.91%,低于全国城镇平均增长0.64个百分点,绝对值增量为全国城镇平均值的128.21%;东北整体人均绝对值从全国城镇人均值的60.14%提高至67.54%,年均增长14.66%,高于全国城镇平均增长1.11个百分点,绝对值增量为全国城镇平均值的69.60%;中部整体人均绝对值从全国城镇人均值的75.30%提高至77.28%,年均增长13.80%,高于全国城镇平均增长0.25个百分点,绝对值增量为全国城镇平均值的77.83%;西部整体人均绝对值从全国城镇人均值的95.23%降低至79.30%,年均增长11.84%,低于全国城镇平均增长1.71个百分点,绝对值增量为全国城镇平均值的74.87%。

分阶段对比考察,"十五"期间,全国城镇人均文化消费年均增长14.78%。东部年均增长14.51%,低于全国平均增长;东北年均增长14.74%,低于全国平均增长;中部年均增长15.44%,高于全国平均增长;西部年均增长12.33%,低于全国平均增长。"十一五"期间,全国城镇人均文化消费年均增长12.93%。东部年均增长11.73%,低于全国平均增长;东北年均增长14.48%,高于全国平均增长;中部年均增长12.35%,低于全国平均增长;西部年均增长11.94%,低于全国平均增长。

对比两个五年期城镇人均文化消费需求增长变化,"十一五"全国年均增长比"十五"降低1.85个百分点。四大区域各有不同,东部"十一五"年均增长比"十五"降低2.78个百分点;东北"十一五"年均增长比"十五"降低0.26个百分点;中部"十一五"年均增长比"十五"降低3.09个百分点;西部"十一五"年均增长比"十五"降低0.39个百分点。

2000~2012年各省域城镇人均文化消费需求年均增长幅度比较,江苏、江西、内蒙古、辽宁、河南、福建、海南、安徽、湖北、陕西、广东、吉林12个省域年均增长幅度从高到低依次高于全国城镇平均增长;贵州、黑龙江、

省域城镇文化消费需求景气评价排行

山西、广西、上海、四川、青海、北京、浙江、河北、重庆、湖南、天津、宁夏、山东、云南、甘肃、新疆、西藏19个省域年均增长幅度从高到低依次低于全国城镇平均增长。其中，占据首位的江苏年均增长高于全国城镇平均增长3.67个百分点；处于末位的西藏年均增长低于全国城镇平均增长7.61个百分点。

各省域城镇人均文化消费绝对值比较，在2000年，北京、上海、浙江、广东、天津、云南、山东、甘肃、江苏、重庆、湖南、宁夏、新疆13个省域人均绝对值从高到低依次高于全国城镇平均值；福建、四川、广西、陕西、河北、贵州、山西、安徽、湖北、内蒙古、青海、河南、辽宁、吉林、西藏、江西、海南、黑龙江18个省域人均绝对值从高到低依次低于全国城镇平均值。其中，占据首位的北京人均值高达全国城镇平均值的252.80%；处于末位的黑龙江人均值仅为全国城镇平均值的54.21%。

到2012年，上海、北京、江苏、广东、浙江、福建、天津7个省域人均绝对值从高到低依次高于全国城镇平均值；内蒙古、陕西、辽宁、重庆、安徽、河南、四川、山东、湖南、广西、江西、宁夏、云南、湖北、贵州、甘肃、山西、吉林、海南、河北、新疆、青海、黑龙江、西藏24个省域人均绝对值从高到低依次低于全国城镇平均值。其中，占据首位的上海人均值高达全国城镇平均值的204.50%；处于末位的西藏人均值仅为全国城镇平均值的26.78%。

2012年，全国城镇人均文化消费年度增长10.18%，低于"十五"年均增长4.60个百分点，低于"十一五"年均增长2.75个百分点。同年，海南、甘肃、辽宁、河南、江苏、北京、湖北、四川、安徽、江西、陕西、西藏、山西、新疆、内蒙古15个省域人均文化消费年均增长幅度从高到低依次高于全国城镇平均增长；山东、广东、福建、宁夏、贵州、河北、湖南、青海、云南、吉林、浙江、上海、广西、天津、黑龙江、重庆16个省域人均文化消费年均增长幅度从高到低依次低于全国城镇平均增长。

人均文化消费绝对值系本项评价体系进行演算测评的基础性指标，虽然在最后的综合评价中演算权重不高，但却是以下各项指标演算的基础，因而实际上具有决定性意义。当然，全国及各省域城镇文化消费需求状况分析不能孤立地进行，必须放到全国及各地经济增长、民生增进的相关背景当中，同时放到城乡之间、地区之间协调增长背景当中，进一步展开分析。

附：各省域城镇人均文化产品消费与文化服务消费比较

省域城镇人均文化消费统计项划分了文化产品消费与文化服务消费。文化产品消费包括文化类耐用消费品，文化服务消费应是更为"纯粹"的精神文化生活消费，从中可以看出12年来各地城镇居民文化消费需求选择的偏好倾向变化，或许能够发现某种有意味的年代变迁和地区差异。

2000~2012年各省域城镇人均文化消费分类增长态势见附表，各地以2012年城镇人均文化消费当中的"软硬件消费比"指数高低排列。

附表　各省域城镇人均文化消费分类变动态势

地区	文化产品消费（元）		年均增长指数（上年=100）	文化服务消费（元）		年均增长指数（上年=100）	软硬件消费比指数（产品=1）		排序
	2000年	2012年		2000年	2012年		2000年	2012年	
全国	146.92	451.88	109.82	117.15	762.00	116.89	0.7974	1.6863	—
广东	203.24	552.09	108.68	192.76	1323.65	117.42	0.9484	2.3975	1
北京	367.05	823.54	106.97	300.53	1658.20	115.30	0.8188	2.0135	4
浙江	263.87	512.29	105.68	163.73	1027.26	116.54	0.6205	2.0052	5
江苏	161.53	670.60	112.59	130.59	1295.52	121.07	0.8085	1.9319	7
上海	407.99	917.08	106.98	234.26	1565.31	117.15	0.5742	1.7068	11
福建	153.32	500.82	110.37	106.87	847.92	118.84	0.6970	1.6931	12
天津	227.49	553.15	107.69	166.34	775.82	113.69	0.7312	1.4025	17
海南	64.84	322.41	114.30	80.10	424.84	114.92	1.2353	1.3177	21
河北	143.89	320.90	106.91	66.32	401.51	116.19	0.4609	1.2512	24
山东	172.76	463.03	108.56	133.90	500.85	111.62	0.7751	1.0817	27
东部	211.70	560.42	108.45	157.87	1026.93	116.89	0.7457	1.8324	[1]
湖北	86.27	304.23	111.07	103.50	621.85	116.12	1.1997	2.0440	3
江西	73.75	321.57	113.06	72.67	617.08	119.51	0.9854	1.9190	8
湖南	151.40	330.26	106.72	128.96	620.18	113.98	0.8518	1.8779	9
河南	100.19	392.78	112.06	72.87	582.70	118.92	0.7273	1.4835	15
安徽	103.34	413.61	112.25	88.69	571.01	116.79	0.8582	1.3806	18
山西	113.50	380.90	110.62	78.75	405.54	114.63	0.6938	1.0647	28

续表

地区	文化产品消费（元）		年均增长指数（上年=100）	文化服务消费（元）		年均增长指数（上年=100）	软硬件消费比指数（产品=1）		排序
	2000年	2012年		2000年	2012年		2000年	2012年	
中 部	105.49	358.31	110.73	93.36	579.74	116.44	0.8850	1.6180	[2]
云 南	208.53	288.71	102.75	108.67	642.65	115.96	0.5211	2.2259	2
重 庆	136.36	332.67	107.72	152.45	657.39	112.95	1.1180	1.9761	6
贵 州	110.57	315.85	109.14	97.36	580.28	116.04	0.8805	1.8372	10
四 川	134.18	376.95	108.99	125.08	588.32	113.77	0.9322	1.5607	13
陕 西	128.20	443.02	110.89	103.08	680.02	117.03	0.8041	1.5350	14
宁 夏	168.17	386.81	107.19	112.14	547.95	114.13	0.6668	1.4166	16
西 藏	105.01	139.16	102.37	57.55	185.91	110.27	0.5480	1.3359	20
内蒙古	86.15	514.30	116.05	100.30	670.96	117.16	1.1642	1.3046	22
甘 肃	182.79	386.78	106.45	115.87	484.11	112.65	0.6339	1.2516	23
广 西	133.43	424.81	110.13	103.31	521.37	114.44	0.7743	1.2273	25
青 海	92.44	328.47	111.14	89.18	346.72	111.98	0.9647	1.0556	30
新 疆	138.14	359.49	108.30	129.98	321.30	107.83	0.9409	0.8938	31
西 部	136.78	381.52	108.92	114.69	581.05	114.48	0.8385	1.5230	[3]
辽 宁	96.50	436.00	113.39	73.05	591.31	119.04	0.7570	1.3562	19
吉 林	76.23	347.43	113.47	87.39	412.16	113.80	1.1464	1.1863	26
黑龙江	60.23	285.73	113.85	82.93	303.54	111.42	1.3769	1.0623	29
东 北	78.86	365.58	113.63	79.96	454.29	115.58	1.0139	1.2427	[4]

注：（1）城镇人均文化用品、文化服务消费数据出自《中国统计年鉴》相应年卷，其余为演算衍生数值；（2）软硬件消费比指数小于1为当地城镇人均文化用品消费高于文化服务消费。

在西部欠发达省域云南，文化消费"软硬件比"由较低上升为极高，直逼首位广东，甚至超过北京、浙江、江苏、上海、福建、天津这些最发达省市；在东部较发达省域山东，文化消费"软硬件比"却依旧维持很低状态。这样的数据事实几乎让人不敢相信。这也许意味着，按当地全部文化消费中所占比例来看，广东和云南的城镇地区相对是2012年文化服务消费的最佳市场。

鉴于此项数据仅仅限于省域城镇，无法推及省域城乡综合分析和乡村单行分析，故仅列附表供参考，不展开分析。

二 各省域城镇相关背景协调增长情况对比

在本项评价体系当中,全国及各省域城镇文化消费需求及其增长需要放到相关经济、民生背景中考察其间的"协调增长"状况,从而得出极其重要的各项比值平衡指标演算数值。

(一)与产值的比例关系变化

2000～2012年各省域城镇人均文化消费与人均产值的比例变动态势分析见表3,各省域按2012年城镇人均文化消费与人均产值的比值高低排列。表中同时提供了2000年和2012年各地人均产值数据,对照本文表2里各地人均文化消费数据,可以进行重复验算。

表3 各省域城镇人均文化消费与人均产值比例变动状况

地区	2000年			2012年			2000～2012年比值升降变化		
	人均产值(元)	文化消费与产值比(%)	比值排序	人均产值(元)	文化消费与产值比(%)	比值排序	升降百分点	升降百分比	排序
全 国	7858	3.3605	—	38420	3.1595	—	-0.2010	-5.98	—
辽 宁	11177	1.5170	31	56649	1.8135	27	0.2965	19.55	2
黑龙江	8294	1.7261	30	35711	1.6501	29	-0.0760	-4.40	10
吉 林	7351	2.2258	27	43415	1.7496	28	-0.4762	-21.39	13
东 北	9178	1.7304	[4]	46014	1.7818	[4]	0.0514	2.97	[1]
上 海	29671	2.1646	28	85373	2.9077	11	0.7431	34.33	1
江 苏	11765	2.4830	24	68347	2.8767	12	0.3937	15.86	3
广 东	12736	3.1093	18	54095	3.4675	4	0.3582	11.52	4
福 建	11194	2.3244	25	52763	2.5562	16	0.2318	9.97	5
海 南	6798	2.1321	29	32377	2.3080	21	0.1759	8.25	6
北 京	24122	2.7675	23	87475	2.8371	14	0.0696	2.51	8
浙 江	13416	3.1872	16	63374	2.4293	18	-0.7579	-23.78	14
河 北	7592	2.7688	22	36584	1.9747	24	-0.7941	-28.68	15
天 津	17353	2.2695	26	93173	1.4263	30	-0.8432	-37.15	20
山 东	9326	3.2882	15	51768	1.8619	25	-1.4263	-43.38	25

省域城镇文化消费需求景气评价排行

续表

地 区	2000年			2012年			2000~2012年比值升降变化		
	人均产值（元）	文化消费与产值比（%）	比值排序	人均产值（元）	文化消费与产值比（%）	比值排序	升降百分点	升降百分比	排序
东 部	12305	3.0033	[3]	57722	2.7500	[3]	-0.2533	-8.43	[2]
江 西	4851	3.0183	19	28800	3.2592	8	0.2409	7.98	7
河 南	5450	3.1754	17	31499	3.0969	9	-0.0785	-2.47	9
安 徽	4779	4.0182	10	28792	3.4198	5	-0.5984	-14.89	11
湖 北	6293	3.0156	20	38572	2.4009	19	-0.6147	-20.38	12
山 西	5722	3.3598	14	33628	2.3386	20	-1.0212	-30.39	16
湖 南	5425	5.1679	6	33480	2.8388	13	-2.3291	-45.07	27
中 部	5308	3.7466	[2]	32427	2.8928	[2]	-0.8538	-22.79	[3]
广 西	4652	5.0890	8	27952	3.3850	6	-1.7040	-33.48	17
内蒙古	6502	2.8676	21	63886	1.8553	26	-1.0123	-35.30	18
云 南	4769	6.6513	3	22195	4.1963	2	-2.4550	-36.91	19
陕 西	4968	4.6554	9	38564	2.9121	10	-1.7433	-37.45	21
四 川	4956	5.2312	4	29608	3.2602	7	-1.9710	-37.68	22
贵 州	2759	7.5364	1	19710	4.5466	1	-2.9898	-39.67	23
青 海	5138	3.5348	13	33181	2.0349	22	-1.4999	-42.43	24
新 疆	7372	3.6370	11	33796	2.0144	23	-1.6226	-44.61	26
甘 肃	4129	7.2332	2	21978	3.9626	3	-3.2706	-45.22	28
重 庆	5616	5.1426	7	38914	2.5442	17	-2.5984	-50.53	29
宁 夏	5376	5.2141	5	36394	2.5684	15	-2.6457	-50.74	30
西 藏	4572	3.5556	12	22936	1.4173	31	-2.1383	-60.14	31
西 部	4744	5.3003	[1]	31357	3.0697	[1]	-2.2306	-42.08	[4]

注：（1）人均产值数据（产值相关演算不区分城乡）出自《中国统计年鉴》相应年卷，其余为演算衍生数值；（2）比例值升降百分点负值为下降百分点，升降百分比负值为下降百分比。以升降百分比排序更加准确（后表4~6同）。

2000~2012年，全国人均产值从7858元增长至38420元，年均增长14.14%，高于同期全国城镇人均文化消费年均增长0.59个百分点。12年里，全国城镇人均文化消费与人均产值的比值从3.36%下降至3.16%，降低0.20个百分点，降幅为5.98%。同期，东部整体比值从3.00%下降至2.75%，降低0.25个百分点；东北整体比值从1.73%上升至1.78%，提升0.05个百分点；中部整体比值从3.75%下降至2.89%，降低0.86个百分点；西部整体比值从5.30%下降至3.07%，降低2.23个百分点。

各省域城镇人均文化消费与人均产值的比值比较，在2000年，贵州、甘肃、云南、四川、宁夏、湖南、重庆、广西、陕西、安徽、新疆、西藏、青海13个省域此项比值从高到低依次高于全国城镇总体比值；山西、山东、浙江、河南、广东、江西、湖北、内蒙古、河北、北京、江苏、福建、天津、吉林、上海、海南、黑龙江、辽宁18个省域此项比值从高到低依次低于全国城镇总体比值。其中，占据首位的贵州此项比值高于全国城镇总体比值4.18个百分点；处于末位的辽宁此项比值低于全国城镇总体比值1.84个百分点。

到2012年，仅有贵州、云南、甘肃、广东、安徽、广西、四川、江西8个省域此项比值从高到低依次高于全国城镇总体比值；河南、陕西、上海、江苏、湖南、北京、宁夏、福建、重庆、浙江、湖北、山西、海南、青海、新疆、河北、山东、内蒙古、辽宁、吉林、黑龙江、天津、西藏23个省域此项比值从高到低依次低于全国城镇总体比值。其中，占据首位的贵州此项比值高于全国城镇总体比值1.39个百分点；处于末位的西藏此项比值低于全国城镇总体比值1.74个百分点。

2000~2012年各省域城镇人均文化消费与人均产值的比值升降变化比较，仅有上海、辽宁、江苏、广东、福建、海南、江西、北京8个省域此项比值按升幅从大到小依次各有提升；河南、黑龙江、安徽、湖北、吉林、浙江、河北、山西、广西、内蒙古、云南、天津、陕西、四川、贵州、青海、山东、新疆、湖南、甘肃、重庆、宁夏、西藏23个省域此项比值按降幅从小到大依次各有下降。其中，占据首位的上海此项比值提高了34.33%；处于末位的西藏此项比值降低了60.14%。

2012年与上一年相比，全国城镇此项比值提升0.94%。同时，海南、甘肃、北京、辽宁、河南、江苏、山西、江西、湖北、安徽、广东、四川、内蒙古13个省域此项比值按升幅从大到小依次各有提升；山东、新疆、西藏、陕西、河北、上海、宁夏、浙江、福建、湖南、青海、吉林、黑龙江、广西、天津、云南、贵州、重庆18个省域此项比值按降幅从小到大依次各有下降。

这一比值关系分析表明，2000~2012年间，全国及各省域城镇文化消费需求增长与产值增长相比较，其间"增长协调性"欠佳。在全国及绝大部分省域，城镇文化消费需求增长赶不上产值增长，经济发展成果未能在提升城镇居民文化消费需求上同步体现出来。到2012年，情况有所好转，全国及较多省域城镇此项比值出现回升。

（二）占收入的比重关系变化

2000~2012年各省域城镇人均文化消费占人均收入的比重变动态势分析见表4，各省域按2012年城镇人均文化消费占人均收入的比值高低排列。表中同时提供了2000年和2012年各省域城镇人均收入数据，对照本文表2里各地人均文化消费数据，可以进行重复验算。

表4　各省域城镇人均文化消费占人均收入比重变动状况

地区	2000年			2012年			2000~2012年比值升降变化		
	人均收入（元）	文化消费占收入比（%）	比值排序	人均收入（元）	文化消费占收入比（%）	比值排序	升降百分点	升降百分比	排序
全 国	6279.98	4.2049	—	24564.72	4.9416	—	0.7367	17.52	—
辽 宁	5357.79	3.1646	27	23222.67	4.4237	20	1.2591	39.79	5
黑龙江	4912.88	2.9140	28	17759.75	3.3180	30	0.4040	13.86	13
吉 林	4810.00	3.4017	26	20208.04	3.7589	26	0.3572	10.50	15
东 北	5069.99	3.1326	[4]	20709.11	3.9590	[4]	0.8264	26.38	[1]
江 西	5103.58	2.8690	29	19860.36	4.7262	12	1.8572	64.73	1
河 南	4766.26	3.6309	21	20442.62	4.7718	10	1.1409	31.42	8
湖 北	5524.54	3.4350	25	20839.59	4.4438	19	1.0088	29.37	9
安 徽	5293.55	3.6276	22	21024.21	4.6833	14	1.0557	29.10	10
湖 南	6218.73	4.5083	12	21318.76	4.4582	16	-0.0501	-1.11	20
山 西	4724.11	4.0695	15	20411.71	3.8529	23	-0.2166	-5.32	23
中 部	5325.27	3.7341	[3]	20693.98	4.5329	[3]	0.7988	21.39	[2]
江 苏	6800.23	4.2957	14	29676.97	6.6251	2	2.3294	54.23	2
广 东	9761.57	4.0567	18	30226.71	6.2056	3	2.1489	52.97	3
福 建	7432.54	3.5008	24	28055.24	4.8074	8	1.3066	37.32	6
海 南	5358.32	2.7050	30	20917.71	3.5723	28	0.8673	32.06	7
上 海	11718.01	5.4809	4	40188.34	6.1769	4	0.6960	12.70	14
北 京	10349.69	6.4502	1	36468.75	6.8051	1	0.3549	5.50	19
浙 江	9279.16	4.6082	9	34550.30	4.4560	17	-0.1522	-3.30	21
河 北	5661.16	3.7132	19	20543.44	3.5165	29	-0.1967	-5.30	22
天 津	8140.50	4.8379	6	29626.41	4.4858	15	-0.3521	-7.28	25
山 东	6489.97	4.7251	8	25755.19	3.7425	27	-0.9826	-20.80	31

续表

地区	2000年			2012年			2000~2012年比值升降变化		
	人均收入（元）	文化消费占收入比（%）	比值排序	人均收入（元）	文化消费占收入比（%）	比值排序	升降百分点	升降百分比	排序
东部	8178.12	4.5190	[1]	29580.32	5.3662	[1]	0.8472	18.75	[3]
内蒙古	5129.05	3.6352	20	23150.26	5.1199	6	1.4847	40.84	4
陕西	5124.24	4.5134	11	20733.88	5.4164	5	0.9030	20.01	11
贵州	5122.21	4.0594	16	18700.51	4.7920	9	0.7326	18.05	12
广西	5834.43	4.0576	17	21242.80	4.4541	18	0.3965	9.77	16
青海	5169.96	3.5130	23	17566.28	3.8437	24	0.3307	9.41	17
四川	5894.27	4.3985	13	20306.99	4.7534	11	0.3549	8.07	18
重庆	6275.98	4.6018	10	22968.14	4.3106	22	-0.2912	-6.33	24
云南	6324.64	5.0153	5	21074.50	4.4194	21	-0.5959	-11.88	26
甘肃	4916.25	6.0750	2	17156.89	5.0760	7	-0.9990	-16.44	27
宁夏	4912.40	5.7062	3	19831.41	4.7135	13	-0.9927	-17.40	28
西藏	7426.32	2.1890	31	18028.32	1.8031	31	-0.3859	-17.63	29
新疆	5644.86	4.7498	7	17920.68	3.7989	25	-0.9509	-20.02	30
西部	5640.45	4.4582	[2]	20556.63	4.6825	[2]	0.2243	5.03	[4]

注：(1) 城镇人均收入数据出自《中国统计年鉴》相应年卷，其余为演算衍生数值；(2) 比值升降百分点负值为下降百分点，升降百分比负值为下降百分比。

2000~2012年，全国城镇人均收入从6279.98元增长至24564.72元，年均增长12.04%，低于同期全国城镇人均文化消费年均增长1.51个百分点。12年里，全国城镇人均文化消费占人均收入的比值从4.20%上升至4.94%，提升0.74个百分点，升幅为17.52%。同期，东部整体比值从4.52%上升至5.37%，提升0.85个百分点；东北整体比值从3.13%上升至3.96%，提升0.83个百分点；中部整体比值从3.73%上升至4.53%，提升0.80个百分点；西部整体比值从4.46%上升至4.68%，提升0.22个百分点。

各省域城镇人均文化消费占人均收入的比值比较，在2000年，北京、甘肃、宁夏、上海、云南、天津、新疆、山东、浙江、重庆、陕西、湖南、四川、江苏14个省域此项比值从高到低依次高于全国城镇总体比值；山西、贵州、广西、广东、河北、内蒙古、河南、安徽、青海、福建、湖北、吉林、辽宁、黑龙江、江西、海南、西藏17个省域此项比值从高到低依次低于全国城镇总体比值。其中,占据首位的北京此项比值高于全国城镇总体比值2.25个百分点;处于末位的西藏此项比值低于全国城镇总体比值2.02个百分点。

到2012年,北京、江苏、广东、上海、陕西、内蒙古、甘肃7个省域此项比值从高到低依次高于全国城镇总体比值;福建、贵州、河南、四川、江西、宁夏、安徽、天津、湖南、浙江、广西、湖北、辽宁、云南、重庆、山西、青海、新疆、吉林、山东、海南、河北、黑龙江、西藏24个省域此项比值从高到低依次低于全国城镇总体比值。其中,占据首位的北京此项比值高于全国城镇总体比值1.86个百分点;处于末位的西藏此项比值低于全国城镇总体比值3.14个百分点。

2000~2012年各省域城镇人均文化消费占人均收入的比值升降变化比较,江西、江苏、广东、内蒙古、辽宁、福建、海南、河南、湖北、安徽、陕西、贵州、黑龙江、上海、吉林、广西、青海、四川、北京19个省域此项比值按升幅从大到小依次各有提升;湖南、浙江、河北、山西、重庆、天津、云南、甘肃、宁夏、西藏、新疆、山东12个省域此项比值按降幅从小到大依次各有下降。其中,占据首位的江西此项比值提高了64.73%;处于末位的山东此项比值降低了20.80%。

2012年与上一年相比,全国城镇此项比值下降2.18%。同时,海南、甘肃、辽宁、北京、河南、江苏、湖北、安徽、西藏、四川、江西、陕西、山西13个省域此项比值按升幅从大到小依次各有提升;内蒙古、广东、新疆、山东、福建、宁夏、河北、青海、贵州、湖南、浙江、云南、吉林、上海、天津、广西、黑龙江、重庆18个省域此项比值按降幅从小到大依次各有下降。

这一比值关系分析表明,2000~2012年间,全国及各省域城镇文化消费需求增长与收入增长相比较,其间"增长协调性"状况较好。在全国及大部分省域,城镇文化消费需求增长超过了居民收入增长,民生增进成效首先在提升城镇居民文化消费需求上体现出来。但到2012年,情况发生逆转,全国及大部分省域城镇此项比值反而出现下降。

(三)占总消费的比重关系变化

2000~2012年各省域城镇人均文化消费占人均总消费的比重变动态势分析见表5,各省域按2012年城镇人均文化消费占人均总消费的比值高低排列。

表中同时提供了2000年和2012年各省域城镇人均总消费数据,对照本文表2里各地人均文化消费数据,可以进行重复验算。

表5 各省域城镇人均文化消费占人均总消费比重值变动状况

地区	2000年			2012年			2000~2012年比值升降变化		
	人均总消费(元)	文化消费占总消费比(%)	比值排序	人均总消费(元)	文化消费占总消费比(%)	比值排序	升降百分点	升降百分比	排序
全国	4998.00	5.2835	—	16674.32	7.2799	—	1.9964	37.79	—
江西	3623.56	4.0408	27	12775.65	7.3472	5	3.3064	81.83	2
河南	3830.71	4.5177	23	13732.96	7.1032	10	2.5855	57.23	5
湖北	4644.50	4.0859	25	14495.97	6.3885	21	2.3026	56.35	7
安徽	4232.98	4.5365	22	15011.66	6.5590	17	2.0225	44.58	10
山西	3941.87	4.8771	17	12211.53	6.4401	19	1.5630	32.05	14
湖南	5218.79	5.3721	12	14608.95	6.5059	18	1.1338	21.11	20
中部	4326.21	4.5965	[3]	13955.33	6.7218	[2]	2.1253	46.24	[1]
辽宁	4356.06	3.8923	28	16593.60	6.1910	22	2.2987	59.06	4
吉林	4020.87	4.0693	26	14613.53	5.1979	27	1.1286	27.73	17
黑龙江	3824.44	3.7433	29	12983.55	4.5386	30	0.7953	21.25	19
东北	4088.44	3.8847	[4]	14935.31	5.4894	[4]	1.6047	41.31	[2]
江苏	5323.18	5.4877	10	18825.28	10.4440	1	4.9563	90.32	1
广东	8016.91	4.9396	15	22396.35	8.3752	4	3.4356	69.55	3
福建	5638.74	4.6143	21	18593.21	7.2539	7	2.6396	57.20	6
海南	4082.56	3.5502	30	14456.55	5.1689	28	1.6187	45.59	9
北京	8493.49	7.8599	1	24045.86	10.3209	2	2.4610	31.31	15
上海	8868.19	7.2422	2	26253.47	9.4555	3	2.2133	30.56	16
河北	4348.47	4.8341	19	12531.12	5.7649	25	0.9308	19.25	22
浙江	7020.22	6.0910	8	21545.18	7.1457	8	1.0547	17.32	23
天津	6121.04	6.4340	5	20024.24	6.6368	16	0.2028	3.15	26
山东	5022.00	6.1063	7	15778.65	6.1089	23	0.0026	0.04	27
东部	6411.21	5.7644	[1]	19524.16	8.1302	[1]	2.3658	41.04	[3]
贵州	4278.28	4.8601	18	12585.70	7.1202	9	2.2601	46.50	8
内蒙古	3927.75	4.7470	20	17717.10	6.6899	13	1.9429	40.93	11
广西	4852.31	4.8789	16	14243.98	6.6427	15	1.7638	36.15	12
陕西	4276.67	5.4079	11	15332.84	7.3244	6	1.9165	35.44	13
青海	4185.73	4.3390	24	12346.29	5.4688	26	1.1298	26.04	18
四川	4855.78	5.3392	13	15049.54	6.4140	20	1.0748	20.13	21

续表

地区	2000年			2012年			2000~2012年比值升降变化		
	人均总消费（元）	文化消费占总消费比（％）	比值排序	人均总消费（元）	文化消费占总消费比（％）	比值排序	升降百分点	升降百分比	排序
重庆	5569.84	5.1852	14	16573.14	5.9739	24	0.7887	15.21	24
云南	5185.31	6.1173	6	13883.93	6.7082	12	0.5909	9.66	25
宁夏	4200.50	6.6733	4	14067.15	6.6450	14	-0.0283	-0.42	28
西藏	5554.42	2.9267	31	11184.33	2.9065	31	-0.0202	-0.69	29
甘肃	4126.47	7.2377	3	12847.05	6.7789	11	-0.4588	-6.34	30
新疆	4422.93	6.0620	9	13891.72	4.9007	29	-1.1613	-19.16	31
西部	4661.22	5.3948	[2]	14767.57	6.5181	[3]	1.1233	20.82	[4]

注：（1）城镇人均总消费数据出自《中国统计年鉴》相应年卷，其余为演算衍生数值；（2）比值升降百分点负值为下降百分点，升降百分比负值为下降百分比。

2000~2012年，全国城镇人均总消费从4998.00元增长至16674.32元，年均增长10.56％，低于同期全国城镇人均文化消费年均增长2.99个百分点。12年里，全国城镇人均文化消费占人均总消费的比值从5.28％上升至7.28％，提升2.00个百分点，升幅为37.79％。同期，东部整体比值从5.76％上升至8.13％，提升2.37个百分点；东北整体比值从3.88％上升至5.49％，提升1.61个百分点；中部整体比值从4.60％上升至6.72％，提升2.12个百分点；西部整体比值从5.39％上升至6.52％，提升1.13个百分点。

各省域城镇人均文化消费占人均总消费的比值比较，在2000年，北京、上海、甘肃、宁夏、天津、云南、山东、浙江、新疆、江苏、陕西、湖南、四川13个省域此项比值从高到低依次高于全国城镇总体比值；重庆、广东、广西、山西、贵州、河北、内蒙古、福建、安徽、河南、青海、湖北、吉林、江西、辽宁、黑龙江、海南、西藏18个省域此项比值从高到低依次低于全国城镇总体比值。其中，占据首位的北京此项比值高于全国城镇总体比值2.58个百分点；处于末位的西藏此项比值低于全国城镇总体比值2.36个百分点。

到2012年，江苏、北京、上海、广东、江西、陕西6个省域此项比值从高到低依次高于全国城镇总体比值；福建、浙江、贵州、河南、甘肃、云南、内蒙古、宁夏、广西、天津、安徽、湖南、山西、四川、湖北、辽宁、山东、重庆、河北、青海、吉林、海南、新疆、黑龙江、西藏25个省域此项比值从高到低依次低于全国城镇总体比值。其中,占据首位的江苏此项比值高于全国城镇总体比值3.16个百分点;处于末位的西藏此项比值低于全国城镇总体比值4.37个百分点。

2000~2012年各省域城镇人均文化消费占人均总消费的比值升降变化比较,江苏、江西、广东、辽宁、河南、福建、湖北、贵州、海南、安徽、内蒙古、广西、陕西、山西、北京、上海、吉林、青海、黑龙江、湖南、四川、河北、浙江、重庆、云南、天津、山东27个省域此项比值按升幅从大到小依次各有提升;宁夏、西藏、甘肃、新疆4个省域此项比值按降幅从小到大依次各有下降。其中,占据首位的江苏此项比值提高了90.32%;处于末位的新疆此项比值降低了19.16%。

2012年与上一年相比,全国城镇此项比值提升0.18%。同时,海南、辽宁、甘肃、北京、河南、西藏、江西、湖北、四川、山西、江苏、陕西、安徽、山东14个省域此项比值按升幅从大到小依次各有提升;内蒙古、广东、浙江、河北、宁夏、湖南、福建、上海、贵州、新疆、青海、吉林、云南、黑龙江、天津、广西、重庆17个省域此项比值按降幅从小到大依次各有下降。

这一比值关系分析表明,2000~2012年,全国及各省域城镇文化消费需求增长与总消费增长相比较,其间"增长协调性"状况较好。在全国及绝大部分省域,城镇文化消费需求增长超过了居民总消费增长,拉动内需扩大消费成效首先在提升城镇居民文化消费需求上体现出来。但到2012年,情况发生逆转,大部分省域城镇此项比值反而出现下降。

(四)与非文消费剩余的比例关系变化

2000~2012年各省域城镇人均文化消费与人均非文消费剩余的比例变动态势分析见表6,各省域按2012年城镇人均文化消费与人均非文消费剩余的比值高低排列。表中同时提供了2000年和2012年各省域城镇人均非文消费剩余数据,对照本文表2里各地人均文化消费数据,可以进行重复验算。

省域城镇文化消费需求景气评价排行

表6 各省域城镇人均文化消费与人均非文消费剩余比例变动状况

地区	2000年 人均非文消费剩余（元）	2000年 文化消费与非文消费剩余比（%）	比值排序	2012年 人均非文消费剩余（元）	2012年 文化消费与非文消费剩余比（%）	比值排序	2000~2012年比值升降变化 升降百分点	升降百分比	排序
全 国	1546.05	17.0803	—	9104.28	13.3331	—	-3.7472	-21.94	—
黑龙江	1231.60	11.6239	28	5365.47	10.9826	25	-0.6413	-5.52	6
辽 宁	1171.28	14.4756	24	7656.38	13.4177	12	-1.0579	-7.31	8
吉 林	952.75	17.1734	17	6354.10	11.9543	20	-5.2191	-30.39	18
东 北	1140.37	13.9273	[4]	6593.67	12.4341	[3]	-1.4932	-10.72	[1]
广 东	2140.66	18.4990	12	9706.10	19.3254	1	0.8264	4.47	3
海 南	1420.70	10.2020	29	7208.41	10.3664	27	0.1644	1.61	4
福 建	2053.71	12.6693	27	10810.77	12.4759	17	-0.1934	-1.53	5
江 苏	1769.17	16.5117	18	12817.81	15.3390	7	-1.1727	-7.10	7
上 海	3492.07	18.3917	13	16417.26	15.1206	8	-3.2711	-17.79	10
天 津	2413.29	16.3192	19	10931.14	12.1577	19	-4.1615	25.50	15
浙 江	2686.54	15.9164	20	14544.67	10.5850	26	-5.3314	-33.50	19
北 京	2523.78	26.4516	4	14904.63	16.6508	5	-9.8008	-37.05	21
河 北	1522.90	13.8033	25	8734.73	8.2705	30	-5.5328	-40.08	24
山 东	1774.63	17.2802	16	10940.83	8.8099	28	-8.4703	-49.02	28
东 部	2136.47	17.2981	[2]	11643.51	13.6329	[2]	-3.6652	-21.19	[2]
江 西	1626.44	9.0025	30	8023.36	11.6990	22	2.6965	29.95	2
安 徽	1252.60	15.3305	23	6997.17	14.0717	10	-1.2588	-8.21	9
河 南	1108.61	15.6105	21	7685.14	12.6931	16	-2.9174	-18.69	11
湖 北	1069.81	17.7387	15	7269.70	12.7389	15	-4.9998	-28.19	17
湖 南	1280.30	21.8980	5	7660.25	12.4074	18	-9.4906	-43.34	26
山 西	974.49	19.7283	10	8986.62	8.7512	29	-10.9771	-55.64	31
中 部	1197.92	16.5999	[4]	7676.70	12.2194	[4]	-4.3805	-26.39	[3]
内蒙古	1387.75	13.4354	26	6618.42	17.9085	2	4.4731	33.29	1
新 疆	1490.05	17.9940	14	4709.75	14.4549	9	-3.5391	-19.67	12
陕 西	1078.85	21.4376	7	6524.08	17.2138	3	-4.2238	-19.70	13
四 川	1297.75	19.9777	8	6222.72	15.5120	6	-4.4657	-22.35	14
青 海	1165.85	15.5783	22	5895.18	11.4533	24	-4.1250	-26.48	16
贵 州	1051.86	19.7678	9	7010.94	12.7819	14	-6.9859	-35.34	20
广 西	1218.86	19.4231	11	7945.00	11.9091	21	-7.5140	-38.69	22
甘 肃	1088.44	27.4393	3	5180.73	16.8102	4	-10.6291	-38.74	23

续表

地区	2000年			2012年			2000~2012年比值升降变化		
	人均非文消费剩余（元）	文化消费与非文消费剩余比（%）	比值排序	人均非文消费剩余（元）	文化消费与非文消费剩余比（%）	比值排序	升降百分点	升降百分比	排序
西藏	2034.46	7.9903	31	7169.06	4.5343	31	-3.4560	-43.25	25
云南	1456.53	21.7778	6	8121.93	11.4672	23	-10.3106	-47.34	27
宁夏	992.21	28.2511	2	6699.02	13.9537	11	-14.2974	-50.61	29
重庆	994.95	29.0276	1	7385.06	13.4063	13	-15.6213	-53.82	30
西部	1230.69	20.4327	[1]	6751.63	14.2568	[1]	-6.1759	-30.23	[4]

注：（1）表中均为演算衍生数值；（2）比值升降百分点负值为下降百分点，升降百分比负值为下降百分比。

2000~2012年，全国城镇人均非文消费剩余从1546.05元增长至9104.28元，年均增长15.92%，高于同期全国城镇人均文化消费年均增长2.37个百分点。12年里，全国城镇人均文化消费与人均非文消费剩余的比值从17.08%下降至13.33%，降低3.75个百分点，降幅为21.94%。同期，东部整体比值从17.30%下降至13.63%，降低3.67个百分点；东北整体比值从13.93%下降至12.43%，降低1.50个百分点；中部整体比值从16.60%下降至12.22%，降低4.38个百分点；西部整体比值从20.43%下降至14.26%，降低6.17个百分点。

各省域城镇人均文化消费与人均非文消费剩余的比值比较，在2000年，重庆、宁夏、甘肃、北京、湖南、云南、陕西、四川、贵州、山西、广西、广东、上海、新疆、湖北、山东、吉林17个省域此项比值从高到低依次高于全国城镇总体比值；江苏、天津、浙江、河南、青海、安徽、辽宁、河北、内蒙古、福建、黑龙江、海南、江西、西藏14个省域此项比值从高到低依次低于全国城镇总体比值。其中，占据首位的重庆此项比值高于全国城镇总体比值11.95个百分点；处于末位的西藏此项比值低于全国城镇总体比值9.09个百分点。

到2012年，广东、内蒙古、陕西、甘肃、北京、四川、江苏、上海、新疆、安徽、宁夏、辽宁、重庆13个省域此项比值从高到低依次高于全国城镇总体比值；贵州、湖北、河南、福建、湖南、天津、吉林、广西、江西、云南、青海、黑龙江、浙江、海南、山东、山西、河北、西藏18个省域此项比值从高到低依次低于全国城镇总体比值。其中，占据首位的广东此项比值高于全国城镇总体比值5.99个百分点；处于末位的西藏此项比值低于全国城镇总体比值8.80个百分点。

2000~2012年各省域城镇人均文化消费与人均非文消费剩余的比值升降变化比较，仅有内蒙古、江西、广东、海南4个省域此项比值按升幅从大到小依次各有提升；福建、黑龙江、江苏、辽宁、安徽、上海、河南、新疆、陕西、四川、天津、青海、湖北、吉林、浙江、贵州、北京、广西、甘肃、河北、西藏、湖南、云南、山东、宁夏、重庆、山西27个省域此项比值按降幅从小到大依次各有下降。其中，占据首位的内蒙古此项比值提高了33.29%；处于末位的山西此项比值降低了55.64%。

2012年与上一年相比，全国城镇此项比值下降6.20%。同时，仅有海南、甘肃、安徽、河南、辽宁、江苏、新疆、北京8个省域此项比值按升幅从大到小依次各有提升；西藏、湖北、陕西、福建、青海、广东、江西、山西、内蒙古、四川、云南、山东、贵州、吉林、天津、河北、宁夏、广西、湖南、浙江、上海、重庆、黑龙江23个省域此项比值按降幅从小到大依次各有下降。

这一比值关系分析表明，2000~2012年间，全国及各省域城镇文化消费需求增长与非文消费剩余增长相比较，其间"增长协调性"欠佳。在全国及绝大部分省域，城镇文化消费需求增长赶不上居民必需消费（本项评价体系设定全部非文消费为必需消费）之外余钱增多，全面建设小康社会发展成就未能在提升城镇居民文化消费需求上同步体现出来。

三 各省域城乡、区域之间均衡增长状况

在本项评价体系当中，文化消费需求及其增长还需要放到城乡关系、地区关系背景中考察其间的"均衡增长"状况，从而得出不可或缺的各项比差值校正指标演算数值。

(一）文化消费需求的城乡差距变化

在城镇单行分析评价中，依然检测城乡之间文化消费需求的协调增长，相关设计思想和技术方法参看本书《中国文化消费需求景气评价体系技术报告》一文。

本节分析测评与本书《省域城乡文化消费需求景气评价排行》一文同构，故不赘述。

(二）城镇文化消费需求的地区差距变化

2000年和2012年各省域城镇人均文化消费地区差及其变动态势分析见表7，各省域以2012年城镇人均文化消费地区差从小到大排列。按照文化消费地区差演算方法，对应本文表2里各地人均文化消费数据，可以进行重复验算。同时利用表7里表栏空间，另附2000年和2012年各省域人均文化消费城乡比排序结果。

表7 各省域城镇人均文化消费地区差距变动状况

地区	2000年文化消费地区差距			2012年文化消费地区差距			2000~2012年地区差扩减变化	
	地区差（无差距=1）	倒数	排序	地区差（无差距=1）	倒数	排序	扩减百分比	排序
全国	1.3333	0.7500	—	1.3392	0.7467	—	0.44	—
天津	1.4914	0.6705	27	1.0948	0.9134	3	-26.59	1
浙江	1.6193	0.6176	29	1.2683	0.7885	18	-21.68	2
北京	2.5280	0.3956	31	2.0445	0.4891	30	-19.13	4
上海	2.4321	0.4112	30	2.0450	0.4890	31	-15.92	5
海南	1.4511	0.6891	25	1.3844	0.7223	22	-4.60	10
广东	1.4996	0.6668	28	1.5452	0.6471	27	3.04	15
山东	1.1613	0.8611	11	1.2060	0.8292	10	3.85	16
福建	1.0147	0.9855	1	1.1111	0.9000	4	9.50	21
河北	1.2040	0.8306	13	1.4049	0.7118	23	16.69	27
江苏	1.1062	0.9040	8	1.6197	0.6174	28	46.42	31

续表

地区	2000年文化消费地区差距			2012年文化消费地区差距			2000~2012年地区差扩减变化	
	地区差(无差距=1)	倒数	排序	地区差(无差距=1)	倒数	排序	扩减百分比	排序
东 部	1.5508	0.6448	[4]	1.4724	0.6792	[4]	-5.06	[1]
辽 宁	1.3579	0.7364	21	1.1537	0.8668	5	-15.04	7
吉 林	1.3804	0.7244	22	1.3742	0.7277	21	-0.45	13
黑龙江	1.4579	0.6859	26	1.5146	0.6603	26	3.89	17
东 北	1.3987	0.7149	[3]	1.3475	0.7421	[3]	-3.66	[2]
江 西	1.4455	0.6918	24	1.2267	0.8152	13	-15.14	6
河 南	1.3446	0.7437	20	1.1964	0.8358	8	-11.02	8
安 徽	1.2728	0.7857	16	1.1889	0.8411	7	-6.59	9
湖 北	1.2814	0.7804	17	1.2371	0.8083	16	-3.46	12
山 西	1.2720	0.7862	15	1.3521	0.7396	20	6.30	19
湖 南	1.0617	0.9419	5	1.2170	0.8217	11	14.63	25
中 部	1.2797	0.7815	[2]	1.2364	0.8088	[1]	-3.38	[3]
内蒙古	1.2939	0.7728	18	1.0236	0.9770	1	-20.89	3
陕 西	1.1242	0.8895	9	1.0748	0.9304	2	-4.39	11
云 南	1.2012	0.8325	12	1.2327	0.8112	15	2.62	14
贵 州	1.2126	0.8247	14	1.2618	0.7925	17	4.06	18
重 庆	1.0937	0.9143	6	1.1844	0.8443	6	8.29	20
青 海	1.3122	0.7621	19	1.4438	0.6926	25	10.03	22
广 西	1.1035	0.9062	7	1.2205	0.8193	12	10.60	23
甘 肃	1.1310	0.8842	10	1.2826	0.7797	19	13.40	24
宁 夏	1.0615	0.9421	4	1.2299	0.8130	14	15.86	26
四 川	1.0182	0.9821	3	1.2048	0.8300	9	18.33	28
西 藏	1.3844	0.7223	23	1.7322	0.5773	29	25.12	29
新 疆	1.0153	0.9849	2	1.4392	0.6948	24	41.75	30
西 部	1.1626	0.8601	[1]	1.2775	0.7828	[2]	9.88	[4]

注：(1) 表中均为演算衍生数值；(2) 地区差扩减百分比负值为地区差缩小。

2000~2012年，全国城镇人均文化消费地区差从1.3333扩大至1.3392，文化消费需求的地区差距扩大0.44%。同期，东部整体城镇文化消费地区差缩小5.06%，东北整体城镇文化消费地区差缩小3.66%，中部整体城镇文化消费地区差缩小3.38%，西部整体城镇文化消费地区差扩大9.88%。

分阶段对比考察，"十五"期间，全国城镇人均文化消费地区差扩大

0.44%；其中，东部缩小2.75%，东北扩大0.36%，中部缩小2.54%，西部扩大5.66%。"十一五"期间，全国城镇人均文化消费地区差扩大0.51%；其中，东部缩小0.51%，东北缩小2.17%，中部扩大0.61%，西部扩大2.26%。

对比两个五年期城镇人均文化消费地区差扩减变化，全国城镇地区差"十一五"扩大程度比"十五"增高0.06%。四大区域各有不同，东部城镇地区差"十一五"扩大程度比"十五"增高2.24%，东北城镇地区差"十一五"扩大程度比"十五"降低2.53%，中部城镇地区差"十一五"扩大程度比"十五"增高3.15%，西部城镇地区差"十一五"扩大程度比"十五"降低3.40%。

前后对比考察，2000年，中部、西部城镇地区差小于全国城镇总体地区差，东部、东北城镇地区差大于全国城镇总体地区差；2012年，中部、西部城镇地区差仍小于全国城镇总体地区差，东部、东北城镇地区差仍大于全国城镇总体地区差。

各省域城镇人均文化消费地区差状况比较，在2000年，福建、新疆、四川、宁夏、湖南、重庆、广西、江苏、陕西、甘肃、山东、云南、河北、贵州、山西、安徽、湖北、内蒙古、青海19个省域城镇文化消费地区差从小到大依次小于全国城镇总体地区差；河南、辽宁、吉林、西藏、江西、海南、黑龙江、天津、广东、浙江、上海、北京12个省域城镇文化消费地区差从小到大依次大于全国城镇总体地区差。其中，占据首位的福建地区差仅为全国城镇总体地区差的76.10%；处于末位的北京地区差高达全国城镇总体地区差的189.60%。

到2012年，内蒙古、陕西、天津、福建、辽宁、重庆、安徽、河南、四川、山东、湖南、广西、江西、宁夏、云南、湖北、贵州、浙江、甘肃19个省域城镇文化消费地区差从小到大依次小于全国城镇总体地区差；山西、吉林、海南、河北、新疆、青海、黑龙江、广东、江苏、西藏、北京、上海12个省域城镇文化消费地区差从小到大依次大于全国城镇总体地区差。其中，占据首位的内蒙古地区差仅为全国城镇总体地区差的76.43%；处于末位的上海地区差高达全国城镇总体地区差的152.70%。

2000~2012年,天津、浙江、内蒙古、北京、上海、江西、辽宁、河南、安徽、海南、陕西、湖北、吉林13个省域城镇文化消费地区差按缩减幅度从大到小依次各有缩小;云南、广东、山东、黑龙江、贵州、山西、重庆、福建、青海、广西、甘肃、湖南、宁夏、河北、四川、西藏、新疆、江苏18个省域城镇文化消费地区差按扩增幅度从小到大依次各有扩大。其中,占据首位的天津地区差缩小了26.59%;处于末位的江苏地区差扩大了46.42%。

2012年与上一年相比,全国城镇文化消费地区差缩小0.67%。同时,天津、上海、海南、浙江、辽宁、甘肃、河南、四川、湖北、安徽、陕西、江西、福建、山西、广东、新疆、西藏、内蒙古18个省域城镇文化消费地区差按缩减幅度从大到小依次各有缩小;山东、河北、青海、宁夏、贵州、吉林、湖南、云南、黑龙江、北京、江苏、广西、重庆13个省域城镇文化消费地区差按扩增幅度从小到大依次各有扩大。

这意味着,从2000年到2012年,全国各地之间城镇人均文化消费需求增长相互比较,其间的"增长协调性"欠佳。在全国及大部分省域,城镇文化消费地区差普遍扩大。其中有所区别之处在于,发达地区城镇文化消费地区差扩大是由于"率先"增长的偏离,欠发达地区城镇文化消费地区差扩大则由于"滞后"增长的偏离。到2012年,情况有所好转,全国及较多省域城镇文化消费地区差呈现为缩小。

四 各省域城镇文化消费需求景气排行与预测

基于以上各项指标的分析数值,按照本项评价体系的测评方式和演算权重,最后测算得出2012年各省域城镇单行文化消费需求景气评价排行。基于不同时间段、不同基准值的各类测评结果均落实在2012年。景气指数取百分制,以便横向衡量百分点高低,纵向衡量百分比升降。

(一)2012年文化消费需求景气评价

2000年以来各省域城镇单行演算的文化消费需求景气指数变动态势分析

见表8，各省域以2012年城乡之间、地区之间无差距理想状态横向测评的文化消费需求景气排行指数高低排列。

表8 各省域城镇文化消费需求景气指数变动状况

地区	起始年度基数值自身纵向测评（起点年基数值=100）								2012年城乡地区无差距理想值各地横向测评（理想值=100）	
	"十五"以来12年（2000~2012）		"十一五"以来7年（2005~2012）		"十二五"以来2年（2010~2012）		最近一年以来（2011~2012）			
	景气指数	排序	景气指数	排序	景气指数	排序	景气指数	排序	景气指数	排序
全 国	112.26	—	96.41	—	99.50	—	100.32	—	81.71	—
江 苏	142.24	2	117.50	1	106.99	3	102.02	9	98.41	1
北 京	110.21	15	99.55	11	103.11	8	102.77	7	96.47	2
广 东	122.17	7	97.19	14	103.63	7	101.02	12	90.96	3
上 海	111.39	12	98.77	13	94.49	28	97.72	27	89.26	4
福 建	122.35	6	99.18	12	98.45	22	100.02	18	83.09	9
浙 江	106.79	17	91.46	22	96.27	25	98.46	24	82.09	12
天 津	108.27	16	106.53	6	108.73	1	106.15	2	79.81	17
山 东	89.80	29	84.96	27	97.09	23	98.04	26	72.51	25
海 南	118.48	9	94.02	18	97.04	24	108.02	1	68.69	28
河 北	100.00	22	89.14	23	99.58	17	99.15	21	67.48	30
东 部	113.84	[2]	98.14	[2]	100.48	[1]	100.03	[2]	83.99	[1]
安 徽	120.61	8	114.07	2	94.63	27	100.48	16	83.18	8
河 南	128.08	5	107.65	5	104.53	5	105.81	3	81.19	13
江 西	144.90	1	93.51	20	101.26	14	100.79	15	80.66	14
湖 南	90.38	28	78.64	30	96.16	26	98.33	25	78.29	19
湖 北	111.31	13	95.06	15	107.56	2	103.04	5	78.16	20
山 西	106.65	18	94.30	17	99.23	19	101.51	10	75.60	24
中 部	112.36	[3]	95.57	[3]	100.37	[2]	101.75	[1]	79.23	[2]
陕 西	111.81	11	108.53	4	99.16	21	100.80	14	89.19	5
甘 肃	88.13	30	87.82	24	104.40	6	105.35	4	87.98	6
内蒙古	131.42	4	100.22	10	99.18	20	97.04	29	85.65	7
贵 州	104.73	20	87.40	26	94.45	29	100.34	17	82.51	10
四 川	96.86	23	87.56	25	101.28	13	103.01	6	82.49	11
云 南	96.35	24	93.79	19	104.63	4	99.29	19	80.08	16

续表

地 区	起始年度基数值自身纵向测评（起点年基数值=100）								2012年城乡地区无差距理想值各地横向测评（理想值=100）	
	"十五"以来12年（2000~2012）		"十一五"以来7年（2005~2012）		"十二五"以来2年（2010~2012）		最近一年以来（2011~2012）			
	景气指数	排序	景气指数	排序	景气指数	排序	景气指数	排序	景气指数	排序
宁 夏	90.80	27	101.76	9	101.66	12	99.24	20	79.08	18
广 西	96.33	25	84.55	28	102.29	10	98.69	22	76.57	21
重 庆	93.52	26	82.62	29	99.39	18	95.60	30	76.36	22
新 疆	86.71	31	103.10	8	102.87	9	100.93	13	69.93	27
青 海	106.60	19	94.87	16	102.27	11	97.49	28	68.64	29
西 藏	100.72	21	78.01	31	89.41	31	98.51	23	42.30	31
西 部	97.57	[4]	89.79	[4]	99.87	[3]	99.76	[4]	79.21	[3]
辽 宁	132.39	3	113.31	3	99.85	16	102.22	8	80.35	15
吉 林	110.42	14	105.65	7	100.80	15	101.34	11	76.05	23
黑龙江	111.85	10	92.07	21	92.44	30	95.25	31	72.39	26
东 北	120.35	[1]	103.05	[1]	97.79	[4]	99.88	[3]	76.21	[4]

1. 各年度横向测评景气指数

以文化消费需求城乡之间、地区之间实现无差距状态为"理想值"100，在年度横向测评中，2012年全国城镇文化消费需求景气指数为81.71，低于理想值18.29。此项测评中，由于全国城镇文化消费总量份额值（全国份额为100%基准）、人均绝对值、各项比值作为演算基准，全国城镇总体景气指数高低，全都缘于文化消费城乡比、城镇文化消费地区差缩小或扩大。

东部城镇整体景气指数为83.99，低于理想值16.01，同时高于全国城镇总体景气指数2.28；东北城镇整体景气指数为76.21，低于理想值23.79，同时低于全国城镇总体景气指数5.50；中部城镇整体景气指数为79.23，低于理想值20.77，同时低于全国城镇总体景气指数2.48；西部城镇整体景气指数为79.21，低于理想值20.79，同时低于全国城镇总体景气指数2.50。此项测评中，四大区域和各省域城镇景气指数高低，除了缘于自身文化消费城乡比、与全国地区差的存在及其扩减变化以外，更有可能主要缘于其人均文化消费绝对值、相关各项比值高于或低于全国总体平均值。

各省域城镇单行景气指数比较，江苏、北京、广东城镇景气指数从高到低依次占据"2012年度城镇文化消费需求景气领先"全国前3位。此外，上海、陕西、甘肃、内蒙古、安徽、福建、贵州、四川、浙江9个省域城镇景气指数从高到低依次高于全国城镇总体景气指数；河南、江西、辽宁、云南、天津、宁夏、湖南、湖北、广西、重庆、吉林、山西、山东、黑龙江、新疆、海南、青海、河北、西藏19个省域城镇景气指数从高到低依次低于全国城镇总体景气指数。

2."十五"以来纵向测评景气指数

以"九五"末年2000年为起点基数值100，在"十五"以来12年间自身纵向测评中，2012年全国城镇文化消费需求景气指数为112.26，高于2000年基数值12.26。此项测评中，全国城镇总体景气指数升降，缘于与自身2000年相比，2012年各项指标数值或有升降。四大区域和各省域城镇亦然。

东部城镇整体景气指数为113.84，高于自身2000年基数值13.84，同时高于全国城镇总体景气指数1.58；东北城镇整体景气指数为120.35，高于自身2000年基数值20.35，同时高于全国城镇总体景气指数8.09；中部城镇整体景气指数为112.36，高于自身2000年基数值12.36，同时高于全国城镇总体景气指数0.10；西部城镇整体景气指数为97.57，低于自身2000年基数值2.43，同时低于全国城镇总体景气指数14.69。

各省域城镇单行景气指数比较，江西、江苏、辽宁城镇景气指数从高到低依次占据"2000～2012年城镇文化消费需求景气提升"全国前3位。此外，内蒙古、河南、福建、广东、安徽、海南6个省域城镇景气指数从高到低依次高于全国城镇总体景气指数；黑龙江、陕西、上海、湖北、吉林、北京、天津、浙江、山西、青海、贵州、西藏、河北、四川、云南、广西、重庆、宁夏、湖南、山东、甘肃、新疆22个省域城镇景气指数从高到低依次低于全国城镇总体景气指数。

3."十一五"以来纵向测评景气指数

以"十五"末年2005年为起点基数值100，在"十一五"以来7年间自身纵向测评中，2012年全国城镇文化消费需求景气指数为96.41，低于2005年基数值3.59。此项测评中，全国城镇总体景气指数升降，缘于与自身2005

省域城镇文化消费需求景气评价排行

年相比,2012年各项指标数值或有升降。四大区域和各省域城镇亦然。

东部城镇整体景气指数为98.14,低于自身2005年基数值1.86,同时高于全国城镇总体景气指数1.73;东北城镇整体景气指数为103.05,高于自身2005年基数值3.05,同时高于全国城镇总体景气指数6.64;中部城镇整体景气指数为95.57,低于自身2005年基数值4.43,同时低于全国城镇总体景气指数0.84;西部城镇整体景气指数为89.79,低于自身2005年基数值10.21,同时低于全国城镇总体景气指数6.62。

各省域城镇单行景气指数比较,江苏、安徽、辽宁城镇景气指数从高到低依次占据"2005~2012年城镇文化消费需求景气提升"全国前3位。此外,陕西、河南、天津、吉林、新疆、宁夏、内蒙古、北京、福建、上海、广东11个省域城镇景气指数从高到低依次高于全国城镇总体景气指数;湖北、青海、山西、海南、云南、江西、黑龙江、浙江、河北、甘肃、四川、贵州、山东、广西、重庆、湖南、西藏17个省域城镇景气指数从高到低依次低于全国城镇总体景气指数。

4. "十二五"以来纵向测评景气指数

以"十一五"末年2010年为起点基数值100,在"十二五"以来2年间自身纵向测评中,2012年全国城镇文化消费需求景气指数为99.50,低于2010年基数值0.50。此项测评中,全国城镇总体景气指数升降,缘于与自身2010年相比,2012年各项指标数值或有升降。四大区域和各省域城镇亦然。

东部城镇整体景气指数为100.48,高于自身2010年基数值0.48,同时高于全国城镇总体景气指数0.98;东北城镇整体景气指数为97.79,低于自身2010年基数值2.21,同时低于全国城镇总体景气指数1.71;中部城镇整体景气指数为100.37,高于自身2010年基数值0.37,同时高于全国城镇总体景气指数0.87;西部城镇整体景气指数为99.87,低于自身2010年基数值0.13,同时高于全国城镇总体景气指数0.37。

各省域城镇单行景气指数比较,天津、湖北、江苏城镇景气指数从高到低依次占据"2010~2012年城镇文化消费需求景气提升"全国前3位。此外,云南、河南、甘肃、广东、北京、新疆、广西、青海、宁夏、四川、江西、吉林、辽宁、河北14个省域城镇景气指数从高到低依次高于全国城镇总体景气指数；重庆、山西、内蒙古、陕西、福建、山东、海南、浙江、湖南、安徽、上海、贵州、黑龙江、西藏14个省域城镇景气指数从高到低依次低于全国城镇总体景气指数。

5. 逐年度纵向测评景气指数

各年度均以上一年为起点基数值100，在逐年自身纵向测评中，2012年全国城镇文化消费需求景气指数为100.32，高于上一年基数值0.32。此项测评中，全国城镇总体景气指数升降，缘于与自身上一年相比，本年度各项指标数值或有升降。四大区域和各省域城镇亦然。

东部城镇整体景气指数为100.03，高于自身上一年基数值0.03，同时低于全国城镇总体景气指数0.29；东北城镇整体景气指数为99.88，低于自身上一年基数值0.12，同时低于全国城镇总体景气指数0.44；中部城镇整体景气指数为101.75，高于自身上一年基数值1.75，同时高于全国城镇总体景气指数1.43；西部城镇整体景气指数为99.76，低于自身上一年基数值0.24，同时低于全国城镇总体景气指数0.56。

各省域城镇单行景气指数比较，海南、天津、河南城镇景气指数从高到低依次占据"2012年度城镇文化消费需求景气提升"全国前3位。此外，甘肃、湖北、四川、北京、辽宁、江苏、山西、吉林、广东、新疆、陕西、江西、安徽、贵州14个省域城镇景气指数从高到低依次高于全国城镇总体景气指数；福建、云南、宁夏、河北、广西、西藏、浙江、湖南、山东、上海、青海、内蒙古、重庆、黑龙江14个省域城镇景气指数从高到低依次低于全国城镇总体景气指数。

（二）2013年景气预测与2014年增长测算

鉴于2013年统计数据尚待公布，而现实年度已经进入2014年，在此依据2000~2012年各省域人均产值及其城镇人均收入、总消费、积蓄、文化消费各项年均增长率，预测2013年各自文化消费需求景气指数，并测算2014年各省域城镇文化消费需求增长情况，其中城乡比指标检测值需依据城镇与乡村人均数值的不同年均增长率推算。这就是说，充分发挥本项研究测评的演算数据库潜力，基于现有基础数据推演的"最大"概率或然性，按照2000年以来12

省域城镇文化消费需求景气评价排行

年间各省域城镇相关方面演算的平均变动趋向,预测2013年景气状况,并测算2014年增长态势。

各省域城镇单行演算的文化消费需求2013年景气状况预测、2014年增长态势测算见表9,各省域分为东北和东中西部四大区域,以由北至南、从东到西的大致地理分布排列。依照本文表1至表7列出的各项基础数据,同样可以进行重复验算。鉴于表中均为预测数值,不加以分析,也不列排行,仅供参考。

表9 各省域城镇文化消费2013年景气状况预测与2014年增长态势测算

地区	2013年景气状况预测		2014年增长态势测算				
	自身纵向测评2012年基数=100	各地横向测评无差距理想值=100	城镇预测		城乡差距、地区差距检测		
			文化消费总量(亿元)	文化消费人均值(元)	乡村人均文化消费(元)	城乡比(乡村=1)	地区差(无差距=1)
全 国	99.79	81.25	11827.33	1565.26	514.97	3.0395	1.3468
黑龙江	100.14	72.94	165.31	745.98	636.43	1.1721	1.5234
吉 林	99.85	76.00	147.29	981.08	748.07	1.3115	1.3732
辽 宁	100.83	79.48	410.48	1387.08	662.65	2.0932	1.1138
东 北	100.43	75.81	723.07	1077.82	676.07	1.5943	1.3368
北 京	100.09	95.02	597.36	3088.86	1331.64	2.3196	1.9734
天 津	100.00	79.83	197.43	1627.61	932.70	1.7451	1.0398
河 北	99.44	66.86	333.86	887.44	424.14	2.0923	1.4330
山 东	98.14	70.45	624.57	1166.59	580.09	2.0111	1.2547
江 苏	101.31	98.63	1454.73	2701.58	1516.00	1.7821	1.7260
上 海	99.78	89.22	705.67	3109.79	1040.43	2.9890	1.9868
浙 江	99.86	81.67	707.40	1905.29	1067.97	1.7847	1.2177
福 建	100.14	82.84	422.20	1774.33	646.51	2.7445	1.1336
广 东	99.92	91.45	1886.18	2430.82	498.62	4.8751	1.5530
海 南	99.47	66.55	47.29	982.15	270.39	3.6323	1.3725
东 部	100.15	83.68	6976.68	2023.81	738.03	2.7422	1.4690
山 西	99.80	74.25	196.50	994.56	618.76	1.6073	1.3646
河 南	100.58	80.78	561.11	1301.33	402.76	3.2310	1.1686
安 徽	100.27	82.58	381.84	1292.96	454.07	2.8475	1.1740
湖 北	99.34	76.39	382.74	1206.11	438.42	2.7510	1.2295
江 西	100.90	81.25	296.84	1279.34	380.05	3.3663	1.1827
湖 南	98.20	76.83	382.40	1164.91	441.36	2.6394	1.2558

续表

地区	2013年景气状况预测		2014年增长态势测算				
			城镇预测		城乡差距、地区差距检测		
	自身纵向测评2012年基数=100	各地横向测评无差距理想值=100	文化消费总量（亿元）	文化消费人均值（元）	乡村人均文化消费（元）	城乡比（乡村=1）	地区差（无差距=1）
中 部	99.74	78.26	2201.43	1214.81	438.65	2.7694	1.2292
内蒙古	100.12	86.04	243.27	1613.20	586.59	2.7502	1.0306
陕 西	99.59	87.86	287.93	1461.41	517.23	2.8254	1.0663
宁 夏	98.39	77.12	40.90	1142.55	437.12	2.6138	1.2701
甘 肃	98.18	83.59	110.11	1040.94	375.35	2.7732	1.3350
青 海	99.84	67.93	24.10	840.37	350.19	2.3998	1.4631
新 疆	98.44	67.63	83.59	795.17	304.31	2.6131	1.4920
重 庆	98.54	75.60	216.89	1215.73	460.83	2.6381	1.2233
四 川	98.82	80.39	444.45	1201.71	371.56	3.2343	1.2323
贵 州	99.25	81.23	150.44	1143.18	260.69	4.3852	1.2697
广 西	98.34	76.09	254.77	1191.95	287.40	4.1473	1.2385
云 南	98.87	78.35	218.07	1114.50	341.81	3.2606	1.2880
西 藏	99.08	40.72	2.70	364.87	50.76	7.1875	1.7669
西 部	98.81	77.71	2077.21	1203.90	365.72	3.2919	1.3063

注：总量测算未涉及人口增长且未经平衡，各地总量之和不等于全国总量。

关于本书省域乡村子报告，在此加上两点说明。

（1）省域城镇篇选择本文表8里5类排行处于首位者，取年度横向测评、年度纵向测评、各五年期以来纵向测评由近及远，形成省域子报告展开深入分析。若某地占据多类首位，后面各类则延取第2位。具体说来：2012年城镇横向测评取首位江苏，2012年城镇纵向测评取首位海南，"十二五"以来城镇纵向测评取首位天津，"十一五"以来城镇纵向测评取第2位安徽（首位江苏），"十五"以来城镇纵向测评取首位江西。不过，在省域子报告中，"十二五"以来2年纵向测评动态曲线过短，制图效果不佳，故予以省略，特加说明。

（2）在省域子报告里，囿于制图篇幅，各图中"十五"规划期头年与末年直接对接，但其间增长数据仍为年度增长指数。文中分析历年增长态势时，则运用测评数据库后台演算功能，测算筛选出的最高与最低年度值包含图里省略年度。借此一并交代，以免各文反复交代，显得重复。

B.5 省域乡村文化消费需求景气评价排行

——2000~2012年测评与后续年度预测

刘 婷 等*

摘 要：

2012年，有16个省域乡村文化消费总量增长超过10%，其中7个省域乡村总量增长超过15%，4个省域乡村总量增长超过20%；有21个省域乡村文化消费人均值增长超过10%，其中12个省域乡村人均值增长超过15%，5个省域乡村人均值增长超过20%。各省域乡村单行文化消费需求景气评价排行结果：城乡、地区无差距理想值横向测评，青海、江苏、山西为"2012年度乡村景气领先"前3位；历年各地自身基数值纵向测评，青海、西藏、山西为"2000~2012年乡村景气提升"前3位；青海、天津、江苏为"2005~2012年乡村景气提升"前3位；重庆、新疆、宁夏为"2010~2012年乡村景气提升"前3位；天津、吉林、广西为"2012年度乡村景气提升"前3位。

关键词：

省域乡村 文化消费 单行评价 景气排行

本项评价体系运用于全国省域乡村单行文化消费需求景气测评，数年来已经推出多个年度的实际评价结果，年度测评排行至上一统计年度2011年，具有延续性，可对照参看。

---

* 撰稿：刘婷、王亚南、赵娟（见主要编撰者简介）、陆双梅（云南师范大学传媒学院副教授，主要从事信息传播与民族地区发展研究）。

本文全面展开2012年全国及东中西部和东北四大区域、31个省域乡村单行文化消费需求景气分析测算及其评价排行。鉴于另有省域乡村子报告详加考察，本文分析侧重于东中西部和东北四大区域加以比较，对省域则着眼于各项指标排行。

一 各省域乡村文化消费需求增长基本状况

各省域乡村文化消费需求总量增长态势可以提供一种宏观视角，本文分析测算就由各省域乡村文化消费总量占全国份额增减变化开始。

（一）各省域乡村总量份额增减变化

2000~2012年各省域乡村文化消费总量增长及其占全国份额增减变化态势见表1，全国乡村总体数据作为测评演算基准列于首行。各省域依属地方位，由北至南、从东到西分为东北和东中西部四大区域，按12年里文化消费总量占全国份额增减变化幅度高低排列。其中，省域主排行以1、2、3……为序，四大区域作为附加排行以［1］、［2］、［3］、［4］为序（后同）。

表1 各省域乡村文化消费总量增长及其占全国份额变动状况

地区	文化消费总量增长				占全国乡村份额变动			
	2000年总量（亿元）	2012年总量（亿元）	12年年均增长		2000年份额（％）	2012年份额（％）	12年份额增减	
			增长指数（上年=100）	指数排序			增减百分比	增减排序
全 国	1520.60	2892.97	105.51	—	100	100	—	—
吉 林	23.33	77.44	110.51	2	1.5343	2.6768	74.46	2
黑龙江	28.05	86.00	109.79	5	1.8447	2.9727	61.15	5
辽 宁	37.80	85.80	107.07	12	2.4859	2.9658	19.30	12
东 北	89.19	249.24	108.94	［1］	5.8654	8.6154	46.89	［1］
天 津	6.56	20.11	109.78	6	0.4314	0.6951	61.13	6
江 苏	116.41	351.71	109.65	7	7.6555	12.1574	58.81	7
浙 江	78.32	183.83	107.37	10	5.1506	6.3544	23.37	10
上 海	10.58	24.08	107.09	11	0.6958	0.8324	19.63	11
北 京	14.52	32.51	106.95	13	0.9549	1.1238	17.69	13

续表

地 区	文化消费总量增长				占全国乡村份额变动			
	2000年总量（亿元）	2012年总量（亿元）	12年年均增长		2000年份额（%）	2012年份额（%）	12年份额增减	
			增长指数（上年=100）	指数排序			增减百分比	增减排序
河 北	64.73	140.09	106.65	15	4.2569	4.8424	13.75	15
山 东	117.47	233.81	105.90	16	7.7252	8.0820	4.62	16
福 建	50.84	86.94	104.57	23	3.3434	3.0052	-10.12	23
广 东	108.80	162.69	103.41	26	7.1551	5.6236	-21.40	26
海 南	8.28	10.96	102.36	30	0.5445	0.3788	-30.43	30
东 部	576.51	1246.73	106.64	[2]	37.9133	43.0952	13.67	[2]
山 西	28.74	88.84	109.86	4	1.8900	3.0709	62.48	4
河 南	97.18	189.01	105.70	17	6.3909	6.5334	2.23	17
安 徽	66.36	125.38	105.45	19	4.3641	4.3340	-0.69	19
江 西	56.25	82.27	103.22	27	3.6992	2.8438	-23.12	27
湖 北	75.80	107.75	102.97	28	4.9849	3.7245	-25.28	28
湖 南	103.41	143.34	102.76	29	6.8006	4.9548	-27.14	29
中 部	427.74	736.60	104.63	[3]	28.1297	25.4617	-9.48	[3]
西 藏	0.2325	0.9644	112.65	1	0.0153	0.0333	117.65	1
青 海	2.68	8.59	110.19	3	0.1762	0.2969	68.50	3
新 疆	12.77	32.69	108.15	8	0.8398	1.1300	34.56	8
云 南	34.55	83.21	107.60	9	2.2721	2.8763	26.59	9
宁 夏	5.42	11.96	106.82	14	0.3564	0.4134	15.99	14
陕 西	45.17	85.72	105.48	18	2.9705	2.9630	-0.25	18
甘 肃	28.03	52.21	105.32	20	1.8434	1.8047	-2.10	20
贵 州	27.84	50.63	105.11	21	1.8309	1.7501	-4.41	21
内蒙古	31.87	54.71	104.61	22	2.0959	1.8911	-9.77	22
重 庆	32.22	50.85	103.88	24	2.1189	1.7577	-17.05	24
四 川	101.19	152.19	103.46	25	6.6546	5.2607	-20.95	25
广 西	64.17	72.25	100.99	31	4.2200	2.4974	-40.82	31
西 部	386.14	655.96	104.51	[4]	25.3939	22.6743	-10.71	[4]

注：(1) 表中均为演算衍生数值；(2) 全国及各地乡村总量演算分别进行，未经平衡，故各地总量之和不等于全国总量；(3) 各地文化消费总量份额增减百分比负值为下降百分比；(4) 西藏总量过小，取4位小数。数据演算依据：《中国统计年鉴》相应年卷。

2000~2012年，全国乡村文化消费总量从1520.60亿元增长至2892.97亿元，增长绝对值总量1372.37亿元，总增长90.25%，年均增长5.51%。同期，东部整体年均增长6.64%，高于全国乡村平均增长，占全国乡村份额由37.91%上升为43.10%，升幅为13.67%；东北整体年均增长8.94%，高于全国乡村平均增长，占全国乡村份额由5.87%上升为8.62%，升幅为46.89%；中部整体年均增长4.63%，低于全国乡村平均增长，占全国乡村份额由28.13%下降为25.46%，降幅为9.48%；西部整体年均增长4.51%，低于全国乡村平均增长，占全国乡村份额由25.39%下降为22.67%，降幅为10.71%。

分阶段对比考察，"十五"期间，全国乡村文化消费总量年均增长7.86%。东部年均增长8.75%，高于全国平均增长；东北年均增长10.95%，高于全国平均增长；中部年均增长6.40%，低于全国平均增长；西部年均增长6.64%，低于全国平均增长。"十一五"期间，全国乡村文化消费总量年均增长2.71%。东部年均增长4.60%，高于全国平均增长；东北年均增长9.74%，高于全国平均增长；中部年均增长1.35%，低于全国平均增长；西部年均负增长1.04%，低于全国平均增长。

对比两个五年期乡村文化消费总量增长变化，"十一五"全国年均增长比"十五"降低5.15个百分点。四大区域各有不同，东部"十一五"年均增长比"十五"降低4.15个百分点；东北"十一五"年均增长比"十五"降低1.21个百分点；中部"十一五"年均增长比"十五"降低5.05个百分点；西部"十一五"年均增长比"十五"降低7.68个百分点。

2000~2012年各省域乡村文化消费需求总量年均增长幅度比较，西藏、吉林、青海、山西、黑龙江、天津、江苏、新疆、云南、浙江、上海、辽宁、北京、宁夏、河北、山东、河南17个省域年均增长幅度从高到低依次高于全国乡村平均增长；陕西、安徽、甘肃、贵州、内蒙古、福建、重庆、四川、广东、江西、湖北、湖南、海南、广西14个省域年均增长幅度从高到低依次低于全国乡村平均增长。其中，占据首位的西藏年均增长高于全国乡村平均增长7.14个百分点；处于末位的广西年均增长低于全国乡村平均增长4.52个百分点。

这12年期间，各省域乡村文化消费总量占全国乡村份额增减变化比较，西藏、吉林、青海、山西、黑龙江、天津、江苏、新疆、云南、浙江、上海、辽宁、北京、宁夏、河北、山东、河南17个省域份额各有上升，按增幅从大到小依次排列；陕西、安徽、甘肃、贵州、内蒙古、福建、重庆、四川、广东、江西、湖北、湖南、海南、广西14个省域份额各有下降，按降幅从小到大依次排列。其中，占据首位的西藏占全国乡村份额提高了117.65%；处于末位的广西占全国乡村份额降低了40.82%。

2012年，全国乡村文化消费总量增长9.95%，高于"十五"年均增长2.09个百分点，高于"十一五"年均增长7.24个百分点。同年，天津、吉林、广西、河南、贵州、云南、四川、北京、湖南、重庆、宁夏、海南、河北、新疆、广东、黑龙江16个省域文化消费总量增长幅度从高到低依次高于全国乡村平均增长；湖北、甘肃、山西、江苏、江西、陕西、福建、青海、上海、西藏、山东、浙江、安徽、内蒙古、辽宁15个省域文化消费总量增长幅度从高到低依次低于全国乡村平均增长。

各省域乡村文化消费总量数值本身不具可比性，但增长幅度和份额变化却可以进行比较，此处仅提供各地总量增长幅度和份额增减排序。鉴于各省域人口差异极大，各自文化消费需求总量占全国份额差距巨大，份额增减百分点并无比较意义，故采用份额增减百分比加以比较，便于进行排序。实际上，总量增长与份额增减是联系在一起的，总量年均增长排序与份额增减百分比排序也是一致的。

（二）各省域乡村文化人均绝对值增长变化

2000~2012年各省域乡村人均文化消费绝对值增长态势分析见本文表2，各省域按12年里乡村人均文化消费绝对值年均增长指数高低排列。

表2 各省域乡村人均文化消费绝对值增长状况

地区	人均文化消费绝对值				人均文化消费增长变动				
	2000年		2012年		12年增量及增量比			12年年均增长	
	人均值（元）	排序	人均值（元）	排序	增量值（元）	增量比（全国=1）	增量比排序	增长指数（上年=100）	指数排序
全 国	186.72	—	445.49	—	258.77	1	—	107.52	—
吉 林	171.77	17	606.26	6	434.49	1.68	5	111.08	5
黑龙江	150.67	20	518.04	9	367.37	1.42	7	110.84	6
辽 宁	195.38	12	556.56	8	361.18	1.40	9	109.12	8

续表

地区	人均文化消费绝对值				人均文化消费增长变动				
	2000年		2012年		12年增量及增量比			12年年均增长	
	人均值（元）	排序	人均值（元）	排序	增量值（元）	增量比（全国=1）	增量比排序	增长指数（上年=100）	指数排序
东 北	173.01	[2]	556.46	[2]	383.45	1.48	[2]	110.23	[1]
江 苏	268.99	5	1184.18	1	915.19	3.54	1	113.15	1
天 津	235.22	7	766.08	5	530.86	2.05	4	110.34	7
浙 江	327.99	3	902.23	4	574.24	2.22	3	108.80	9
河 北	130.71	26	358.49	20	227.78	0.88	17	108.77	10
山 东	207.87	11	500.98	11	293.11	1.13	11	107.61	18
北 京	484.86	2	1152.67	2	667.81	2.58	2	107.48	19
福 建	254.30	6	565.83	7	311.53	1.20	10	106.89	22
上 海	559.12	1	952.10	3	392.98	1.52	6	104.54	28
广 东	313.46	4	466.63	13	153.17	0.59	27	103.37	29
海 南	174.39	16	253.97	29	79.58	0.31	30	103.18	30
东 部	239.90	[1]	628.57	[1]	388.67	1.50	[1]	108.36	[2]
山 西	135.39	24	498.02	12	362.63	1.40	8	111.46	2
安 徽	145.46	21	385.92	18	240.46	0.93	14	108.47	12
河 南	133.08	25	343.83	21	210.75	0.81	18	108.23	13
湖 北	209.89	10	394.63	16	184.74	0.71	20	105.40	25
江 西	184.24	14	342.70	22	158.46	0.61	25	105.31	26
湖 南	222.50	9	400.22	15	177.72	0.69	23	105.01	27
中 部	169.07	[3]	382.79	[3]	213.72	0.83	[3]	107.05	[3]
西 藏	11.11	31	40.86	31	29.75	0.12	31	111.46	3
青 海	79.38	30	283.28	26	203.90	0.79	19	111.18	4
云 南	106.14	27	289.22	25	183.08	0.71	22	108.71	11
宁 夏	144.98	22	373.36	19	228.38	0.88	16	108.20	14
重 庆	154.52	19	394.23	17	239.71	0.93	15	108.12	15
新 疆	105.98	28	261.74	28	155.76	0.60	26	107.83	16
陕 西	181.81	15	445.47	14	263.66	1.02	13	107.75	17
贵 州	97.26	29	226.44	30	129.18	0.50	28	107.30	20
甘 肃	143.87	23	327.30	24	183.43	0.71	21	107.09	21
内蒙古	232.58	8	513.97	10	281.39	1.09	12	106.83	23
四 川	159.55	18	329.29	23	169.74	0.66	24	106.22	24
广 西	186.76	13	270.24	27	83.48	0.32	29	103.13	31
西 部	149.03	[4]	321.70	[4]	172.67	0.67	[4]	106.62	[4]

注：(1) 乡村人均文化消费（实际包括教育消费）数据出自《中国统计年鉴》相应年卷，其余为演算衍生数值；(2) 各地人均文化消费绝对值"增量比"小于1为小于全国乡村人均增量。

2000~2012年,全国乡村人均文化消费需求从186.72元增长至445.49元,人均绝对值增量258.77元,总增长138.59%,年均增长7.52%。同期,东部整体人均绝对值从全国乡村人均值的128.48%提高至141.10%,年均增长8.36%,高于全国乡村平均增长0.84个百分点,绝对值增量为全国乡村平均值的150.20%;东北整体人均绝对值从全国乡村人均值的92.66%提高至124.91%,年均增长10.23%,高于全国乡村平均增长2.71个百分点,绝对值增量为全国乡村平均值的148.18%;中部整体人均绝对值从全国乡村人均值的90.55%降低至85.93%,年均增长7.05%,低于全国乡村平均增长0.47个百分点,绝对值增量为全国乡村平均值的82.59%;西部整体人均绝对值从全国乡村人均值的79.82%降低至72.21%,年均增长6.62%,低于全国乡村平均增长0.90个百分点,绝对值增量为全国乡村平均值的66.73%。

分阶段对比考察,"十五"期间,全国乡村人均文化消费年均增长9.61%。东部年均增长10.76%,高于全国平均增长;东北年均增长12.30%,高于全国平均增长;中部年均增长8.42%,低于全国平均增长;西部年均增长8.16%,低于全国平均增长。"十一五"期间,全国乡村人均文化消费年均增长4.41%。东部年均增长5.36%,高于全国平均增长;东北年均增长10.52%,高于全国平均增长;中部年均增长3.92%,低于全国平均增长;西部年均增长1.00%,低于全国平均增长。

对比几个五年期乡村人均文化消费需求增长变化,"十一五"全国年均增长比"十五"降低5.20个百分点。四大区域各有不同,东部"十一五"年均增长比"十五"降低5.40个百分点;东北"十一五"年均增长比"十五"降低1.78个百分点;中部"十一五"年均增长比"十五"降低4.50个百分点;西部"十一五"年均增长比"十五"降低7.16个百分点。

2000~2012年各省域乡村人均文化消费需求年均增长幅度比较,江苏、山西、西藏、青海、吉林、黑龙江、天津、辽宁、浙江、河北、云南、安徽、河南、宁夏、重庆、新疆、陕西、山东18个省域年均增长幅度从高到低依次高于全国乡村平均增长;北京、贵州、甘肃、福建、内蒙古、四川、湖北、江西、湖南、上海、广东、海南、广西13个省域年均增长幅度从高到低依次低于全国乡村平均增长。其中，占据首位的江苏年均增长高于全国乡村平均增长5.63个百分点；处于末位的广西年均增长低于全国乡村平均增长4.39个百分点。

各省域乡村人均文化消费绝对值比较，在2000年，上海、北京、浙江、广东、江苏、福建、天津、内蒙古、湖南、湖北、山东、辽宁、广西13个省域人均绝对值从高到低依次高于全国乡村平均值；江西、陕西、海南、吉林、四川、重庆、黑龙江、安徽、宁夏、甘肃、山西、河南、河北、云南、新疆、贵州、青海、西藏18个省域人均绝对值从高到低依次低于全国乡村平均值。其中，占据首位的上海人均值高达全国乡村平均值的299.44%；处于末位的西藏人均值仅为全国乡村平均值的5.95%。

到2012年，江苏、北京、上海、浙江、天津、吉林、福建、辽宁、黑龙江、内蒙古、山东、山西、广东13个省域人均绝对值从高到低依次高于全国乡村平均值；陕西、湖南、湖北、重庆、安徽、宁夏、河北、河南、江西、四川、甘肃、云南、青海、广西、新疆、海南、贵州、西藏18个省域人均绝对值从高到低依次低于全国乡村平均值。其中，占据首位的江苏人均值高达全国乡村平均值的265.82%；处于末位的西藏人均值仅为全国乡村平均值的9.17%。

2012年，全国乡村人均文化消费年度增长12.40%，高于"十五"年均增长2.79个百分点，高于"十一五"年均增长7.99个百分点。同年，天津、吉林、贵州、河南、广西、云南、四川、重庆、湖南、广东、湖北、宁夏、北京、新疆、河北、江苏、海南17个省域人均文化消费年均增长幅度从高到低依次高于全国乡村平均增长；甘肃、福建、黑龙江、山西、陕西、江西、青海、浙江、上海、山东、安徽、辽宁、西藏、内蒙古14个省域人均文化消费年均增长幅度从高到低依次低于全国乡村平均增长。

人均文化消费绝对值系本项评价体系进行演算测评的基础性指标，虽然在最后的综合评价中演算权重不高，但却是以下各项指标演算的基础，因而实际上具有决定性意义。当然，全国及各省域乡村文化消费需求状况分析不能孤立地进行，必须放到全国及各地经济增长、民生增进的相关背景当中，同时放到城乡之间、地区之间协调增长背景当中，进一步展开分析。

二 各省域乡村相关背景协调增长情况对比

在本项评价体系当中,全国及各省域乡村文化消费需求及其增长需要放到相关经济、民生背景中考察其间的"协调增长"状况,从而得出极其重要的各项比值平衡指标演算数值。

(一)与产值的比例关系变化

2000~2012年各省域乡村人均文化消费与人均产值的比例变动态势分析见表3,各省域按2012年乡村人均文化消费与人均产值的比值高低排列。表中同时提供了2000年和2012年各地人均产值数据,对照本文表2里各地人均文化消费数据,可以进行重复验算。

表3 各省域乡村人均文化消费与人均产值比例变动状况

地区	2000年			2012年			2000~2012年比值升降变化		
	人均产值(元)	文化消费与产值比(%)	比值排序	人均产值(元)	文化消费与产值比(%)	比值排序	升降百分点	升降百分比	排序
全 国	7858	2.3762	—	38420	1.1595	—	-1.2167	-51.20	—
黑龙江	8294	1.8166	25	35711	1.4506	4	-0.3660	-20.15	1
吉 林	7351	2.3367	18	43415	1.3964	6	-0.9403	-40.24	7
辽 宁	11177	1.7481	26	56649	0.9825	21	-0.7656	-43.80	12
东 北	9178	1.8850	[4]	46014	1.2093	[1]	-0.6757	-35.85	[1]
江 苏	11765	2.2864	19	68347	1.7326	1	-0.5538	-24.22	2
北 京	24122	2.0100	23	87475	1.3177	8	-0.6923	-34.44	4
天 津	17353	1.3555	30	93173	0.8222	27	-0.5333	-39.34	6
上 海	29671	1.8844	24	85373	1.1152	14	-0.7692	-40.82	8
浙 江	13416	2.4448	15	63374	1.4237	5	-1.0211	-41.77	10
河 北	7592	1.7217	27	36584	0.9799	22	-0.7418	-43.09	11
福 建	11194	2.2718	20	52763	1.0724	17	-1.1994	-52.80	15
山 东	9326	2.2289	21	51768	0.9677	23	-1.2612	-56.58	18
广 东	12736	2.4612	14	54095	0.8626	25	-1.5986	-64.95	22
海 南	6798	2.5653	13	32377	0.7844	29	-1.7809	-69.42	28

续表

地区	2000年			2012年			2000~2012年比值升降变化		
	人均产值（元）	文化消费与产值比（%）	比值排序	人均产值（元）	文化消费与产值比（%）	比值排序	升降百分点	升降百分比	排序
东 部	12305	1.9496	[3]	57722	1.0890	[3]	-0.8606	-44.14	[2]
山 西	5722	2.3661	17	33628	1.4810	3	-0.8851	-37.41	5
河 南	5450	2.4418	16	31499	1.0916	16	-1.3502	-55.30	16
安 徽	4779	3.0437	10	28792	1.3404	7	-1.7033	-55.96	17
江 西	4851	3.7980	3	28800	1.1899	11	-2.6081	-68.67	26
湖 北	6293	3.3353	8	38572	1.0231	19	-2.3122	-69.33	27
湖 南	5425	4.1014	1	33480	1.1954	10	-2.9060	-70.85	29
中 部	5308	3.1855	[1]	32427	1.1805	[2]	-2.0050	-62.94	[3]
西 藏	4572	0.2430	31	22936	0.1781	31	-0.0649	-26.71	3
云 南	4769	2.2256	22	22195	1.3031	8	-0.9225	-41.45	9
青 海	5138	1.5450	28	33181	0.8537	26	-0.6913	-44.74	13
新 疆	7372	1.4376	29	33796	0.7745	30	-0.6631	-46.13	14
甘 肃	4129	3.4844	7	21978	1.4892	2	-1.9952	-57.26	19
宁 夏	5376	2.6968	12	36394	1.0259	18	-1.6709	-61.96	20
重 庆	5616	2.7514	11	38914	1.0131	20	-1.7383	-63.18	21
四 川	4956	3.2193	9	29608	1.1122	15	-2.1071	-65.45	23
贵 州	2759	3.5252	6	19710	1.1489	13	-2.3763	-67.41	24
陕 西	4968	3.6596	4	38564	1.1551	12	-2.5045	-68.44	25
广 西	4652	4.0146	2	27952	0.9668	24	-3.0478	-75.92	30
内蒙古	6502	3.5771	5	63886	0.8045	28	-2.7726	-77.51	31
西 部	4744	3.1413	[2]	31357	1.0259	[4]	-2.1154	-67.34	[4]

注：（1）人均产值数据（产值相关演算不区分城乡）出自《中国统计年鉴》相应年卷，其余为演算衍生数值；（2）比值升降百分点负值为下降百分点，升降百分比负值为下降百分比。以升降百分比排序更加准确（后表4~6同）。

2000~2012年，全国人均产值从7858元增长至38420元，年均增长14.14%，高于同期全国乡村人均文化消费年均增长6.62个百分点。12年里，全国乡村人均文化消费与人均产值的比值从2.38%下降至1.16%，降低1.22个百分点，降幅为51.20%。同期，东部整体比值从1.95%下降至1.09%，降低0.86个百分点；东北整体比值从1.89%下降至1.21%，降低0.68个百分点；中部整体比值从3.19%下降至1.18%，降低2.01个百分点；西部整体比值从3.14%下降至1.03%，降低2.11个百分点。

各省域乡村人均文化消费与人均产值的比值比较，在2000年，湖南、广西、江西、陕西、内蒙古、贵州、甘肃、湖北、四川、安徽、重庆、宁夏、海南、广东、浙江、河南16个省域此项比值从高到低依次高于全国乡村总体比值；山西、吉林、江苏、福建、山东、云南、北京、上海、黑龙江、辽宁、河北、青海、新疆、天津、西藏15个省域此项比值从高到低依次低于全国乡村总体比值。其中，占据首位的湖南此项比值高于全国乡村总体比值1.73个百分点；处于末位的西藏此项比值低于全国乡村总体比值2.13个百分点。

到2012年，江苏、甘肃、山西、黑龙江、浙江、吉林、安徽、北京、云南、湖南、江西11个省域此项比值从高到低依次高于全国乡村总体比值；陕西、贵州、上海、四川、河南、福建、宁夏、湖北、重庆、辽宁、河北、山东、广西、广东、青海、天津、内蒙古、海南、新疆、西藏20个省域此项比值从高到低依次低于全国乡村总体比值。其中，占据首位的江苏此项比值高于全国乡村总体比值0.57个百分点；处于末位的西藏此项比值低于全国乡村总体比值0.98个百分点。

2000~2012年各省域乡村人均文化消费与人均产值的比值升降变化比较，全部省域此项比值均为下降，按降幅从小到大依次为：黑龙江、江苏、西藏、北京、山西、天津、吉林、上海、云南、浙江、河北、辽宁、青海、新疆、福建、河南、安徽、山东、甘肃、宁夏、重庆、广东、四川、贵州、陕西、江西、湖北、海南、湖南、广西、内蒙古。其中，占据首位的黑龙江此项比值降低了20.15%；处于末位的内蒙古此项比值降低了77.51%。

2012年与上一年相比，全国乡村此项比值提升2.97%。同时，天津、吉林、河南、广西、广东、北京、河北、四川、宁夏、重庆、云南、山西、江苏、湖南、贵州、黑龙江、湖北、新疆、海南、上海、福建21个省域此项比值按升幅从大到小依次各有提升；甘肃、浙江、江西、陕西、青海、山东、安徽、辽宁、内蒙古、西藏10个省域此项比值按降幅从小到大依次各有下降。

这一比值关系分析表明，2000~2012年，全国及各省域乡村文化消费需求增长与产值增长相比较，其间"增长协调性"欠佳。在全国及所有省域，乡村文化消费需求增长赶不上全国产值增长，经济发展成果未能在提升乡村居民文化消费需求上同步体现出来。到2012年，这一情况有所缓解，全国及绝大部分省域乡村此项比值出现回升。

（二）占收入的比重关系变化

2000～2012年各省域乡村人均文化消费占人均收入的比重变动态势分析见表4，各省域按2012年乡村人均文化消费占人均收入的比值高低排列。表中同时提供了2000年和2012年各省域乡村人均收入数据，对照本文表2里各地人均文化消费数据，可以进行重复验算。

表4 各省域乡村人均文化消费占人均收入比重变动状况

地区	2000年			2012年			2000～2012年比值升降变化		
	人均收入（元）	文化消费占收入比（%）	比值排序	人均收入（元）	文化消费占收入比（%）	比值排序	升降百分点	升降百分比	排序
全 国	2253.42	8.2861	—	7916.58	5.6273	—	-2.6588	-32.09	—
黑龙江	2148.22	7.0137	25	8603.85	6.0210	10	-0.9927	-14.15	4
吉 林	2022.50	8.4930	11	8598.17	7.0510	5	-1.4420	-16.98	8
辽 宁	2355.58	8.2943	14	9383.72	5.9311	11	-2.3632	-28.49	15
东 北	2192.92	7.8895	[3]	8870.65	6.2730	[1]	-1.6165	-20.49	[1]
江 苏	3595.09	7.4821	21	12201.95	9.7048	1	2.2227	29.71	1
河 北	2478.86	5.2730	30	8081.39	4.4360	26	-0.8370	-15.87	6
天 津	3622.39	6.4935	28	14025.54	5.4620	13	-1.0315	-15.89	7
浙 江	4253.67	7.7108	19	14551.92	6.2001	8	-1.5107	-19.59	9
福 建	3230.49	7.8719	17	9967.17	5.6769	12	-2.1950	-27.88	12
山 东	2659.20	7.8170	18	9446.54	5.3033	19	-2.5137	-32.16	17
北 京	4604.55	10.5300	3	16475.74	6.9962	6	-3.5338	-33.56	19
上 海	5596.37	9.9908	7	17803.68	5.3478	16	-4.6430	-46.47	26
广 东	3654.48	8.5774	10	10542.84	4.4260	27	-4.1514	-48.40	28
海 南	2182.26	7.9913	16	7408.00	3.4283	30	-4.5630	-57.10	31
东 部	3189.43	7.5217	[4]	10570.44	5.9465	[2]	-1.5752	-20.94	[2]
山 西	1905.61	7.1048	23	6356.63	7.8347	2	0.7299	10.27	2
安 徽	1934.57	7.5190	20	7160.46	5.3896	14	-2.1294	-28.32	14
河 南	1985.82	6.7015	26	7524.94	4.5692	24	-2.1323	-31.82	16
湖 北	2268.59	9.2520	8	7851.71	5.0260	21	-4.2260	-45.68	25
湖 南	2197.16	10.1267	4	7440.17	5.3792	15	-4.7475	-46.88	27
江 西	2135.30	8.6283	9	7829.43	4.3771	28	-4.2512	-49.27	29

续表

地区	2000年			2012年			2000~2012年比值升降变化		
	人均收入（元）	文化消费占收入比（%）	比值排序	人均收入（元）	文化消费占收入比（%）	比值排序	升降百分点	升降百分比	排序
中 部	2067.07	8.1792	[2]	7423.67	5.1564	[4]	-3.0228	-36.96	[3]
青 海	1490.49	5.3258	29	5364.38	5.2808	20	-0.0450	-0.84	3
西 藏	1330.81	0.8348	31	5719.38	0.7144	31	-0.1204	-14.42	5
云 南	1478.60	7.1784	22	5416.54	5.3396	17	-1.8388	-25.62	10
甘 肃	1428.68	10.0701	5	4506.66	7.2626	4	-2.8075	-27.88	11
宁 夏	1724.30	8.4080	12	6180.32	6.0411	9	-2.3669	-28.15	13
贵 州	1374.16	7.0778	24	4753.00	4.7641	22	-2.3137	-32.69	18
重 庆	1892.44	8.1651	15	7383.25	5.3395	18	-2.8256	-34.61	20
新 疆	1618.08	6.5497	27	6393.68	4.0937	29	-2.4560	-37.50	21
陕 西	1443.86	12.5919	1	5762.52	7.7305	3	-4.8614	-38.61	22
内蒙古	2038.21	11.4110	2	7611.31	6.7527	7	-4.6583	-40.82	23
四 川	1903.60	8.3815	13	7001.43	4.7032	23	-3.6782	-43.89	24
广 西	1864.51	10.0166	6	6007.55	4.4983	25	-5.5183	-55.09	30
西 部	1687.08	8.8339	[1]	6055.55	5.3126	[3]	-3.5213	-39.86	[4]

注：(1) 乡村人均收入数据出自《中国统计年鉴》相应年卷，其余为演算衍生数值；(2) 比值升降百分点负值为下降百分点，升降百分比负值为下降百分比。

2000~2012年，全国乡村人均收入从2253.42元增长至7916.58元，年均增长11.04%，高于同期全国乡村人均文化消费年均增长3.52个百分点。12年里，全国乡村人均文化消费占人均收入的比重值从8.29%下降至5.63%，降低2.66个百分点，降幅为32.09%。同期，东部整体比值从7.52%下降至5.95%，降低1.57个百分点；东北整体比值从7.89%下降至6.27%，降低1.62个百分点；中部整体比值从8.18%下降至5.16%，降低3.02个百分点；西部整体比值从8.83%下降至5.31%，降低3.52个百分点。

各省域乡村人均文化消费占人均收入的比值比较，在2000年，陕西、内蒙古、北京、湖南、甘肃、广西、上海、湖北、江西、广东、吉林、宁夏、四川、辽宁14个省域此项比值从高到低依次高于全国乡村总体比值；重庆、海南、福建、山东、浙江、安徽、江苏、云南、山西、贵州、黑龙江、河南、新疆、天津、青海、河北、西藏17个省域此项比值从高到低依次低于全国乡村总体比值。其中，占据首位的陕西此项比值高于全国乡村总体比值4.31个百分点；处于末位的西藏此项比值低于全国乡村总体比值7.45个百分点。

到2012年，江苏、山西、陕西、甘肃、吉林、北京、内蒙古、浙江、宁夏、黑龙江、辽宁、福建12个省域此项比值从高到低依次高于全国乡村总体比值；天津、安徽、湖南、上海、云南、重庆、山东、青海、湖北、贵州、四川、河南、广西、河北、广东、江西、新疆、海南、西藏19个省域此项比值从高到低依次低于全国乡村总体比值。其中，占据首位的江苏此项比值高于全国乡村总体比值4.08个百分点；处于末位的西藏此项比值低于全国乡村总体比值4.91个百分点。

2000~2012年各省域乡村人均文化消费占人均收入的比值升降变化比较，仅有江苏、山西2个省域此项比值按升幅从大到小依次各有提升；青海、黑龙江、西藏、河北、天津、吉林、浙江、云南、甘肃、福建、宁夏、安徽、辽宁、河南、山东、贵州、北京、重庆、新疆、陕西、内蒙古、四川、湖北、上海、湖南、广东、江西、广西、海南29个省域此项比值按降幅从小到大依次各有下降。其中，占据首位的江苏此项比值提高了29.71%；处于末位的海南此项比值降低了57.10%。

2012年与上一年相比，全国乡村此项比值下降0.94%。同时，天津、吉林、河南、贵州、广西、云南、四川、重庆、北京、广东、湖南、湖北、宁夏、江苏、河北15个省域此项比值按升幅从大到小依次各有提升；福建、黑龙江、海南、山西、新疆、甘肃、陕西、浙江、江西、上海、青海、山东、辽宁、安徽、西藏、内蒙古16个省域此项比值按降幅从小到大依次各有下降。

这一比值关系分析表明，2000~2012年，全国及各省域乡村文化消费需求增长与收入增长相比较，其间"增长协调性"欠佳。在全国及绝大部分省域，乡村文化消费需求增长赶不上居民收入增长，民生增进成效未能在提升乡村居民文化消费需求上同步体现出来。到2012年，这一情况在近半数省域有所缓解，其乡村此项比值出现回升。

（三）占总消费的比重关系变化

2000~2012年各省域乡村人均文化消费占人均总消费的比重变动态势分析见表5，各省域按2012年乡村人均文化消费占人均总消费的比值高低排列。

表中同时提供了 2000 年和 2012 年各省域乡村人均总消费数据,对照本文表 2 里各地人均文化消费数据,可以进行重复验算。

表5 各省域乡村人均文化消费占人均总消费比重值变动状况

地 区	2000 年			2012 年			2000~2012 年比值升降变化		
	人均总消费（元）	文化消费占总消费比(%)	比值排序	人均总消费（元）	文化消费占总消费比(%)	比值排序	升降百分点	升降百分比	排序
全 国	1670.13	11.1800	—	5908.02	7.5404	—	-3.6396	-32.55	—
黑龙江	1540.35	9.7815	25	5718.05	9.0597	6	-0.7218	-7.38	3
吉 林	1553.35	11.0580	18	6186.17	9.8002	2	-1.2578	-11.37	4
辽 宁	1753.54	11.1420	16	5998.39	9.2785	4	-1.8635	-16.73	6
东 北	1623.79	10.6548	[4]	5948.04	9.3553	[1]	-1.2995	-12.20	[1]
江 苏	2337.46	11.5078	13	9138.18	12.9586	1	1.4508	12.61	2
浙 江	3230.88	10.1517	23	10652.73	8.4695	9	-1.6822	-16.57	5
天 津	1995.61	11.7869	9	8336.55	9.1894	5	-2.5975	-22.04	8
福 建	2409.69	10.5532	21	7401.92	7.6444	14	-2.9088	-27.56	11
河 北	1365.23	9.5742	26	5364.14	6.6831	21	-2.8911	-30.20	13
北 京	3425.71	14.1536	3	11878.92	9.7035	3	-4.4501	-31.44	14
山 东	1770.75	11.7391	12	6775.95	7.3935	15	-4.3456	-37.02	19
上 海	4137.61	13.5131	4	11971.50	7.9531	11	-5.5600	-41.15	24
广 东	2646.02	11.8465	8	7458.56	6.2563	24	-5.5902	-47.19	28
海 南	1483.90	11.7521	11	4776.30	5.3173	28	-6.4348	-54.75	30
东 部	2150.11	11.1576	[2]	7534.21	8.3429	[2]	-2.8147	-25.23	[2]
山 西	1149.01	11.7832	10	5566.19	8.9472	7	-2.8360	-24.07	9
河 南	1315.83	10.1138	24	5032.14	6.8327	19	-3.2811	-32.44	16
安 徽	1321.50	11.0072	19	5555.99	6.9460	17	-4.0612	-36.90	18
江 西	1642.66	11.2160	15	5129.47	6.6810	22	-4.5350	-40.43	21
湖 南	1942.94	11.4517	14	5870.12	6.8179	20	-4.6338	-40.46	22
湖 北	1555.61	13.4925	5	5726.73	6.8910	18	-6.6015	-48.93	29
中 部	1491.73	11.3339	[1]	5436.77	7.0408	[3]	-4.2931	-37.88	[3]
西 藏	1116.59	0.9950	31	2967.56	1.3769	31	0.3819	38.38	1
青 海	1218.23	6.5160	30	5338.91	5.3060	29	-1.2100	-18.57	7
云 南	1270.83	8.3520	29	4561.33	6.3407	23	-2.0113	-24.08	10
重 庆	1395.53	11.0725	17	5018.54	7.8553	13	-3.2172	-29.06	12
宁 夏	1417.13	10.2305	22	5351.36	6.9769	16	-3.2536	-31.80	15
贵 州	1096.64	8.8689	27	3901.71	5.8036	26	-3.0653	-34.56	17

续表

地区	2000年			2012年			2000~2012年比值升降变化		
	人均总消费（元）	文化消费占总消费比（%）	比值排序	人均总消费（元）	文化消费占总消费比（%）	比值排序	升降百分点	升降百分比	排序
陕 西	1251.21	14.5307	1	5114.68	8.7096	8	-5.8211	-40.06	20
甘 肃	1084.00	13.2721	6	4146.24	7.8939	12	-5.3782	-40.52	23
新 疆	1236.45	8.5713	28	5301.25	4.9373	30	-3.6340	-42.40	25
四 川	1484.59	10.7471	20	5366.71	6.1358	25	-4.6113	-42.91	26
内蒙古	1614.91	14.4020	2	6381.97	8.0535	10	-6.3485	-44.08	27
广 西	1487.96	12.5514	7	4933.58	5.4776	27	-7.0738	-56.36	31
西 部	1343.59	11.0923	[3]	4914.92	6.5455	[4]	-4.5468	-40.99	[4]

注：（1）乡村人均总消费数据出自《中国统计年鉴》相应年卷，其余为演算衍生数值；（2）比值升降百分点负值为下降百分点，升降百分比负值为下降百分比。

2000~2012年，全国乡村人均总消费从1670.13元增长至5908.02元，年均增长11.10%，高于同期全国乡村人均文化消费年均增长3.58个百分点。12年里，全国乡村人均文化消费占人均总消费的比值从11.18%下降至7.54%，降低3.64个百分点，降幅为32.55%。同期，东部整体比值从11.16%下降至8.34%，降低2.82个百分点；东北整体比值从10.65%下降至9.36%，降低1.29个百分点；中部整体比值从11.33%下降至7.04%，降低4.29个百分点；西部整体比值从11.09%下降至6.55%，降低4.54个百分点。

各省域乡村人均文化消费占人均总消费的比重值比较，在2000年，陕西、内蒙古、北京、上海、湖北、甘肃、广西、广东、天津、山西、海南、山东、江苏、湖南、江西15个省域此项比值从高到低依次高于全国乡村总体比值；辽宁、重庆、吉林、安徽、四川、福建、宁夏、浙江、河南、黑龙江、河北、贵州、新疆、云南、青海、西藏16个省域此项比值从高到低依次低于全国乡村总体比值。其中，占据首位的陕西此项比值高于全国乡村总体比值3.35个百分点；处于末位的西藏此项比值低于全国乡村总体比值10.18个百分点。

到2012年，江苏、吉林、北京、辽宁、天津、黑龙江、山西、陕西、浙江、内蒙古、上海、甘肃、重庆、福建14个省域此项比值从高到低依次高于全国乡村总体比值；山东、宁夏、安徽、湖北、河南、湖南、河北、江西、云南、广东、四川、贵州、广西、海南、青海、新疆、西藏17个省域此项比值从高到低依次低于全国乡村总体比值。其中，占据首位的江苏此项比值高于全国乡村总体比值5.42个百分点；处于末位的西藏此项比值低于全国乡村总体比值6.16个百分点。

2000~2012年各省域乡村人均文化消费占人均总消费的比值升降变化比较，仅有西藏、江苏2个省域此项比值按升幅从大到小依次各有提升；黑龙江、吉林、浙江、辽宁、青海、天津、山西、云南、福建、重庆、河北、北京、宁夏、河南、贵州、安徽、山东、陕西、江西、湖南、甘肃、上海、新疆、四川、内蒙古、广东、湖北、海南、广西29个省域此项比值按降幅从小到大依次各有下降。其中，占据首位的西藏此项比值提高了38.38%；处于末位的广西此项比值降低了56.36%。

2012年与上一年相比，全国乡村此项比值下降0.67%。同时，天津、吉林、贵州、北京、河南、重庆、广西、云南、广东、黑龙江、四川、湖南、宁夏、湖北、江苏15个省域此项比值按升幅从大到小依次各有提升；河北、浙江、甘肃、福建、海南、江西、陕西、上海、新疆、西藏、安徽、山西、辽宁、青海、山东、内蒙古16个省域此项比值按降幅从小到大依次各有下降。

这一比值关系分析表明，2000~2012年，全国及各省域乡村文化消费需求增长与总消费增长相比较，其间"增长协调性"欠佳。在全国及绝大部分省域，乡村文化消费需求增长赶不上居民总消费增长，拉动内需扩大消费成效未能在提升乡村居民文化消费需求上同步体现出来。到2012年，这一情况在近半数省域有所缓解，其乡村此项比值出现回升。

（四）与非文消费剩余的比例关系变化

2000~2012年各省域乡村人均文化消费与人均非文消费剩余的比例变动态势分析见表6，各省域按2012年乡村人均文化消费与人均非文消费剩余的比值高低排列。表中同时提供了2000年和2012年各省域乡村人均非文消费剩余数据，对照本文表2里各地人均文化消费数据，可以进行重复验算。

表6 各省域乡村人均文化消费与人均非文消费剩余比值变动状况

地区	2000年			2012年			2000~2012年比值升降变化		
	人均非文消费剩余（元）	文化消费与非文消费剩余比（%）	比值排序	人均非文消费剩余（元）	文化消费与非文消费剩余比（%）	比值排序	升降百分点	升降百分比	排序
全 国	770.01	24.2490	—	2454.05	18.1533	—	-6.0957	-25.14	—
江 苏	1526.62	17.6200	26	4247.95	27.8765	7	10.2565	58.21	4
河 北	1244.34	10.5044	30	3075.74	11.6554	28	1.1510	10.96	5
天 津	1862	12.6327	29	6455.07	11.8679	27	-0.7648	-6.05	8
山 东	1096.32	18.9607	25	3171.57	15.7960	19	-3.1647	-16.69	11
浙 江	1350.78	24.2815	15	4801.42	18.7909	16	-5.4906	-22.61	14
福 建	1075.1	23.6536	18	3131.08	18.0714	17	-5.5822	-23.60	16
北 京	1663.7	29.1435	8	5749.49	20.0482	13	-9.0953	-31.21	21
广 东	1321.92	23.7125	17	3550.91	13.1411	25	-10.5714	-44.58	26
上 海	2017.88	27.7083	9	6784.28	14.0339	24	-13.6744	-49.35	27
海 南	872.75	19.9817	22	2885.67	8.8011	30	-11.1806	-55.95	28
东 部	1279.22	18.7537	[4]	3664.8	17.1515	[2]	-1.6022	-8.54	[1]
青 海	351.64	22.5742	20	308.75	91.7506	1	69.1764	306.44	1
甘 肃	488.55	29.4484	7	687.72	47.5920	2	18.1436	61.61	3
宁 夏	452.15	32.0646	6	1202.32	31.0533	5	-1.0113	-3.15	7
新 疆	487.61	21.7346	21	1354.17	19.3284	15	-2.4062	-11.07	9
陕 西	374.46	48.5526	1	1093.31	40.7451	3	-7.8075	-16.08	10
内蒙古	655.88	35.4608	3	1743.31	29.4824	6	-5.9784	-16.86	12
贵 州	374.78	25.9512	13	1077.73	21.0108	9	-4.9404	-19.04	13
云 南	313.91	33.8122	4	1144.43	25.2720	8	-8.5402	-25.26	18
四 川	578.56	27.5771	10	1964.01	16.7662	18	-10.8109	-39.20	22
广 西	563.31	33.1540	5	1344.21	20.1040	11	-13.0500	-39.36	23
重 庆	651.43	23.7201	16	2758.86	14.2896	22	-9.4305	-39.76	24
西 藏	225.33	4.9305	31	2792.68	1.4631	31	-3.4674	-70.33	31
西 部	492.53	30.2591	[1]	1462.33	21.9994	[1]	-8.2597	-27.30	[2]
山 西	891.99	15.1784	28	1288.46	38.6523	4	23.4739	154.65	2
安 徽	758.53	19.1766	24	1990.39	19.3892	14	0.2126	1.11	6
河 南	803.07	16.5714	27	2836.63	12.1211	26	-4.4503	-26.86	19
湖 北	922.87	22.7432	19	2519.61	15.6623	20	-7.0809	-31.13	20
湖 南	476.72	46.6731	2	1970.27	20.3130	10	-26.3601	-56.48	29
江 西	676.88	27.2190	11	3042.66	11.2632	29	-15.9558	-58.62	30

续表

地区	2000年			2012年			2000~2012年比值升降变化		
	人均非文消费剩余（元）	文化消费与非文消费剩余比（%）	比值排序	人均非文消费剩余（元）	文化消费与非文消费剩余比（%）	比值排序	升降百分点	升降百分比	排序
中部	744.42	22.7119	[2]	2369.69	16.1537	[3]	-6.5582	-28.88	[3]
黑龙江	758.54	19.8632	23	3403.84	15.2193	21	-4.6439	-23.38	15
吉林	640.92	26.8005	12	3018.26	20.0864	12	-6.7141	-25.05	17
辽宁	797.42	24.5015	14	3941.89	14.1191	23	-10.3824	-42.37	25
东北	742.14	23.3125	[2]	3479.07	15.9944	[4]	-7.3181	-31.39	[4]

注：（1）表中均为演算衍生数值；（2）比值升降百分点负值为下降百分点，升降百分比负值为下降百分比。

2000~2012年，全国乡村人均非文消费剩余从770.01元增长至2454.05元，年均增长10.14%，高于同期全国乡村人均文化消费年均增长2.62个百分点。12年里，全国乡村人均文化消费与人均非文消费剩余的比值从24.25%下降至18.15%，降低6.10个百分点，降幅为25.14%。同期，东部整体比值从18.75%下降至17.15%，降低1.60个百分点；东北整体比值从23.31%下降至15.99%，降低7.32个百分点；中部整体比值从22.71%下降至16.15%，降低6.56个百分点；西部整体比值从30.26%下降至22.00%，降低8.26个百分点。

各省域乡村人均文化消费与人均非文消费剩余的比值比较，在2000年，陕西、湖南、内蒙古、云南、广西、宁夏、甘肃、北京、上海、四川、江西、吉林、贵州、辽宁、浙江15个省域此项比值从高到低依次高于全国乡村总体比值；重庆、广东、福建、湖北、青海、新疆、海南、黑龙江、安徽、山东、江苏、河南、山西、天津、河北、西藏16个省域此项比值从高到低依次低于全国乡村总体比值。其中，占据首位的陕西此项比值高于全国乡村总体比值24.30个百分点；处于末位的西藏此项比值低于全国乡村总体比值19.32个百分点。

到2012年，青海、甘肃、陕西、山西、宁夏、内蒙古、江苏、云南、贵州、湖南、广西、吉林、北京、安徽、新疆、浙江16个省域此项比值从高到低依次高于全国乡村总体比值；福建、四川、山东、湖北、黑龙江、重庆、辽宁、上海、广东、河南、天津、河北、江西、海南、西藏15个省域此项比值从高到低依次低于全国乡村总体比值。其中，占据首位的青海此项比值高于全国乡村总体比值73.60个百分点；处于末位的西藏此项比值低于全国乡村总体比值16.69个百分点。

2000~2012年各省域乡村人均文化消费与人均非文消费剩余的比值升降变化比较，仅有青海、山西、甘肃、江苏、河北、安徽6个省域此项比值按升幅从大到小依次各有提升；宁夏、天津、新疆、陕西、山东、内蒙古、贵州、浙江、黑龙江、福建、吉林、云南、河南、湖北、北京、四川、广西、重庆、辽宁、广东、上海、海南、湖南、江西、西藏25个省域此项比值按降幅从小到大依次各有下降。其中，占据首位的青海此项比值提高了306.44%；处于末位的西藏此项比值降低了70.33%。

2012年与上一年相比，全国乡村此项比值下降1.41%。同时，天津、山西、吉林、青海、广西、河南、新疆、四川、湖北、湖南、云南、河北、江苏、贵州14个省域此项比值按升幅从大到小依次各有提升；广东、重庆、海南、福建、宁夏、山东、陕西、北京、内蒙古、上海、江西、黑龙江、辽宁、浙江、甘肃、安徽、西藏17个省域此项比值按降幅从小到大依次各有下降。

这一比值关系分析表明，2000~2012年，全国及各省域乡村文化消费需求增长与非文消费剩余增长相比较，其间"增长协调性"欠佳。在全国及绝大部分省域，乡村文化消费需求增长赶不上居民必需消费（本项评价体系设定全部非文消费为必需消费）之外余钱增多，全面建设小康社会发展成就未能在提升乡村居民文化消费需求上同步体现出来。到2012年，这一情况在近半数省域有所缓解，其乡村此项比值出现回升。

三 各省域城乡、区域之间均衡增长状况

在本项评价体系当中，文化消费需求及其增长还需要放到城乡关系、地区关系背景中考察其间的"均衡增长"状况，从而得出不可或缺的各项比差值校正指标演算数值。

省域乡村文化消费需求景气评价排行

（一）文化消费需求的城乡差距变化

在乡村单行分析评价中，依然检测城乡之间文化消费需求的协调增长，相关设计思想和技术方法参看本书《中国文化消费需求景气评价体系技术报告》一文。

本节分析测评与本书《省域城乡文化消费需求景气评价排行》一文同构，略而不重复。

（二）乡村文化消费需求的地区差距变化

2000年和2012年各省域乡村人均文化消费地区差及其变动态势分析见表7，各省域以2012年乡村人均文化消费地区差从小到大排列。按照文化消费地区差演算方法，对应本文表2里各地人均文化消费数据，可以进行重复验算。

表7　各省域乡村人均文化消费地区差距变动状况

地区	2000年文化消费地区差距			2012年文化消费地区差距			2000~2012年地区差扩减变化	
	地区差（无差距=1）	倒数	排序	地区差（无差距=1）	倒数	排序	扩减百分比	排序
全国	1.3839	0.7226	—	1.4120	0.7082	—	2.03	—
山西	1.2749	0.7844	18	1.1179	0.8945	6	-12.31	4
湖南	1.1916	0.8392	11	1.1016	0.9078	3	-7.55	6
安徽	1.2210	0.8190	13	1.1337	0.8821	8	-7.15	8
河南	1.2873	0.7768	19	1.2282	0.8142	13	-4.59	13
湖北	1.1241	0.8896	8	1.1142	0.8975	4	-0.88	18
江西	1.0133	0.9869	2	1.2307	0.8125	14	21.45	26
中部	1.1854	0.8436	[2]	1.1544	0.8663	[1]	-2.62	[1]
青海	1.5749	0.6350	26	1.3641	0.7331	21	-13.38	3
内蒙古	1.2456	0.8028	16	1.1537	0.8668	9	-7.38	7
云南	1.4316	0.6985	22	1.3508	0.7403	19	-5.64	10
宁夏	1.2235	0.8173	14	1.1619	0.8607	10	-5.03	11
重庆	1.1725	0.8529	10	1.1151	0.8968	5	-4.90	12
陕西	1.0263	0.9744	3	1.0000	1.0000	1	-2.56	14
西藏	1.9405	0.5153	29	1.9083	0.5240	27	-1.66	16

141

续表

地区	2000年文化消费地区差距			2012年文化消费地区差距			2000~2012年地区差扩减变化	
	地区差（无差距=1）	倒数	排序	地区差（无差距=1）	倒数	排序	扩减百分比	排序
新 疆	1.4324	0.6981	23	1.4125	0.7080	23	-1.39	17
贵 州	1.4791	0.6761	25	1.4917	0.6704	25	0.85	20
甘 肃	1.2295	0.8133	15	1.2653	0.7903	17	2.91	22
四 川	1.1455	0.8730	9	1.2608	0.7931	16	10.07	23
广 西	1.0002	0.9998	1	1.3934	0.7177	22	39.31	30
西 部	1.3251	0.7546	[3]	1.3231	0.7558	[3]	-0.15	[2]
广 东	1.6788	0.5957	27	1.0475	0.9547	2	-37.60	1
上 海	2.9944	0.3340	31	2.1372	0.4679	29	-28.63	2
河 北	1.3000	0.7692	20	1.1953	0.8366	12	-8.05	5
福 建	1.3619	0.7343	21	1.2701	0.7873	18	-6.74	9
北 京	2.5967	0.3851	30	2.5874	0.3865	30	-0.36	19
山 东	1.1133	0.8983	7	1.1246	0.8892	7	1.02	21
浙 江	1.7566	0.5693	28	2.0253	0.4938	28	15.30	24
海 南	1.0660	0.9381	5	1.4299	0.6993	24	34.14	28
天 津	1.2597	0.7938	17	1.7196	0.5815	26	36.51	29
江 苏	1.4406	0.6942	24	2.6582	0.3762	31	84.52	31
东 部	1.6568	0.6036	[4]	1.7195	0.5816	[4]	3.78	[3]
黑龙江	1.1931	0.8382	12	1.1629	0.8600	11	-2.53	15
辽 宁	1.0464	0.9557	4	1.2493	0.8004	15	19.39	25
吉 林	1.0801	0.9259	6	1.3609	0.7348	20	26.00	27
东 北	1.1065	0.9037	[1]	1.2577	0.7951	[2]	13.66	[4]

注：（1）表中均为演算衍生数值；（2）地区差扩减百分比负值为地区差缩小。

2000~2012年，全国乡村人均文化消费地区差从1.3839扩大至1.4120，文化消费需求的地区差距扩大2.03%。同期，东部整体乡村文化消费地区差扩大3.78%，东北整体乡村文化消费地区差扩大13.66%，中部整体乡村文化消费地区差缩小2.62%，西部整体乡村文化消费地区差缩小0.15%。

分阶段对比考察，"十五"期间，全国乡村人均文化消费地区差扩大1.74%；其中，东部扩大4.51%，东北扩大4.07%，中部缩小3.78%，西部扩大0.85%。"十一五"期间，全国乡村人均文化消费地区差扩大3.55%；其中,东部缩小0.76%,东北扩大19.59%,中部扩大2.96%,西部扩大4.99%。

对比两个五年期乡村人均文化消费地区差扩减变化,全国乡村地区差"十一五"扩大程度比"十五"增高1.81%。四大区域各有不同,东部乡村地区差"十一五"扩大程度比"十五"降低5.27%,东北乡村地区差"十一五"扩大程度比"十五"增高15.52%,中部乡村地区差"十一五"扩大程度比"十五"增高6.74%,西部乡村地区差"十一五"扩大程度比"十五"增高4.14%。

前后对比考察,2000年,东北、中部、西部乡村地区差小于全国乡村总体地区差,东部乡村地区差大于全国乡村总体地区差;2012年,东北、中部、西部乡村地区差仍小于全国乡村总体地区差,东部乡村地区差仍大于全国乡村总体地区差。

各省域乡村人均文化消费地区差状况比较,在2000年,广西、江西、陕西、辽宁、海南、吉林、山东、湖北、四川、重庆、湖南、黑龙江、安徽、宁夏、甘肃、内蒙古、天津、山西、河南、河北、福建21个省域乡村文化消费地区差从小到大依次小于全国乡村总体地区差;云南、新疆、江苏、贵州、青海、广东、浙江、西藏、北京、上海10个省域乡村文化消费地区差从小到大依次大于全国乡村总体地区差。其中,占据首位的广西地区差仅为全国乡村总体地区差的72.27%;处于末位的上海地区差高达全国乡村总体地区差的216.37%。

到2012年,陕西、广东、湖南、湖北、重庆、山西、山东、安徽、内蒙古、宁夏、黑龙江、河北、河南、江西、辽宁、四川、甘肃、福建、云南、吉林、青海、广西22个省域乡村文化消费地区差从小到大依次小于全国乡村总体地区差;新疆、海南、贵州、天津、西藏、浙江、上海、北京、江苏9个省域乡村文化消费地区差从小到大依次大于全国乡村总体地区差。其中,占据首位的陕西地区差仅为全国乡村总体地区差的70.82%;处于末位的江苏地区差高达全国乡村总体地区差的188.25%。

2000~2012年,广东、上海、青海、山西、河北、湖南、内蒙古、安徽、福建、云南、宁夏、重庆、河南、陕西、黑龙江、西藏、新疆、湖北、北京19个省域乡村文化消费地区差按缩减幅度从大到小依次各有缩小；贵州、山东、甘肃、四川、浙江、辽宁、江西、吉林、海南、天津、广西、江苏12个省域乡村文化消费地区差按扩增幅度从小到大依次各有扩大。其中，占据首位的广东地区差缩小了37.60%；处于末位的江苏地区差扩大了84.52%。

2012年与上一年相比，全国乡村文化消费地区差缩小0.66%。同时，内蒙古、辽宁、山东、上海、河南、浙江、广西、重庆、四川、贵州、云南、陕西、湖南、湖北、宁夏、山西、黑龙江、河北、福建、新疆、海南21个省域乡村文化消费地区差按缩减幅度从大到小依次各有缩小；甘肃、西藏、江苏、北京、青海、广东、江西、安徽、吉林、天津10个省域乡村文化消费地区差按扩增幅度从小到大依次各有扩大。

这意味着，从2000年到2012年，全国各地之间乡村人均文化消费需求增长相互比较，其间的"增长协调性"出现明显分化。在大部分省域，乡村文化消费地区差普遍缩小，但在东部、西部不少省域，乡村文化消费地区差显著扩大。其中有所区别之处在于，发达和次发达地区乡村文化消费地区差扩大是由于"率先"增长的偏离，欠发达地区乡村文化消费地区差扩大则由于"滞后"增长的偏离。

四 各省域乡村文化消费需求景气排行与预测

基于以上各项指标的分析数值，按照本项评价体系的测评方式和演算权重，最后测算得出2012年各省域乡村单行文化消费需求景气评价排行。基于不同时间段、不同基准值的各类测评结果均落实在2012年之上。景气指数取百分制，以便横向衡量百分点高低，纵向衡量百分比升降。

（一）2012年文化消费需求景气评价

2000年以来各省域乡村单行演算的文化消费需求景气指数变动态势分析见表8，各省域以2012年城乡之间、地区之间无差距理想状态横向测评的文化消费需求景气排行指数高低排列。

省域乡村文化消费需求景气评价排行

表8 各省域乡村文化消费需求景气指数变动状况

地 区	起始年度基数值自身纵向测评（起点年基数值=100）								2012年城乡地区无差距理想值各地横向测评（理想值=100）	
	"十五"以来12年（2000~2012）		"十一五"以来7年（2005~2012）		"十二五"以来2年（2010~2012）		最近一年以来（2011~2012）			
	景气指数	排序	景气指数	排序	景气指数	排序	景气指数	排序	景气指数	排序
全 国	81.01	—	77.74	—	97.68	—	101.24	—	81.07	—
吉 林	103.15	7	104.11	4	102.27	15	114.80	2	104.98	6
黑龙江	109.88	5	94.35	7	82.61	29	102.82	13	99.94	7
辽 宁	83.33	18	71.25	24	89.25	25	92.43	29	85.34	14
东 北	96.04	[1]	84.65	[1]	88.82	[4]	100.64	[3]	93.93	[1]
江 苏	118.59	4	104.72	3	97.31	19	100.03	19	116.98	2
北 京	87.15	15	85.90	12	100.54	16	101.79	15	95.72	8
浙 江	93.70	12	78.07	17	92.42	24	99.03	21	92.52	9
天 津	104.83	6	107.04	2	123.25	4	122.26	1	85.38	13
福 建	79.55	21	81.25	14	98.52	18	100.34	18	83.77	16
山 东	87.17	14	76.85	19	96.91	21	96.51	26	83.12	17
上 海	80.59	20	74.14	21	89.25	26	99.29	20	80.03	20
河 北	99.49	8	87.83	9	97.12	20	103.33	12	75.88	22
广 东	72.35	25	77.10	18	114.02	7	103.38	11	72.72	27
海 南	52.61	31	66.95	29	63.60	31	97.63	24	61.23	30
东 部	90.26	[2]	84.21	[2]	97.46	[3]	99.64	[4]	81.96	[2]
山 西	133.42	3	101.63	6	99.52	17	102.26	14	112.51	3
湖 南	68.50	27	69.30	28	103.52	14	104.64	9	85.56	12
安 徽	86.33	16	69.41	27	84.62	28	90.78	30	83.95	15
湖 北	66.90	28	71.82	23	104.64	13	101.70	16	79.75	21
河 南	81.54	19	92.97	8	106.80	10	108.76	4	74.85	24
江 西	59.38	29	63.54	30	93.98	23	95.69	27	73.33	26
中 部	76.34	[3]	75.89	[3]	98.53	[2]	100.93	[2]	81.18	[3]
青 海	150.47	1	149.52	1	113.86	8	98.81	22	118.06	1
甘 肃	94.38	11	71.18	25	110.51	9	96.53	25	105.84	4
陕 西	79.33	23	70.22	26	87.98	27	97.64	23	105.76	5
内蒙古	72.55	24	78.74	16	106.43	11	92.87	28	91.04	10
宁 夏	92.46	13	103.90	5	123.31	3	103.45	10	90.27	11
云 南	99.00	9	81.17	15	106.06	12	107.16	7	82.49	18
重 庆	83.39	17	83.34	13	131.00	1	107.93	6	80.81	19
四 川	70.88	26	74.61	20	116.40	6	104.85	8	75.86	23
贵 州	79.45	22	72.06	22	95.66	22	108.67	5	73.42	25
广 西	53.88	30	62.76	31	118.60	5	112.53	3	72.48	28
新 疆	96.40	10	86.05	11	123.48	2	101.46	17	69.51	29
西 藏	138.80	2	87.56	10	70.13	30	90.16	31	28.31	31
西 部	76.08	[4]	74.84	[4]	108.43	[1]	103.13	[1]	78.77	[4]

145

1. 各年度横向测评景气指数

以文化消费需求城乡之间、地区之间实现无差距状态为"理想值"100，在年度横向测评中，2012年全国乡村文化消费需求景气指数为81.07，低于理想值18.93。此项测评中，由于全国乡村文化消费总量份额值（全国份额为100%基准）、人均绝对值、各项比值作为演算基准，全国乡村总体景气指数高低，全都缘于文化消费城乡比、乡村文化消费地区差缩小或扩大。

东部乡村整体景气指数为81.96，低于理想值18.04，同时高于全国乡村总体景气指数0.89；东北乡村整体景气指数为93.93，低于理想值6.07，同时高于全国乡村总体景气指数12.86；中部乡村整体景气指数为81.18，低于理想值18.82，同时高于全国乡村总体景气指数0.11；西部乡村整体景气指数为78.77，低于理想值21.23，同时低于全国乡村总体景气指数2.30。此项测评中，四大区域和各省域乡村景气指数高低，除了缘于自身文化消费城乡比、与全国地区差的存在及其扩减变化以外，更有可能主要缘于其人均文化消费绝对值、相关各项比值高于或低于全国总体平均值。

各省域乡村单行景气指数比较，青海、江苏、山西乡村景气指数从高到低依次占据"2012年度乡村文化消费需求景气领先"全国前3位。此外，甘肃、陕西、吉林、黑龙江、北京、浙江、内蒙古、宁夏、湖南、天津、辽宁、安徽、福建、山东、云南15个省域乡村景气指数从高到低依次高于全国乡村总体景气指数；重庆、上海、湖北、河北、四川、河南、贵州、江西、广东、广西、新疆、海南、西藏13个省域乡村景气指数从高到低依次低于全国乡村总体景气指数。

2. "十五"以来纵向测评景气指数

以"九五"末年2000年为起点基数值100，在"十五"以来12年间自身纵向测评中，2012年全国乡村文化消费需求景气指数为81.01，低于2000年基数值18.99。此项测评中，全国乡村总体景气指数升降，缘于与自身2000年相比，2012年各项指标数值或有升降。四大区域和各省域乡村亦然。

东部乡村整体景气指数为90.26，低于自身2000年基数值9.74，同时高于全国乡村总体景气指数9.25；东北乡村整体景气指数为96.04，低于自身2000年基数值3.96，同时高于全国乡村总体景气指数15.03；中部乡村整体景气指数为76.34，低于自身2000年基数值23.66，同时低于全国乡村总体景气指数4.67；西部乡村整体景气指数为76.08，低于自身2000年基数值23.92，同时低于全国乡村总体景气指数4.93。

各省域乡村单行景气指数比较，青海、西藏、山西乡村景气指数从高到低依次占据"2000~2012年乡村文化消费需求景气提升"全国前3位。此外，江苏、黑龙江、天津、吉林、河北、云南、新疆、甘肃、浙江、宁夏、山东、北京、安徽、重庆、辽宁、河南16个省域乡村景气指数从高到低依次高于全国乡村总体景气指数；上海、福建、贵州、陕西、内蒙古、广东、四川、湖南、湖北、江西、广西、海南12个省域乡村景气指数从高到低依次低于全国乡村总体景气指数。

3. "十一五"以来纵向测评景气指数

以"十五"末年2005年为起点基数值100，在"十一五"以来7年间自身纵向测评中，2012年全国乡村文化消费需求景气指数为77.74，低于2005年基数值22.26。此项测评中，全国乡村总体景气指数升降，缘于与自身2005年相比，2012年各项指标数值或有升降。四大区域和各省域乡村亦然。

东部乡村整体景气指数为84.21，低于自身2005年基数值15.79，同时高于全国乡村总体景气指数6.47；东北乡村整体景气指数为84.65，低于自身2005年基数值15.35，同时高于全国乡村总体景气指数6.91；中部乡村整体景气指数为75.89，低于自身2005年基数值24.11，同时低于全国乡村总体景气指数1.85；西部乡村整体景气指数为74.84，低于自身2005年基数值25.16，同时低于全国乡村总体景气指数2.90。

各省域乡村单行景气指数比较，青海、天津、江苏乡村景气指数从高到低依次占据"2005~2012年乡村文化消费需求景气提升"全国前3位。此外，吉林、宁夏、山西、黑龙江、河南、河北、西藏、新疆、北京、重庆、福建、云南、内蒙古、浙江14个省域乡村景气指数从高到低依次高于全国乡村总体景气指数；广东、山东、四川、上海、贵州、湖北、辽宁、甘肃、陕西、安徽、湖南、海南、江西、广西14个省域乡村景气指数从高到低依次低于全国乡村总体景气指数。

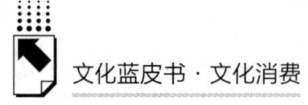

4. "十二五"以来纵向测评景气指数

以"十一五"末年2010年为起点基数值100，在"十二五"以来2年间自身纵向测评中，2012年全国乡村文化消费需求景气指数为97.68，低于2010年基数值2.32。此项测评中，全国乡村总体景气指数升降，缘于与自身2010年相比，2012年各项指标数值或有升降。四大区域和各省域乡村亦然。

东部乡村整体景气指数为97.46，低于自身2010年基数值2.54，同时低于全国乡村总体景气指数0.22；东北乡村整体景气指数为88.82，低于自身2010年基数值11.18，同时低于全国乡村总体景气指数8.86；中部乡村整体景气指数为98.53，低于自身2010年基数值1.47，同时高于全国乡村总体景气指数0.85；西部乡村整体景气指数为108.43，高于自身2010年基数值8.43，同时高于全国乡村总体景气指数10.75。

各省域乡村单行景气指数比较，重庆、新疆、宁夏乡村景气指数从高到低依次占据"2010~2012年乡村文化消费需求景气提升"全国前3位。此外，天津、广西、四川、广东、青海、甘肃、河南、内蒙古、云南、湖北、湖南、吉林、北京、山西、福建15个省域乡村景气指数从高到低依次高于全国乡村总体景气指数；江苏、河北、山东、贵州、江西、浙江、辽宁、上海、陕西、安徽、黑龙江、西藏、海南13个省域乡村景气指数从高到低依次低于全国乡村总体景气指数。

5. 逐年度纵向测评景气指数

各年度均以上一年为起点基数值100，在逐年自身纵向测评中，2012年全国乡村文化消费需求景气指数为101.24，高于上一年基数值1.24。此项测评中，全国乡村总体景气指数升降，缘于与自身上一年相比，本年度各项指标数值或有升降。四大区域和各省域乡村亦然。

东部乡村整体景气指数为99.64，低于自身上一年基数值0.36，同时低于全国乡村总体景气指数1.60；东北乡村整体景气指数为100.64，高于自身上一年基数值0.64，同时低于全国乡村总体景气指数0.60；中部乡村整体景气指数为100.93，高于自身上一年基数值0.93，同时低于全国乡村总体景气指数0.31；西部乡村整体景气指数为103.13，高于自身上一年基数值3.13，同时高于全国乡村总体景气指数1.89。

省域乡村文化消费需求景气评价排行

各省域乡村单行景气指数比较，天津、吉林、广西乡村景气指数从高到低依次占据"2012年度乡村文化消费需求景气提升"全国前3位。此外，河南、贵州、重庆、云南、四川、湖南、宁夏、广东、河北、黑龙江、山西、北京、湖北、新疆14个省域乡村景气指数从高到低依次高于全国乡村总体景气指数；福建、江苏、上海、浙江、青海、陕西、海南、甘肃、山东、江西、内蒙古、辽宁、安徽、西藏14个省域乡村景气指数从高到低依次低于全国乡村总体景气指数。

（二）2013年景气预测与2014年增长测算

鉴于2013年统计数据尚待公布，而现实年度已经进入2014年，在此依据2000～2012年各省域人均产值及其乡村人均收入、总消费、积蓄、文化消费各项年均增长率，预测2013年各自文化消费需求景气指数，并测算2014年各省域乡村文化消费需求增长，其中城乡比指标检测值需依据城镇与乡村人均数值的不同年均增长率推算。这就是说，充分发挥本项研究测评的演算数据库潜力，基于现有基础数据推演的"最大"概率或然性，按照2000年以来12年间各省域乡村相关方面演算的平均变动趋向，预测2013年景气状况，并测算2014年增长态势。

各省域乡村单行演算的文化消费需求2013年景气状况预测、2014年增长态势测算见表9，各省域分为东北和东中西部四大区域，以由北至南、从东到西的大致地理分布排列。依照本文表1至表7列出的各项基础数据，同样可以进行重复验算。鉴于表中均为预测数值，不加以分析，也不列排行，仅供参考。

表9 各省域乡村文化消费2013年景气状况预测与2014年增长态势测算

地区	2013年景气状况预测		2014年增长态势测算				
	自身纵向测评2012年基数=100	各地横向测评无差距理想值=100	乡村预测		城乡差距、地区差距检测		
			文化消费总量（亿元）	文化消费人均值（元）	城镇人均文化消费（元）	城乡比（乡村=1）	地区差（无差距=1）
全 国	97.50	80.56	3220.31	514.97	1565.26	3.0395	1.4329
黑龙江	99.57	101.03	103.66	636.43	745.98	1.1721	1.2359
吉 林	99.10	103.49	94.58	748.07	981.08	1.3115	1.4527
辽 宁	97.61	86.46	98.36	662.65	1387.08	2.0932	1.2868

续表

地区	2013年景气状况预测		2014年增长态势测算				
	自身纵向测评 2012年基数=100	各地横向测评无差距理想值=100	乡村预测		城乡差距、地区差距检测		
			文化消费总量（亿元）	文化消费人均值（元）	城镇人均文化消费（元）	城乡比（乡村=1）	地区差（无差距=1）
东 北	98.59	94.25	296.60	676.07	1077.82	1.5943	1.3251
北 京	98.30	95.25	37.19	1331.64	3088.86	2.3196	2.5859
天 津	99.64	83.70	24.23	932.70	1627.61	1.7451	1.8112
河 北	99.50	76.36	159.33	424.14	887.44	2.0923	1.1764
山 东	98.29	83.78	262.23	580.09	1166.59	2.0111	1.1265
江 苏	100.13	121.57	422.88	1516.00	2701.58	1.7821	2.9439
上 海	97.27	79.91	27.62	1040.43	3109.79	2.9890	2.0204
浙 江	98.90	94.06	211.93	1067.97	1905.99	1.7847	2.0739
福 建	97.35	83.84	95.07	646.51	1774.33	2.7445	1.2554
广 东	95.93	71.50	173.97	498.62	2430.82	4.8751	1.0317
海 南	94.08	58.56	11.49	270.39	982.15	3.6323	1.4749
东 部	98.52	82.77	1425.93	738.03	2023.81	2.7422	1.7500
山 西	101.54	118.47	107.23	618.76	994.56	1.6073	1.2016
河 南	97.43	73.30	211.17	402.76	1301.33	3.2310	1.2179
安 徽	98.02	84.88	139.41	454.07	1292.96	2.8475	1.1183
湖 北	95.54	77.77	114.26	438.42	1206.11	2.7510	1.1486
江 西	94.78	71.49	87.65	380.05	1279.34	3.3663	1.2620
湖 南	95.66	82.62	151.35	441.36	1164.91	2.6394	1.1429
中 部	96.76	79.92	811.08	438.65	1214.81	2.7694	1.1819
内蒙古	96.07	91.10	59.86	586.59	1613.20	2.7502	1.1391
陕 西	97.07	105.35	95.38	517.23	1461.41	2.8254	1.0044
宁 夏	98.69	90.43	13.64	437.12	1142.55	2.6138	1.1512
甘 肃	99.39	109.19	57.91	375.35	1040.94	2.7732	1.2711
青 海	105.03	144.62	10.43	350.19	840.37	2.3998	1.3200
新 疆	99.15	69.77	38.23	304.31	795.17	2.6131	1.4091
重 庆	97.76	79.74	54.87	460.83	1215.73	2.6381	1.1051
四 川	96.50	73.78	162.90	371.56	1201.71	3.2343	1.2785
贵 州	97.31	71.92	55.93	260.69	1143.18	4.3852	1.4938
广 西	94.42	68.62	73.70	287.40	1191.95	4.1473	1.4419
云 南	99.37	82.44	96.34	341.81	1114.50	3.2606	1.3362
西 藏	101.87	30.30	1.22	50.76	364.87	7.1875	1.9014
西 部	97.03	77.56	720.42	365.72	1203.90	3.2919	1.3210

注：总量测算未涉及人口增长且未经平衡，各地总量之和不等于全国总量。

省域乡村文化消费需求景气评价排行

关于本书省域城镇子报告，在此加上两点说明。

（1）省域乡村篇选择本文表8里5类排行处于首位者，取年度横向测评、年度纵向测评、各五年期以来纵向测评由近及远，形成子报告展开深入分析。若某地占据多类首位，后面各类则延取第2位；若某地占据多类首位和第2位，无以取第2位，则续延取第3位。具体说来：2012年乡村横向测评取首位青海，2012年乡村纵向测评取首位天津，"十二五"以来乡村纵向测评取首位重庆，"十一五"以来乡村纵向测评取第3位江苏（首位青海，第2位天津），"十五"以来乡村纵向测评取第2位西藏（首位青海）。不过，在省域子报告中，"十二五"以来2年纵向测评动态曲线过短，制图效果不佳，故予以省略，特加说明。

（2）在省域子报告里，囿于制图篇幅，各图中"十五"规划期头年与末年直接对接，但其间增长数据仍为年度增长指数。文中分析历年增长态势时，则运用测评数据库后台演算功能，测算筛选出的最高与最低年度值包含图里省略年度。借此一并交代，以免各文反复交代，显得重复。

B.6
中心城市文化教育消费需求景气评价排行

——2005~2012年测评与后续年度预测

王亚南 等*

摘　要：

2012年，有20个中心城市文化教育消费总量增长超过10%，其中8个中心城市总量增长超过15%，1个中心城市总量增长超过20%；有12个中心城市文化教育消费人均值增长超过10%，其中3个中心城市人均值增长超过15%，1个中心城市人均值增长超过20%。各中心城市文化教育消费需求景气评价排行结果：所在省域城乡间、各中心城市间无差距理想值横向测评，广州、西安、南京为"2012年度城市景气领先"前3位；历年各地自身基数值纵向测评，合肥、昆明、福州为"2005~2012年城市景气提升"前3位；武汉、昆明、南宁为"2010~2012年城市景气提升"前3位；天津、合肥、长春为"2012年度城市景气提升"前3位。

关键词：

中心城市　文化教育消费　综合评价　景气排行

本项评价体系运用于全国中心城市文化教育消费需求景气测评，数年来已经推出多个年度的实际评价结果，年度测评排行至上一统计年度2011年，具

---

* 撰稿：王亚南（见主要编撰者简介）、魏海燕（云南省政协信息中心主任编辑，主要从事传媒信息分析研究）、方彧（见主要编撰者简介）、汪洋（云南省社会科学院信息中心主任助理、助理研究员，主要从事民族文化、社会经济研究）。

有延续性，可对照参看。

本文全面展开 2012 年全国城镇及 36 个中心城市文化教育消费需求景气分析测算及其评价排行。鉴于另有中心城市子报告详加考察，本文分析侧重以 4 个直辖市为例加以比较，对其余城市则着眼于各项指标排行。

一 各中心城市文化教育消费需求增长状况

各中心城市文化教育消费需求总量增长态势可以提供一种宏观视角，本文分析测算就由各中心城市文化教育消费总量占全国份额增减变化开始。

（一）各中心城市总量份额增减变化

2005～2012 年各中心城市文化教育消费总量增长及其占全国城镇份额增减变化态势见表 1，全国城镇总体数据作为测评演算基准列于首行。各城市按 7 年里文化教育消费总量占全国城镇份额增减变化幅度高低排列，以 1、2、3……为序（后同）。

表 1 各中心城市文化教育消费总量增长及其占全国城镇份额变动状况

地区	文教消费总量增长				占全国城镇份额变动			
	2005年总量（亿元）	2012年总量（亿元）	7年年均增长		2005年份额（%）	2012年份额（%）	7年份额增减	
			增长指数（上年=100）	指数排序			增减百分比	增减排序
全国城镇	6063.19	14261.04	113.00	—	100	100	—	—
合 肥	9.65	59.76	129.76	1	0.1592	0.4190	163.19	1
昆 明	17.23	59.57	119.39	2	0.2842	0.4177	46.97	2
郑 州	26.99	90.99	118.96	3	0.4451	0.6380	43.34	3
福 州	15.43	46.10	116.92	4	0.2545	0.3233	27.03	4
呼和浩特	12.36	33.73	115.42	5	0.2039	0.2365	15.99	5
银 川	7.41	20.17	115.38	6	0.1222	0.1414	15.71	6
广 州	141.74	384.36	115.32	7	2.3377	2.6952	15.29	7
南 京	88.53	236.14	115.05	8	1.4601	1.6558	13.40	8
南 宁	23.19	60.57	114.70	9	0.3825	0.4247	11.03	9
沈 阳	51.07	128.36	114.07	10	0.8423	0.9001	6.86	10
西 安	71.24	157.63	112.01	11	1.1750	1.1053	-5.93	11

续表

地区	文教消费总量增长				占全国城镇份额变动			
	2005年总量（亿元）	2012年总量（亿元）	7年年均增长		2005年份额（%）	2012年份额（%）	7年份额增减	
			增长指数（上年=100）	指数排序			增减百分比	增减排序
重 庆	142.40	314.86	112.00	12	2.3486	2.2078	-6.00	12
成 都	58.12	124.55	111.50	13	0.9586	0.8734	-8.89	13
大 连	33.25	70.18	111.26	14	0.5484	0.4921	-10.27	14
南 昌	18.45	37.78	110.78	15	0.3043	0.2649	-12.95	15
济 南	40.73	82.84	110.67	16	0.6718	0.5809	-13.53	16
北 京	240.90	489.84	110.67	17	3.9732	3.4348	-13.55	17
长 春	38.40	77.93	110.64	18	0.6333	0.5465	-13.71	18
长 沙	34.65	69.44	110.44	19	0.5715	0.4869	-14.80	19
哈尔滨	47.42	93.74	110.23	20	0.7821	0.6573	-15.96	20
天 津	98.46	188.44	109.72	21	1.6239	1.3214	-18.63	21
贵 阳	22.79	43.06	109.52	22	0.3759	0.3019	-19.69	22
上 海	293.10	552.46	109.48	23	4.8341	3.8739	-19.86	23
乌鲁木齐	18.07	33.99	109.45	24	0.2980	0.2383	-20.03	24
宁 波	39.82	74.14	109.29	25	0.6567	0.5199	-20.83	25
厦 门	24.34	43.69	108.72	26	0.4014	0.3064	-23.67	26
石家庄	20.32	36.60	108.56	27	0.3351	0.2531	-24.47	27
海 口	13.03	22.00	107.77	28	0.2149	0.1543	-28.20	28
杭 州	79.91	121.41	106.16	29	1.3180	0.8513	-35.41	29
青 岛	37.59	56.53	106.00	30	0.6200	0.3964	-36.06	30
深 圳	54.11	80.76	105.89	31	0.8924	0.5663	-36.54	31
太 原	36.88	53.48	105.45	32	0.6083	0.3750	-38.35	32
兰 州	20.10	28.72	105.23	33	0.3315	0.2014	-39.25	33
武 汉	81.05	114.15	105.01	34	1.3368	0.8004	-40.13	34
西 宁	7.97	9.98	103.27	35	0.1314	0.0700	-46.73	35
拉 萨	—	1.5932	—			0.0112	—	

注：（1）表中均为演算衍生数值；（2）各地文教消费总量份额增减百分比负值为下降百分比。全国城镇数据演算依据：《中国统计年鉴》；中心城市数据演算依据：《中国城市统计年鉴》、《中国城市（镇）生活与价格年鉴》。中心城市数据未区分文化消费与教育消费，因而全国城镇背景基数亦取"文化教育消费"。拉萨总量过小，取4位小数，另缺若干年人口数据，无法演算相应总量。

2005～2012年，全国城镇文化教育消费总量从6063.19亿元增长至14261.04亿元，增长绝对值总量8197.85亿元，总增长135.21%，年均增长

13.00%。同期,北京年均增长 10.67%,低于全国城镇平均增长,占全国城镇份额由 3.97% 下降为 3.43%,降幅为 13.55%;天津年均增长 9.72%,低于全国城镇平均增长,占全国城镇份额由 1.62% 下降为 1.32%,降幅为 18.63%;上海年均增长 9.48%,低于全国城镇平均增长,占全国城镇份额由 4.83% 下降为 3.87%,降幅为 19.86%;重庆年均增长 12.00%,低于全国城镇平均增长,占全国城镇份额由 2.35% 下降为 2.21%,降幅为 6.00%。

2005~2012 年各中心城市文化教育消费需求总量年均增长幅度比较,合肥、昆明、郑州、福州、呼和浩特、银川、广州、南京、南宁、沈阳 10 个城市年均增长幅度从高到低依次高于全国城镇平均增长;西安、重庆、成都、大连、南昌、济南、北京、长春、长沙、哈尔滨、天津、贵阳、上海、乌鲁木齐、宁波、厦门、石家庄、海口、杭州、青岛、深圳、太原、兰州、武汉、西宁 25 个城市年均增长幅度从高到低依次低于全国城镇平均增长。其中,占据首位的合肥年均增长高于全国城镇平均增长 16.76 个百分点;处于末位的西宁年均增长低于全国城镇平均增长 9.73 个百分点。

这 7 年期间,各中心城市文化教育消费总量占全国城镇份额增减变化比较,合肥、昆明、郑州、福州、呼和浩特、银川、广州、南京、南宁、沈阳 10 个城市份额各有上升,按增幅从大到小依次排列;西安、重庆、成都、大连、南昌、济南、北京、长春、长沙、哈尔滨、天津、贵阳、上海、乌鲁木齐、宁波、厦门、石家庄、海口、杭州、青岛、深圳、太原、兰州、武汉、西宁 25 个城市份额各有下降,按降幅从小到大依次排列。其中,占据首位的合肥占全国城镇份额提高了 163.19%;处于末位的西宁占全国城镇份额降低了 46.73%。

2012 年,全国城镇文化教育消费总量增长 13.21%,高于"十一五"年均增长 1.58 个百分点。同年,合肥、昆明、郑州、福州、呼和浩特、银川、广州、南京、南宁、沈阳 10 个城市文化教育消费总量增长幅度从高到低依次高于全国城镇平均增长;西安、重庆、成都、大连、南昌、济南、北京、长春、长沙、哈尔滨、天津、贵阳、上海、乌鲁木齐、宁波、厦门、石家庄、海口、杭州、青岛、深圳、太原、兰州、武汉、西宁 25 个城市文化教育消费总量增长幅度从高到低依次低于全国城镇平均增长。

各中心城市文化教育消费总量数值本身不具有可比性，但增长幅度和份额变化却可以进行比较，此处仅提供各地总量增长幅度和份额增减排序。鉴于各城市人口差异极大，各自文化教育消费需求总量占全国份额差距巨大，份额增减百分点并无比较意义，故采用份额增减百分比加以比较，便于进行排序。实际上，总量增长与份额增减是联系在一起的，总量年均增长排序与份额增减百分比排序也是一致的。

（二）各中心城市人均绝对值增长变化

2005~2012年各中心城市人均文化教育消费绝对值增长态势分析见表2，各城市按7年里人均文化教育消费绝对值年均增长指数高低排列。

表2　各中心城市人均文化教育消费绝对值增长状况

地区	人均文教消费绝对值				人均文教消费增长变动				
	2005年		2012年		7年增量及增量比			7年年均增长	
	人均值（元）	排序	人均值（元）	排序	增量值（元）	增量比（全国=1）	增量比排序	增长指数（上年=100）	指数排序
全国城镇	1097.46	—	2033.50	—	936.04	1	—	109.21	—
合　肥	569.32	36	2643.34	10	2074.02	2.2157	3	124.53	1
昆　明	755.08	34	2174.68	20	1419.60	1.5166	9	116.31	2
福　州	889.69	31	2400.32	13	1510.63	1.6139	7	115.23	3
广　州	2328.97	2	5667.29	1	3338.32	3.5664	1	113.55	4
南　京	1745.15	7	4236.08	2	2490.93	2.6611	2	113.51	5
呼和浩特	1126.20	21	2728.41	9	1602.21	1.7117	6	113.47	6
沈　阳	1033.59	24	2462.71	12	1429.12	1.5268	8	113.21	7
武　汉	1021.21	25	2366.57	15	1345.36	1.4373	12	112.76	8
银　川	957.20	28	2026.07	24	1068.87	1.1419	15	111.31	9
西　安	1357.50	13	2751.66	7	1394.16	1.4894	11	110.62	10
济　南	1181.16	18	2371.29	14	1190.13	1.2715	13	110.47	11
南　昌	880.31	32	1736.99	29	856.68	0.9152	20	110.20	12
大　连	1189.16	17	2305.98	17	1116.82	1.1931	14	109.92	13
北　京	2186.55	4	4035.67	4	1849.12	1.9755	4	109.15	14
成　都	1228.04	15	2256.47	19	1028.43	1.0987	16	109.08	15
南　宁	1160.45	20	2117.41	21	956.96	1.0223	18	108.97	16
上　海	2272.76	3	4071.82	3	1799.06	1.9220	5	108.69	17

续表

地 区	人均文教消费绝对值				人均文教消费增长变动				
	2005年		2012年		7年增量及增量比			7年年均增长	
	人均值(元)	排序	人均值(元)	排序	增量值(元)	增量比(全国=1)	增量比排序	增长指数(上年=100)	指数排序
天　津	1283.70	14	2299.82	18	1016.12	1.0856	17	108.69	18
长　春	1177.93	19	2103.45	22	925.52	0.9888	19	108.64	19
宁　波	1878.87	6	3278.93	5	1400.06	1.4957	10	108.28	20
贵　阳	1112.61	22	1905.33	26	792.72	0.8469	21	107.99	21
哈尔滨	1195.16	16	1931.00	25	735.84	0.7861	24	107.09	22
石家庄	920.75	29	1446.20	31	525.45	0.5614	27	106.66	23
海　口	897.27	30	1339.08	34	441.81	0.4720	29	105.89	24
长　沙	1685.70	8	2465.43	11	779.73	0.8330	22	105.58	25
郑　州	1064.32	23	1552.79	30	488.47	0.5218	28	105.54	26
厦　门	1622.58	9	2313.06	16	690.48	0.7377	25	105.20	27
青　岛	1435.28	10	2027.68	23	592.40	0.6329	26	105.06	28
杭　州	1970.32	5	2739.75	8	769.43	0.8220	23	104.82	29
乌鲁木齐	994.94	27	1361.07	32	366.13	0.3911	31	104.58	30
兰　州	1001.01	26	1359.50	33	358.49	0.3830	33	104.47	31
太　原	1424.62	11	1851.70	27	427.08	0.4563	30	103.82	32
重　庆	1391.11	12	1754.02	28	362.91	0.3877	32	103.37	33
西　宁	780.98	33	884.14	35	103.16	0.1102	34	101.79	34
拉　萨	678.26	35	755.73	36	77.47	0.0828	35	101.56	35
深　圳	3118.03	1	2853.95	6	-264.08	-0.2821	36	98.74	36

注：（1）全国城镇人均文教消费数据出自《中国统计年鉴》，中心城市人均文教消费数据出自《中国城市（镇）生活与价格年鉴》相应年卷，其余为演算衍生数值；（2）各地人均文教消费绝对值"增量比"小于1为小于全国城镇人均增量。

2005~2012年，全国城镇人均文化教育消费需求从1097.46元增长至2033.50元，人均绝对值增量936.04元，总增长85.29%，年均增长9.21%。同期，北京人均绝对值从全国城镇人均值的199.24%降低至198.46%，年均增长9.15%，低于全国城镇平均增长0.06个百分点，绝对值增量为全国城镇平均值的197.55%；天津人均绝对值从全国城镇人均值的116.97%降低至113.10%，年均增长8.69%，低于全国城镇平均增长0.52个百分点，绝对值增量为全国城镇平均值的108.56%；上海人均绝对值从全国城镇人均值的

207.09%降低至200.24%,年均增长8.69%,低于全国城镇平均增长0.52个百分点,绝对值增量为全国城镇平均值的192.20%;重庆人均绝对值从全国城镇人均值的126.76%降低至86.26%,年均增长3.37%,低于全国城镇平均增长5.84个百分点,绝对值增量为全国城镇平均值的38.77%。

2005~2012年各中心城市人均文化教育消费需求年均增长幅度比较,合肥、昆明、福州、广州、南京、呼和浩特、沈阳、武汉、银川、西安、济南、南昌、大连13个城市年均增长幅度从高到低依次高于全国城镇平均增长;北京、成都、南宁、上海、天津、长春、宁波、贵阳、哈尔滨、石家庄、海口、长沙、郑州、厦门、青岛、杭州、乌鲁木齐、兰州、太原、重庆、西宁、拉萨、深圳23个城市年均增长幅度从高到低依次低于全国城镇平均增长。其中,占据首位的合肥年均增长高于全国城镇平均增长15.32个百分点;处于末位的深圳年均负增长1.26%。

各中心城市人均文化教育消费绝对值比较,在2005年,深圳、广州、上海、北京、杭州、宁波、南京、长沙、厦门、青岛、太原、重庆、西安、天津、成都、哈尔滨、大连、济南、长春、南宁、呼和浩特、贵阳22个城市人均绝对值从高到低依次高于全国城镇平均值;郑州、沈阳、武汉、兰州、乌鲁木齐、银川、石家庄、海口、福州、南昌、西宁、昆明、拉萨、合肥14个城市人均绝对值从高到低依次低于全国城镇平均值。其中,占据首位的深圳人均值高达全国城镇平均值的284.11%;处于末位的合肥人均值仅为全国城镇平均值的51.88%。

到2012年,广州、南京、上海、北京、宁波、深圳、西安、杭州、呼和浩特、合肥、长沙、沈阳、福州、济南、武汉、厦门、大连、天津、成都、昆明、南宁、长春22个城市人均绝对值从高到低依次高于全国城镇平均值;青岛、银川、哈尔滨、贵阳、太原、重庆、南昌、郑州、石家庄、乌鲁木齐、兰州、海口、西宁、拉萨14个城市人均绝对值从高到低依次低于全国城镇平均值。其中,占据首位的广州人均值高达全国城镇平均值的278.70%;处于末位的拉萨人均值仅为全国城镇平均值的37.16%。

2012年,全国城镇人均文化教育消费年度增长9.82%,高于"十一五"年均增长1.62个百分点。同年,合肥、昆明、福州、广州、南京、呼和浩特、沈阳、武汉、银川、西安、济南、南昌、大连13个城市人均文化教育消费年均增长幅度从高到低依次高于全国城镇平均增长；北京、成都、南宁、上海、天津、长春、宁波、贵阳、哈尔滨、石家庄、海口、长沙、郑州、厦门、青岛、杭州、乌鲁木齐、兰州、太原、重庆、拉萨、西宁、深圳23个城市人均文化教育消费年均增长幅度从高到低依次低于全国城镇平均增长。

人均文化教育消费绝对值系本项评价体系进行演算测评的基础性指标，虽然在最后的综合评价中演算权重不高，但却是以下各项指标演算的基础，因而实际上具有决定性意义。当然，全国及各中心城市文化教育消费需求状况分析不能孤立地进行，必须放到全国及各地经济增长、民生增进的相关背景当中，同时放到城乡之间、地区之间协调增长背景当中，进一步展开分析。

二 经济社会背景协调增长情况对比

在本项评价体系当中，全国及各中心城市文化教育消费需求及其增长需要放到相关经济、民生背景中考察其间的"协调增长"状况，从而得出极其重要的各项比值平衡指标演算数值。

（一）与产值的比例关系变化

2005~2012年各中心城市人均文化教育消费与人均产值的比例变动态势分析见表3，各城市按2012年人均文化教育消费与人均产值的比值高低排列。表中同时提供了2005年和2012年各地人均产值数据，对照本文表2里各地人均文化教育消费数据，可以进行重复验算。

2005~2012年，全国人均产值从14185元增长至38420元，年均增长15.30%，高于同期全国城镇人均文化教育消费年均增长6.09个百分点。7年里，全国城镇人均文化教育消费与人均产值的比例值从7.74%下降至5.29%，降低2.45个百分点，降幅为31.59%。同期，北京比值从3.72%下降至2.91%，降低0.81个百分点；天津比值从3.25%下降至1.77%，降低1.48个百分点；上海比值从3.37%下降至2.87%，降低0.50个百分点；重庆比值从14.30%下降至5.13%，降低9.17个百分点。

表3 各中心城市人均文化教育消费与产值比例变动状况

地区	2005年			2012年			2005~2012年比值升降变化		
	人均产值（元）	文教消费与产值比（%）	比值排序	人均产值（元）	文教消费与产值比（%）	比值排序	升降百分点	升降百分比	排序
全国城镇	14185	7.7368	—	38420	5.2928	—	-2.4440	-31.59	—
合 肥	18960	3.0027	33	58790	4.4962	4	1.4935	49.74	1
昆 明	20992	3.5970	25	55376	3.9272	7	0.3302	9.18	2
广 州	69268	3.3623	28	165574	3.4228	11	0.0605	1.80	3
福 州	24118	3.6888	23	64664	3.7120	9	0.0232	0.63	4
南 京	40887	4.2682	17	112980	3.7494	8	-0.5188	-12.16	5
上 海	67493	3.3674	27	141811	2.8713	21	-0.4961	-14.73	6
济 南	31605	3.7372	21	79018	3.0009	14	-0.7363	-19.70	7
呼和浩特	34735	3.2423	31	107034	2.5491	25	-0.6932	-21.38	8
沈 阳	29935	3.4528	26	91229	2.6995	23	-0.7533	-21.82	9
北 京	58767	3.7207	22	138849	2.9065	18	-0.8142	-21.88	10
南 昌	21533	4.0882	19	59250	2.9316	15	-1.1566	-28.29	11
长 春	23064	5.1073	11	58691	3.5840	10	-1.5233	-29.83	12
石家庄	19370	4.7534	12	44943	3.2178	13	-1.5356	-32.31	13
宁 波	44156	4.2551	18	114065	2.8746	20	-1.3805	-32.44	14
武 汉	28200	3.6214	24	97078	2.4378	28	-1.1836	-32.68	15
郑 州	24586	4.3290	15	53297	2.9135	17	-1.4155	-32.70	16
哈尔滨	18821	6.3500	7	45804	4.2158	5	-2.1342	-33.61	17
厦 门	67108	2.4179	34	149774	1.5444	35	-0.8735	-36.13	18
西 安	17319	7.8381	3	54995	5.0034	3	-2.8347	-36.17	19
银 川	20727	4.6182	13	69868	2.8999	19	-1.7183	-37.21	20
大 连	38200	3.1130	32	118807	1.9409	31	-1.1721	-37.65	21
海 口	20756	4.3229	16	50546	2.6492	24	-1.6737	-38.72	22
成 都	22139	5.5470	8	69665	3.2390	12	-2.3080	-41.61	23
南 宁	11057	10.4950	2	35133	6.0268	1	-4.4682	-42.57	24
贵 阳	15050	7.3925	4	45302	4.2058	6	-3.1867	-43.11	25
深 圳	285306	1.0929	35	466233	0.6121	36	-0.4808	-43.99	26
杭 州	44853	4.3928	14	111758	2.4515	27	-1.9413	-44.19	27
天 津	39507	3.2493	30	129610	1.7744	32	-1.4749	-45.39	28
太 原	26569	5.3619	10	63252	2.9275	16	-2.4344	-45.40	29
青 岛	36627	3.9186	20	95084	2.1325	30	-1.7861	-45.58	30
兰 州	18296	5.4711	9	48504	2.8028	22	-2.6683	-48.77	31
乌鲁木齐	29597	3.3617	29	79034	1.7221	33	-1.6396	-48.77	32
长 沙	24688	6.8281	6	97171	2.5372	26	-4.2909	-62.84	33
重 庆	9727	14.3017	1	34195	5.1295	2	-9.1722	-64.13	34
西 宁	11398	6.8520	5	40407	2.1881	29	-4.6639	-68.07	35
拉 萨	—	—	—	48341	1.5633	34	1.5633	—	—

注：(1) 全国人均产值数据（全国产值相关演算不区分城乡）出自《中国统计年鉴》相应年卷，中心城市人均产值数据依据《中国统计年鉴》相应年卷演算，其余为演算衍生数值；(2) 比值升降百分点负值为下降百分点，升降百分比负值为下降百分比。以升降百分比排序更加准确（后表4~表6同）。拉萨缺若干年产值数据，无法进行相关演算。

各中心城市人均文化教育消费与人均产值的比值比较，在2005年，仅有重庆、南宁、西安3个城市此项比值从高到低依次高于全国城镇总体比值；贵阳、西宁、长沙、哈尔滨、成都、兰州、太原、长春、石家庄、银川、杭州、郑州、海口、南京、宁波、南昌、青岛、济南、北京、福州、武汉、昆明、沈阳、上海、广州、乌鲁木齐、天津、呼和浩特、大连、合肥、厦门、深圳32个城市此项比值从高到低依次低于全国城镇总体比值。其中，占据首位的重庆此项比值高于全国城镇总体比值6.56个百分点；处于末位的深圳此项比值低于全国城镇总体比值6.64个百分点。

到2012年，仅有南宁1个城市此项比值高于全国城镇总体比值；重庆、西安、合肥、哈尔滨、贵阳、昆明、南京、福州、长春、广州、成都、石家庄、济南、南昌、太原、郑州、北京、银川、宁波、上海、兰州、沈阳、海口、呼和浩特、长沙、杭州、武汉、西宁、青岛、大连、天津、乌鲁木齐、拉萨、厦门、深圳35个城市此项比值从高到低依次低于全国城镇总体比值。其中，占据首位的南宁此项比值高于全国城镇总体比值0.73个百分点；处于末位的深圳此项比值低于全国城镇总体比值4.68个百分点。

2005~2012年各中心城市人均文化教育消费与人均产值的比值升降变化比较，仅有合肥、昆明、广州、福州4个城市此项比值按升幅从大到小依次各有提升；南京、上海、济南、呼和浩特、沈阳、北京、南昌、长春、石家庄、宁波、武汉、郑州、哈尔滨、厦门、西安、银川、大连、海口、成都、南宁、贵阳、深圳、杭州、天津、太原、青岛、兰州、乌鲁木齐、长沙、重庆、西宁31个城市此项比值按降幅从小到大依次各有下降。其中，占据首位的合肥此项比值提高了49.74%；处于末位的西宁此项比值降低了68.07%。

2012年与上一年相比，全国城镇此项比值提升0.61%。同时，仅有合肥、广州、上海、福州、沈阳、济南、北京7个城市此项比值按升幅从大到小依次各有提升；宁波、呼和浩特、郑州、哈尔滨、南昌、西安、银川、厦门、石家庄、长春、南京、大连、南宁、天津、青岛、杭州、武汉、太原、昆明、长沙、成都、海口、贵阳、深圳、重庆、乌鲁木齐、兰州、西宁28个城市此项比值按降幅从小到大依次各有下降。

这一比值关系分析表明，2005~2012年，全国及各中心城市文化教育消费需求增长与产值增长相比较,其间"增长协调性"欠佳。在全国及绝大部分中心城市,文化教育消费需求增长赶不上产值增长,经济发展成果未能在提升城市居民文化教育消费需求上同步体现出来。到2012年,全国城镇此项比值出现回升,比值提升的城市亦有增多。

(二)占收入的比重关系变化

2005~2012年各中心城市人均文化教育消费占人均收入的比重变动态势分析见表4,各城市按2012年人均文化教育消费占人均收入的比值高低排列。表中同时提供了2005年和2012年各中心城市人均收入数据,对照本文表2里各地人均文化教育消费数据,可以进行重复验算。

表4 各中心城市人均文化教育消费占收入比重变动状况

地区	2005年			2012年			2005~2012年比值升降变化		
	人均收入(元)	文教消费占收入比(%)	比值排序	人均收入(元)	文教消费占收入比(%)	比值排序	升降百分点	升降百分比	排序
全国城镇	10493.03	10.4589	—	24564.72	8.2781	—	-2.1808	-20.85	—
合肥	9683.67	5.8792	36	25839.26	10.2299	5	4.3507	74.00	1
广州	18287.24	12.7355	5	38269.61	14.8089	1	2.0734	16.28	2
福州	12756.78	6.9743	35	30109.12	7.9721	21	0.9978	14.31	3
昆明	9515.70	7.9351	33	25277.04	8.6034	14	0.6683	8.42	4
南京	14997.47	11.6363	12	36573.17	11.5825	2	-0.0538	-0.46	5
呼和浩特	12538.58	8.9819	30	32158.05	8.4844	17	-0.4975	-5.54	6
武汉	10850.10	9.412	26	27046.71	8.7499	12	-0.6621	-7.03	7
沈阳	10098.08	10.2355	21	26819.14	9.1827	8	-1.0528	-10.29	8
南昌	10301.28	8.5456	32	23307.26	7.4526	26	-1.0930	-12.79	9
大连	11994.38	9.9143	23	27303.21	8.4458	18	-1.4685	-14.81	10
银川	8858.72	10.8052	18	22215.05	9.1203	9	-1.6849	-15.59	11
北京	17652.95	12.3863	6	38797.74	10.4018	4	-1.9845	-16.02	12
济南	13578.46	8.6988	31	32766.62	7.2369	27	-1.4619	-16.81	13
上海	18645.03	12.1896	7	40472.43	10.0607	6	-2.1289	-17.46	14
南宁	10078.20	11.5145	13	22383.42	9.4597	7	-2.0548	-17.85	15
西安	9627.89	14.0997	1	24232.12	11.3554	3	-2.7443	-19.46	16
宁波	17409.99	10.7919	19	38088.54	8.6087	13	-2.1832	-20.23	17

续表

地 区	2005年			2012年			2005~2012年比值升降变化		
	人均收入（元）	文教消费占收入比（%）	比值排序	人均收入（元）	文教消费占收入比（%）	比值排序	升降百分点	升降百分比	排序
贵　阳	9927.97	11.2068	14	21717.89	8.7731	11	-2.4337	-21.72	18
长　春	10063.53	11.7049	11	23064.31	9.1199	10	-2.5850	-22.08	19
成　都	11358.81	10.8113	17	27097.03	8.3274	19	-2.4839	-22.98	20
乌鲁木齐	9604.93	10.3586	20	17600.10	7.7333	22	-2.6253	-25.34	21
天　津	12638.55	10.157	22	30536.61	7.5313	24	-2.6257	-25.85	22
哈尔滨	10064.76	11.8747	8	22465.12	8.5956	15	-3.2791	-27.61	23
深　圳	28665.25	10.8774	16	38006.02	7.5092	25	-3.3682	-30.97	24
石家庄	10039.83	9.171	29	23134.69	6.2512	30	-2.9198	-31.84	25
兰　州	8529.05	11.7365	10	17707.30	7.6776	23	-4.0589	-34.58	26
海　口	9739.50	9.2127	28	22685.11	5.9029	34	-3.3098	-35.93	27
长　沙	12433.88	13.5573	4	28718.21	8.5849	16	-4.9724	-36.68	28
郑　州	10977.28	9.6957	25	25328.12	6.1307	32	-3.5650	-36.77	29
厦　门	16403.79	9.8915	24	37819.44	6.1161	33	-3.7754	-38.17	30
太　原	10475.97	13.5989	2	22469.24	8.2410	20	-5.3579	-39.40	31
杭　州	16602.26	11.8678	9	38400.18	7.1347	28	-4.7331	-39.88	32
青　岛	12919.84	11.1091	15	32606.78	6.2186	31	-4.8905	-44.02	33
拉　萨	9431.18	7.1917	34	19293.68	3.9170	36	-3.2747	-45.53	34
西　宁	8397.36	9.3003	27	17609.34	5.0209	35	-4.2794	-46.01	35
重　庆	10243.46	13.5805	3	24929.52	7.0359	29	-6.5446	-48.19	36

注：(1) 全国城镇人均收入数据出自《中国统计年鉴》，中心城市人均收入数据出自《中国城市（镇）生活与价格年鉴》相应卷，其余为演算衍生数值；(2) 比值升降百分点负值为下降百分点，升降百分比负值为下降百分比。

2005~2012年，全国城镇人均收入从10493.03元增长至24564.72元，年均增长12.92%，高于同期全国城镇人均文化教育消费年均增长3.71个百分点。7年里，全国城镇人均文化教育消费占人均收入的比重值从10.46%下降至8.28%，降低2.18个百分点，降幅为20.85%。同期，北京比值从12.39%下降至10.40%，降低1.99个百分点；天津比值从10.16%下降至7.53%，降低2.63个百分点；上海比值从12.19%下降至10.06%，降低2.13个百分点；重庆比值从13.58%下降至7.04%，降低6.54个百分点。

各中心城市人均文化教育消费占人均收入的比值比较，在2005年，西安、太原、重庆、长沙、广州、北京、上海、哈尔滨、杭州、兰州、长春、南京、南宁、贵阳、青岛、深圳、成都、银川、宁波19个城市此项比值从高到低依次高于全国城镇总体比值；乌鲁木齐、沈阳、天津、大连、厦门、郑州、武汉、西宁、海口、石家庄、呼和浩特、济南、南昌、昆明、拉萨、福州、合肥17个城市此项比值从高到低依次低于全国城镇总体比值。其中，占据首位的西安此项比值高于全国城镇总体比值3.64个百分点；处于末位的合肥此项比值低于全国城镇总体比值4.58个百分点。

到2012年，广州、南京、西安、北京、合肥、上海、南宁、沈阳、银川、长春、贵阳、武汉、宁波、昆明、哈尔滨、长沙、呼和浩特、大连、成都19个城市此项比值从高到低依次高于全国城镇总体比值；太原、福州、乌鲁木齐、兰州、天津、深圳、南昌、济南、杭州、重庆、石家庄、青岛、郑州、厦门、海口、西宁、拉萨17个城市此项比值从高到低依次低于全国城镇总体比值。其中，占据首位的广州此项比值高于全国城镇总体比值6.53个百分点；处于末位的拉萨此项比值低于全国城镇总体比值4.36个百分点。

2005~2012年各中心城市人均文化教育消费占人均收入的比值升降变化比较，仅有合肥、广州、福州、昆明4个城市此项比值按升幅从大到小依次各有提升；南京、呼和浩特、武汉、沈阳、南昌、大连、银川、北京、济南、上海、南宁、西安、宁波、贵阳、长春、成都、乌鲁木齐、天津、哈尔滨、深圳、石家庄、兰州、海口、长沙、郑州、厦门、太原、杭州、青岛、拉萨、西宁、重庆32个城市此项比值按降幅从小到大依次各有下降。其中，占据首位的合肥此项比值提高了74.00%；处于末位的重庆此项比值降低了48.19%。

2012年与上一年相比，全国城镇此项比值下降2.50%。同时，仅有合肥、广州、福州、昆明4个城市此项比值按升幅从大到小依次各有提升；南京、呼和浩特、武汉、沈阳、南昌、大连、银川、北京、济南、上海、南宁、西安、宁波、贵阳、长春、成都、乌鲁木齐、天津、哈尔滨、深圳、石家庄、兰州、海口、长沙、郑州、拉萨、厦门、太原、杭州、青岛、西宁、重庆32个城市此项比值按降幅从小到大依次各有下降。

这一比值关系分析表明，2005~2012年，全国及各中心城市文化教育消

中心城市文化教育消费需求景气评价排行

费需求增长与收入增长相比较，其间"增长协调性"欠佳。在全国及绝大部分中心城市，文化教育消费需求增长赶不上居民收入增长，民生增进成效未能在提升城市居民文化教育消费需求上同步体现出来。

（三）占总消费的比重关系变化

2005～2012年各中心城市人均文化教育消费占人均总消费的比重变动态势分析见表5，各城市按2012年人均文化教育消费占人均总消费的比值高低排列。表中同时提供了2005年和2012年各中心城市人均总消费数据，对照本文表2里各地人均文化教育消费数据，可以进行重复验算。

表5 各中心城市人均文化教育消费占总消费比重变动状况

地区	2005年			2012年			2005～2012年比值升降变化		
	人均总消费（元）	文教消费占总消费比(%)	比值排序	人均总消费（元）	文教消费占总消费比(%)	比值排序	升降百分点	升降百分比	排序
全国城镇	7942.88	13.8169	—	16674.32	12.1954	—	-1.6215	-11.74	—
合 肥	7397.74	7.6959	36	17793.96	14.8553	4	7.1594	93.03	1
昆 明	7278.48	10.3741	34	16196.04	13.4273	8	3.0532	29.43	2
南 京	10704.34	16.3032	6	23187.46	18.2688	1	1.9656	12.06	3
广 州	14468.24	16.0971	8	31530.41	17.9740	2	1.8769	11.66	4
福 州	8427.77	10.5566	33	20907.82	11.4805	20	0.9239	8.75	5
武 汉	8234.75	12.4012	29	19368.65	12.2185	13	-0.1827	-1.47	6
呼和浩特	8938.43	12.5995	27	22127.14	12.3306	12	-0.2689	-2.13	7
北 京	13244.20	16.5095	4	25962.07	15.5445	3	-0.9650	-5.85	8
大 连	9996.41	11.8959	32	20947.19	11.0086	24	-0.8873	-7.46	9
银 川	7313.67	13.0878	23	16817.29	12.0476	14	-1.0402	-7.95	10
济 南	9226.61	12.8017	24	20179.75	11.7508	17	-1.0509	-8.21	11
成 都	9642.45	12.7358	25	19708.33	11.4493	21	-1.2865	-10.10	12
沈 阳	7862.83	13.1453	22	20861.25	11.8052	16	-1.3401	-10.19	13
上 海	13773.41	16.5011	5	27743.14	14.6768	6	-1.8243	-11.06	14
南 宁	7881.79	14.7232	11	16482.79	12.8462	10	-1.8770	-12.75	15
西 安	7899.81	17.1840	3	18599.33	14.7944	5	-2.3896	-13.91	16
宁 波	11761.59	15.9746	9	24134.30	13.5862	7	-2.3884	-14.95	17
天 津	9653.26	13.2981	21	20519.72	11.2078	22	-2.0903	-15.72	18
石家庄	7261.02	12.6807	26	13708.67	10.5495	27	-2.1312	-16.81	19

续表

地区	2005年			2012年			2005~2012年比值升降变化		
	人均总消费（元）	文教消费占总消费比（%）	比值排序	人均总消费（元）	文教消费占总消费比（%）	比值排序	升降百分点	升降百分比	排序
贵阳	7692.62	14.4633	15	15856.85	12.0158	15	-2.4475	-16.92	20
长春	8321.17	14.1558	17	18269.99	11.5131	19	-2.6427	-18.67	21
南昌	7064.14	12.4617	28	17315.99	10.0311	29	-2.4306	-19.50	22
深圳	21188.84	14.7154	12	24598.88	11.6020	18	-3.1134	-21.16	23
杭州	13438.99	14.6612	13	24698.75	11.0927	23	-3.5685	-24.34	24
乌鲁木齐	7051.97	14.1087	18	12801.53	10.6321	25	-3.4766	-24.64	25
长沙	9659.86	17.4506	2	19444.74	12.6792	11	-4.7714	-27.34	26
海口	7367.82	12.1782	31	15134.79	8.8477	34	-3.3305	-27.35	27
兰州	7179.84	13.9420	19	13521.08	10.0547	28	-3.8873	-27.88	28
太原	7805.53	18.2514	1	14294.73	12.9537	9	-5.2977	-29.03	29
拉萨	8617.11	7.8711	35	13686.11	5.5219	36	-2.3492	-29.85	30
哈尔滨	7897.17	15.1340	10	18303.89	10.5497	26	-4.5843	-30.29	31
厦门	11848.83	13.6940	20	24797.13	9.3279	33	-4.3661	-31.88	32
郑州	7397.74	14.3871	16	16358.82	9.4920	30	-4.8951	-34.02	33
青岛	9883.45	14.5221	14	21572.90	9.3992	31	-5.1229	-35.28	34
西宁	6407.86	12.1878	30	11465.74	7.7112	35	-4.4766	-36.73	35
重庆	8623.29	16.1320	7	18718.78	9.3704	32	-6.7616	-41.91	36

注：(1) 全国城镇人均总消费数据出自《中国统计年鉴》，中心城市人均总消费数据出自《中国城市（镇）生活与价格年鉴》相应年卷，其余为演算衍生数值；(2) 比值升降百分点负值为下降百分点，升降百分比负值为下降百分比。

2005~2012年，全国城镇人均总消费从7942.88元增长至16674.32元，年均增长11.18%，高于同期全国城镇人均文化教育消费年均增长1.97个百分点。7年里，全国城镇人均文化教育消费占人均总消费的比值从13.82%下降至12.20%，降低1.62个百分点，降幅为11.74%。同期，北京比值从16.51%下降至15.54%，降低0.97个百分点；天津比值从13.30%下降至11.21%，降低2.09个百分点；上海比值从16.50%下降至14.68%，降低1.82个百分点；重庆比值从16.13%下降至9.37%，降低6.76个百分点。

各中心城市人均文化教育消费占人均总消费的比值比较，在2005年，太原、长沙、西安、北京、上海、南京、重庆、广州、宁波、哈尔滨、南宁、深圳、杭州、青岛、贵阳、郑州、长春、乌鲁木齐、兰州19个城市此项比值从高到低依次高于全国城镇总体比值；厦门、天津、沈阳、银川、济南、成都、石家庄、呼和浩特、南昌、武汉、西宁、海口、大连、福州、昆明、拉萨、合肥17个城市此项比值从高到低依次低于全国城镇总体比值。其中，占据首位的太原此项比值高于全国城镇总体比值4.43个百分点；处于末位的合肥此项比值低于全国城镇总体比值6.12个百分点。

到2012年，南京、广州、北京、合肥、西安、上海、宁波、昆明、太原、南宁、长沙、呼和浩特、武汉13个城市此项比值从高到低依次高于全国城镇总体比值；银川、贵阳、沈阳、济南、深圳、长春、福州、成都、天津、杭州、大连、乌鲁木齐、哈尔滨、石家庄、兰州、南昌、郑州、青岛、重庆、厦门、海口、西宁、拉萨23个城市此项比值从高到低依次低于全国城镇总体比值。其中，占据首位的南京此项比值高于全国城镇总体比值6.07个百分点；处于末位的拉萨此项比值低于全国城镇总体比值6.67个百分点。

2005～2012年各中心城市人均文化教育消费占人均总消费的比重值升降变化比较，仅有合肥、昆明、南京、广州、福州5个城市此项比值按升幅从大到小依次各有提升；武汉、呼和浩特、北京、大连、银川、济南、成都、沈阳、上海、南宁、西安、宁波、天津、石家庄、贵阳、长春、南昌、深圳、杭州、乌鲁木齐、长沙、海口、兰州、太原、拉萨、哈尔滨、厦门、郑州、青岛、西宁、重庆31个城市此项比值按降幅从小到大依次各有下降。其中，占据首位的合肥此项比值提高了93.03%；处于末位的重庆此项比值降低了41.91%。

2012年与上一年相比，全国城镇此项比值下降0.15%。同时，仅有合肥、昆明、南京、广州、福州5个城市此项比值按升幅从大到小依次各有提升；武汉、呼和浩特、北京、大连、银川、济南、成都、沈阳、上海、南宁、西安、宁波、天津、石家庄、贵阳、长春、南昌、深圳、杭州、乌鲁木齐、长沙、海口、拉萨、兰州、太原、哈尔滨、厦门、郑州、青岛、西宁、重庆31个城市此项比值按降幅从小到大依次各有下降。

这一比值关系分析表明，2005～2012年，全国及各中心城市文化教育消费需求增长与总消费增长相比较，其间"增长协调性"欠佳。在全国及绝大部分中心城市，文化教育消费需求增长赶不上居民总消费增长，拉动内需扩大消费成效未能在提升城市居民文化教育消费需求上同步体现出来。

（四）与非文消费剩余的比例关系变化

2005～2012年各中心城市人均文化教育消费与人均非文消费剩余的比例变动态势分析见表6，各城市按2012年人均文化教育消费与人均非文消费剩余的比值高低排列。表中同时提供了2005年和2012年各中心城市人均非文消费剩余数据，对照本文表2里各地人均文化教育消费数据，可以进行重复验算。

表6 各中心城市人均文化教育消费与非文消费剩余比例变动状况

地区	2005年			2012年			2005～2012年比值升降变化		
	人均非文消费剩余（元）	文教消费与非文消费剩余比（%）	比值排序	人均非文消费剩余（元）	文教消费与非文消费剩余比（%）	比值排序	升降百分点	升降百分比	排序
全国城镇	3647.61	30.0871	—	9923.90	20.4909	—	-9.5962	-31.89	—
合肥	2855.25	19.9394	35	10688.65	24.7304	9	4.7910	24.03	1
福州	5218.70	17.0481	36	11601.61	20.6895	22	3.6414	21.36	2
广州	6147.97	37.8819	9	12406.49	45.6800	1	7.7981	20.59	3
南昌	4117.45	21.3800	33	7728.26	22.4758	17	1.0958	5.13	4
沈阳	3268.84	31.6195	19	8420.61	29.2463	5	-2.3732	-7.51	5
呼和浩特	4726.35	23.8281	31	12759.32	21.3836	20	-2.4445	-10.26	6
哈尔滨	3362.75	35.5411	12	6092.24	31.6961	3	-3.8450	-10.82	7
武汉	3636.56	28.0818	24	10044.63	23.5605	15	-4.5213	-16.10	8
南京	6038.28	28.9014	22	17621.79	24.0389	13	-4.8625	-16.82	9
乌鲁木齐	3547.90	28.0431	25	6159.64	22.0966	18	-5.9465	-21.20	10
昆明	2992.30	25.2341	28	11255.68	19.3208	23	-5.9133	-23.43	11
南宁	3356.86	34.5695	14	8018.03	26.4080	8	-8.1615	-23.61	12
宁波	7527.27	24.9608	29	17233.17	19.0269	24	-5.9339	-23.77	13
上海	7144.38	31.8119	18	16801.10	24.2354	12	-7.5765	-23.82	14
长春	2920.29	40.3361	6	6897.77	30.4947	4	-9.8414	-24.40	15
西安	3085.58	43.9950	3	8384.45	32.8186	2	-11.1764	-25.40	16
济南	5533.01	21.3475	34	14958.15	15.8528	29	-5.4947	-25.74	17
贵阳	3347.96	33.2325	15	7766.37	24.5331	10	-8.6994	-26.18	18

续表

地区	2005年			2012年			2005~2012年比值升降变化		
	人均非文消费剩余（元）	文教消费与非文消费剩余比（%）	比值排序	人均非文消费剩余（元）	文教消费与非文消费剩余比（%）	比值排序	升降百分点	升降百分比	排序
北 京	6595.30	33.1532	16	16871.33	23.9203	14	-9.2329	-27.85	19
大 连	3187.13	37.3113	11	8662.00	26.6218	7	-10.6895	-28.65	20
银 川	2502.25	38.2536	8	7423.84	27.2914	6	-10.9622	-28.66	21
郑 州	4643.86	22.9189	32	10522.09	14.7574	33	-8.1615	-35.61	22
天 津	4268.99	30.0703	20	12316.71	18.6723	25	-11.3980	-37.90	23
深 圳	10594.44	29.4308	21	16261.09	17.5508	27	-11.8800	-40.37	24
兰 州	2350.22	42.5922	4	5545.72	24.5144	11	-18.0778	-42.44	25
厦 门	6177.54	26.2658	27	15335.37	15.0832	31	-11.1826	-42.57	26
成 都	2944.40	41.7076	5	9645.18	23.3948	16	-18.3128	-43.91	27
长 沙	4459.72	37.7983	10	11738.90	21.0022	21	-16.7961	-44.44	28
海 口	3268.95	27.4483	26	8889.40	15.0638	32	-12.3845	-45.12	29
石家庄	3699.56	24.8881	30	10872.22	13.3018	34	-11.5863	-46.55	30
太 原	4095.06	34.7887	13	10026.21	18.4685	26	-16.3202	-46.91	31
青 岛	4471.67	32.0972	17	13061.56	15.5240	30	-16.5732	-51.63	32
重 庆	3011.28	46.1966	1	7964.77	22.0223	19	-24.1743	-52.33	33
西 宁	2770.48	28.1893	23	7027.75	12.5807	35	-15.6086	-55.37	34
杭 州	5133.59	38.3809	7	16441.18	16.6640	28	-21.7169	-56.58	35
拉 萨	1492.33	45.4497	2	6363.30	11.8764	36	-33.5743	-73.87	36

注：（1）表中均为演算衍生数值；（2）比值升降百分点负值为下降百分点，升降百分比负值为下降百分比。

2005~2012年，全国城镇人均非文消费剩余从3647.61元增长至9923.90元，年均增长15.37%，高于同期全国城镇人均文化教育消费年均增长6.16个百分点。7年里，全国城镇人均文化教育消费与人均非文消费剩余的比值从30.09%下降至20.49%，降低9.60个百分点，降幅为31.89%。同期，北京比值从33.15%下降至23.92%，降低9.23个百分点；天津比值从30.07%下降至18.67%，降低11.40个百分点；上海比值从31.81%下降至24.24%，降低7.57个百分点；重庆比值从46.20%下降至22.02%，降低24.18个百分点。

各中心城市人均文化教育消费与人均非文消费剩余的比值比较,在2005年,重庆、拉萨、西安、兰州、成都、长春、杭州、银川、广州、长沙、大连、哈尔滨、太原、南宁、贵阳、北京、青岛、上海、沈阳19个城市此项比值从高到低依次高于全国城镇总体比值;天津、深圳、南京、西宁、武汉、乌鲁木齐、海口、厦门、昆明、宁波、石家庄、呼和浩特、郑州、南昌、济南、合肥、福州17个城市此项比值从高到低依次低于全国城镇总体比值。其中,占据首位的重庆此项比值高于全国城镇总体比值16.11个百分点;处于末位的福州此项比值低于全国城镇总体比值13.04个百分点。

到2012年,广州、西安、哈尔滨、长春、沈阳、银川、大连、南宁、合肥、贵阳、兰州、上海、南京、北京、武汉、成都、南昌、乌鲁木齐、重庆、呼和浩特、长沙、福州22个城市此项比值从高到低依次高于全国城镇总体比值;昆明、宁波、天津、太原、深圳、杭州、济南、青岛、厦门、海口、郑州、石家庄、西宁、拉萨14个城市此项比值从高到低依次低于全国城镇总体比值。其中,占据首位的广州此项比值高于全国城镇总体比值25.19个百分点;处于末位的拉萨此项比值低于全国城镇总体比值8.61个百分点。

2005~2012年各中心城市人均文化教育消费与人均非文消费剩余的比值升降变化比较,仅有合肥、福州、广州、南昌4个城市此项比值按升幅从大到小依次各有提升;沈阳、呼和浩特、哈尔滨、武汉、南京、乌鲁木齐、昆明、南宁、宁波、上海、长春、西安、济南、贵阳、北京、大连、银川、郑州、天津、深圳、兰州、厦门、成都、长沙、海口、石家庄、太原、青岛、重庆、西宁、杭州、拉萨32个城市此项比值按降幅从小到大依次各有下降。其中,占据首位的合肥此项比值提高了24.03%;处于末位的拉萨此项比值降低了73.87%。

2012年与上一年相比,全国城镇此项比值下降5.93%。同时,仅有合肥、福州、广州、南昌4个城市此项比值按升幅从大到小依次各有提升;沈阳、呼和浩特、哈尔滨、南京、武汉、昆明、乌鲁木齐、南宁、上海、宁波、长春、济南、西安、贵阳、北京、大连、银川、郑州、天津、深圳、成都、兰州、厦门、石家庄、长沙、海口、太原、青岛、拉萨、杭州、重庆、西宁32个城市此项比值按降幅从小到大依次各有下降。

这一比值关系分析表明，2005～2012年，全国及各中心城市文化教育消费需求增长与非文消费剩余增长相比较，其间"增长协调性"欠佳。在全国及绝大部分中心城市，文化教育消费需求增长赶不上居民必需消费（本项评价体系设定全部非文消费为必需消费）之外余钱增多，全面建设小康社会发展成就未能在提升城市居民文化教育消费需求上同步体现出来。

三 省域城乡、城市区域之间均衡增长状况

在本项评价体系当中，文化教育消费需求及其增长还需要放到城乡关系、地区关系背景中考察其间的"均衡增长"状况，从而得出不可或缺的各项比差值校正指标演算数值。

（一）省域文化教育消费需求的城乡差距变化

中心城市测评引入所在省域城乡比指标，系本项评价体系的一项刻意设计。中心城市在省域里发挥作用，不但直接拉动了当地城镇增长，而且还应带动当地乡村增长。至于在中心城市分析评价中，依然检测所在省域城乡之间文化教育消费需求的协调增长，如此设计思想和技术方法参看本书《中国文化消费需求景气评价体系技术报告》一文。

一个省域之所以需要中心城市，目的不在于任其"率先发展"，而在于让其发挥经济、文化、社会建设的辐射和带动作用。省域发展的任何不协调、非均衡缺陷，必然是对中心城市发展成效的自然折扣。另外，直辖市本身亦为省域，运用城乡比指标更是顺理成章。在此项分析中，直辖市取全域城镇与乡村数据，其余城市取所在省域相应数据进行演算。

2005～2012年各中心城市所在省域人均文化教育消费城乡比及其变动态势分析见表7，各省域按2012年人均文化教育消费城乡比从小到大排列。表中同时提供了2005年和2012年各省域城镇与乡村人均文化教育消费基础数据，可以进行重复验算。

表7 各中心城市所在省域人均文化教育消费城乡差距变动状况

直辖市全域或所在省域	2005年文教消费城乡差距			2012年文教消费城乡差距			2005~2012年城乡比扩减变化	
	城镇人均值（元）	乡村人均值（元）	城乡比（乡村=1）	城镇人均值（元）	乡村人均值（元）	城乡比（乡村=1）	扩减百分比	排序
全 国	1097.46	295.48	3.7142	2033.50	445.49	4.5646	22.90	—
青 海	803.08	109.53	7.3321	1097.21	283.28	3.8732	-47.17	1
西 藏	678.26	28.20	24.0518	550.48	40.86	13.4723	-43.99	2
重 庆	1391.11	249.71	5.5709	1470.64	394.23	3.7304	-33.04	3
天 津	1283.70	328.86	3.9035	2254.22	766.08	2.9425	-24.62	4
黑龙江	802.49	277.00	2.8971	1216.56	518.04	2.3484	-18.94	5
吉 林	800.22	261.09	3.0649	1642.70	606.26	2.7096	-11.59	6
山 西	932.53	279.54	3.3359	1506.59	498.02	3.0244	-9.34	7
宁 夏	769.97	177.90	4.3281	1515.91	373.36	4.0602	-6.19	8
河 北	795.43	225.69	3.5229	1203.80	358.49	3.3580	-4.68	9
江 苏	1287.90	478.94	2.6891	3077.76	1184.18	2.5991	-3.35	10
河 南	805.08	177.66	4.5316	1525.33	343.83	4.4363	-2.10	11
新 疆	741.35	159.32	4.6532	1280.81	261.74	4.8934	5.16	12
甘 肃	942.75	257.88	3.6558	1388.21	327.30	4.2414	16.02	13
云 南	775.61	182.62	4.2471	1434.30	289.22	4.9592	16.77	14
北 京	2186.55	796.99	2.7435	3695.98	1152.67	3.2065	16.88	15
四 川	909.03	225.69	4.0373	1587.43	329.29	4.8208	19.41	16
福 建	1106.95	356.54	3.1047	2104.83	565.83	3.7199	19.82	17
山 东	1039.99	377.16	2.7574	1655.91	500.98	3.3053	19.87	18
贵 州	811.73	160.91	5.0446	1396.00	226.44	6.1650	22.21	19
内蒙古	968.81	309.40	3.1313	1971.78	513.97	3.8364	22.52	20
湖 南	1138.67	329.28	3.4581	1737.64	400.22	4.3417	25.55	21
湖 北	904.76	271.86	3.3280	1651.92	394.63	4.1860	25.78	22
陕 西	1081.92	297.33	3.6388	2078.52	445.47	4.6659	28.23	23
浙 江	1849.73	722.95	2.5586	2996.59	902.23	3.3213	29.81	24
广 西	998.87	226.38	4.4124	1626.05	270.24	6.0171	36.37	25
广 东	1669.09	360.73	4.6270	2954.13	466.63	6.3308	36.82	26
辽 宁	849.53	376.69	2.2538	1843.89	556.69	3.3130	47.00	27
江 西	805.41	276.69	2.9154	1487.30	342.70	4.3399	48.86	28
海 南	652.03	198.70	3.2815	1319.54	253.97	5.1957	58.33	29
上 海	2272.76	936.51	2.4268	3723.74	952.10	3.9111	61.16	30
安 徽	666.42	256.80	2.5951	1932.74	385.92	5.0081	92.98	31

注：（1）各省域城镇与乡村人均文教消费数据出自《中国统计年鉴》相应年卷，其余为演算衍生数值；（2）城乡比扩减百分比负值为城乡比缩小。

2005～2012年，全国城镇人均文化教育消费从1097.46元增长至2033.50元，总增长85.29%，年均增长9.21%；全国乡村人均文化教育消费从295.48元增长至445.49元，总增长50.77%，年均增长6.04%。7年里，全国城镇人均文化教育消费年均增长幅度高于乡村3.17个百分点。全国人均文化教育消费城乡比从3.7142扩大至4.5646，文化教育消费需求的城乡差距扩大了22.90%。

同期，北京城镇人均文化教育消费年均增长7.79%，乡村年均增长5.41%，城镇年均增幅高于乡村2.38个百分点，文化教育消费城乡比从2.7435扩大至3.2065，扩大16.88%；天津城镇人均文化教育消费年均增长8.38%，乡村年均增长12.84%，城镇年均增幅低于乡村4.46个百分点，文化教育消费城乡比从3.9035缩小至2.9425，缩小24.62%；上海城镇人均文化教育消费年均增长7.31%，乡村年均增长0.24%，城镇年均增幅高于乡村7.07个百分点，文化教育消费城乡比从2.4268扩大至3.9111，扩大61.16%；重庆城镇人均文化教育消费年均增长0.80%，乡村年均增长6.74%，城镇年均增幅低于乡村5.94个百分点，文化教育消费城乡比从5.5709缩小至3.7304，缩小33.04%。

前后对比考察，2005年，北京、上海城乡比小于全国总体城乡比，天津、重庆城乡比大于全国总体城乡比；2012年，北京、天津、上海、重庆城乡比皆小于全国总体城乡比。

各省域人均文化教育消费城乡比状况比较，在2005年，沈阳、大连、上海、杭州、宁波、合肥、南京、北京、济南、青岛、哈尔滨、南昌、长春、福州、厦门、呼和浩特、海口、武汉、太原、长沙、石家庄、西安、兰州23个城市所在省域文化教育消费城乡比从小到大依次小于全国总体城乡比；天津、成都、昆明、银川、南宁、郑州、广州、深圳、乌鲁木齐、贵阳、重庆、西宁、拉萨13个城市所在省域文化教育消费城乡比从小到大依次大于全国总体城乡比。其中，占据首位的沈阳所在省域城乡比仅为全国总体城乡比的60.68%；处于末位的拉萨所在省域城乡比高达全国总体城乡比的647.57%。

到2012年，哈尔滨、南京、长春、天津、太原、北京、济南、青岛、沈阳、大连、杭州、宁波、石家庄、福州、厦门、重庆、呼和浩特、西宁、上海、银川、武汉、兰州、南昌、长沙、郑州25个城市所在省域文化教育消费城乡比从小到大依次小于全国总体城乡比；西安、成都、乌鲁木齐、昆明、合肥、海口、南宁、贵阳、广州、深圳、拉萨11个城市所在省域文化教育消费城乡比从小到大依次大于全国总体城乡比。其中，占据首位的哈尔滨所在省域城乡比仅为全国总体城乡比的51.45%；处于末位的拉萨所在省域城乡比高达全国总体城乡比的295.15%。

2005~2012年，西宁、拉萨、重庆、天津、哈尔滨、长春、太原、银川、石家庄、南京、郑州11个城市所在省域文化教育消费城乡比按缩减幅度从大到小依次各有缩小；乌鲁木齐、兰州、昆明、北京、成都、福州、厦门、济南、青岛、贵阳、呼和浩特、长沙、武汉、西安、杭州、宁波、南宁、广州、深圳、沈阳、大连、南昌、海口、上海、合肥25个城市所在省域文化教育消费城乡比按扩增幅度从小到大依次各有扩大。其中，占据首位的西宁所在省域城乡比缩小了47.17%；处于末位的合肥所在省域城乡比扩大了92.98%。

2012年与上一年相比，全国文化教育消费城乡比缩小2.35%。同时，天津、长春、重庆、贵阳、南宁、石家庄、昆明、郑州、银川、哈尔滨、太原、上海、武汉、广州、深圳、南昌、北京、成都、长沙、杭州、宁波21个城市所在省域文化教育消费城乡比按缩减幅度从大到小依次各有缩小；乌鲁木齐、福州、厦门、南京、西安、海口、济南、青岛、西宁、拉萨、兰州、呼和浩特、沈阳、大连、合肥15个城市所在省域文化教育消费城乡比按扩增幅度从小到大依次各有扩大。

这意味着，2005~2012年，全国及各省域城镇与乡村相比较，其间文化教育消费需求的"增长协调性"欠佳十分显著。在全国绝大部分省域，文化教育消费城乡比普遍加速扩大，较多省域的城乡比扩大程度极其严重。到2012年，全国和大部分省域文化教育消费城乡比呈现令人欣喜的回降缩小态势。

（二）城市文化教育消费需求的地区差距变化

中心城市测评引入地区差指标，亦为本项评价体系的又一项刻意设计。全国发展之所以需要中心城市"领风气之先"，目的不在于任其"率先发展"，

中心城市文化教育消费需求景气评价排行

而在于让其发挥经济、文化、社会建设的辐射和带动作用。全国发展的任何不协调、非均衡缺陷，必然是对中心城市发展成效的自然折扣。

2005年和2012年各中心城市人均文化教育消费地区差及其变动态势分析见表8，各城市以2012年人均文化教育消费地区差从小到大排列。按照文化教育消费地区差演算方法，对应本文表2里各地人均文化教育消费数据，可以进行重复验算。同时利用表8里表栏空间，另附2005年和2012年所在省域人均文化教育消费城乡比排序结果。

表8　各中心城市人均文化教育消费地区差距变动状况

地区	2005年文教消费地区差距		2012年文教消费地区差距		2005~2012年地区差扩减变化		附:省域城乡比排序（配合表7）	
	地区差（无差距=1）	排序	地区差（无差距=1）	排序	扩减百分比	排序	2005年	2012年
全国城镇	1.2915	—	1.3069	—	1.19	—	—	—
深圳	2.8411	36	1.4035	29	-50.60	1	30	34
杭州	1.7953	32	1.3473	27	-24.95	2	4	11
青岛	1.3078	24	1.0029	1	-23.31	3	9	7
厦门	1.4785	27	1.1375	13	-23.06	4	14	14
长沙	1.5360	29	1.2124	19	-21.07	5	20	24
昆明	1.3120	25	1.0694	7	-18.49	6	26	29
太原	1.2981	23	1.0894	8	-16.08	7	19	5
合肥	1.4812	28	1.2999	22	-12.24	8	6	30
银川	1.1278	14	1.0037	2	-11.00	9	27	20
重庆	1.2676	21	1.1374	12	-10.27	10	34	16
宁波	1.7120	31	1.6125	31	-5.81	11	4	11
南昌	1.1979	19	1.1458	14	-4.35	12	13	23
长春	1.0733	7	1.0344	3	-3.62	13	13	3
哈尔滨	1.0890	11	1.0504	5	-3.54	14	11	1
天津	1.1697	16	1.1310	10	-3.31	15	24	4
上海	2.0709	34	2.0024	34	-3.31	16	3	19
南宁	1.0574	4	1.0413	4	-1.52	17	28	32
成都	1.1190	13	1.1097	9	-0.83	18	25	27
福州	1.1893	18	1.1804	17	-0.75	19	14	14
北京	1.9924	33	1.9846	33	-0.39	20	8	6
大连	1.0836	9	1.1340	11	4.65	21	1	9
贵阳	1.0138	1	1.0630	6	4.85	22	33	33

续表

地区	2005年文教消费地区差距		2012年文教消费地区差距		2005~2012年地区差扩减变化		附:省域城乡比排序（配合表7）	
	地区差（无差距=1）	排序	地区差（无差距=1）	排序	扩减百分比	排序	2005年	2012年
济　　南	1.0763	8	1.1661	16	8.34	23	9	7
武　　汉	1.0695	6	1.1638	15	8.82	24	18	21
西　　安	1.2369	20	1.3532	28	9.40	25	22	26
石　家　庄	1.1610	15	1.2888	21	11.01	26	21	13
海　　口	1.1824	17	1.3415	25	13.46	27	17	31
沈　　阳	1.0582	5	1.2111	18	14.45	28	1	9
拉　　萨	1.3820	26	1.6284	32	17.83	29	36	36
郑　　州	1.0302	3	1.2364	20	20.02	30	29	25
西　　宁	1.2884	22	1.5652	30	21.48	31	35	18
乌鲁木齐	1.0934	12	1.3307	23	21.70	32	32	28
兰　　州	1.0879	10	1.3314	24	22.38	33	23	22
呼和浩特	1.0262	2	1.3417	26	30.74	34	16	17
南　　京	1.5902	30	2.0831	35	31.00	35	7	2
广　　州	2.1221	35	2.7870	36	31.33	36	30	34

注：（1）表中均为演算衍生数值；（2）地区差扩减百分比负值为地区差缩小。所附中心城市所在省域城乡比排序配合表7，各城市对应所在省域，其中有10个中心城市分别两个一组对应于5个省域，因而有5对城市排序相同。

2005～2012年，全国城镇人均文化教育消费地区差从1.2915扩大至1.3069，文化教育消费需求的地区差距扩大1.19%。同期，北京城市文化教育消费地区差缩小0.39%，天津城市文化教育消费地区差缩小3.31%，上海城市文化教育消费地区差缩小3.31%，重庆城市文化教育消费地区差缩小10.27%。

前后对比考察，2005年，天津、重庆城市地区差小于全国城镇总体地区差，北京、上海城市地区差大于全国城镇总体地区差；2012年，天津、重庆城市地区差仍小于全国城镇总体地区差，北京、上海城市地区差仍大于全国城镇总体地区差。

各中心城市人均文化教育消费地区差状况比较，在2005年，贵阳、呼和浩特、郑州、南宁、沈阳、武汉、长春、济南、大连、兰州、哈尔滨、乌鲁木齐、成都、银川、石家庄、天津、海口、福州、南昌、西安、重庆、西宁 22 个中心城市文化教育消费地区差从小到大依次小于全国城镇总体地区差；太原、青岛、昆明、拉萨、厦门、合肥、长沙、南京、宁波、杭州、北京、上海、广州、深圳 14 个中心城市文化教育消费地区差从小到大依次大于全国城镇总体地区差。其中，占据首位的贵阳地区差仅为全国城镇总体地区差的 78.50%；处于末位的深圳地区差高达全国城镇总体地区差的 219.98%。

到 2012 年，青岛、银川、长春、南宁、哈尔滨、贵阳、昆明、太原、成都、天津、大连、重庆、厦门、南昌、武汉、济南、福州、沈阳、长沙、郑州、石家庄、合肥 22 个中心城市文化教育消费地区差从小到大依次小于全国城镇总体地区差；乌鲁木齐、兰州、海口、呼和浩特、杭州、西安、深圳、西宁、宁波、拉萨、北京、上海、南京、广州 14 个中心城市文化教育消费地区差从小到大依次大于全国城镇总体地区差。其中，占据首位的青岛地区差仅为全国城镇总体地区差的 76.74%；处于末位的广州地区差高达全国城镇总体地区差的 213.25%。

2005~2012 年，深圳、杭州、青岛、厦门、长沙、昆明、太原、合肥、银川、重庆、宁波、南昌、长春、哈尔滨、天津、上海、南宁、成都、福州、北京 20 个中心城市文化教育消费地区差按缩减幅度从大到小依次各有缩小；大连、贵阳、济南、武汉、西安、石家庄、海口、沈阳、拉萨、郑州、西宁、乌鲁木齐、兰州、呼和浩特、南京、广州 16 个中心城市文化教育消费地区差按扩增幅度从小到大依次各有扩大。其中，占据首位的深圳地区差缩小了 50.60%；处于末位的广州地区差扩大了 31.33%。

2012 年与上一年相比，全国城镇文化教育消费地区差缩小 0.20%。同时，深圳、杭州、厦门、长沙、青岛、宁波、银川、长春、天津、上海、南宁、成都、北京、南昌 14 个中心城市文化教育消费地区差按缩减幅度从大到小依次各有缩小；大连、济南、西安、贵阳、石家庄、拉萨、海口、西宁、哈尔滨、郑州、乌鲁木齐、兰州、武汉、沈阳、呼和浩特、南京、广州、福州、重庆、太原、昆明、合肥 22 个中心城市文化教育消费地区差按扩增幅度从小到大依次各有扩大。

这意味着，2005~2012 年，全国各地之间城市人均文化教育消费需求增长相互比较，其间的"增长协调性"向好较为明显。在大部分中心城市，文化教育消费地区差有所缩小。与省域地区差相比，在各地中心城市之间，发达地区"率先"而欠发达地区"滞后"的增长偏离似乎不甚明显。

四 各中心城市文化教育消费需求景气排行与预测

基于以上各项指标的分析数值，按照本项评价体系的测评方式和演算权重，最后测算得出2012年各中心城市文化教育消费需求景气评价排行。基于不同时间段、不同基准值的各类测评结果均落实在2012年之上。景气指数取百分制，以便横向衡量百分点高低，纵向衡量百分比升降。

（一）2012年文化教育消费需求景气评价

2005年以来各中心城市单独演算的文化教育消费需求景气指数变动态势分析见表9，各城市以2012年城乡之间、地区之间无差距理想状态横向测评的文化教育消费需求景气排行指数高低排列。

表9 各中心城市文化教育消费需求景气指数变动状况

地区	起始年度基数值自身纵向测评（起点年基数值=100）						2012年城乡地区无差距理想值各地横向测评（理想值=100）	
	"十五"以来7年(2005~2012)		"十二五"以来2年(2010~2012)		最近一年以来(2011~2012)			
	景气指数	排序	景气指数	排序	景气指数	排序	景气指数	排序
全国城镇	89.73	—	99.40	—	100.21	—	78.73	—
广　州	105.30	4	103.80	9	102.48	6	104.50	1
西　安	88.18	21	96.73	24	98.77	22	92.61	2
南　京	104.31	5	97.97	19	99.85	16	92.51	3
哈尔滨	96.08	9	97.33	22	100.51	14	88.61	4
南　宁	89.39	20	110.89	3	102.62	5	88.11	5
长　春	95.83	10	96.77	23	103.11	3	87.71	6
合　肥	156.77	1	97.45	20	103.58	2	87.33	7
北　京	92.09	12	99.31	15	100.21	15	84.41	8
银　川	101.54	6	105.68	8	102.03	7	83.04	9
沈　阳	93.70	11	89.85	34	97.52	27	83.00	10

续表

地区	起始年度基数值自身纵向测评（起点年基数值=100）						2012年城乡地区无差距理想值各地横向测评（理想值=100）	
	"十五"以来7年（2005~2012）		"十二五"以来2年（2010~2012）		最近一年以来（2011~2012）			
	景气指数	排序	景气指数	排序	景气指数	排序	景气指数	排序
上海	86.88	24	96.16	25	100.83	11	81.92	11
昆明	118.88	2	112.28	2	102.97	4	80.23	12
贵阳	84.97	28	92.50	32	101.84	8	80.09	13
大连	86.39	25	99.00	17	96.59	31	78.50	14
福州	113.89	3	94.97	27	101.33	9	78.30	15
成都	87.02	23	97.44	21	98.88	21	77.83	16
武汉	90.59	17	112.86	1	99.35	17	77.17	17
重庆	90.70	16	101.67	10	99.33	18	77.09	18
太原	85.03	27	93.13	29	96.69	30	77.08	19
宁波	87.59	22	92.59	31	99.33	19	77.00	20
呼和浩特	97.32	7	107.30	5	97.87	26	76.57	21
长沙	81.82	31	99.78	13	98.18	24	76.23	22
济南	91.30	14	99.75	14	98.76	23	73.67	23
天津	96.28	8	106.88	6	105.65	1	73.51	24
南昌	91.27	15	99.14	16	100.54	13	72.77	25
杭州	80.34	32	99.99	12	97.49	28	70.83	26
兰州	74.44	34	93.12	30	94.49	34	70.44	27
青岛	80.06	33	95.75	26	96.59	32	69.09	28
乌鲁木齐	82.43	30	98.87	18	97.14	29	67.19	29
石家庄	85.72	26	108.58	4	100.63	12	66.12	30
厦门	84.53	29	91.67	33	98.05	25	65.74	31
郑州	89.60	18	105.70	7	100.92	10	65.40	32
深圳	91.40	13	100.69	11	99.28	20	65.03	33
海口	73.09	35	84.30	35	96.07	33	60.65	34
西宁	89.52	19	93.61	28	93.23	35	54.11	35
拉萨	—							

注：拉萨缺若干年部分数据，无法纳入各项指标综合测评。

1. 各年度横向测评景气指数

以文化教育消费需求城乡之间、地区之间实现无差距状态为"理想值" 100，在年度横向测评中，2012年全国城镇文化教育消费需求景气指数为

78.73，低于理想值21.27。此项测评中，由于全国城镇文化教育消费总量份额值（全国份额为100%基准）、人均绝对值、各项比值作为演算基准，全国城镇总体景气指数高低，全都缘于文化教育消费城乡比、城镇文化教育消费地区差缩小或扩大。

北京景气指数为84.41，低于理想值15.59，同时高于全国城镇总体景气指数5.68；天津景气指数为73.51，低于理想值26.49，同时低于全国城镇总体景气指数5.22；上海景气指数为81.92，低于理想值18.08，同时高于全国城镇总体景气指数3.19；重庆景气指数为77.09，低于理想值22.91，同时低于全国城镇总体景气指数1.64。此项测评中，各中心城市景气指数高低，除了缘于自身文化教育消费城乡比、与全国地区差的存在及其扩减变化以外，更有可能主要缘于其人均文化教育消费绝对值、相关各项比值高于或低于全国总体平均值。

各中心城市景气指数比较，广州、西安、南京景气指数从高到低依次占据"2012年度城市文化教育消费需求景气领先"全国前3位。此外，哈尔滨、南宁、长春、合肥、北京、银川、沈阳、上海、昆明、贵阳10个中心城市景气指数从高到低依次高于全国城镇总体景气指数；大连、福州、成都、武汉、重庆、太原、宁波、呼和浩特、长沙、济南、天津、南昌、杭州、兰州、青岛、乌鲁木齐、石家庄、厦门、郑州、深圳、海口、西宁22个中心城市景气指数从高到低依次低于全国城镇总体景气指数。

2. "十一五"以来纵向测评景气指数

以"十五"末年2005年为起点基数值100，在"十一五"以来7年间自身纵向测评中，2012年全国城镇文化教育消费需求景气指数为89.73，低于2005年基数值10.27。此项测评中，全国城镇总体景气指数升降，缘于与自身2005年相比，2012年各项指标数值或有升降。各中心城市亦然。

北京景气指数为92.09，低于自身2005年基数值7.91，同时高于全国城镇总体景气指数2.36；天津景气指数为96.28，低于自身2005年基数值3.72，同时高于全国城镇总体景气指数6.55；上海景气指数为86.88，低于自身2005年基数值13.12，同时低于全国城镇总体景气指数2.85；重庆景气指数为90.70，低于自身2005年基数值9.30，同时高于全国城镇总体景气指数0.97。

中心城市文化教育消费需求景气评价排行

各中心城市景气指数比较，合肥、昆明、福州景气指数从高到低依次占据"2005～2012年城市文化教育消费需求景气提升"全国前3位。此外，广州、南京、银川、呼和浩特、天津、哈尔滨、长春、沈阳、北京、深圳、济南、南昌、重庆、武汉14个中心城市景气指数从高到低依次高于全国城镇总体景气指数；郑州、西宁、南宁、西安、宁波、成都、上海、大连、石家庄、太原、贵阳、厦门、乌鲁木齐、长沙、杭州、青岛、兰州、海口18个中心城市景气指数从高到低依次低于全国城镇总体景气指数。

3. "十二五"以来纵向测评景气指数

以"十一五"末年2010年为起点基数值100，在"十二五"以来2年间自身纵向测评中，2012年全国城镇文化教育消费需求景气指数为99.40，低于2010年基数值0.60。此项测评中，全国城镇总体景气指数升降，缘于与自身2010年相比，2012年各项指标数值或有升降。各中心城市亦然。

北京景气指数为99.31，低于自身2010年基数值0.69，同时低于全国城镇总体景气指数0.09；天津景气指数为106.88，高于自身2010年基数值6.88，同时高于全国城镇总体景气指数7.48；上海景气指数为96.16，低于自身2010年基数值3.84，同时低于全国城镇总体景气指数3.24；重庆景气指数为101.67，高于自身2010年基数值1.67，同时高于全国城镇总体景气指数2.27。

各中心城市景气指数比较，武汉、昆明、南宁景气指数从高到低依次占据"2010～2012年城市文化教育消费需求景气提升"全国前3位。此外，石家庄、呼和浩特、天津、郑州、银川、广州、重庆、深圳、杭州、长沙、济南11个中心城市景气指数从高到低依次高于全国城镇总体景气指数；北京、南昌、大连、乌鲁木齐、南京、合肥、成都、哈尔滨、长春、西安、上海、青岛、福州、西宁、太原、兰州、宁波、贵阳、厦门、沈阳、海口20个中心城市景气指数从高到低依次低于全国城镇总体景气指数。

4. 逐年度纵向测评景气指数

各年度均以上一年为起点基数值100，在逐年自身纵向测评中，2012年全国城镇文化教育消费需求景气指数为100.21，高于上一年基数值0.21。此项测评中，全国城镇总体景气指数升降，缘于与自身上一年相比，本年度各项指标数值或有升降。各中心城市亦然。

北京景气指数为100.21，高于自身上一年基数值0.21，同时与全国城镇总体景气指数持平；天津景气指数为105.65，高于自身上一年基数值5.65，同时高于全国城镇总体景气指数5.44；上海景气指数为100.83，高于自身上一年基数值0.83，同时高于全国城镇总体景气指数0.62；重庆景气指数为99.33，低于自身上一年基数值0.67，同时低于全国城镇总体景气指数0.88。

各中心城市景气指数比较，天津、合肥、长春景气指数从高到低依次占据"2012年度城市文化教育消费需求景气提升"全国前3位。此外，昆明、南宁、广州、银川、贵阳、福州、郑州、上海、石家庄、南昌、哈尔滨11个中心城市景气指数从高到低依次高于全国城镇总体景气指数；北京、南京、武汉、重庆、宁波、深圳、成都、西安、济南、长沙、厦门、呼和浩特、沈阳、杭州、乌鲁木齐、太原、大连、青岛、海口、兰州、西宁21个中心城市景气指数从高到低依次低于全国城镇总体景气指数。

（二）2013年景气预测与2014年增长测算

鉴于2013年统计数据尚待公布，而现实年度已经进入2014年，在此依据2005~2012年各中心城市人均产值及其城市人均收入、总消费、积蓄、文化教育消费各项年均增长率，预测2013年各自文化教育消费需求景气指数，并测算2014年各中心城市文化教育消费需求增长，其中城乡比指标检测值需依据其所在省域城镇与乡村人均数值的不同年均增长率推算。这就是说，充分发挥本项研究测评的演算数据库潜力，基于现有基础数据推演的"最大"概率或然性，按照2005年以来7年间各中心城市相关方面演算的平均变动趋向，预测2013年景气状况，并测算2014年增长态势。

各中心城市文化教育消费需求2013年景气状况预测、2014年增长态势测算见表10，各城市依所在省域，分为东北和东中西部四大区域，以由北至南、从东到西的大致地理分布排列。依照本文表1至表8列出的各项基础数据，同样可以进行重复验算。鉴于表10中均为预测数值，不加以分析，也不列排行，仅供参考。

中心城市文化教育消费需求景气评价排行

表10　各中心城市文化教育消费2013年景气状况预测与2014年增长态势测算

地区	2013年景气状况预测		2014年增长态势测算					
	自身纵向测评2012年基数=100	各地横向测评无差距理想值=100	全国城镇及中心城市预测		全国及中心城市所在省域城乡差距、城市地区差距检测			
			文教消费总量（亿元）	文教消费人均值（元）	城镇人均文教消费（元）	乡村人均文教消费（元）	城乡比（乡村=1）	地区差（无差距=1）
全国城镇	98.14	78.54	18208.73	2425.35	2473.50	514.97	4.8032	1.3217
哈尔滨	98.46	88.61	113.89	2214.69	1431.91	636.43	2.2499	1.0869
长　春	98.60	87.84	95.40	2482.44	2031.71	748.07	2.7159	1.0235
沈　阳	98.90	83.65	167.03	3156.07	2298.98	662.65	3.4694	1.3013
大　连	98.18	78.56	86.88	2786.33	2298.98	662.65	3.4694	1.1488
北　京	98.71	84.80	599.96	4807.95	4408.24	1331.64	3.3104	1.9824
天　津	98.13	73.25	226.84	2716.72	2686.00	932.70	2.8798	1.1201
石家庄	97.71	65.51	42.54	1645.32	1380.46	424.14	3.2548	1.3216
济　南	99.02	74.00	101.48	2893.76	1905.84	580.09	3.2855	1.1931
青　岛	95.47	66.97	63.51	2238.07	1905.84	580.09	3.2855	1.0772
南　京	99.97	94.44	312.53	5457.60	3967.66	1516.00	2.6172	2.2502
上　海	98.02	82.13	662.14	4809.95	4480.19	1040.43	4.3061	1.9832
杭　州	96.73	69.74	136.82	3010.36	3650.22	1067.97	3.4179	1.2412
宁　波	98.28	77.01	88.55	3844.40	3650.22	1067.97	3.4179	1.5851
福　州	100.16	79.98	63.02	3187.28	2605.70	646.51	4.0304	1.3142
厦　门	96.75	65.00	51.64	2559.66	2605.70	646.51	4.0304	1.0554
广　州	99.71	108.82	511.12	7306.71	3587.21	498.62	7.1943	3.0126
深　圳	97.02	64.75	90.55	2782.69	3587.21	498.62	7.1943	1.1473
海　口	95.57	59.35	25.55	1501.37	1565.63	270.39	5.7903	1.3810
太　原	96.01	75.02	59.47	1995.74	1809.02	618.76	2.9236	1.1771
郑　州	97.22	64.12	128.75	1729.74	1900.84	402.76	4.7195	1.2868
合　肥	103.37	92.24	100.62	4098.90	2414.37	454.07	5.3172	1.6900
武　汉	97.71	77.60	125.89	3008.88	1951.89	438.42	4.4521	1.2406
南　昌	98.32	73.51	46.36	2109.19	1842.32	380.05	4.8476	1.1303
长　沙	96.62	74.92	84.70	2748.32	1997.14	441.36	4.5250	1.1332
呼和浩特	98.61	77.13	44.94	3513.24	2487.95	586.59	4.2414	1.4485
西　安	97.77	92.48	197.79	3367.18	2594.69	517.23	5.0165	1.3883
银　川	98.89	83.14	26.85	2510.14	1802.54	437.12	4.1237	1.0350
兰　州	95.96	68.87	31.81	1483.75	1613.49	375.35	4.2986	1.3882
西　宁	95.23	52.44	10.64	916.05	1252.72	350.19	3.5773	1.6223
乌鲁木齐	97.53	66.60	40.71	1488.55	1453.22	304.31	4.7755	1.3863

续表

地区	2013年景气状况预测		2014年增长态势测算					
			全国城镇及中心城市预测		全国及中心城市所在省域城乡差距、城市地区差距检测			
	自身纵向测评2012年基数=100	各地横向测评无差距理想值=100	文教消费总量（亿元）	文教消费人均值（元）	城镇人均文教消费（元）	乡村人均文教消费（元）	城乡比（乡村=1）	地区差（无差距=1）
重庆	95.50	73.74	394.98	1874.13	1632.59	460.83	3.5427	1.2273
成都	97.83	77.36	154.85	2684.86	1853.15	371.56	4.9875	1.1070
贵阳	97.45	79.60	51.65	2221.88	1679.46	260.69	6.4424	1.0839
南宁	97.74	87.90	79.68	2514.35	1927.74	287.40	6.7074	1.0367
昆明	101.31	81.83	84.92	2942.08	1636.83	341.81	4.7887	1.2131
拉萨	97.45	43.49	1.85	790.00	576.12	50.76	11.3487	1.6743

注：全国城镇及各城市以2005～2012年相关方面年均增长推算（拉萨因缺若干年数据，以2008～2012年年均增长推算），中心城市所在省域城镇与乡村差距亦以2005～2012年年均增长推算。总量测算未涉及人口增长。

关于本书中心城市子报告，在此加上两点说明。

(1) 中心城市篇选择本文表9里4类排行处于首位者，取年度横向测评、年度纵向测评、各五年期以来纵向测评由近及远，形成城市子报告展开深入分析。具体说来：2012年城市横向测评取首位广州，2012年城市纵向测评取首位天津，"十二五"以来城市纵向测评取首位武汉，"十一五"以来城市纵向测评取首位合肥。不过，在城市子报告中，"十二五"以来2年纵向测评动态曲线过短，制图效果不佳，予以省略，特加说明。

(2) 直辖市既是省域，又是中心城市，但这两个方面的基础数据来源和取值范围不一，城市文化消费与教育消费数据未加区分，导致所在省域（直辖市取全域）城乡差距进一步拉大，尤其是中心城市必须检测"辐射和带动作用"（详见B2技术报告有关中心城市测评的特殊思考阐释）。因此，二者景气评价结果不一，直辖市作为中心城市的测评相比作为省域的测评更为严苛。这也就是直辖市作为中心城市的景气状况不如作为省域的景气状况的原因所在。

省域城乡篇

Reports on Urban and Rural Areas Among Provinces

江苏：2012年横向测评城乡景气保持首位

张雍德*

摘　要：

2012年，江苏城乡文化消费总量增长处于第7位，人均值增长处于第6位。景气评价排行结果：江苏城乡在省域横向测评中，2012年景气指数处于第1位；在自身纵向测评中，2000~2012年景气指数处于第1位，2005~2012年景气指数处于第1位，2010~2012年景气指数处于第14位，2011~2012年景气指数处于第13位。

关键词：

江苏城乡　文化消费　景气评价

---

* 张雍德，云南省社会科学院宗教研究所研究员，主要从事民族文化、民族宗教研究。

本文充分展示2000～2012年间江苏相关各方面的增长态势，全面分析检测江苏城乡文化消费需求状况。

一 江苏城乡文化消费需求增长状况

1. 文化消费总量份额值变化

2000年以来江苏城乡文化消费总量增长、份额变化态势见图1。

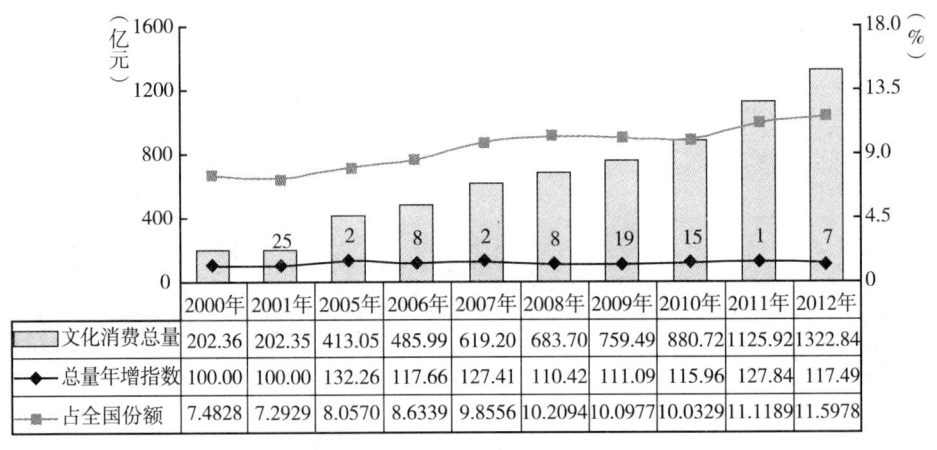

图1 江苏城乡文化消费总量增长、份额变化态势

注：左轴柱形：城乡文化消费总量（亿元）；左轴曲线：年度增长指数（上年=100，小于100为负增长），标明历年增长省域排序，2000年起点不计；右轴曲线：占全国城乡份额（％）。

2000～2012年，江苏城乡文化消费总量由202.36亿元增高为1322.84亿元，增加1120.48亿元，12年间总增长553.71%，年均增长率16.94%，增长幅度处于31个省域里第1位。其中，"十五"期间年均增长15.34%，"十一五"期间年均增长16.35%，"十二五"头2年年均增长22.56%；"十二五"头2年年均增幅高于"十一五"6.21个百分点，高于"十五"7.22个百分点。总量最高增长年度为2005年，增长率32.26%；最低增长年度为2001年，负增长0.0049%。

同期，全国城乡文化消费总量年均增长率12.74%，显著低于江苏4.20个百分点。江苏城乡文化消费总量占全国份额由7.48%升高为11.60%，上升幅度为54.99%，增长幅度和份额升降变化排序处于31个省域里第1位。

"十二五"头2年，全国城乡文化消费总量年均增长率13.99%，江苏城乡文化消费总量年均增长率22.56%，极显著高于全国8.57个百分点，占全国份额比2010年上升15.60%。同时，江苏总量增长高于自身"十五"年均增长7.22个百分点，也高于自身"十一五"年均增长6.21个百分点，增长幅度和占全国份额变化排序处于31个省域里第7位。

2. 文化消费人均绝对值增长

2000年以来江苏城乡人均文化消费增长、增幅变化态势见图2。

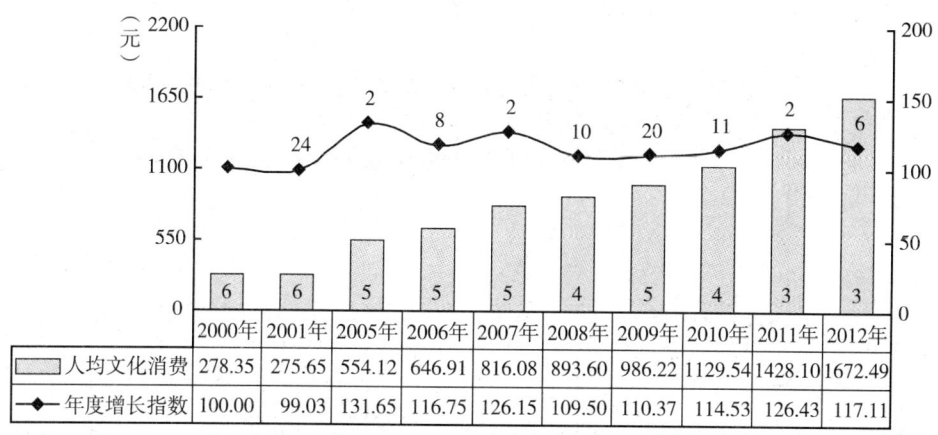

图2 江苏城乡人均文化消费增长、增幅变化态势

注：左轴柱形：城乡人均文化消费（元）；右轴曲线：年度增长指数（上年＝100，小于100为负增长），标明历年增长省域排序，2000年起点不计。

2000~2012年，江苏城乡人均文化消费由278.35元增高为1672.49元，增加1394.14元，总增长500.86%，年均增长16.12%，增长幅度处于31个省域里第1位。其中，"十五"期间人均值总增长99.07%，年均增长率14.76%；"十一五"期间人均值总增长103.84%，年均增长率15.31%。"十一五"年均增长率高于"十五"0.55个百分点。人均值最高增长年度为2005年，增长率31.65%；最低增长年度为2001年，负增长0.97%。

同期，全国城乡人均文化消费年均增长率12.11%，显著低于江苏。江苏城乡人均文化消费从全国城乡人均值的129.96%提高至198.06%（对照本文

图6），人均绝对值在31个省域里排序由第6位提高为第3位。

"十二五"头2年，全国城乡人均文化消费年均增长率13.44%，江苏增长率21.68%，极显著高于全国，同时高于自身"十五"年均增长，也高于自身"十一五"年均增长，增长幅度排序处于31个省域里第6位。

二 江苏城乡文化消费相关背景情况

2000年以来江苏人均产值与城乡人均收入、消费（分为非文消费与文化消费）、积蓄关系态势见图3。

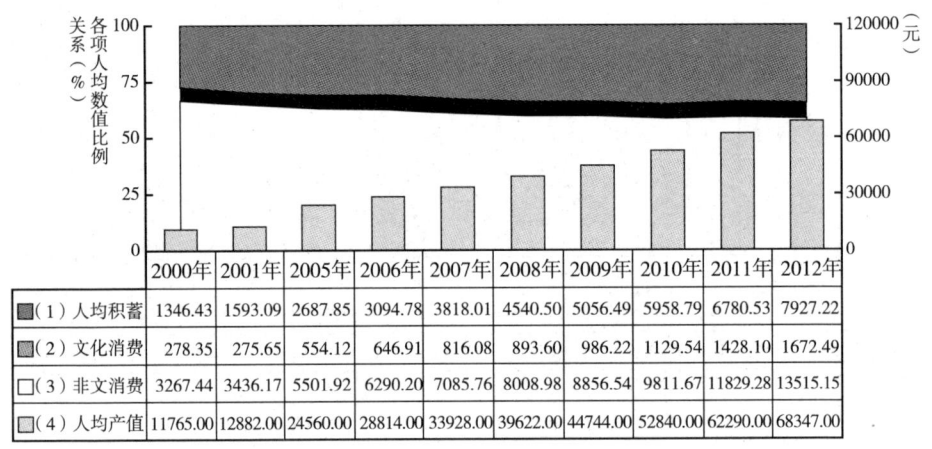

图3 江苏人均产值与城乡人均收入、消费、积蓄关系态势

注：左轴面积：城乡人均积蓄、文化消费、非文消费（元转换为%），（1）+（2）+（3）=收入，（2）+（3）=总消费，（1）+（2）=非文消费剩余，各项数值历年升降呈直观比例；右轴柱形：人均产值（元）。

2000~2012年，江苏人均产值年均增长15.79%；城乡人均收入年均增长13.81%，较明显低于产值增长1.98个百分点；人均总消费年均增长12.89%，明显低于产值增长2.90个百分点，略低于收入增长0.92个百分点；人均积蓄年均增长15.92%，略高于产值增长0.13个百分点，明显高于收入增长2.11个百分点，明显高于总消费增长3.03个百分点；人均文化消费年均增长16.12%，略高于产值增长0.33个百分点，明显高于收入增长2.31个百分点，明显高于总消费增长 3.23 个百分点，略高于积蓄增长 0.20 个百分点。

"十二五"头 2 年，江苏人均产值年均增长 13.73%，城乡人均收入年均增长 16.95%，人均总消费年均增长 17.82%，人均积蓄年均增长 15.34%，人均文化消费年均增长 21.68%。文化消费年均增幅高于产值增幅 7.95 个百分点，高于收入增幅 4.73 个百分点，高于总消费增幅 3.86 个百分点，高于积蓄增幅 6.34 个百分点。文化消费与诸方面关系比值全面呈现提升态势。

这一切在江苏城乡人均文化消费相关比值分析演算中得到了体现。2000年以来江苏城乡文化消费比值变动态势见图 4。

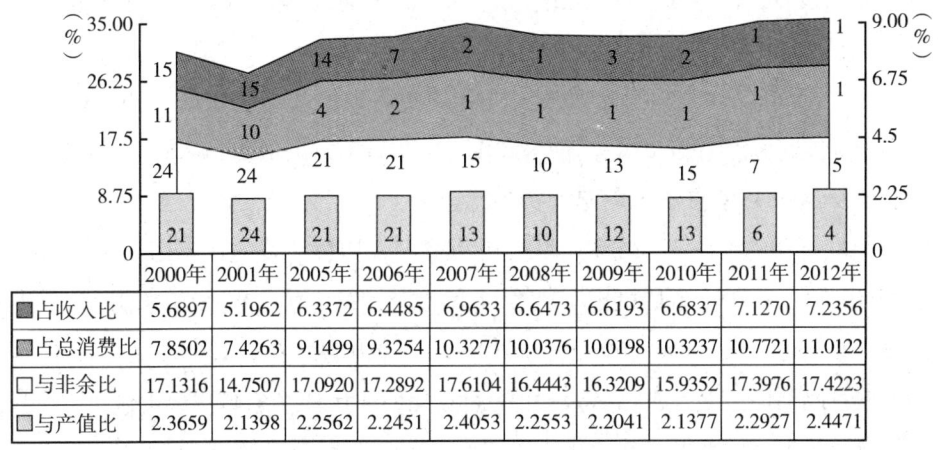

图 4　江苏城乡文化消费比值变动态势

注：左轴面积：城乡人均文化消费占收入比、占总消费比、与非文消费剩余（图例简称"非余"）比（%），各项比值历年升降呈直观比例叠加；右轴柱形：城乡人均文化消费与产值比（%）。标明历年各项比值省域排序。

1. 人均文化消费与人均产值的比例

2000~2012 年，江苏城乡人均文化消费与人均产值的比例由 2.37% 提高至 2.45%，在 31 个省域里排序从第 21 位上升到第 4 位。仅从图 4 中所列年度来看，此项比值在 2005 年、2007 年、2011 年、2012 年出现增高，其余年度均为降低。江苏城乡此项比值上升 3.43%，升降变化程度处于 31 个省域里第 2 位。

分阶段看，江苏城乡此项比值在"十五"期间降低 0.11 个百分点；在"十一五"期间降低0.12个百分点。"十二五"头2年,江苏城乡此项比值提高0.31个百分点,升幅为14.47%,文化消费需求增长与经济发展的协调性比2010年较明显上升。其间,最高值为2002年2.48%,最低值为2004年2.08%。

2. 人均文化消费占人均收入的比重

2000~2012年,江苏城乡人均文化消费占人均收入的比重由5.69%提高至7.24%,在31个省域里排序从第15位上升到第1位。仅从图4中所列年度来看,此项比值在2005~2007年、2010~2012年出现增高,其余年度均为降低。江苏城乡此项比值上升27.17%,升降变化程度处于31个省域里第1位。

分阶段看,江苏城乡此项比值在"十五"期间提高0.65个百分点;在"十一五"期间提高0.35个百分点。"十二五"头2年,江苏城乡此项比值提高0.55个百分点,升幅为8.26%,文化消费需求增长与收入增高的协调性比2010年明显上升。其间,最高值为2012年7.24%,最低值为2001年5.20%。

3. 人均文化消费占人均总消费的比重

2000~2012年,江苏城乡人均文化消费占人均总消费的比重由7.85%提高至11.01%,在31个省域里排序从第11位上升到第1位。仅从图4中所列年度来看,此项比值在2005~2007年、2010~2012年出现增高,其余年度均为降低。江苏城乡此项比值上升40.28%,升降变化程度处于31个省域里第1位。

分阶段看,江苏城乡此项比值在"十五"期间提高1.30个百分点;在"十一五"期间提高1.17个百分点。"十二五"头2年,江苏城乡此项比值提高0.69个百分点,升幅为6.67%,文化消费需求增长与总消费增加的协调性比2010年显著上升。其间,最高值为2012年11.01%,最低值为2001年7.43%。

4. 人均文化消费与人均非文消费剩余的比例

2000~2012年,江苏城乡人均文化消费与人均非文消费剩余的比例由17.13%提高至17.42%,在31个省域里排序从第24位上升到第5位。仅从图4中所列年度来看,此项比值在2005~2007年、2011年、2012年出现增高,其余年度均为降低。江苏城乡此项比值上升1.70%,升降变化程度处于31个省域里第1位。

分阶段看,江苏城乡此项比值在"十五"期间降低0.04个百分点;在"十一五"期间降低1.16个百分点。"十二五"头2年,江苏城乡此项比值提高1.49个百分点，升幅为9.33%，文化消费需求增长与"必需消费"之外"余钱"增多的协调性比2010年极显著提升。其间，最高值为2007年17.61%，最低值为2001年14.75%。

三 江苏文化消费城乡、区域协调状况

1. 人均文化消费城乡比

2000年以来江苏人均文化消费城乡比变动态势见图5。

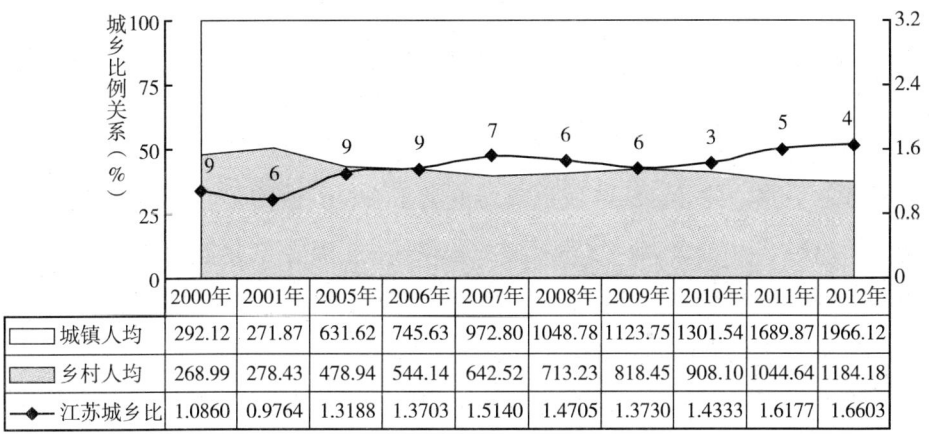

图5 江苏人均文化消费城乡比变动态势

注：左轴面积：城镇、乡村人均文化消费（元转换为%），城乡间历年升降呈直观比例关系；右轴曲线：人均文化消费城乡比（乡村=1，小于1为"城乡倒挂"，即城镇人均值低于乡村），标明历年城乡比省域排序。

2000~2012年，江苏人均文化消费城乡比由1.0860扩大至1.6603，由于其他省域文化消费城乡比扩大更为严重，江苏城乡比在31个省域里排序从第9位上升到第4位。其间，最小城乡比为2001年0.9764，最大城乡比为2012年1.6603。仅从图5中所列年度来看，城乡比在2001年、2008~2009年出现缩减，其余年度均为扩增。"十五"以来，江苏文化消费城乡比扩大52.88%，城乡比扩减变化状况处于31个省域里第15位。这意味着，江苏属于文化消费城乡比扩减变化态势较为严重的省域之一。

江苏文化消费城乡比发生变动，同时受到自身城镇与乡村两个方面的动态影响。同期，江苏城镇人均文化消费由292.12元增高为1966.12元，增加1674.00元，12年间总增长573.05%，年均增长率17.22%。城镇人均值最高增长年度为2002年，增长率45.48%；最低增长年度为2001年，负增长6.93%。乡村人均文化消费由268.99元增高为1184.18元，增加915.19元，12年间总增长340.23%，年均增长率13.15%。乡村人均值最高增长年度为2005年，增长率28.27%；最低增长年度为2004年，负增长1.52%。此间，江苏城镇人均文化消费需求年均增长显著高于乡村年均增长4.07个百分点，导致江苏文化消费需求的城乡比明显扩大。

"十二五"头2年，江苏城镇人均文化消费年均增长率22.91%，高于"十五"6.23个百分点，也高于"十一五"7.35个百分点；乡村人均文化消费年均增长率14.19%，高于"十五"1.96个百分点，也高于"十一五"0.54个百分点。此时，江苏城镇人均值高于乡村，城镇年度增幅极显著高于乡村增幅8.72个百分点，意味着城乡差距扩大。江苏文化消费城乡比相对于2010年显著扩大15.84%，城乡比排序处于31个省域里第4位。

2. 城乡人均文化消费地区差

2000年以来江苏城乡人均文化消费与全国地区差变动态势见图6。

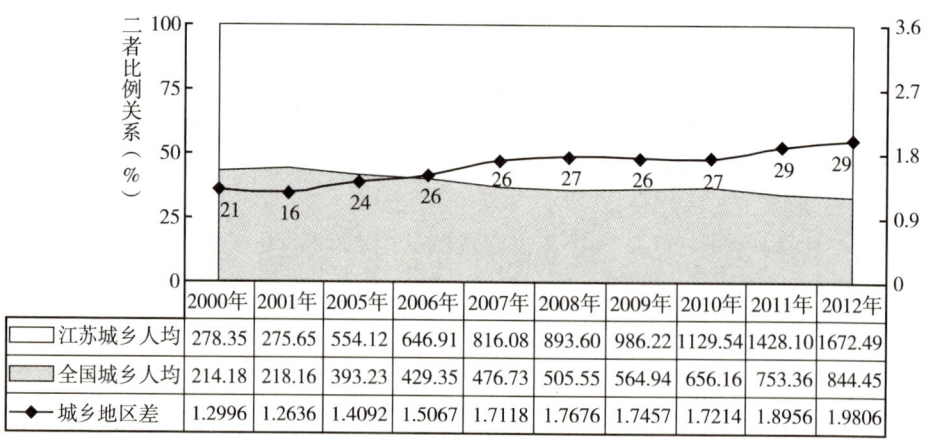

图6　江苏城乡人均文化消费与全国地区差变动态势

注：左轴面积：城乡人均文化消费（元转换为%），当地与全国数值历年升降呈直观比例关系；
右轴曲线：城乡人均文化消费地区差（无差距=1），标明历年地区差省域排序。

2000~2012年，江苏城乡人均文化消费与全国城乡地区差由1.2996扩大至1.9806，在31个省域里排序从第21位下降到第29位。其间，最小地区差为2004年1.2354，最大地区差为2012年1.9806。仅从图6中所列年度来看，地区差在2001年、2009~2010年出现缩减，其余年度均为扩增。"十五"以来，江苏城乡文化消费地区差扩大52.40%，地区差扩减变化状况处于31个省域里第31位。这意味着，江苏属于城乡文化消费地区差扩减变化态势很严重的省域之一。

江苏城乡文化消费地区差发生变动，同时受到自身与全国两个方面的动态影响。江苏和全国两个方面城乡人均文化消费历年增长对比演算详见本文人均绝对值一节，此处侧重检验其间增长差异的具体情况。2000~2012年，江苏城乡人均文化消费年均增幅显著高于全国增幅4.01个百分点，江苏城乡文化消费需求与全国的地区差极显著扩大。

"十二五"头2年，江苏城乡人均文化消费年均增长高于自身"十五"年均增长6.92个百分点，也高于自身"十一五"年均增长6.37个百分点，同时极显著高于全国增幅8.24个百分点。此时，江苏城乡人均值高于全国城乡平均值，增长高于全国意味着地区差距扩大，与全国城乡地区差相对于2010年极显著扩大15.06%，地区差排序处于31个省域里第29位。

四 江苏城乡文化消费需求景气测评

综合以上分析："十五"以来江苏城乡文化消费总量年均增长显著高于全国增长，人均值年均增长显著高于全国平均增长；相关比值全面呈现轻微的提升态势，其中"十一五"期间各项比值升降变化状况全面不及"十五"期间；城乡比明显扩大，与全国城乡地区差极显著扩大。这些都集中体现在江苏城乡文化消费需求景气指数的测评演算中。2000年以来江苏城乡文化消费需求景气指数变动态势见图7。

1. 各年度横向测评景气指数

以全国城乡文化消费总量份额值、人均绝对值、各项比值为基准，并以城乡之间、地区之间实现无差距状态为"理想值"100来衡量，2012年江苏城

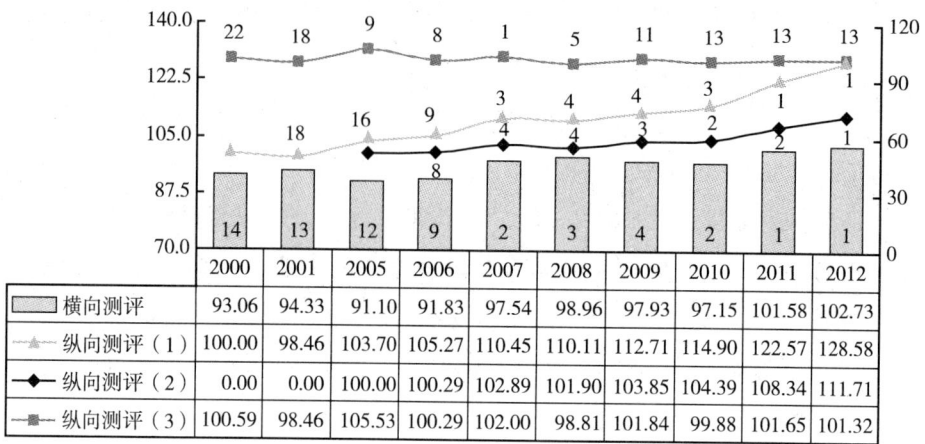

图7　江苏城乡文化消费需求景气指数变动态势

注：左轴柱形：横向测评（城乡、地区无差异理想值＝100）；左轴曲线：纵向测评（起点年基数值＝100），（1）2000年起点，（2）2005年起点；右轴曲线：纵向测评（3）上年起点。标明历年各项测评省域排行位次。

乡此项景气指数为102.73，高于理想值2.73，也高于上一年1.15。江苏城乡此项景气指数在31个省域里排行，2000年为第14位，2005年为第12位，2010年为第2位，2012年与上一年持平，皆为第1位。

2."十五"以来纵向测评景气指数

以"九五"末年2000年为起点基数值100，2012年江苏城乡此项景气指数为128.58，高于2000年起点基数28.58，也高于上一年6.01。江苏城乡此项景气指数在31个省域里排行，2001年为第18位，2005年为第16位，2010年为第3位，2012年与上一年持平，皆为第1位。

3."十一五"以来纵向测评景气指数

以"十五"末年2005年为起点基数值100，2012年江苏城乡此项景气指数为111.71，高于2005年起点基数11.71，也高于上一年3.37。江苏城乡此项景气指数在31个省域里排行，2006年为第8位，2010年为第2位，2012年从上一年第2位上升为第1位。

4."十二五"以来纵向测评景气指数

以"十一五"末年2010年为起点基数值100，2012年江苏城乡此项景气指数为103.49，高于2010年起点基数3.49，也高于上一年1.84。江苏城乡此项景气指数在31个省域里排行,2011年为第13位,2012年下降为第14位。此项测评制表不便,仅以文字阐述,参见本书《省域城乡文化消费需求景气排行》一文。

5. 逐年度纵向测评景气指数

以上一年2011年为起点基数值100,2012年江苏城乡此项景气指数为101.32,高于2011年起点基数1.32。江苏城乡此项景气指数在31个省域里排行,2000年为第22位,2005年为第9位,2010年为第13位,2012年与上一年持平,皆为第13位。

B.8
天津：2012年纵向测评
城乡景气升至首位

饶 远*

摘　要： 2012年，天津城乡文化消费总量增长处于第26位，人均值增长处于第28位。景气评价排行结果：天津城乡在省域横向测评中，2012年景气指数处于第16位；在自身纵向测评中，2000～2012年景气指数处于第7位，2005～2012年景气指数处于第2位，2010～2012年景气指数处于第1位，2011～2012年景气指数处于第1位。

关键词： 天津城乡　文化消费　景气评价

一　天津城乡文化消费需求增长状况

1. 文化消费总量份额值变化

2000年以来天津城乡文化消费总量增长、份额变化态势见图1。

2000～2012年，天津城乡文化消费总量由34.17亿元增高为169.17亿元，增加135.00亿元，12年间总增长395.08%，年均增长率14.26%，增长幅度处于31个省域里第6位。其中，"十五"期间年均增长8.94%，"十一五"期间年均增长19.21%，"十二五"头2年年均增长15.77%；"十二五"头2年年均增幅低于"十一五"3.44个百分点，高于"十五"6.83个百分点。总量

---

* 饶远，云南师范大学体育学院教授，主要从事民族体育文化研究。

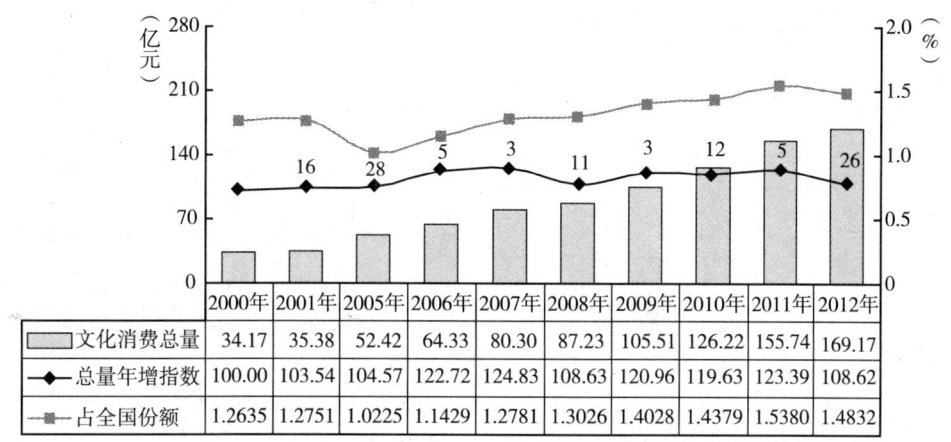

图 1　天津城乡文化消费总量增长、份额变化态势

注：左轴柱形：城乡文化消费总量（亿元）；左轴曲线：年度增长指数（上年 = 100），标明历年增长省域排序，2000 年起点不计；右轴曲线：占全国城乡份额（%）。

最高增长年度为 2007 年，增长率 24.83%；最低增长年度为 2003 年，负增长 0.16%。

同期，全国城乡文化消费总量年均增长率 12.74%，较明显低于天津 1.52 个百分点。天津城乡文化消费总量占全国份额由 1.26% 升高为 1.48%，上升幅度为 17.38%，增长幅度和份额升降变化排序处于 31 个省域里第 6 位。

"十二五"头 2 年，全国城乡文化消费总量年均增长率 13.99%，天津城乡文化消费总量年均增长率 15.77%，较明显高于全国 1.78 个百分点，占全国份额比 2010 年上升 3.15%。同时，天津总量增长高于自身"十五"年均增长 6.83 个百分点，但低于自身"十一五"年均增长 3.44 个百分点，增长幅度和占全国份额变化排序处于 31 个省域里第 26 位。

2. 文化消费人均绝对值增长

2000 年以来天津城乡人均文化消费增长、增幅变化态势见图 2。

2000～2012 年，天津城乡人均文化消费由 348.67 元增高为 1222.22 元，增加 873.55 元，总增长 250.54%，年均增长 11.02%，增长幅度处于 31 个省域里第 18 位。其中，"十五"期间人均值总增长 45.48%，年均增长率

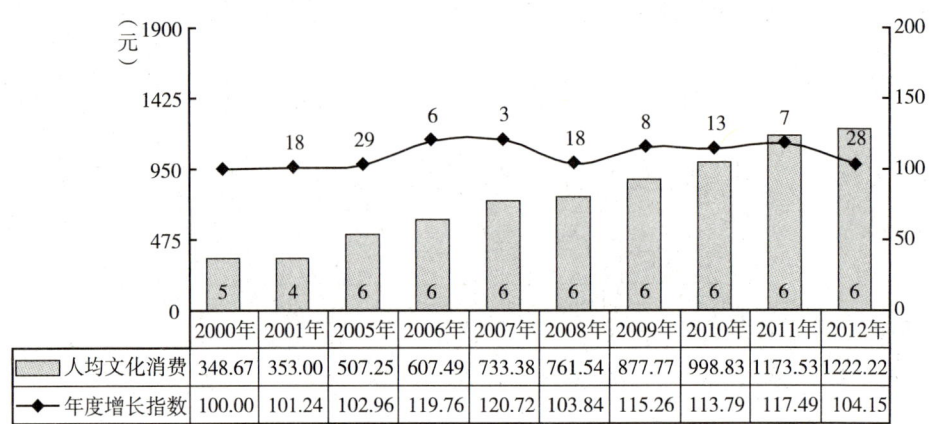

图2 天津城乡人均文化消费增长、增幅变化态势

注：左轴柱形：城乡人均文化消费（元）；右轴曲线：年度增长指数（上年＝100），标明历年增长省域排序，2000年起点不计。

7.79%；"十一五"期间人均值总增长96.91%，年均增长率14.51%。"十一五"年均增长率高于"十五"6.72个百分点。人均值最高增长年度为2002年，增长率21.90%；最低增长年度为2003年，负增长0.53%。

同期，全国城乡人均文化消费年均增长率12.11%，较明显高于天津。天津城乡人均文化消费从全国城乡人均值的162.79%降低至144.74%（对照本文图6），人均绝对值在31个省域里排序由第5位降低为第6位。

"十二五"头2年，全国城乡人均文化消费年均增长率13.44%，天津增长率10.62%，明显低于全国，同时高于自身"十五"年均增长，但低于自身"十一五"年均增长，增长幅度排序处于31个省域里第28位。

二 天津城乡文化消费相关背景情况

2000年以来天津人均产值与城乡人均收入、消费（分为非文消费与文化消费）、积蓄关系态势见图3。

2000~2012年，天津人均产值年均增长15.03%；城乡人均收入年均增长11.99%，明显低于产值增长3.04个百分点；人均总消费年均增长11.27%，明显低于产值增长3.76个百分点，略低于收入增长0.72个百分

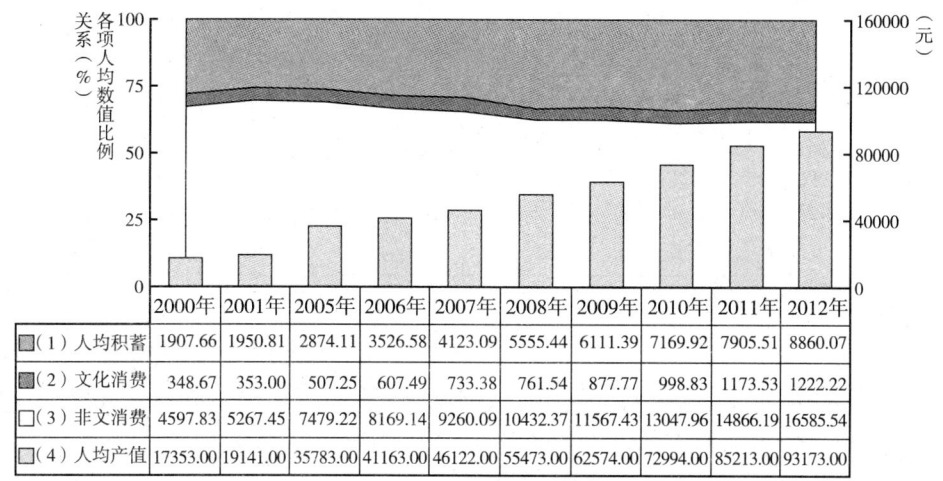

图 3 天津人均产值与城乡人均收入、消费、积蓄关系态势

注：左轴面积：城乡人均积蓄、文化消费、非文消费（元转换为%），（1）+（2）+（3）=收入，（2）+（3）=总消费，（1）+（2）=非文消费剩余，各项数值历年升降呈直观比例；右轴柱形：人均产值（元）。

点；人均积蓄年均增长13.65%，较明显低于产值增长1.38个百分点，较明显高于收入增长1.66个百分点，明显高于总消费增长2.38个百分点；人均文化消费年均增长11.02%，显著低于产值增长4.01个百分点，略低于收入增长0.97个百分点，略低于总消费增长0.25个百分点，明显低于积蓄增长2.63个百分点。

"十二五"头2年，天津人均产值年均增长12.98%，城乡人均收入年均增长12.11%，人均总消费年均增长12.59%，人均积蓄年均增长11.16%，人均文化消费年均增长10.62%。文化消费年均增幅低于产值增幅2.36个百分点，低于收入增幅1.49个百分点，低于总消费增幅1.97个百分点，低于积蓄增幅0.54个百分点。文化消费与诸方面关系比值全面呈现下降态势。

2000年以来天津城乡文化消费比值变动态势见图4。

1. 人均文化消费与人均产值的比例

2000~2012年，天津城乡人均文化消费与人均产值的比例由2.01%降低至1.31%，在31个省域里排序从第27位下降到第30位。仅从图4中所列年度来看，此项比值在2006年、2007年、2009年、2011年出现增高，其余年

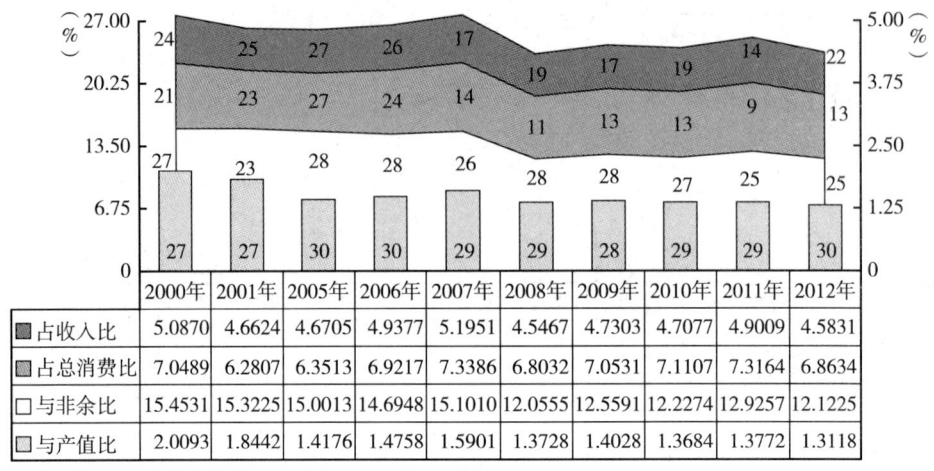

图4 天津城乡文化消费比值变动态势

注：左轴面积：城乡人均文化消费占收入比、占总消费比、与非文消费剩余（图例简称"非余"）比（%），各项比值历年升降呈直观比例叠加；右轴柱形：城乡人均文化消费与产值比（%）。标明历年各项比值省域排序。

度均为降低。"十五"以来，天津城乡此项比值下降34.71%，升降变化程度处于31个省域里第15位。

分阶段看，天津城乡此项比值在"十五"期间降低0.59个百分点；在"十一五"期间降低0.05个百分点。"十二五"头2年，天津城乡此项比值降低0.06个百分点，降幅为4.14%，文化消费需求增长与经济发展的协调性比2010年略有下降。其间，最高值为2002年2.01%，最低值为2012年1.31%。

2. 人均文化消费占人均收入的比重

2000~2012年，天津城乡人均文化消费占人均收入的比重由5.09%降低至4.58%，由于其他省域此项比值降低更加明显，天津从第24位上升到第22位。仅从图4中所列年度来看，此项比值在2005~2007年、2009年、2011年出现增高，其余年度均为降低。"十五"以来，天津城乡此项比值下降9.91%，升降变化程度处于31个省域里第10位。

分阶段看，天津城乡此项比值在"十五"期间降低0.42个百分点；在"十一五"期间提高0.04个百分点。"十二五"头2年，天津城乡此项比值降低0.12个百分点,降幅为2.65%,文化消费需求增长与收入增高的协调性比2010年略有下降。其间,最高值为2002年5.40%,最低值为2008年4.55%。

3. 人均文化消费占人均总消费的比重

2000~2012年,天津城乡人均文化消费占人均总消费的比重由7.05%降低至6.86%,由于其他省域此项比值降低更加明显,天津从第21位上升到第13位。仅从图4中所列年度来看,此项比值在2005~2007年、2009~2011年出现增高,其余年度均为降低。"十五"以来,天津城乡此项比值下降2.63%,升降变化程度处于31个省域里第14位。

分阶段看,天津城乡此项比值在"十五"期间降低0.70个百分点;在"十一五"期间提高0.76个百分点。"十二五"头2年,天津城乡此项比值降低0.25个百分点,降幅为3.48%,文化消费需求增长与总消费增加的协调性比2010年较明显下降。其间,最高值为2002年7.38%,最低值为2001年6.28%。

4. 人均文化消费与人均非文消费剩余的比例

2000~2012年,天津城乡人均文化消费与人均非文消费剩余的比例由15.45%降低至12.12%,由于其他省域此项比值降低更加明显,天津从第27位上升到第25位。仅从图4中所列年度来看,此项比值在2007年、2009年、2011年出现增高,其余年度均为降低。"十五"以来,天津城乡此项比值下降21.55%,升降变化程度处于31个省域里第10位。

分阶段看,天津城乡此项比值在"十五"期间降低0.45个百分点;在"十一五"期间降低2.77个百分点。"十二五"头2年,天津城乡此项比值降低0.10个百分点,降幅为0.86%,文化消费需求增长与"必需消费"之外"余钱"增多的协调性比2010年略有下降。其间,最高值为2002年16.76%,最低值为2008年12.06%。

三 天津文化消费城乡、区域协调状况

1. 人均文化消费城乡比

2000年以来天津人均文化消费城乡比变动态势见图5。

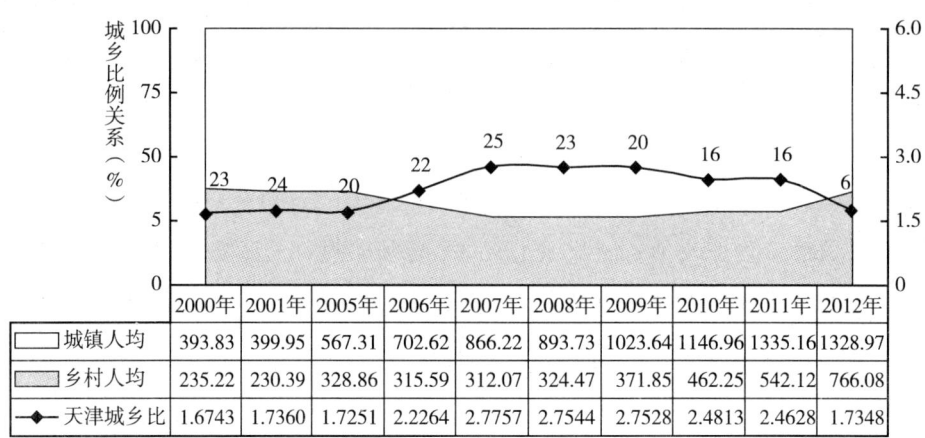

图5 天津人均文化消费城乡比变动态势

注：左轴面积：城镇、乡村人均文化消费（元转换为%），城乡间历年升降呈直观比例关系；右轴曲线：人均文化消费城乡比（乡村=1），标明历年城乡比省域排序。

2000～2012年，天津人均文化消费城乡比由1.6743扩大至1.7348，由于其他省域文化消费城乡比扩大更为严重，天津城乡比在31个省域里排序从第23位上升到第6位。其间，最小城乡比为2003年1.1741，最大城乡比为2007年2.7757。仅从图5中所列年度来看，城乡比在2005年、2008～2012年出现缩减，其余年度均为扩增。"十五"以来，天津文化消费城乡比扩大3.61%，城乡比扩减变化状况处于31个省域里第3位。这意味着，天津属于文化消费城乡比扩减变化态势较好的省域之一。

同期，天津城镇人均文化消费由393.83元增高为1328.97元，增加935.14元，12年间总增长237.45%，年均增长率10.67%。城镇人均值最高增长年度为2006年，增长率23.85%；最低增长年度为2003年，负增长9.09%。乡村人均文化消费由235.22元增高为766.08元，增加530.86元，12年间总增长225.69%，年均增长率10.34%。乡村人均值最高增长年度为2012年，增长率41.31%；最低增长年度为2005年，负增长12.74%。此间，天津城镇人均文化消费需求年均增长略微高于乡村年均增长0.33个百分点，导致天津文化消费需求的城乡比略有扩大。

"十二五"头2年，天津城镇人均文化消费年均增长率7.64%，高于"十五"0.07个百分点,但低于"十一五"7.48个百分点;乡村人均文化消费年均增长率28.74%,高于"十五"21.81个百分点,也高于"十一五"21.69个百分点。此时,天津城镇人均值高于乡村,城镇年度增幅极显著低于乡村增幅21.10个百分点,意味着城乡差距缩小。天津文化消费城乡比相对于2010年极显著缩小30.09%,城乡比排序处于31个省域里第6位。

2. 城乡人均文化消费地区差

2000年以来天津城乡人均文化消费与全国地区差变动态势见图6。

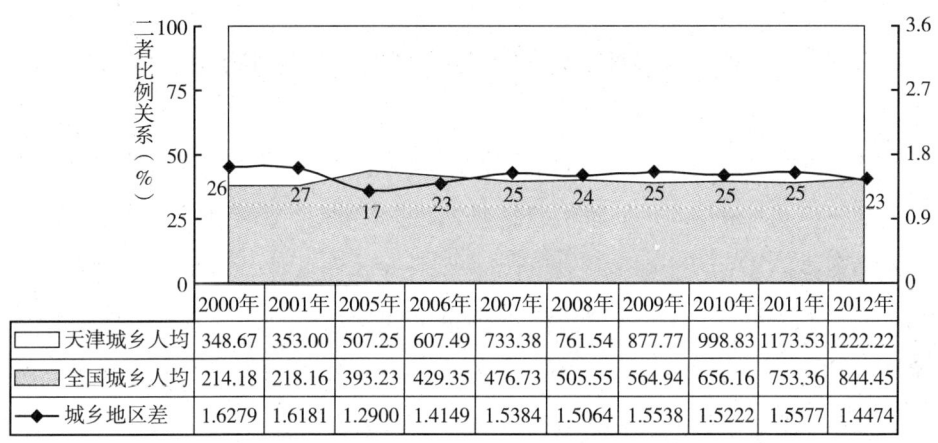

图6 天津城乡人均文化消费与全国地区差变动态势

注：左轴面积：城乡人均文化消费（元转换为%），当地与全国数值历年升降呈直观比例关系；
右轴曲线：城乡人均文化消费地区差（无差距=1），标明历年地区差省域排序。

2000~2012年,天津城乡人均文化消费与全国城乡地区差由1.6279缩小至1.4474,在31个省域里排序从第26位上升到第23位。其间,最小地区差为2005年1.2900,最大地区差为2000年1.6279。仅从图6中所列年度来看,地区差在2001年、2005年、2008年、2010年、2012年出现缩减,其余年度均为扩增。"十五"以来,天津城乡文化消费地区差缩小11.09%,地区差扩减变化状况处于31个省域里第3位。这意味着,天津属于城乡文化消费地区差扩减变化态势良好的省域之一。

天津和全国两个方面城乡人均文化消费历年增长对比演算详见本文人均绝对值一节,此处侧重检验其间增长差异的具体情况。2000~2012年,天津城乡人均文化消费年均增幅较明显低于全国增幅1.09个百分点，天津城乡文化消费需求与全国的地区差显著缩小。

"十二五"头2年，天津城乡人均文化消费年均增长高于自身"十五"年均增长2.83个百分点，但低于自身"十一五"年均增长3.89个百分点，同时明显低于全国增幅2.82个百分点。此时，天津城乡人均值高于全国城乡平均值，增长低于全国意味着地区差距缩小，与全国城乡地区差相对于2010年明显缩小4.91%，地区差排序处于31个省域里第23位。

四 天津城乡文化消费需求景气测评

综合以上分析："十五"以来天津城乡文化消费总量年均增长较明显高于全国增长，人均值年均增长较明显低于全国平均增长；相关比值全面呈现轻微的下降态势，其中"十一五"期间与产值比、占收入比、占总消费比升降变化状况好于"十五"期间，其余比值升降变化状况不及"十五"期间；城乡比略有扩大，与全国城乡地区差显著缩小。2000年以来天津城乡文化消费需求景气指数变动态势见图7。

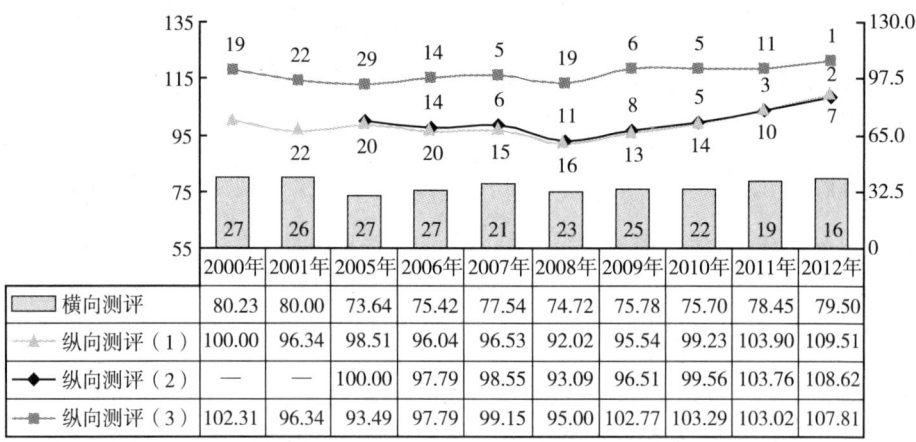

图7 天津城乡文化消费需求景气指数变动态势

注：左轴柱形：横向测评（城乡、地区无差异理想值=100）；左轴曲线：纵向测评（起点年基数值=100），（1）2000年起点，（2）2005年起点；右轴曲线：纵向测评（3）上年起点。标明历年各项测评省域排行位次。

1. 各年度横向测评景气指数

以全国城乡文化消费总量份额值、人均绝对值、各项比值为基准,并以城乡之间、地区之间实现无差距状态为"理想值"100来衡量,2012年天津城乡此项景气指数为79.50,低于理想值20.50,但高于上一年1.05。天津城乡此项景气指数在31个省域里排行,2000年为第27位,2005年与之持平,2010年为第22位,2012年从上一年第19位上升为第16位。

2. "十五"以来纵向测评景气指数

以"九五"末年2000年为起点基数值100,2012年天津城乡此项景气指数为109.51,高于2000年起点基数9.51,也高于上一年5.61。天津城乡此项景气指数在31个省域里排行,2001年为第22位,2005年为第20位,2010年为第14位,2012年从上一年第10位上升为第7位。

3. "十一五"以来纵向测评景气指数

以"十五"末年2005年为起点基数值100,2012年天津城乡此项景气指数为108.62,高于2005年起点基数8.62,也高于上一年4.86。天津城乡此项景气指数在31个省域里排行,2006年为第14位,2010年为第5位,2012年从上一年第3位上升为第2位。

4. "十二五"以来纵向测评景气指数

以"十一五"末年2010年为起点基数值100,2012年天津城乡此项景气指数为110.78,高于2010年起点基数10.78,也高于上一年7.76。天津城乡此项景气指数在31个省域里排行,2011年为第11位,2012年上升为第1位。此项测评参见本书《省域城乡文化消费需求景气排行》一文。

5. 逐年度纵向测评景气指数

以上一年2011年为起点基数值100,2012年天津城乡此项景气指数为107.81,高于2011年起点基数7.81。天津城乡此项景气指数在31个省域里排行,2000年为第19位,2005年为第29位,2010年为第5位,2012年从上一年第11位上升为第1位。

B.9 新疆："十二五"以来城乡景气提升第2位

宋锡辉*

摘　要： 2012年，新疆城乡文化消费总量增长处于第10位，人均值增长处于第11位。景气评价排行结果：新疆城乡在省域横向测评中，2012年景气指数处于第29位；在自身纵向测评中，2000~2012年景气指数处于第21位，2005~2012年景气指数处于第10位，2010~2012年景气指数处于第2位，2011~2012年景气指数处于第14位。

关键词： 新疆城乡　文化消费　景气评价

一　新疆城乡文化消费需求增长状况

1. 文化消费总量份额值变化

2000年以来新疆城乡文化消费总量增长、份额变化态势见图1。

2000~2012年，新疆城乡文化消费总量由29.04亿元增高为98.85亿元，增加69.81亿元，12年间总增长240.39%，年均增长率10.75%，增长幅度处于31个省域里第24位。其中，"十五"期间年均增长7.06%，"十一五"期间年均增长12.20%，"十二五"头2年年均增长16.65%；"十二五"头2年年均增幅高于"十一五"4.45个百分点，高于"十五"9.59个百分点。总量

---

* 宋锡辉，云南师范大学哲学与政法学院教授，主要从事文化生态研究。

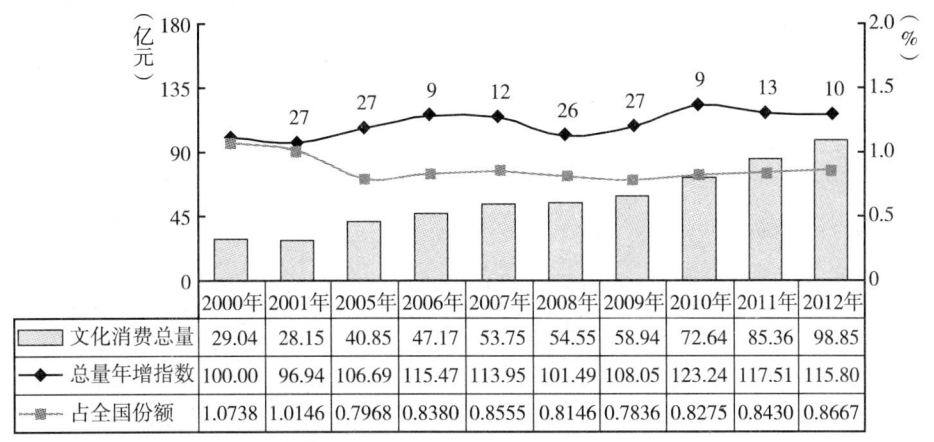

图 1　新疆城乡文化消费总量增长、份额变化态势

注：左轴柱形：城乡文化消费总量（亿元）；左轴曲线：年度增长指数（上年=100，小于100为负增长），标明历年增长省域排序，2000年起点不计；右轴曲线：占全国城乡份额（%）。

最高增长年度为2002年，增长率40.32%；最低增长年度为2003年，负增长12.58%。

同期，全国城乡文化消费总量年均增长率12.74%，较明显高于新疆1.99个百分点。新疆城乡文化消费总量占全国份额由1.07%降低为0.87%，下降幅度为19.29%，增长幅度和份额升降变化排序处于31个省域里第24位。

"十二五"头2年，全国城乡文化消费总量年均增长率13.99%，新疆城乡文化消费总量年均增长率16.65%，明显高于全国2.66个百分点，占全国份额比2010年上升4.74%。同时，新疆总量增长高于自身"十五"年均增长9.59个百分点，也高于自身"十一五"年均增长4.45个百分点，增长幅度和占全国份额变化排序处于31个省域里第10位。

2. 文化消费人均绝对值增长

2000年以来新疆城乡人均文化消费增长、增幅变化态势见图2。

2000~2012年，新疆城乡人均文化消费由160.28元增高为445.12元，增加284.84元，总增长177.71%，年均增长8.88%，增长幅度处于31个省域里第29位。其中，"十五"期间人均值总增长28.29%，年均增长率5.11%；

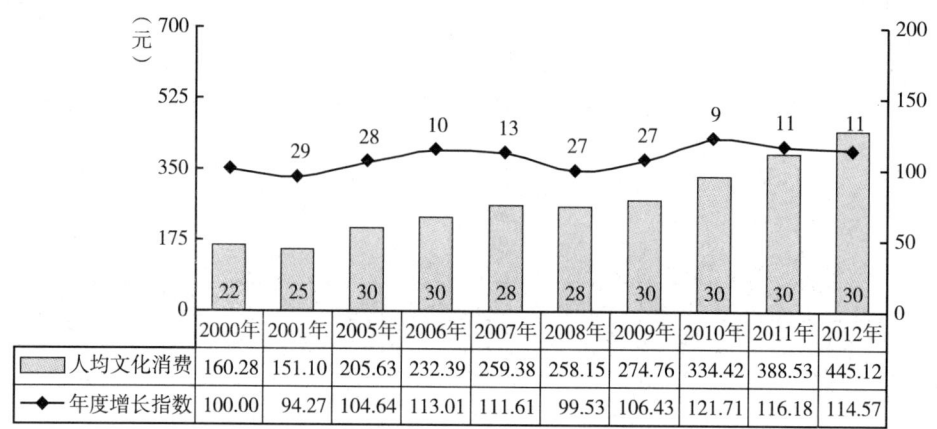

图 2　新疆城乡人均文化消费增长、增幅变化态势

注：左轴柱形：城乡人均文化消费（元）；右轴曲线：年度增长指数（上年＝100，小于100为负增长），标明历年增长省域排序，2000年起点不计。

"十一五"期间人均值总增长62.63%，年均增长率10.22%。"十一五"年均增长率高于"十五"5.11个百分点。人均值最高增长年度为2002年，增长率38.28%；最低增长年度为2003年，负增长13.91%。

同期，全国城乡人均文化消费年均增长率12.11%，明显高于新疆。新疆城乡人均文化消费从全国城乡人均值的74.84%降低至52.71%（对照本文图6），人均绝对值在31个省域里排序由第22位降低为第30位。

"十二五"头2年，全国城乡人均文化消费年均增长率13.44%，新疆增长率15.37%，较明显高于全国，同时高于自身"十五"年均增长，也高于自身"十一五"年均增长，增长幅度排序处于31个省域里第11位。

二　新疆城乡文化消费相关背景情况

2000年以来新疆人均产值与城乡人均收入、消费（分为非文消费与文化消费）、积蓄关系态势见图3。

2000～2012年，新疆人均产值年均增长13.53%；城乡人均收入年均增长11.90%，较明显低于产值增长1.63个百分点；人均总消费年均增长12.09%，较明显低于产值增长1.44个百分点，略高于收入增长0.19个百分

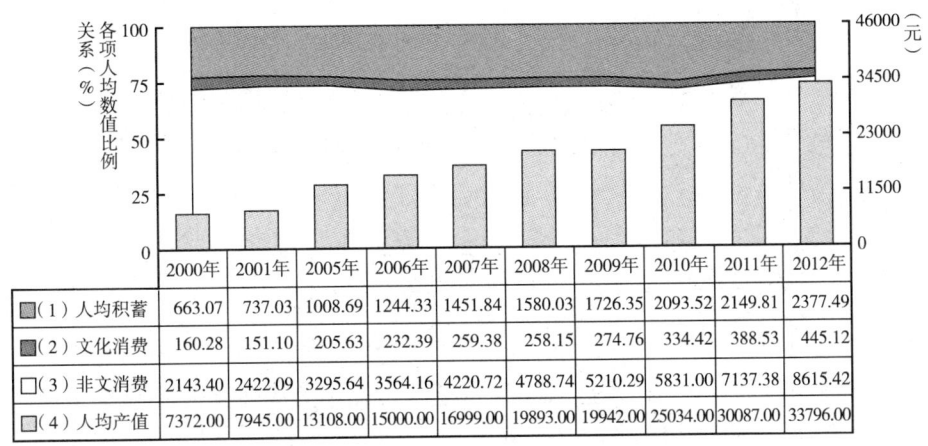

图3 2 新疆人均产值与城乡人均收入、消费、积蓄关系态势

注：左轴面积：城乡人均积蓄、文化消费、非文消费（元转换为%），（1）+（2）+（3）=收入，（2）+（3）=总消费，（1）+（2）=非文消费剩余，各项数值历年升降呈直观比例；右轴柱形：人均产值（元）。

点；人均积蓄年均增长11.23%，明显低于产值增长2.30个百分点，略低于收入增长0.67个百分点，略低于总消费增长0.86个百分点；人均文化消费年均增长8.88%，显著低于产值增长4.65个百分点，明显低于收入增长3.02个百分点，明显低于总消费增长3.21个百分点，明显低于积蓄增长2.35个百分点。

"十二五"头2年，新疆人均产值年均增长16.19%，城乡人均收入年均增长17.68%，人均总消费年均增长21.23%，人均积蓄年均增长6.57%，人均文化消费年均增长15.37%。文化消费年均增幅低于产值增幅0.82个百分点，低于收入增幅2.31个百分点，低于总消费增幅5.86个百分点，高于积蓄增幅8.80个百分点。文化消费与积蓄关系比值呈现提升态势。

2000年以来新疆城乡文化消费比值变动态势见图4。

1. 人均文化消费与人均产值的比例

2000～2012年，新疆城乡人均文化消费与人均产值的比例由2.17%降低至1.32%，在31个省域里排序从第25位下降到第29位。仅从图4中所列年度来看，此项比值在2009年、2012年出现增高，其余年度均为降低。

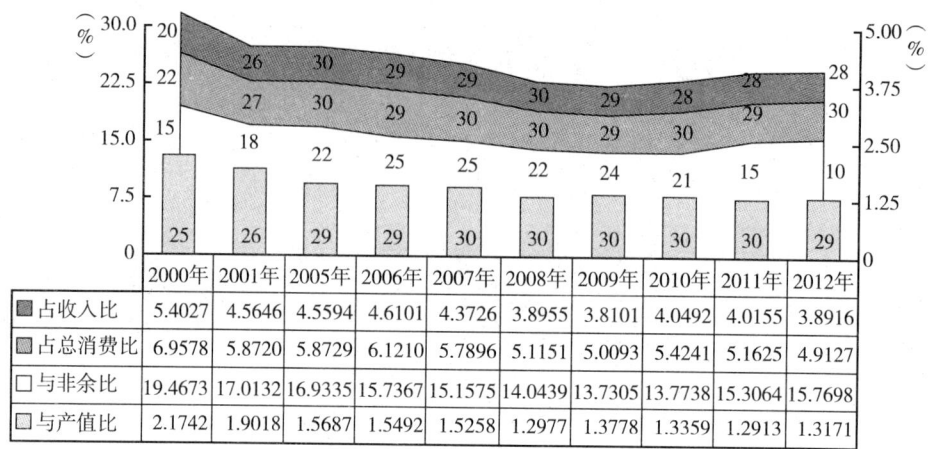

图4 新疆城乡文化消费比值变动态势

注：左轴面积：城乡人均文化消费占收入比、占总消费比、与非文消费剩余（图例简称"非余"）比（%），各项比值历年升降呈直观比例叠加；右轴柱形：城乡人均文化消费与产值比（%）。标明历年各项比值省域排序。

"十五"以来，新疆城乡此项比值下降39.42%，升降变化程度处于31个省域里第18位。

分阶段看，新疆城乡此项比值在"十五"期间降低0.61个百分点；在"十一五"期间降低0.23个百分点。"十二五"头2年，新疆城乡此项比值降低0.02个百分点，降幅为1.41%，文化消费需求增长与经济发展的协调性比2010年略有下降。其间，最高值为2002年2.47%，最低值为2011年1.29%。

2. 人均文化消费占人均收入的比重

2000~2012年，新疆城乡人均文化消费占人均收入的比重由5.40%降低至3.89%，在31个省域里排序从第20位下降到第28位。仅从图4中所列年度来看，此项比值在2006年、2010年出现增高，其余年度均为降低。"十五"以来，新疆城乡此项比值下降27.97%，升降变化程度处于31个省域里第27位。

分阶段看，新疆城乡此项比值在"十五"期间降低0.84个百分点；在"十一五"期间降低0.51个百分点。"十二五"头2年，新疆城乡此项比值降低 0.16 个百分点，降幅为 3.89%，文化消费需求增长与收入增高的协调性比 2010 年略有下降。其间，最高值为 2002 年 5.78%，最低值为 2009 年 3.81%。

3. 人均文化消费占人均总消费的比重

2000~2012 年，新疆城乡人均文化消费占人均总消费的比重由 6.96% 降低至 4.91%，在 31 个省域里排序从第 22 位下降到第 30 位。仅从图 4 中所列年度来看，此项比值在 2005~2006 年、2010 年出现增高，其余年度均为降低。"十五"以来，新疆城乡此项比值下降 29.39%，升降变化程度处于 31 个省域里第 31 位。

分阶段看，新疆城乡此项比值在"十五"期间降低 1.08 个百分点；在"十一五"期间降低 0.45 个百分点。"十二五"头 2 年，新疆城乡此项比值降低 0.51 个百分点，降幅为 9.43%，文化消费需求增长与总消费增加的协调性比 2010 年明显下降。其间，最高值为 2002 年 7.25%，最低值为 2012 年 4.91%。

4. 人均文化消费与人均非文消费剩余的比例

2000~2012 年，新疆城乡人均文化消费与人均非文消费剩余的比例由 19.47% 降低至 15.77%，由于其他省域此项比值降低更加明显，新疆从第 15 位上升到第 10 位。仅从图 4 中所列年度来看，此项比值在 2010~2012 年出现增高，其余年度均为降低。"十五"以来，新疆城乡此项比值下降 18.99%，升降变化程度处于 31 个省域里第 7 位。

分阶段看，新疆城乡此项比值在"十五"期间降低 2.53 个百分点；在"十一五"期间降低 3.16 个百分点。"十二五"头 2 年，新疆城乡此项比值提高 2.00 个百分点，升幅为 14.49%，文化消费需求增长与"必需消费"之外"余钱"增多的协调性比 2010 年极显著提升。其间，最高值为 2002 年 22.16%，最低值为 2009 年 13.73%。

三 新疆文化消费城乡、区域协调状况

1. 人均文化消费城乡比

2000 年以来新疆人均文化消费城乡比变动态势见图 5。

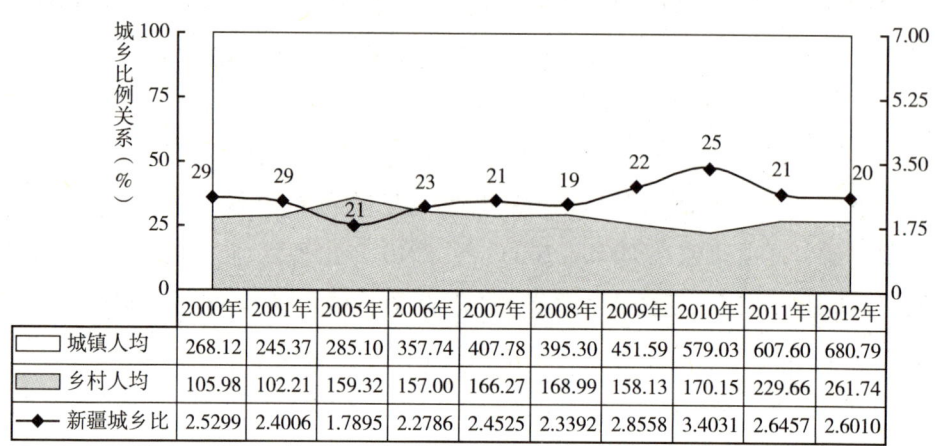

图 5　新疆人均文化消费城乡比变动态势

注：左轴面积：城镇、乡村人均文化消费（元转换为%），城乡间历年升降呈直观比例关系；
右轴曲线：人均文化消费城乡比（乡村=1），标明历年城乡比省域排序。

2000～2012年，新疆人均文化消费城乡比由2.5299扩大至2.6010，由于其他省域文化消费城乡比扩大更为严重，新疆城乡比在31个省域里排序从第29位上升到第20位。其间，最小城乡比为2005年1.7895，最大城乡比为2002年3.7978。仅从图5中所列年度来看，城乡比在2001年、2005年、2008年、2011年、2012年出现缩减，其余年度均为扩增。"十五"以来，新疆文化消费城乡比扩大2.81%，城乡比扩减变化状况处于31个省域里第2位。这意味着，新疆属于文化消费城乡比扩减变化态势较好的省域之一。

同期，新疆城镇人均文化消费由268.12元增高为680.79元，增加412.67元，12年间总增长153.91%，年均增长率8.07%。城镇人均值最高增长年度为2002年，增长率63.83%；最低增长年度为2003年，负增长24.96%。乡村人均文化消费由105.98元增高为261.74元，增加155.76元，12年间总增长146.97%，年均增长率7.83%。乡村人均值最高增长年度为2011年，增长率34.98%；最低增长年度为2009年，负增长6.43%。此间，新疆城镇人均文化消费需求年均增长略微高于乡村年均增长0.24个百分点，导致新疆文化消费需求的城乡比略有扩大。

"十二五"头2年，新疆城镇人均文化消费年均增长率8.43%，高于"十五"7.19个百分点,但低于"十一五"6.79个百分点;乡村人均文化消费年均增长率24.03%,高于"十五"15.54个百分点,也高于"十一五"22.71个百分点。此时,新疆城镇人均值高于乡村,城镇年度增幅极显著低于乡村增幅15.60个百分点,意味着城乡差距缩小。新疆文化消费城乡比相对于2010年极显著缩小23.57%,城乡比排序处于31个省域里第20位。

2. 城乡人均文化消费地区差

2000年以来新疆城乡人均文化消费与全国地区差变动态势见图6。

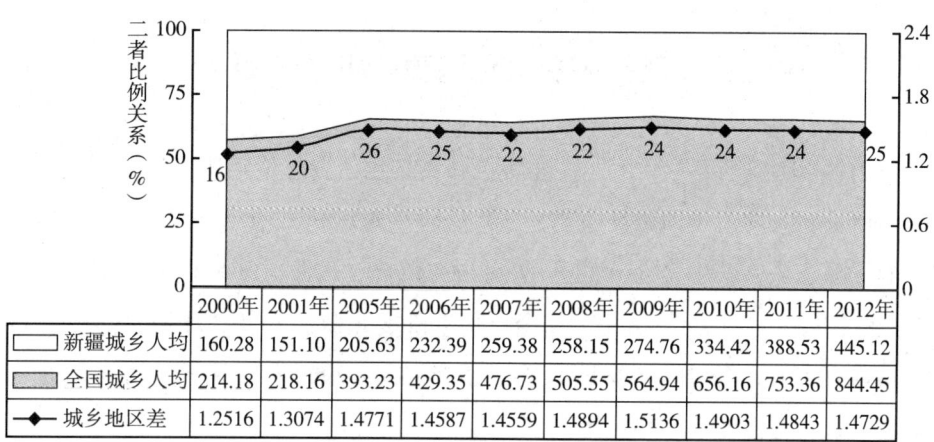

图6 新疆城乡人均文化消费与全国地区差变动态势

注:左轴面积:城乡人均文化消费(元转换为%),当地与全国数值历年升降呈直观比例关系;
右轴曲线:城乡人均文化消费地区差(无差距=1),标明历年地区差省域排序。

2000~2012年,新疆城乡人均文化消费与全国城乡地区差由1.2516扩大至1.4729,在31个省域里排序从第16位下降到第25位。其间,最小地区差为2000年1.2516,最大地区差为2009年1.5136。仅从图6中所列年度来看,地区差在2006年、2007年、2010~2012年出现缩减,其余年度均为扩增。"十五"以来,新疆城乡文化消费地区差扩大17.68%,地区差扩减变化状况处于31个省域里第28位。这意味着,新疆属于城乡文化消费地区差扩减变化态势很严重的省域之一。

新疆和全国两个方面城乡人均文化消费历年增长对比演算详见本文人均绝对值一节,此处侧重检验其间增长差异的具体情况。2000~2012年,新疆城乡人均文化消费年均增幅明显低于全国增幅3.23个百分点，新疆城乡文化消费需求与全国的地区差极显著扩大。

"十二五"头2年，新疆城乡人均文化消费年均增长高于自身"十五"年均增长10.26个百分点，也高于自身"十一五"年均增长5.15个百分点，同时较明显高于全国增幅1.93个百分点。此时，新疆城乡人均值低于全国城乡平均值，增长高于全国意味着地区差距缩小，与全国城乡地区差相对于2010年较明显缩小1.17%，地区差排序处于31个省域里第25位。

四 新疆城乡文化消费需求景气测评

综合以上分析："十五"以来新疆城乡文化消费总量年均增长较明显低于全国增长，人均值年均增长也明显低于全国平均增长；相关比值全面呈现较明显的下降态势，其中"十一五"期间与产值比、占收入比、占总消费比升降变化状况好于"十五"期间，其余比值升降变化状况不及"十五"期间；城乡比略有扩大，与全国城乡地区差极显著扩大。2000年以来新疆城乡文化消费需求景气指数变动态势见图7。

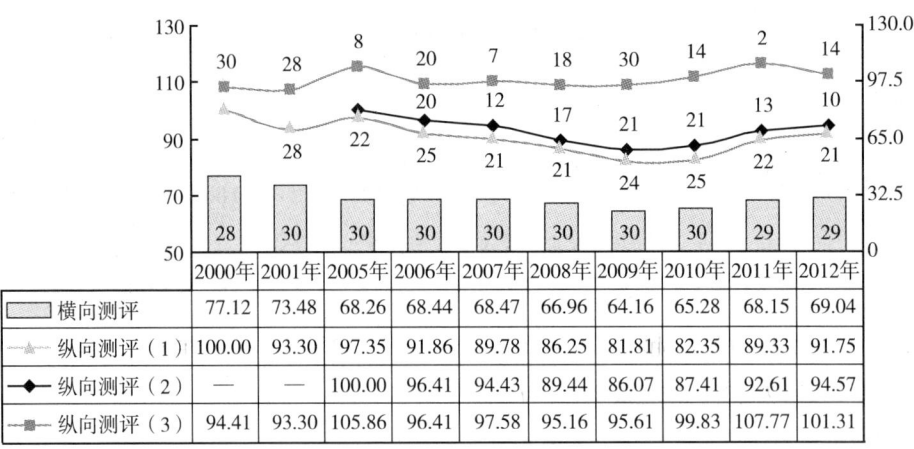

图7 新疆城乡文化消费需求景气指数变动态势

注：左轴柱形：横向测评（城乡、地区无差异理想值=100）；左轴曲线：纵向测评（起点年基数值=100），(1) 2000年起点，(2) 2005年起点；右轴曲线：纵向测评（3）上年起点。标明历年各项测评省域排行位次。

1. 各年度横向测评景气指数

以全国城乡文化消费总量份额值、人均绝对值、各项比值为基准,并以城乡之间、地区之间实现无差距状态为"理想值"100来衡量,2012年新疆城乡此项景气指数为69.04,低于理想值30.96,但高于上一年0.89。新疆城乡此项景气指数在31个省域里排行,2000年为第28位,2005年为第30位,2010年与之持平,2012年与上一年持平,皆为第29位。

2. "十五"以来纵向测评景气指数

以"九五"末年2000年为起点基数值100,2012年新疆城乡此项景气指数为91.75,低于2000年起点基数8.25,但高于上一年2.42。新疆城乡此项景气指数在31个省域里排行,2001年为第28位,2005年为第22位,2010年为第25位,2012年从上一年第22位上升为第21位。

3. "十一五"以来纵向测评景气指数

以"十五"末年2005年为起点基数值100,2012年新疆城乡此项景气指数为94.57,低于2005年起点基数5.43,但高于上一年1.96。新疆城乡此项景气指数在31个省域里排行,2006年为第20位,2010年为第21位,2012年从上一年第13位上升为第10位。

4. "十二五"以来纵向测评景气指数

以"十一五"末年2010年为起点基数值100,2012年新疆城乡此项景气指数为109.39,高于2010年起点基数9.39,也高于上一年1.62。新疆城乡此项景气指数在31个省域里排行,2011年为第2位,2012年与之持平。此项测评参见本书《省域城乡文化消费需求景气排行》一文。

5. 逐年度纵向测评景气指数

以上一年2011年为起点基数值100,2012年新疆城乡此项景气指数为101.31,高于2011年起点基数1.31。新疆城乡此项景气指数在31个省域里排行,2000年为第30位,2005年为第8位,2010年为第14位,2012年从上一年第2位下降为第14位。

B.10
青海："十一五"以来城乡景气提升第3位

邹建达*

摘　要：
2012年，青海城乡文化消费总量增长处于第23位，人均值增长处于第24位。景气评价排行结果：青海城乡在省域横向测评中，2012年景气指数处于第27位；在自身纵向测评中，2000～2012年景气指数处于第2位，2005～2012年景气指数处于第3位，2010～2012年景气指数处于第10位，2011～2012年景气指数处于第27位。

关键词：
青海城乡　文化消费　景气评价

本文充分展示2000～2012年间青海相关各方面的增长态势，全面分析检测青海城乡文化消费需求状况。

一　青海城乡文化消费需求增长状况

1. 文化消费总量份额值变化

2000年以来青海城乡文化消费总量增长、份额变化态势见图1。

2000～2012年，青海城乡文化消费总量由5.87亿元增高为26.64亿元，增加20.77亿元，12年间总增长353.83%，年均增长率13.43%，增长幅度处于31

---

* 邹建达，云南师范大学传媒学院常务副院长、教授，主要从事西部边疆民族历史研究。

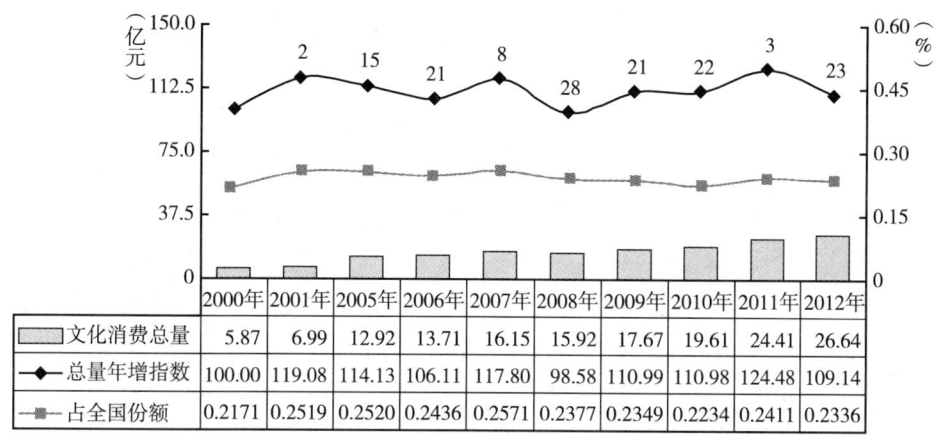

图 1 青海城乡文化消费总量增长、份额变化态势

注：左轴柱形：城乡文化消费总量（亿元）；左轴曲线：年度增长指数（上年 = 100，小于 100 为负增长），标明历年增长省域排序，2000 年起点不计；右轴曲线：占全国城乡份额（%）。

个省域里第 8 位。其中，"十五"期间年均增长 17.09%，"十一五"期间年均增长 8.70%，"十二五"头 2 年年均增长 16.55%；"十二五"头 2 年年均增幅高于"十一五"7.85 个百分点，低于"十五"0.54 个百分点。总量最高增长年度为 2002 年，增长率 46.07%；最低增长年度为 2008 年，负增长 1.42%。

同期，全国城乡文化消费总量年均增长率 12.74%，略微低于青海 0.69 个百分点。青海城乡文化消费总量占全国份额由 0.22% 升高为 0.23%，上升幅度为 7.60%，增长幅度和份额升降变化排序处于 31 个省域里第 8 位。

"十二五"头 2 年，全国城乡文化消费总量年均增长率 13.99%，青海城乡文化消费总量年均增长率 16.55%，明显高于全国 2.56 个百分点，占全国份额比 2010 年上升 4.57%。同时，青海总量增长低于自身"十五"年均增长 0.54 个百分点，但高于自身"十一五"年均增长 7.85 个百分点，增长幅度和占全国份额变化排序处于 31 个省域里第 23 位。

2. 文化消费人均绝对值增长

2000 年以来青海城乡人均文化消费增长、增幅变化态势见图 2。

2000～2012 年，青海城乡人均文化消费由 114.34 元增高为 466.91 元，增加 352.57 元，总增长 308.35%，年均增长 12.44%，增长幅度处于 31 个省域

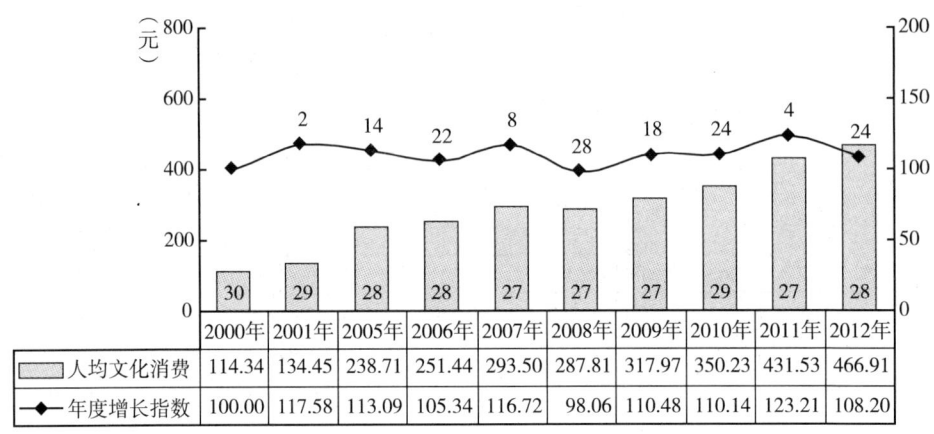

图2 青海城乡人均文化消费增长、增幅变化态势

注：左轴柱形：城乡人均文化消费（元）；右轴曲线：年度增长指数（上年＝100，小于100为负增长），标明历年增长省域排序，2000年起点不计。

里第8位。其中，"十五"期间人均值总增长108.77%，年均增长率15.86%；"十一五"期间人均值总增长46.72%，年均增长率7.97%。"十一五"年均增长率低于"十五"7.89个百分点。人均值最高增长年度为2002年，增长率44.27%；最低增长年度为2008年，负增长1.94%。

同期，全国城乡人均文化消费年均增长率12.11%，略微低于青海。青海城乡人均文化消费从全国城乡人均值的53.39%提高至55.29%（对照本文图6），人均绝对值在31个省域里排序由第30位提高为第28位。

"十二五"头2年，全国城乡人均文化消费年均增长率13.44%，青海增长率15.46%，明显高于全国，同时低于自身"十五"年均增长，但高于自身"十一五"年均增长，增长幅度排序处于31个省域里第24位。

二 青海城乡文化消费相关背景情况

2000年以来青海人均产值与城乡人均收入、消费（分为非文消费与文化消费）、积蓄关系态势见图3。

2000~2012年，青海人均产值年均增长16.82%；城乡人均收入年均增长

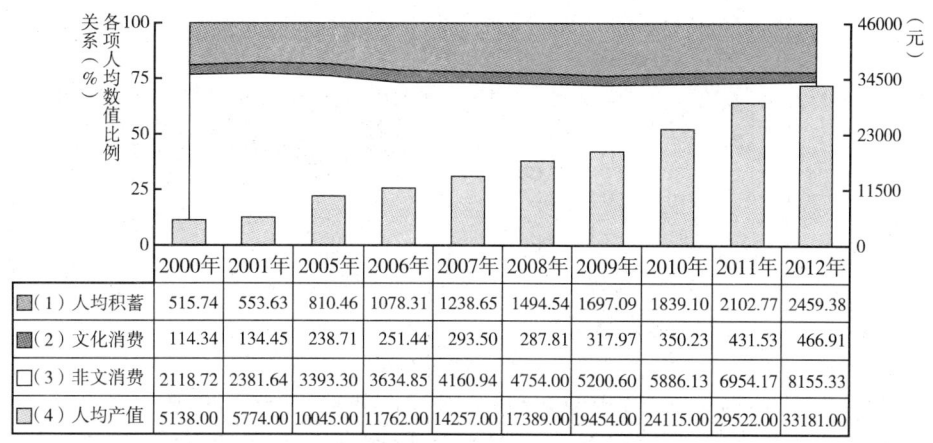

图 3 青海人均产值与城乡人均收入、消费、积蓄关系态势

注：左轴面积：城乡人均积蓄、文化消费、非文消费（元转换为%），（1）+（2）+（3）= 收入，（2）+（3）= 总消费，（1）+（2）= 非文消费剩余，各项数值历年升降呈直观比例；右轴柱形：人均产值（元）。

12.32%，显著低于产值增长 4.50 个百分点；人均总消费年均增长 11.92%，显著低于产值增长 4.90 个百分点，略低于收入增长 0.40 个百分点；人均积蓄年均增长 13.90%，明显低于产值增长 2.92 个百分点，较明显高于收入增长 1.58 个百分点，较明显高于总消费增长 1.98 个百分点；人均文化消费年均增长 12.44%，显著低于产值增长 4.38 个百分点，略高于收入增长 0.12 个百分点，略高于总消费增长 0.52 个百分点，较明显低于积蓄增长 1.46 个百分点。

"十二五"头 2 年，青海人均产值年均增长 17.30%，城乡人均收入年均增长 17.14%，人均总消费年均增长 17.58%，人均积蓄年均增长 15.64%，人均文化消费年均增长 15.46%。文化消费年均增幅低于产值增幅 1.84 个百分点，低于收入增幅 1.68 个百分点，低于总消费增幅 2.12 个百分点，低于积蓄增幅 0.18 个百分点。文化消费与诸方面关系比值全面呈现下降态势。

这一切在青海城乡人均文化消费相关比值分析演算中得到了体现。2000 年以来青海城乡文化消费比值变动态势见图 4。

1. 人均文化消费与人均产值的比例

2000~2012 年，青海城乡人均文化消费与人均产值的比例由 2.23% 降低至 1.41%，在 31 个省域里排序从第 24 位下降到第 27 位。仅从图 4 中所列年

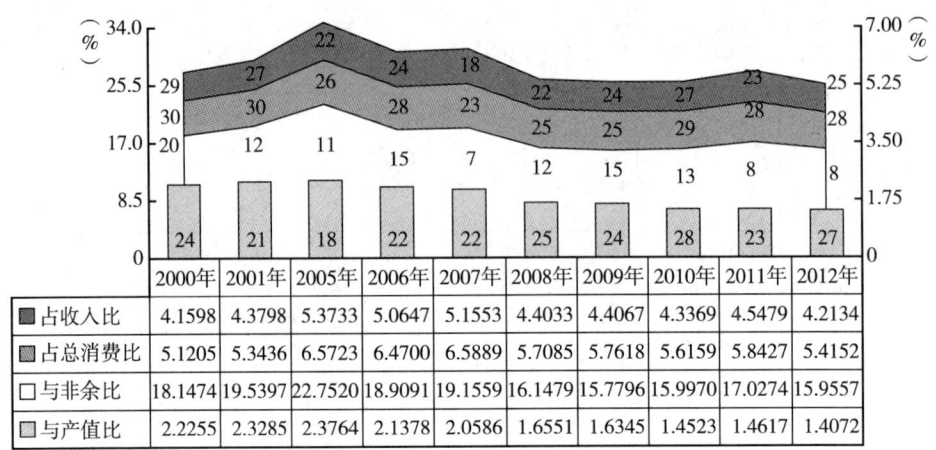

图4 青海城乡文化消费比值变动态势

注：左轴面积：城乡人均文化消费占收入比、占总消费比、与非文消费剩余（图例简称"非余"）比（%），各项比值历年升降呈直观比例叠加；右轴柱形：城乡人均文化消费与产值比（%）。标明历年各项比值省域排序。

度来看，此项比值在2001年、2005年、2011年出现增高，其余年度均为降低。"十五"以来，青海城乡此项比值下降36.77%，升降变化程度处于31个省域里第17位。

分阶段看，青海城乡此项比值在"十五"期间提高0.15个百分点；在"十一五"期间降低0.92个百分点。"十二五"头2年，青海城乡此项比值降低0.05个百分点，降幅为3.11%，文化消费需求增长与经济发展的协调性比2010年略有下降。其间，最高值为2002年2.99%，最低值为2012年1.41%。

2. 人均文化消费占人均收入的比重

2000~2012年，青海城乡人均文化消费占人均收入的比重由4.16%提高至4.21%，在31个省域里排序从第29位上升到第25位。仅从图4中所列年度来看，此项比值在2001年、2005年、2007年、2009年、2011年出现增高，其余年度均为降低。"十五"以来，青海城乡此项比值上升1.29%，升降变化程度处于31个省域里第5位。

分阶段看，青海城乡此项比值在"十五"期间提高1.21个百分点；在"十一五"期间降低1.04个百分点。"十二五"头2年，青海城乡此项比值降低0.12个百分点,降幅为2.85%,文化消费需求增长与收入增高的协调性比2010年略有下降。其间,最高值为2002年5.89%,最低值为2000年4.16%。

3. 人均文化消费占人均总消费的比重

2000~2012年,青海城乡人均文化消费占人均总消费的比重由5.12%提高至5.42%,在31个省域里排序从第30位上升到第28位。仅从图4中所列年度来看,此项比值在2001年、2005年、2007年、2009年、2011年出现增高,其余年度均为降低。"十五"以来,青海城乡此项比值上升5.76%,升降变化程度处于31个省域里第9位。

分阶段看,青海城乡此项比值在"十五"期间提高1.45个百分点;在"十一五"期间降低0.96个百分点。"十二五"头2年,青海城乡此项比值降低0.20个百分点,降幅为3.57%,文化消费需求增长与总消费增加的协调性比2010年较明显下降。其间,最高值为2002年7.17%,最低值为2000年5.12%。

4. 人均文化消费与人均非文消费剩余的比例

2000~2012年,青海城乡人均文化消费与人均非文消费剩余的比例由18.15%降低至15.96%,由于其他省域此项比值降低更加明显,青海从第20位上升到第8位。仅从图4中所列年度来看,此项比值在2001年、2005年、2007年、2010年、2011年出现增高,其余年度均为降低。"十五"以来,青海城乡此项比值下降12.08%,升降变化程度处于31个省域里第4位。

分阶段看,青海城乡此项比值在"十五"期间提高4.60个百分点;在"十一五"期间降低6.76个百分点。"十二五"头2年,青海城乡此项比值降低0.04个百分点,降幅为0.26%,文化消费需求增长与"必需消费"之外"余钱"增多的协调性比2010年略有下降。其间,最高值为2002年24.81%,最低值为2009年15.78%。

三 青海文化消费城乡、区域协调状况

1. 人均文化消费城乡比

2000年以来青海人均文化消费城乡比变动态势见图5。

2000~2012年,青海人均文化消费城乡比由2.2880扩大至2.3835,由于

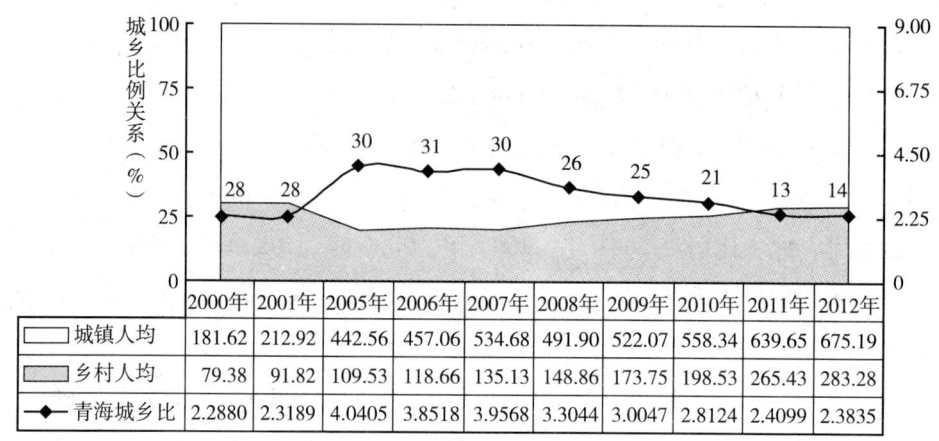

图 5　青海人均文化消费城乡比变动态势

注：左轴面积：城镇、乡村人均文化消费（元转换为%），城乡间历年升降呈直观比例关系；
右轴曲线：人均文化消费城乡比（乡村=1），标明历年城乡比省域排序。

其他省域文化消费城乡比扩大更为严重，青海城乡比在31个省域里排序从第28位上升到第14位。其间，最小城乡比为2000年2.2880，最大城乡比为2005年4.0405。仅从图5中所列年度来看，城乡比在2006年、2008~2012年出现缩减，其余年度均为扩增。"十五"以来，青海文化消费城乡比扩大4.17%，城乡比扩减变化状况处于31个省域里第4位。这意味着，青海属于文化消费城乡比扩减变化态势较好的省域之一。

青海文化消费城乡比发生变动，同时受到自身城镇与乡村两个方面的动态影响。同期，青海城镇人均文化消费由181.62元增高为675.19元，增加493.57元，12年间总增长271.76%，年均增长率11.56%。城镇人均值最高增长年度为2002年，增长率62.71%；最低增长年度为2008年，负增长8.00%。乡村人均文化消费由79.38元增高为283.28元，增加203.90元，12年间总增长256.87%，年均增长率11.18%。乡村人均值最高增长年度为2000年，增长率58.22%；最低增长年度为2004年，负增长17.90%。此间，青海城镇人均文化消费需求年均增长略微高于乡村年均增长0.38个百分点，导致青海文化消费需求的城乡比略有扩大。

"十二五"头2年，青海城镇人均文化消费年均增长率9.97%，低于"十五"9.53个百分点,但高于"十一五"5.21个百分点;乡村人均文化消费年均增长率19.45%,高于"十五"12.80个百分点,也高于"十一五"6.82个百分点。此时,青海城镇人均值高于乡村,城镇年度增幅极显著低于乡村增幅9.48个百分点,意味着城乡差距缩小。青海文化消费城乡比相对于2010年显著缩小15.25%,城乡比排序处于31个省域里第14位。

2. 城乡人均文化消费地区差

2000年以来青海城乡人均文化消费与全国地区差变动态势见图6。

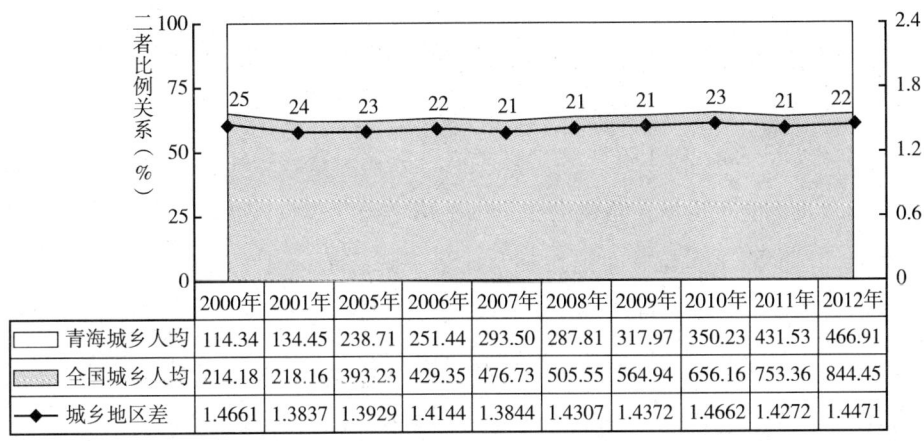

图6 青海城乡人均文化消费与全国地区差变动态势

注:左轴面积:城乡人均文化消费(元转换为%),当地与全国数值历年升降呈直观比例关系;右轴曲线:城乡人均文化消费地区差(无差距=1),标明历年地区差省域排序。

2000~2012年,青海城乡人均文化消费与全国城乡地区差由1.4661缩小至1.4471,在31个省域里排序从第25位上升到第22位。其间,最小地区差为2003年1.3171,最大地区差为2010年1.4662。仅从图6中所列年度来看,地区差在2001年、2007年、2011年出现缩减,其余年度均为扩增。"十五"以来,青海城乡文化消费地区差缩小1.30%,地区差扩减变化状况处于31个省域里第11位。这意味着,青海属于城乡文化消费地区差扩减变化态势良好的省域之一。

青海城乡文化消费地区差发生变动,同时受到自身与全国两个方面的动态影响。青海和全国两个方面城乡人均文化消费历年增长对比演算详见本文人均绝对值一节,此处侧重检验其间增长差异的具体情况。2000~2012年,青海城乡人均文化消费年均增幅略微高于全国增幅0.33个百分点,青海城乡文化消费需求与全国的地区差较明显缩小。

"十二五"头2年,青海城乡人均文化消费年均增长低于自身"十五"年均增长0.40个百分点,但高于自身"十一五"年均增长7.49个百分点,同时明显高于全国增幅2.02个百分点。此时,青海城乡人均值低于全国城乡平均值,增长高于全国意味着地区差距缩小,与全国城乡地区差相对于2010年较明显缩小1.30%,地区差排序处于31个省域里第22位。

四 青海城乡文化消费需求景气测评

综合以上分析:"十五"以来青海城乡文化消费总量年均增长略微高于全国增长,人均值年均增长略微高于全国平均增长;占收入比、占总消费比呈提升态势,与产值比、与非文消费剩余比呈下降态势,其中"十一五"期间各项比值升降变化状况全面不及"十五"期间;城乡比略有扩大,与全国城乡地区差较明显缩小。这些都集中体现在青海城乡文化消费需求景气指数的测评演算中。2000年以来青海城乡文化消费需求景气指数变动态势见图7。

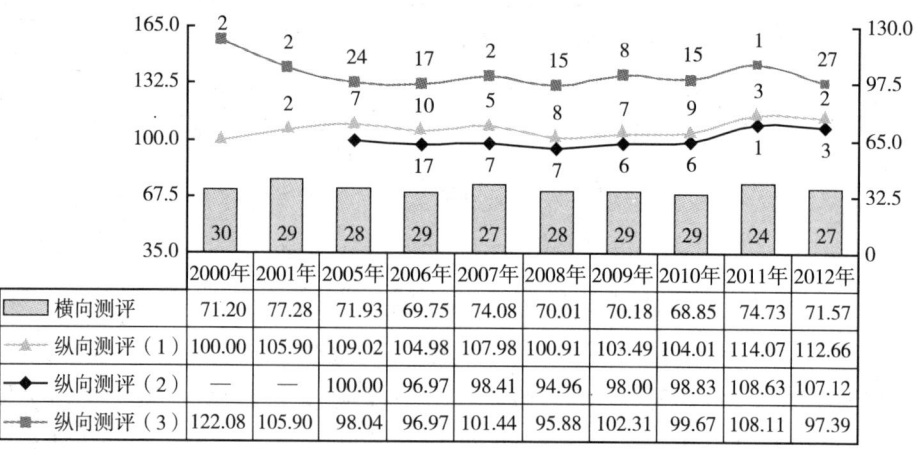

图7 青海城乡文化消费需求景气指数变动态势

注:左轴柱形:横向测评(城乡、地区无差异理想值=100);左轴曲线:纵向测评(起点年基数值=100),(1)2000年起点,(2)2005年起点;右轴曲线:纵向测评(3)上年起点。标明历年各项测评省域排行位次。

1. 各年度横向测评景气指数

以全国城乡文化消费总量份额值、人均绝对值、各项比值为基准,并以城乡之间、地区之间实现无差距状态为"理想值"100来衡量,2012年青海城乡此项景气指数为71.57,低于理想值28.43,也低于上一年3.16。青海城乡此项景气指数在31个省域里排行,2000年为第30位,2005年为第28位,2010年为第29位,2012年从上一年第24位下降为第27位。

2. "十五"以来纵向测评景气指数

以"九五"末年2000年为起点基数值100,2012年青海城乡此项景气指数为112.66,高于2000年起点基数12.66,但低于上一年1.41。青海城乡此项景气指数在31个省域里排行,2001年为第2位,2005年为第7位,2010年为第9位,2012年从上一年第3位上升为第2位。

3. "十一五"以来纵向测评景气指数

以"十五"末年2005年为起点基数值100,2012年青海城乡此项景气指数为107.12,高于2005年起点基数7.12,但低于上一年1.51。青海城乡此项景气指数在31个省域里排行,2006年为第17位,2010年为第6位,2012年从上一年第1位下降为第3位。

4. "十二五"以来纵向测评景气指数

以"十一五"末年2010年为起点基数值100,2012年青海城乡此项景气指数为105.49,高于2010年起点基数5.49,但低于上一年2.62。青海城乡此项景气指数在31个省域里排行,2011年为第1位,2012年下降为第10位。此项测评制表不便,仅以文字阐述,参见本书《省域城乡文化消费需求景气排行》一文。

5. 逐年度纵向测评景气指数

以上一年2011年为起点基数值100,2012年青海城乡此项景气指数为97.39,低于2011年起点基数2.61。青海城乡此项景气指数在31个省域里排行,2000年为第2位,2005年为第24位,2010年为第15位,2012年从上一年第1位下降为第27位。

B.11
辽宁:"十五"以来城乡景气提升第3位

魏海燕*

摘　要:

2012年,辽宁城乡文化消费总量增长处于第9位,人均值增长处于第9位。景气评价排行结果:辽宁城乡在省域横向测评中,2012年景气指数处于第10位;在自身纵向测评中,2000~2012年景气指数处于第3位,2005~2012年景气指数处于第11位,2010~2012年景气指数处于第24位,2011年和2012年景气指数处于第24位。

关键词:

辽宁城乡　文化消费　景气评价

一　辽宁城乡文化消费需求增长状况

1. 文化消费总量份额值变化

2000年以来辽宁城乡文化消费总量增长、份额变化态势见图1。

2000~2012年,辽宁城乡文化消费总量由75.82亿元增高为378.00亿元,增加302.18亿元,12年间总增长398.55%,年均增长率14.33%,增长幅度处于31个省域里第5位。其中,"十五"期间年均增长13.87%,"十一五"期间年均增长14.59%,"十二五"头2年年均增长14.81%;"十二五"头2年年均增幅高于"十一五"0.22个百分点,高于"十五"0.94个百分点。总

---

* 魏海燕,云南省政协信息中心主任编辑,主要从事传媒信息分析研究。

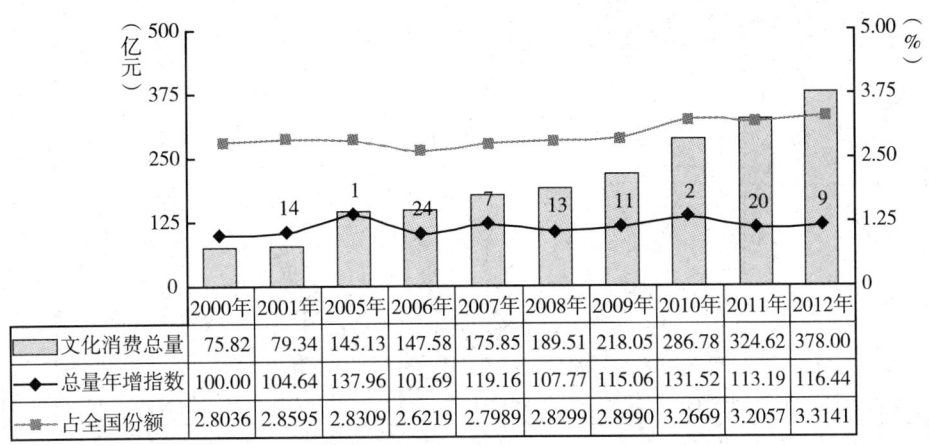

图 1　辽宁城乡文化消费总量增长、份额变化态势

注：左轴柱形：城乡文化消费总量（亿元）；左轴曲线：年度增长指数（上年 = 100），标明历年增长省域排序，2000 年起点不计；右轴曲线：占全国城乡份额（%）。

量最高增长年度为2005年，增长率37.96%；最低增长年度为2004年，增长率0.63%。

同期，全国城乡文化消费总量年均增长率12.74%，较明显低于辽宁1.59个百分点。辽宁城乡文化消费总量占全国份额由2.80%升高为3.31%，上升幅度为18.19%，增长幅度和份额升降变化排序处于31个省域里第5位。

"十二五"头2年，全国城乡文化消费总量年均增长率13.99%，辽宁城乡文化消费总量年均增长率14.81%，略微高于全国0.82个百分点，占全国份额比2010年上升1.45%。同时，辽宁总量增长高于自身"十五"年均增长0.94个百分点，也高于自身"十一五"年均增长0.22个百分点，增长幅度和占全国份额变化排序处于31个省域里第9位。

2. 文化消费人均绝对值增长

2000年以来辽宁城乡人均文化消费增长、增幅变化态势见图2。

2000~2012年，辽宁城乡人均文化消费由181.51元增高为861.84元，增加680.33元，总增长374.82%，年均增长13.86%，增长幅度处于31个省域里第2位。其中，"十五"期间人均值总增长89.52%，年均增长率13.64%；

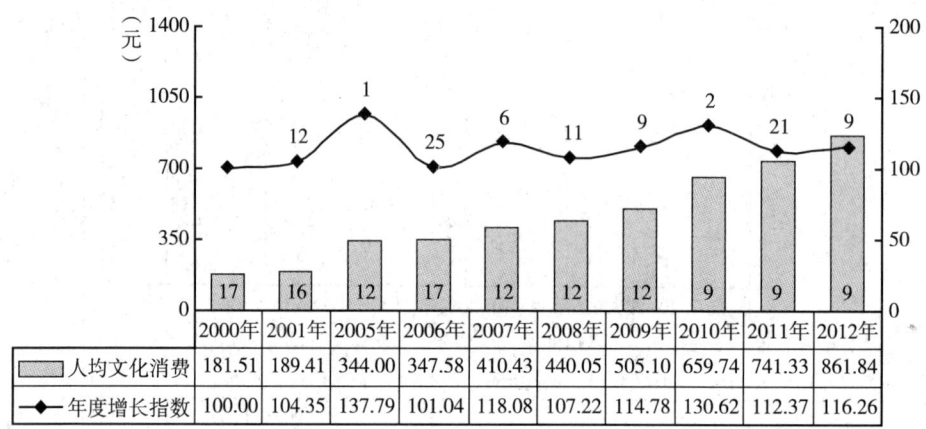

图2 辽宁城乡人均文化消费增长、增幅变化态势

注：左轴柱形：城乡人均文化消费（元）；右轴曲线：年度增长指数（上年＝100），标明历年增长省域排序，2000年起点不计。

"十一五"期间人均值总增长91.78%，年均增长率13.91%。"十一五"年均增长率高于"十五"0.27个百分点。人均值最高增长年度为2005年，增长率37.79%；最低增长年度为2004年，增长率0.46%。

同期，全国城乡人均文化消费年均增长率12.11%，较明显低于辽宁。辽宁城乡人均文化消费从全国城乡人均值的84.75%提高至102.06%（对照本文图6），人均绝对值在31个省域里排序由第17位提高为第9位。

"十二五"头2年，全国城乡人均文化消费年均增长率13.44%，辽宁增长率14.29%，略微高于全国，同时高于自身"十五"年均增长，也高于自身"十一五"年均增长，增长幅度排序处于31个省域里第9位。

二 辽宁城乡文化消费相关背景情况

2000年以来辽宁人均产值与城乡人均收入、消费（分为非文消费与文化消费）、积蓄关系态势见图3。

2000~2012年，辽宁人均产值年均增长14.48%；城乡人均收入年均增长13.62%，略低于产值增长0.86个百分点；人均总消费年均增长12.44%，明显低于产值增长2.04个百分点，较明显低于收入增长1.18个百分点；人

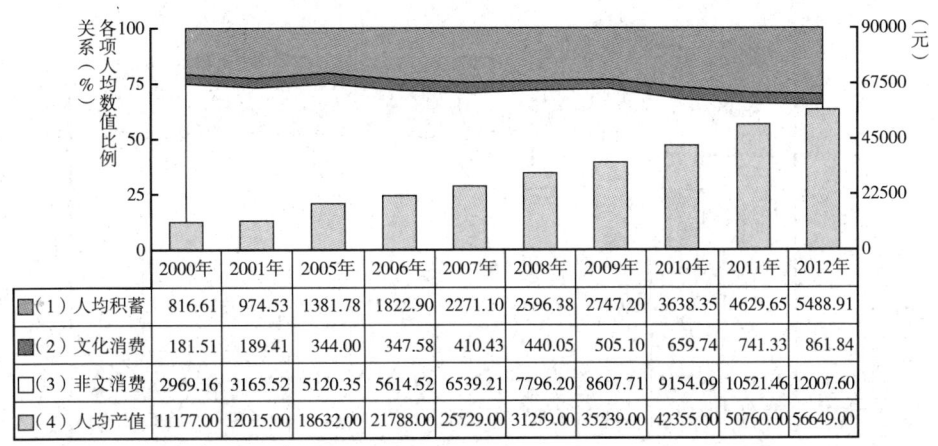

图 3 辽宁人均产值与城乡人均收入、消费、积蓄关系态势

注：左轴面积：城乡人均积蓄、文化消费、非文消费（元转换为%），（1）+（2）+（3）=收入，（2）+（3）=总消费，（1）+（2）=非文消费剩余，各项数值历年升降呈直观比例；右轴柱形：人均产值（元）。

均积蓄年均增长 17.21%，明显高于产值增长 2.73 个百分点，明显高于收入增长 3.59 个百分点，显著高于总消费增长 4.77 个百分点；人均文化消费年均增长 13.86%，略低于产值增长 0.62 个百分点，略高于收入增长 0.24 个百分点，较明显高于总消费增长 1.42 个百分点，明显低于积蓄增长 3.35 个百分点。

"十二五"头 2 年，辽宁人均产值年均增长 15.65%，城乡人均收入年均增长 16.82%，人均总消费年均增长 14.51%，人均积蓄年均增长 22.83%，人均文化消费年均增长 14.29%。文化消费年均增幅低于产值增幅 1.36 个百分点，低于收入增幅 2.53 个百分点，低于总消费增幅 0.22 个百分点，低于积蓄增幅 8.54 个百分点。文化消费与诸方面关系比值全面呈现下降态势。

2000 年以来辽宁城乡文化消费比值变动态势见图 4。

1. 人均文化消费与人均产值的比例

2000~2012 年，辽宁城乡人均文化消费与人均产值的比例由 1.62% 降低至 1.52%，由于其他省域此项比值降低更加明显，辽宁从第 30 位上升到第 24 位。仅从图 4 中所列年度来看，此项比值在 2005 年、2009 年、2010 年、2012

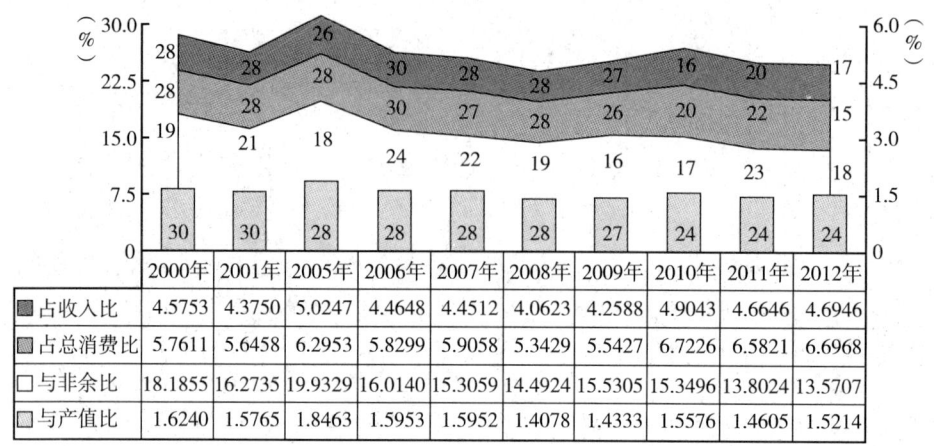

图4 辽宁城乡文化消费比值变动态势

注：左轴面积：城乡人均文化消费占收入比、占总消费比、与非文消费剩余（图例简称"非余"）比（%），各项比值历年升降呈直观比例叠加；右轴柱形：城乡人均文化消费与产值比（%）。标明历年各项比值省域排序。

年出现增高，其余年度均为降低。"十五"以来，辽宁城乡此项比值下降6.32%，升降变化程度处于31个省域里第4位。

分阶段看，辽宁城乡此项比值在"十五"期间提高0.22个百分点；在"十一五"期间降低0.29个百分点。"十二五"头2年，辽宁城乡此项比值降低0.04个百分点，降幅为2.32%，文化消费需求增长与经济发展的协调性比2010年略有下降。其间，最高值为2005年1.85%，最低值为2008年1.41%。

2. 人均文化消费占人均收入的比重

2000～2012年，辽宁城乡人均文化消费占人均收入的比重由4.58%提高至4.69%，在31个省域里排序从第28位上升到第17位。仅从图4中所列年度来看，此项比值在2005年、2009年、2010年、2012年出现增高，其余年度均为降低。"十五"以来，辽宁城乡此项比值上升2.61%，升降变化程度处于31个省域里第4位。

分阶段看，辽宁城乡此项比值在"十五"期间提高0.45个百分点；在"十一五"期间降低0.12个百分点。"十二五"头2年，辽宁城乡此项比值降低0.21个百分点，降幅为4.28%，文化消费需求增长与收入增高的协调性比2010年较明显下降。其间,最高值为2005年5.02%,最低值为2008年4.06%。

3. 人均文化消费占人均总消费的比重

2000~2012年,辽宁城乡人均文化消费占人均总消费的比重由5.76%提高至6.70%,在31个省域里排序从第28位上升到第15位。仅从图4中所列年度来看,此项比值在2005年、2007年、2009年、2010年、2012年出现增高,其余年度均为降低。"十五"以来,辽宁城乡此项比值上升16.24%,升降变化程度处于31个省域里第5位。

分阶段看,辽宁城乡此项比值在"十五"期间提高0.53个百分点;在"十一五"期间提高0.43个百分点。"十二五"头2年,辽宁城乡此项比值降低0.03个百分点,降幅为0.38%,文化消费需求增长与总消费增加的协调性比2010年略有下降。其间,最高值为2010年6.72%,最低值为2008年5.34%。

4. 人均文化消费与人均非文消费剩余的比例

2000~2012年,辽宁城乡人均文化消费与人均非文消费剩余的比例由18.19%降低至13.57%,由于其他省域此项比值降低更加明显,辽宁从第19位上升到第18位。仅从图4中所列年度来看,此项比值在2005年、2009年出现增高,其余年度均为降低。"十五"以来,辽宁城乡此项比值下降25.38%,升降变化程度处于31个省域里第14位。

分阶段看,辽宁城乡此项比值在"十五"期间提高1.75个百分点;在"十一五"期间降低4.58个百分点。"十二五"头2年,辽宁城乡此项比值降低1.78个百分点,降幅为11.59%,文化消费需求增长与"必需消费"之外"余钱"增多的协调性比2010年极显著下降。其间,最高值为2005年19.93%,最低值为2012年13.57%。

三 辽宁文化消费城乡、区域协调状况

1. 人均文化消费城乡比

2000年以来辽宁人均文化消费城乡比变动态势见图5。

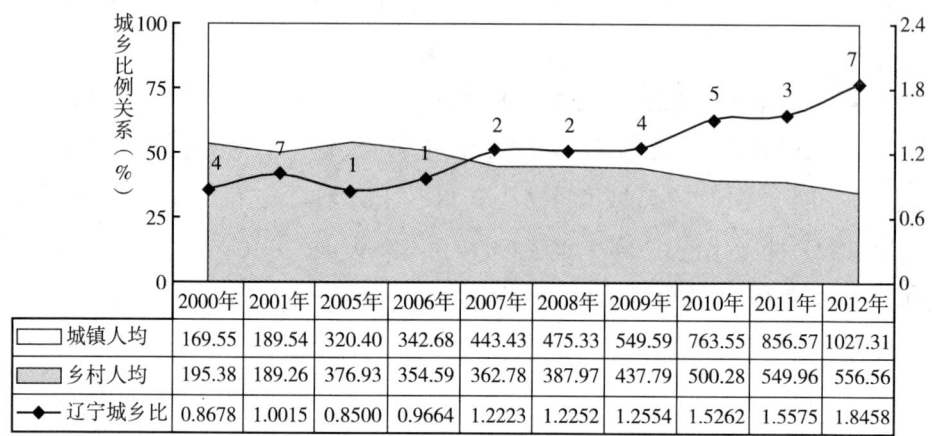

图 5　辽宁人均文化消费城乡比变动态势

注：左轴面积：城镇、乡村人均文化消费（元转换为%），城乡间历年升降呈直观比例关系；右轴曲线：人均文化消费城乡比（乡村=1，小于1为"城乡倒挂"，即城镇人均值低于乡村），标明历年城乡比省域排序。

2000~2012年，辽宁人均文化消费城乡比由0.8678扩大至1.8458，在31个省域里排序从第4位下降到第7位。其间，最小城乡比为2005年0.8500，最大城乡比为2012年1.8458。仅从图5中所列年度来看，城乡比在2005年出现缩减，其余年度均为扩增。"十五"以来，辽宁文化消费城乡比扩大112.70%，城乡比扩减变化状况处于31个省域里第22位。这意味着，辽宁属于文化消费城乡比扩减变化态势很严重的省域之一。

同期，辽宁城镇人均文化消费由169.55元增高为1027.31元，增加857.76元，12年间总增长505.90%，年均增长率16.20%。城镇人均值最高增长年度为2002年，增长率39.03%；最低增长年度为2004年，增长率0.72%。乡村人均文化消费由195.38元增高为556.56元，增加361.18元，12年间总增长184.86%，年均增长率9.12%。乡村人均值最高增长年度为2005年，增长率72.94%；最低增长年度为2006年，负增长5.93%。此间，辽宁城镇人均文化消费需求年均增长极显著高于乡村年均增长7.08个百分点，导致辽宁文化消费需求的城乡比极显著扩大。

"十二五"头2年，辽宁城镇人均文化消费年均增长率15.99%，高于

"十五"2.42个百分点,但低于"十一五"2.98个百分点;乡村人均文化消费年均增长率5.47%,低于"十五"8.57个百分点,也低于"十一五"0.36个百分点。此时,辽宁城镇人均值高于乡村,城镇年度增幅极显著高于乡村增幅10.52个百分点,意味着城乡差距扩大。辽宁文化消费城乡比相对于2010年极显著扩大20.94%,城乡比排序处于31个省域里第7位。

2. 城乡人均文化消费地区差

2000年以来辽宁城乡人均文化消费与全国地区差变动态势见图6。

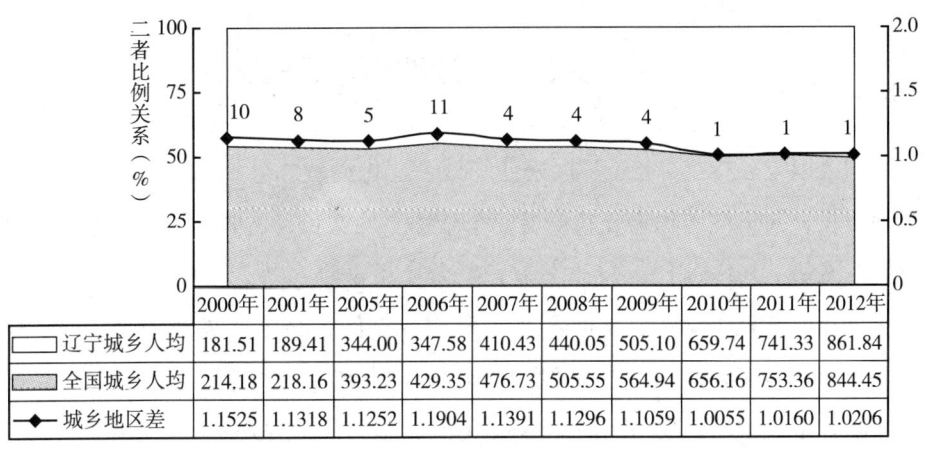

图6 辽宁城乡人均文化消费与全国地区差变动态势

注:左轴面积:城乡人均文化消费(元转换为%),当地与全国数值历年升降呈直观比例关系;右轴曲线:城乡人均文化消费地区差(无差距=1),标明历年地区差省域排序。

2000~2012年,辽宁城乡人均文化消费与全国城乡地区差由1.1525缩小至1.0206,在31个省域里排序从第10位上升到第1位。其间,最小地区差为2010年1.0055,最大地区差为2004年1.2672。仅从图6中所列年度来看,地区差在2001年、2005年、2007~2010年出现缩减,其余年度均为扩增。"十五"以来,辽宁城乡文化消费地区差缩小11.44%,地区差扩减变化状况处于31个省域里第2位。这意味着,辽宁属于城乡文化消费地区差扩减变化态势良好的省域之一。

辽宁和全国两个方面城乡人均文化消费历年增长对比演算详见本文人均绝对值一节,此处侧重检验其间增长差异的具体情况。2000~2012年,辽宁城乡人均文化消费年均增幅较明显高于全国增幅1.75个百分点，辽宁城乡文化消费需求与全国的地区差显著缩小。

"十二五"头2年，辽宁城乡人均文化消费年均增长高于自身"十五"年均增长0.65个百分点，也高于自身"十一五"年均增长0.38个百分点，同时略微高于全国增幅0.85个百分点。此时，辽宁城乡人均值高于全国城乡平均值，增长高于全国意味着地区差距扩大，与全国城乡地区差相对于2010年较明显扩大1.50%，地区差排序处于31个省域里第1位。

四 辽宁城乡文化消费需求景气测评

综合以上分析："十五"以来辽宁城乡文化消费总量年均增长较明显高于全国增长，人均值年均增长较明显高于全国平均增长；占收入比、占总消费比呈提升态势，与产值比、与非文消费剩余比呈下降态势，其中"十一五"期间各项比值升降变化状况全面不及"十五"期间；城乡比极显著扩大，与全国城乡地区差显著缩小。这些都集中体现在辽宁城乡文化消费需求景气指数的测评演算中。2000年以来辽宁城乡文化消费需求景气指数变动态势见图7。

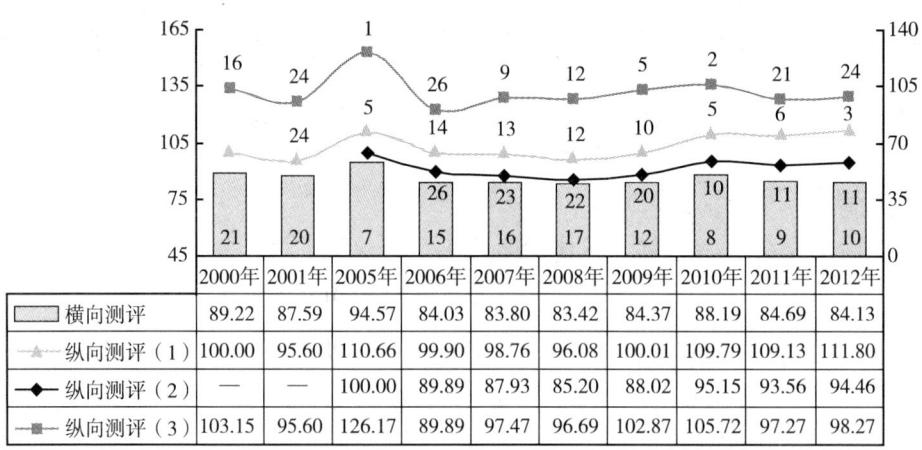

图7 辽宁城乡文化消费需求景气指数变动态势

注：左轴柱形：横向测评（城乡、地区无差异理想值=100）；左轴曲线：纵向测评（起点年基数值=100），（1）2000年起点，（2）2005年起点；右轴曲线：纵向测评（3）上年起点。标明历年各项测评省域排行位次。

1. 各年度横向测评景气指数

以全国城乡文化消费总量份额值、人均绝对值、各项比值为基准,并以城乡之间、地区之间实现无差距状态为"理想值"100来衡量,2012年辽宁城乡此项景气指数为84.13,低于理想值15.87,也低于上一年0.56。辽宁城乡此项景气指数在31个省域里排行,2000年为第21位,2005年为第7位,2010年为第8位,2012年从上一年第9位下降为第10位。

2. "十五"以来纵向测评景气指数

以"九五"末年2000年为起点基数值100,2012年辽宁城乡此项景气指数为111.80,高于2000年起点基数11.80,也高于上一年2.67。辽宁城乡此项景气指数在31个省域里排行,2001年为第24位,2005年为第5位,2010年与之持平,2012年从上一年第6位上升为第3位。

3. "十一五"以来纵向测评景气指数

以"十五"末年2005年为起点基数值100,2012年辽宁城乡此项景气指数为94.46,低于2005年起点基数5.54,但高于上一年0.90。辽宁城乡此项景气指数在31个省域里排行,2006年为第26位,2010年为第10位,2012年与上一年持平,皆为第11位。

4. "十二五"以来纵向测评景气指数

以"十一五"末年2010年为起点基数值100,2012年辽宁城乡此项景气指数为95.70,低于2010年起点基数4.30,也低于上一年1.57。辽宁城乡此项景气指数在31个省域里排行,2011年为第21位,2012年下降为第24位。此项测评参见本书《省域城乡文化消费需求景气排行》一文。

5. 逐年度纵向测评景气指数

以上一年2011年为起点基数值100,2012年辽宁城乡此项景气指数为98.27,低于2011年起点基数1.73。辽宁城乡此项景气指数在31个省域里排行,2000年为第16位,2005年为第1位,2010年为第2位,2012年从上一年第21位下降为第24位。

省域城镇篇

Reports on City-towns Among Provinces

B.12
江苏：2012年横向测评城镇景气保持首位

李宇峰*

摘　要： 2012年，江苏城镇文化消费总量增长处于第5位，人均值增长处于第5位。景气评价排行结果：江苏城镇在省域横向测评中，2012年景气指数处于第1位；在自身纵向测评中，2000~2012年景气指数处于第2位，2005~2012年景气指数处于第1位，2010~2012年景气指数处于第3位，2011~2012年景气指数处于第9位。

关键词： 江苏城镇　文化消费　景气评价

---

* 李宇峰，云南师范大学传媒学院讲师，主要从事新闻社会学研究。

本文充分展示2000~2012年间江苏相关各方面的增长态势，全面分析检测江苏城镇文化消费需求状况。

一 江苏城镇文化消费需求增长状况

1. 文化消费总量份额值变化

2000年以来江苏城镇文化消费总量增长、份额变化态势见图1。

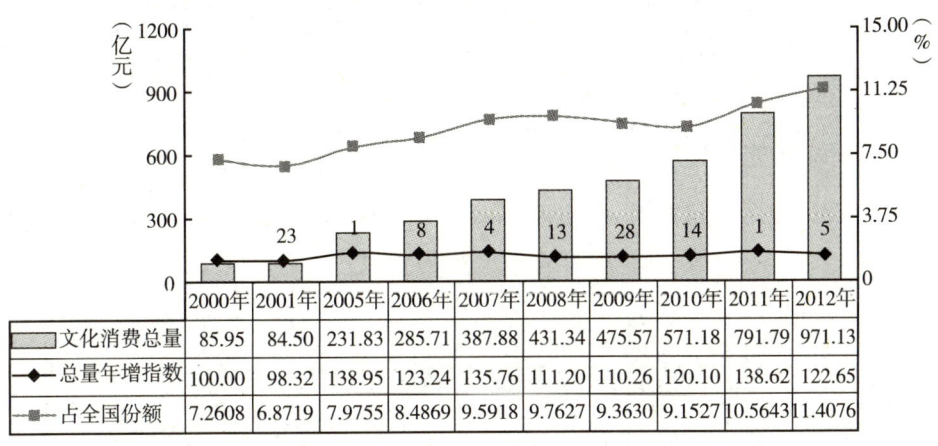

图1 江苏城镇文化消费总量增长、份额变化态势

注：左轴柱形：城镇文化消费总量（亿元）；左轴曲线：年度增长指数（上年=100，小于100为负增长），标明历年增长省域排序，2000年起点不计；右轴曲线：占全国城镇份额（%）。

2000~2012年，江苏城镇文化消费总量由85.95亿元增高为971.13亿元，增加885.18亿元，12年间总增长1029.88%，年均增长率22.39%，增长幅度处于31个省域里第2位。其中，"十五"期间年均增长21.95%，"十一五"期间年均增长19.76%，"十二五"头2年年均增长30.39%；"十二五"头2年年均增幅高于"十一五"10.63个百分点，高于"十五"8.44个百分点。总量最高增长年度为2002年，增长率51.90%；最低增长年度为2001年，负增长1.68%。

同期，全国城镇文化消费总量年均增长率17.87%，显著低于江苏4.52个百分点。江苏城镇文化消费总量占全国份额由7.26%升高为11.41%，上升幅度为57.11%，增长幅度和份额升降变化排序处于31个省域里第2位。

"十二五"头2年，全国城镇文化消费总量年均增长率16.80%，江苏城镇文化消费总量年均增长率30.39%，极显著高于全国13.59个百分点，占全国份额比2010年上升24.64%。同时，江苏总量增长高于自身"十五"年均增长8.44个百分点，也高于自身"十一五"年均增长10.63个百分点，增长幅度和占全国份额变化排序处于31个省域里第5位。

2. 文化消费人均绝对值增长

2000年以来江苏城镇人均文化消费增长、增幅变化态势见图2。

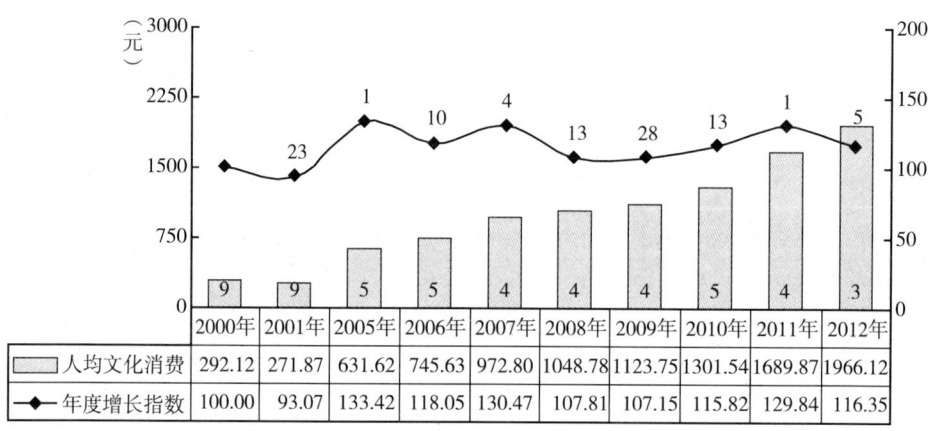

图2 江苏城镇人均文化消费增长、增幅变化态势

注：左轴柱形：城镇人均文化消费（元）；右轴曲线：年度增长指数（上年=100，小于100为负增长），标明历年增省域排序，2000年起点不计。

2000~2012年，江苏城镇人均文化消费由292.12元增高为1966.12元，增加1674.00元，总增长573.05%，年均增长17.22%，增长幅度处于31个省域里第1位。其中，"十五"期间人均值总增长116.22%，年均增长率16.68%；"十一五"期间人均值总增长106.06%，年均增长率15.56%。"十一五"年均增长率低于"十五"1.12个百分点。人均值最高增长年度为2002年，增长率45.48%；最低增长年度为2001年，负增长6.93%。

同期，全国城镇人均文化消费年均增长率13.55%，明显低于江苏。江苏城镇人均文化消费从全国城镇人均值的110.62%提高至161.97%（对照本文

图5），人均绝对值在31个省域里排序由第9位提高为第3位。

"十二五"头2年，全国城镇人均文化消费年均增长率12.08%，江苏增长率22.91%，极显著高于全国，同时高于自身"十五"年均增长，也高于自身"十一五"年均增长，增长幅度排序处于31个省域里第5位。

二 江苏城镇文化消费相关背景情况

2000年以来江苏人均产值与城镇人均收入、消费（分为非文消费与文化消费）、积蓄关系态势见图3。

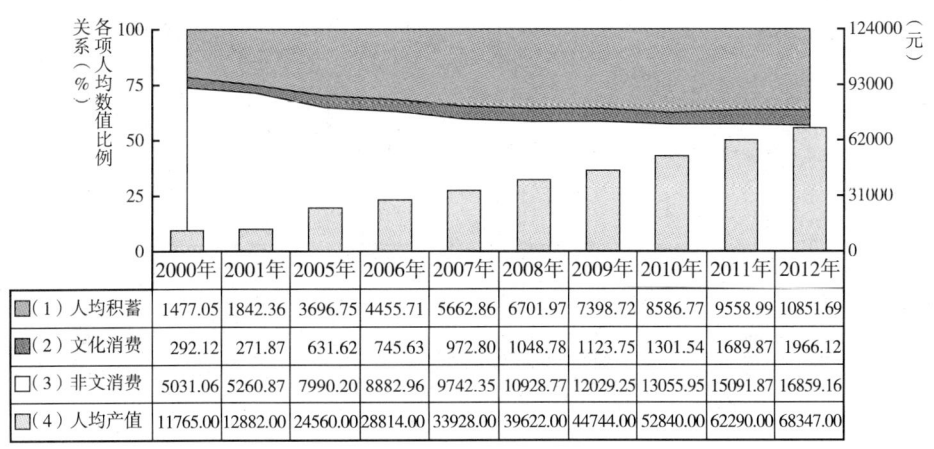

图3 江苏人均产值与城镇人均收入、消费、积蓄关系态势

注：左轴面积：城镇人均积蓄、文化消费、非文消费（元转换为%），（1）+（2）+（3）=收入，（2）+（3）=总消费，（1）+（2）=非文消费剩余，各项数值历年升降呈直观比例；右轴柱形：人均产值（元）。

2000～2012年，江苏人均产值年均增长15.79%；城镇人均收入年均增长13.06%，明显低于产值增长2.73个百分点；人均总消费年均增长11.10%，显著低于产值增长4.69个百分点，较明显低于收入增长1.96个百分点；人均积蓄年均增长18.08%，明显高于产值增长2.29个百分点，显著高于收入增长5.02个百分点，极显著高于总消费增长6.98个百分点；人均文化消费年均增长17.22%，较明显高于产值增长1.43个百分点，显著高于收入增长4.16

个百分点,极显著高于总消费增长6.12个百分点,略低于积蓄增长0.86个百分点。

"十二五"头2年,江苏人均产值年均增长13.73%,城镇人均收入年均增长13.73%,人均总消费年均增长14.51%,人均积蓄年均增长12.42%,人均文化消费年均增长22.91%。文化消费年均增幅高于产值增幅9.18个百分点,高于收入增幅9.18个百分点,高于总消费增幅8.40个百分点,高于积蓄增幅10.49个百分点。文化消费与诸方面关系比值全面呈现提升态势。

这一切在江苏城镇人均文化消费相关比值分析演算中得到了体现。2000年以来江苏城镇文化消费比值变动态势见图4。

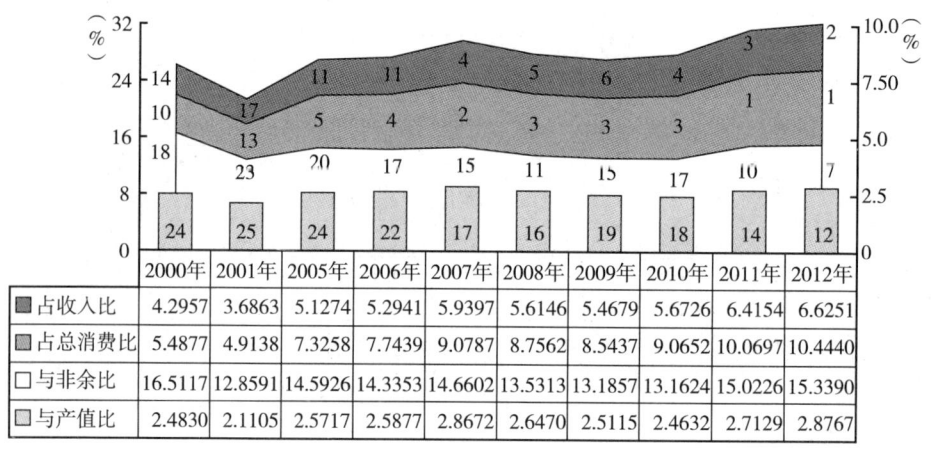

图4 江苏城镇文化消费比值变动态势

注:左轴面积:城镇人均文化消费占收入比、占总消费比、与非文消费剩余(图例简称"非余")比(%),各项比值历年升降呈直观比例叠加;右轴柱形:城镇人均文化消费与产值比(%)。标明历年各项比值省域排序。

1. 人均文化消费与人均产值的比例

2000~2012年,江苏城镇人均文化消费与人均产值的比例由2.48%提高至2.88%,在31个省域里排序从第24位上升到第12位。仅从图4中所列年度来看,此项比值在2005~2007年、2011~2012年出现增高,其余年度均为降低。"十五"以来,江苏城镇此项比值上升15.86%,升降变化程度处于31个省域里第3位。

分阶段看，江苏城镇此项比值在"十五"期间提高 0.09 个百分点；在"十一五"期间降低 0.11 个百分点。"十二五"头 2 年，江苏城镇此项比值提高 0.41 个百分点，升幅为 16.79%，文化消费需求增长与经济发展的协调性比 2010 年明显上升。其间，最高值为 2012 年 2.88%，最低值为 2001 年 2.11%。

2. 人均文化消费占人均收入的比重

2000~2012 年，江苏城镇人均文化消费占人均收入的比重由 4.30% 提高至 6.63%，在 31 个省域里排序从第 14 位上升到第 2 位。仅从图 4 中所列年度来看，此项比值在 2005~2007 年、2010~2012 年出现增高，其余年度均为降低。"十五"以来，江苏城镇此项比值上升 54.23%，升降变化程度处于 31 个省域里第 2 位。

分阶段看，江苏城镇此项比值在"十五"期间提高 0.83 个百分点；在"十一五"期间提高 0.55 个百分点。"十二五"头 2 年，江苏城镇此项比值提高 0.95 个百分点，升幅为 16.79%，文化消费需求增长与收入增高的协调性比 2010 年极显著上升。其间，最高值为 2012 年 6.63%，最低值为 2001 年 3.69%。

3. 人均文化消费占人均总消费的比重

2000~2012 年，江苏城镇人均文化消费占人均总消费的比重由 5.49% 提高至 10.44%，在 31 个省域里排序从第 10 位上升到第 1 位。仅从图 4 中所列年度来看，此项比值在 2005~2007 年、2010~2012 年出现增高，其余年度均为降低。"十五"以来，江苏城镇此项比值上升 90.32%，升降变化程度处于 31 个省域里第 1 位。

分阶段看，江苏城镇此项比值在"十五"期间提高 1.84 个百分点；在"十一五"期间提高 1.74 个百分点。"十二五"头 2 年，江苏城镇此项比值提高 1.38 个百分点，升幅为 15.21%，文化消费需求增长与总消费增加的协调性比 2010 年极显著上升。其间，最高值为 2012 年 10.44%，最低值为 2001 年 4.91%。

4. 人均文化消费与人均非文消费剩余的比例

2000~2012 年，江苏城镇人均文化消费与人均非文消费剩余的比例由

16.51%降低至15.34%,由于其他省域此项比值降低更加明显,江苏从第18位上升到第7位。仅从图4中所列年度来看,此项比值在2005年、2007年、2011~2012年出现增高,其余年度均为降低。"十五"以来,江苏城镇此项比值下降7.10%,升降变化程度处于31个省域里第7位。

分阶段看,江苏城镇此项比值在"十五"期间降低1.92个百分点;在"十一五"期间降低1.43个百分点。"十二五"头2年,江苏城镇此项比值提高2.18个百分点,升幅为16.54%,文化消费需求增长与"必需消费"之外"余钱"增多的协调性比2010年极显著提升。其间,最高值为2000年16.51%,最低值为2001年12.86%。

三 江苏文化消费城乡、区域协调状况

1. 人均文化消费城乡比

本节分析与省域城乡篇同构(见187~188页),不赘述。

2. 城镇人均文化消费地区差

2000年以来江苏城镇人均文化消费与全国地区差变动态势见图5。

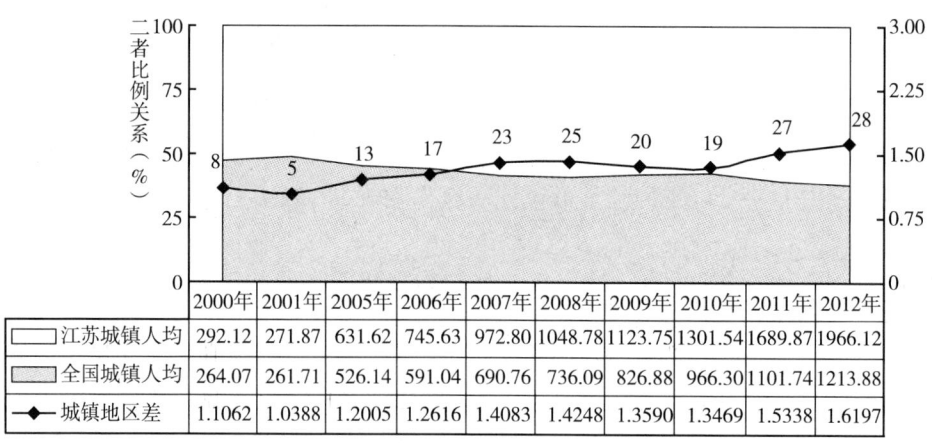

图5 江苏城镇人均文化消费与全国地区差变动态势

注:左轴面积:城镇人均文化消费(元转换为%),当地与全国数值历年升降呈直观比例关系;
右轴曲线:城镇人均文化消费地区差(无差距=1),标明历年地区差省域排序。

2000~2012年,江苏城镇人均文化消费与全国城镇地区差由1.1062扩大至1.6197,在31个省域里排序从第8位下降到第28位。其间,最小地区差为2004年1.0009,最大地区差为2012年1.6197。仅从图5中所列年度来看,地区差在2001年、2009~2010年出现缩减,其余年度均为扩增。"十五"以来,江苏城镇文化消费地区差扩大46.42%,地区差扩减变化状况处于31个省域里第31位。这意味着,江苏属于城镇文化消费地区差扩减变化态势很严重的省域之一。

江苏城镇文化消费地区差发生变动,同时受到自身与全国两个方面的动态影响。江苏和全国两个方面城镇人均文化消费历年增长对比演算详见本文人均绝对值一节,此处侧重检验其间增长差异的具体情况。2000~2012年,江苏城镇人均文化消费年均增幅明显高于全国增幅3.67个百分点,江苏城镇文化消费需求与全国的地区差极显著扩大。

"十二五"头2年,江苏城镇人均文化消费年均增长高于自身"十五"年均增长6.23个百分点,也高于自身"十一五"年均增长7.35个百分点,同时极显著高于全国增幅10.83个百分点。此时,江苏城镇人均值高于全国城镇平均值,增长高于全国意味着地区差距扩大,与全国城镇地区差相对于2010年极显著扩大20.25%,地区差排序处于31个省域里第28位。

四 江苏城镇文化消费需求景气测评

综合以上分析:"十五"以来江苏城镇文化消费总量年均增长显著高于全国增长,人均值年均增长明显高于全国平均增长;与产值比、占收入比、占总消费比呈提升态势,与非文消费剩余比呈下降态势,其中"十一五"期间与非文消费剩余比升降变化状况好于"十五"期间,其余比值升降变化状况不及"十五"期间;城乡比明显扩大,与全国城镇地区差极显著扩大。这些都集中体现在江苏城镇文化消费需求景气指数的测评演算中。2000年以来江苏城镇文化消费需求景气指数变动态势见图6。

1. 各年度横向测评景气指数

以全国城镇文化消费总量份额值、人均绝对值、各项比值为基准,并以城

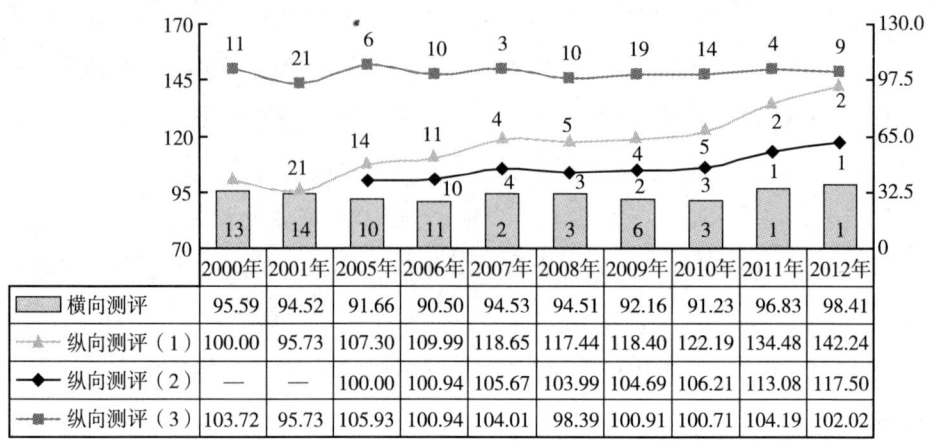

图6 江苏城镇文化消费需求景气指数变动态势

注：左轴柱形：横向测评（城乡、地区无差异理想值=100）；左轴曲线：纵向测评（起点年基数值=100），（1）2000年起点，（2）2005年起点；右轴曲线：纵向测评（3）上年起点。标明历年各项测评省域排行位次。

乡之间、地区之间实现无差距状态为"理想值"100来衡量，2012年江苏城镇此项景气指数为98.41，低于理想值1.59，但高于上一年1.58。江苏城镇此项景气指数在31个省域里排行，2000年为第13位，2005年为第10位，2010年为第3位，2012年与上一年持平，皆为第1位。

2."十五"以来纵向测评景气指数

以"九五"末年2000年为起点基数值100，2012年江苏城镇此项景气指数为142.24，高于2000年起点基数42.24，也高于上一年7.76。江苏城镇此项景气指数在31个省域里排行，2001年为第21位，2005年为第14位，2010年为第5位，2012年与上一年持平，皆为第2位。

3."十一五"以来纵向测评景气指数

以"十五"末年2005年为起点基数值100，2012年江苏城镇此项景气指数为117.50，高于2005年起点基数17.50，也高于上一年4.42。江苏城镇此项景气指数在31个省域里排行，2006年为第10位，2010年为第3位，2012年与上一年持平，皆为第1位。

4."十二五"以来纵向测评景气指数

以"十一五"末年2010年为起点基数值100，2012年江苏城镇此项景气指数为106.99，高于2010年起点基数6.99，也高于上一年2.80。江苏城镇此项景气指数在31个省域里排行，2011年为第4位，2012年上升为第3位。此项测评制表不便，仅以文字阐述，参见本书《省域城乡文化消费需求景气排行》一文。

5. 逐年度纵向测评景气指数

以上一年2011年为起点基数值100，2012年江苏城镇此项景气指数为102.02，高于2011年起点基数2.02。江苏城镇此项景气指数在31个省域里排行，2000年为第11位，2005年为第6位，2010年为第14位，2012年从上一年第4位下降为第9位。

B.13
海南：2012年纵向测评 城镇景气升至首位

肖 青*

摘 要：

2012年，海南城镇文化消费总量增长处于第1位，人均值增长处于第1位。景气评价排行结果：海南城镇在省域横向测评中，2012年景气指数处于第28位；在自身纵向测评中，2000～2012年景气指数处于第9位，2005～2012年景气指数处于第18位，2010～2012年景气指数处于第24位，2011～2012年景气指数处于第1位。

关键词：

海南城镇 文化消费 景气评价

一 海南城镇文化消费需求增长状况

1. 文化消费总量份额值变化

2000年以来海南城镇文化消费总量增长、份额变化态势见图1。

2000～2012年，海南城镇文化消费总量由4.36亿元增高为33.65亿元，增加29.29亿元，12年间总增长671.79%，年均增长率18.57%，增长幅度处于31个省域里第9位。其中，"十五"期间年均增长20.79%；"十一五"期间年均增长14.90%；"十二五"头2年年均增长22.43%。"十二五"头2年年均增幅高于"十一五"7.53个百分点；高于"十五"1.64个百分点。总量

---

* 肖青，云南师范大学传媒学院副教授，主要从事民族文化传播、民族文化产业研究。

海南：2012年纵向测评城镇景气升至首位

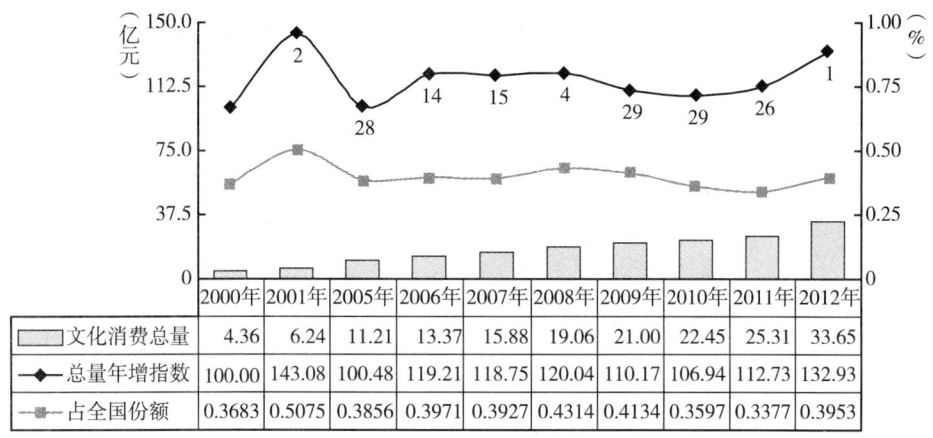

图1 海南城镇文化消费总量增长、份额变化态势

注：左轴柱形：城镇文化消费总量（亿元）；左轴曲线：年度增长指数（上年=100），标明历年增长省域排序，2000年起点不计；右轴曲线：占全国城镇份额（%）。

最高增长年度为2002年，增长率45.12%；最低增长年度为2000年，负增长7.43%。

同期，全国城镇文化消费总量年均增长率17.87%，略微低于海南0.70个百分点。海南城镇文化消费总量占全国份额由0.37%升高为0.40%，上升幅度为7.33%，增长幅度和份额升降变化排序处于31个省域里第9位。

"十二五"头2年，全国城镇文化消费总量年均增长率16.80%，海南城镇文化消费总量年均增长率22.43%，显著高于全国5.63个百分点，占全国份额比2010年上升9.90%。同时，海南总量增长高于自身"十五"年均增长1.64个百分点，也高于自身"十一五"年均增长7.53个百分点，增长幅度和占全国份额变化排序处于31个省域里第1位。

2. 文化消费人均绝对值增长

2000年以来海南城镇人均文化消费增长、增幅变化态势见图2。

2000~2012年，海南城镇人均文化消费由144.94元增高为747.25元，增加602.31元，总增长415.56%，年均增长14.65%，增长幅度处于31个省域里第7位。其中，"十五"期间人均值总增长110.38%，年均增长率16.04%；

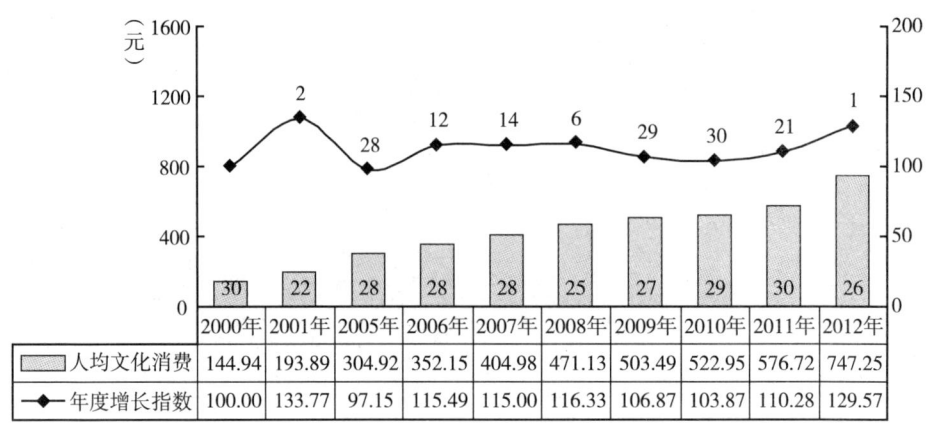

图 2　海南城镇人均文化消费增长、增幅变化态势

注：左轴柱形：城镇人均文化消费（元）；右轴曲线：年度增长指数（上年＝100，小于100为负增长），标明历年增长省域排序，2000年起点不计。

"十一五"期间人均值总增长71.50%，年均增长率11.39%。"十一五"年均增长率低于"十五"4.65个百分点。人均值最高增长年度为2002年，增长率40.37%；最低增长年度为2000年，负增长15.72%。

同期，全国城镇人均文化消费年均增长率13.55%，较明显低于海南。海南城镇人均文化消费从全国城镇人均值的54.89%提高至61.56%（对照本文图6），人均绝对值在31个省域里排序由第30位提高为第26位。

"十二五"头2年，全国城镇人均文化消费年均增长率12.08%，海南增长率19.54%，极显著高于全国，同时高于自身"十五"年均增长，也高于自身"十一五"年均增长，增长幅度排序处于31个省域里第1位。

二　海南城镇文化消费相关背景情况

2000年以来海南人均产值与城镇人均收入、消费（分为非文消费与文化消费）、积蓄关系态势见图3。

2000～2012年，海南人均产值年均增长13.89%；城镇人均收入年均增长12.02%，较明显低于产值增长1.87个百分点；人均总消费年均增长11.11%，明显低于产值增长2.78个百分点，略低于收入增长0.91个百分

海南:2012年纵向测评城镇景气升至首位

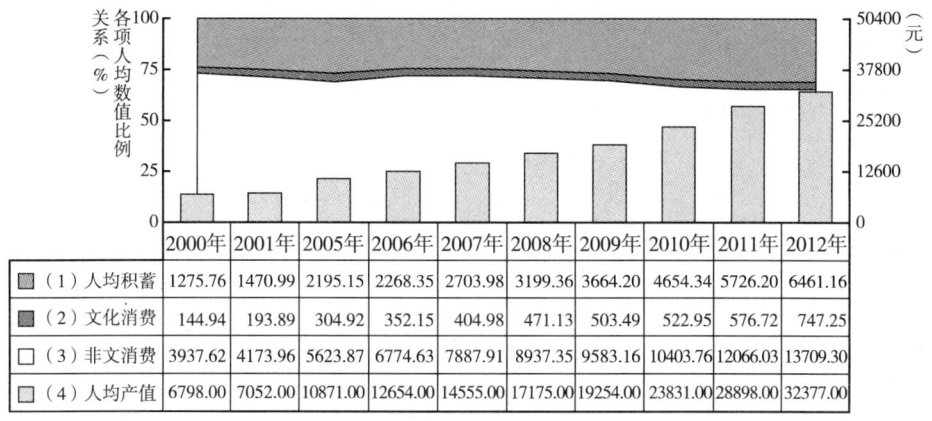

图3 海南人均产值与城镇人均收入、消费、积蓄关系态势

注:左轴面积:城镇人均积蓄、文化消费、非文消费(元转换为%),(1)+(2)+(3)=收入,(2)+(3)=总消费,(1)+(2)=非文消费剩余,各项数值历年升降呈直观比例;右轴柱形:人均产值(元)。

点;人均积蓄年均增长14.48%,略高于产值增长0.59个百分点,明显高于收入增长2.46个百分点,明显高于总消费增长3.37个百分点;人均文化消费年均增长14.65%,略高于产值增长0.76个百分点,明显高于收入增长2.63个百分点,明显高于总消费增长3.54个百分点,略高于积蓄增长0.17个百分点。

"十二五"头2年,海南人均产值年均增长16.56%,城镇人均收入年均增长15.87%,人均总消费年均增长15.02%,人均积蓄年均增长17.82%,人均文化消费年均增长19.54%。文化消费年均增幅高于产值增幅2.98个百分点,高于收入增幅3.67个百分点,高于总消费增幅4.52个百分点,高于积蓄增幅1.72个百分点。文化消费与诸方面关系比值全面呈现提升态势。

2000年以来海南城镇文化消费比值变动态势见图4。

1. 人均文化消费与人均产值的比例

2000~2012年,海南城镇人均文化消费与人均产值的比例由2.13%提高至2.31%,在31个省域里排序从第29位上升到第21位。仅从图4中所列年度来看,此项比值在2001年、2005年、2012年出现增高,其余年度均为降

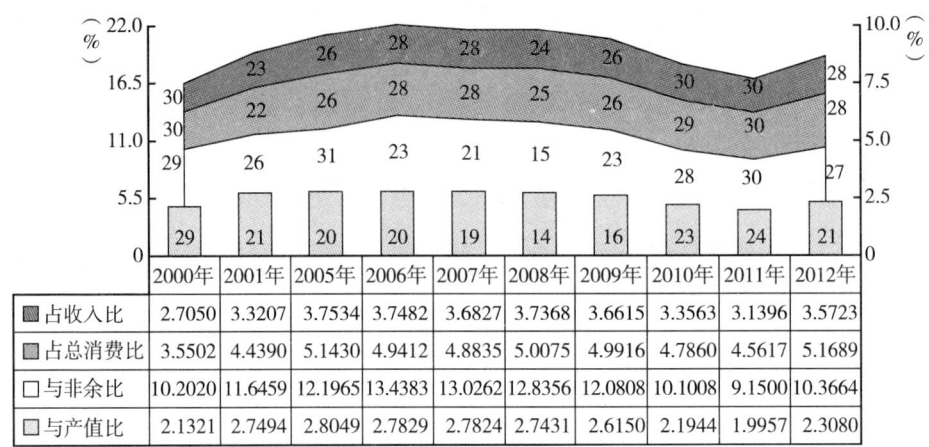

图 4　海南城镇文化消费比值变动态势

注：左轴面积：城镇人均文化消费占收入比、占总消费比、与非文消费剩余（图例简称"非余"）比（％），各项比值历年升降呈直观比例叠加；右轴柱形：城镇人均文化消费与产值比（％）。标明历年各项比值省域排序。

低。"十五"以来，海南城镇此项比值上升8.25％，升降变化程度处于31个省域里第6位。

分阶段看，海南城镇此项比值在"十五"期间提高0.67个百分点；在"十一五"期间降低0.61个百分点。"十二五"头2年，海南城镇此项比值提高0.11个百分点，升幅为5.18％，文化消费需求增长与经济发展的协调性比2010年略有上升。其间，最高值为2002年3.50％，最低值为2011年2.00％。

2. 人均文化消费占人均收入的比重

2000～2012年，海南城镇人均文化消费占人均收入的比重由2.70％提高至3.57％，在31个省域里排序从第30位上升到第28位。仅从图4中所列年度来看，此项比值在2001年、2005年、2008年、2012年出现增高，其余年度均为降低。"十五"以来，海南城镇此项比值上升32.06％，升降变化程度处于31个省域里第7位。

分阶段看，海南城镇此项比值在"十五"期间提高1.05个百分点；在"十一五"期间降低0.40个百分点。"十二五"头2年，海南城镇此项比值提高0.22个百分点，升幅为6.44％，文化消费需求增长与收入增高的协调性比

2010年较明显上升。其间,最高值为2004年4.06%,最低值为2000年2.70%。

3. 人均文化消费占人均总消费的比重

2000~2012年,海南城镇人均文化消费占人均总消费的比重由3.55%提高至5.17%,在31个省域里排序从第30位上升到第28位。仅从图4中所列年度来看,此项比值在2001年、2005年、2008年、2012年出现增高,其余年度均为降低。"十五"以来,海南城镇此项比值上升45.59%,升降变化程度处于31个省域里第9位。

分阶段看,海南城镇此项比值在"十五"期间提高1.59个百分点;在"十一五"期间降低0.36个百分点。"十二五"头2年,海南城镇此项比值提高0.38个百分点,升幅为8.00%,文化消费需求增长与总消费增加的协调性比2010年较明显上升。其间,最高值为2004年5.41%,最低值为2000年3.55%。

4. 人均文化消费与人均非文消费剩余的比例

2000~2012年,海南城镇人均文化消费与人均非文消费剩余的比例由10.20%提高至10.37%,在31个省域里排序从第29位上升到第27位。仅从图4中所列年度来看,此项比值在2001年、2005~2006年、2012年出现增高,其余年度均为降低。"十五"以来,海南城镇此项比值上升1.61%,升降变化程度处于31个省域里第4位。

分阶段看,海南城镇此项比值在"十五"期间提高1.99个百分点;在"十一五"期间降低2.10个百分点。"十二五"头2年,海南城镇此项比值提高0.27个百分点,升幅为2.63%,文化消费需求增长与"必需消费"之外"余钱"增多的协调性比2010年较明显提升。其间,最高值为2002年16.64%,最低值为2011年9.15%。

三 海南文化消费城乡、区域协调状况

1. 人均文化消费城乡比

2000年以来海南人均文化消费城乡比变动态势见图5。

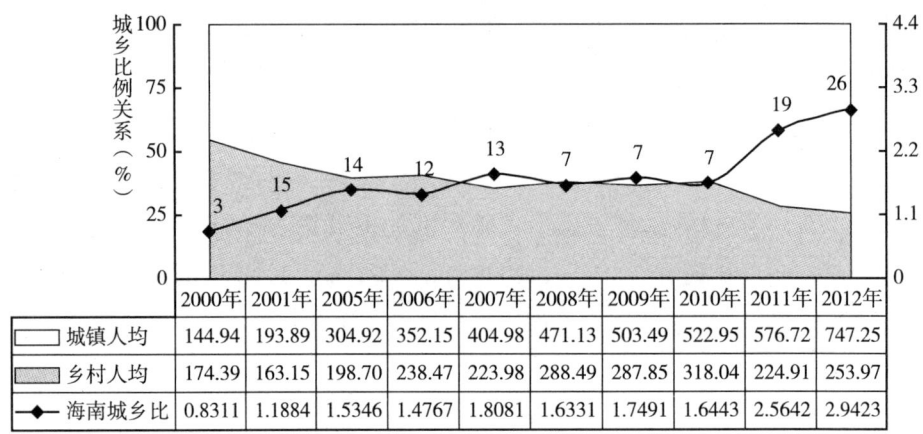

图 5　海南人均文化消费城乡比变动态势

注：左轴面积：城镇、乡村人均文化消费（元转换为%），城乡间历年升降呈直观比例关系；右轴曲线：人均文化消费城乡比（乡村=1，小于1为"城乡倒挂"，即城镇人均值低于乡村），标明历年城乡比省域排序。

2000～2012年，海南人均文化消费城乡比由0.8311扩大至2.9423，在31个省域里排序从第3位下降到第26位。其间，最小城乡比为2000年0.8311，最大城乡比为2012年2.9423。仅从图5中所列年度来看，城乡比在2006年、2008年、2010年出现缩减，其余年度均为扩增。"十五"以来，海南文化消费城乡比扩大254.02%，城乡比扩减变化状况处于31个省域里第31位。这意味着，海南属于文化消费城乡比扩减变化态势极严重的省域之一。

同期，海南城镇人均文化消费增长见本文人均值一节。乡村人均文化消费由174.39元增高为253.97元，增加79.58元，12年间总增长45.63%，年均增长率3.18%。乡村人均值最高增长年度为2000年，增长率32.80%；最低增长年度为2011年，负增长29.28%。此间，海南城镇人均文化消费需求年均增长极显著高于乡村年均增长11.47个百分点，导致海南文化消费需求的城乡比极显著扩大。

"十二五"头2年，海南城镇人均文化消费年均增长率19.54%，高于"十五"3.50个百分点，也高于"十一五"8.15个百分点；乡村人均文化消费年均负增长10.64%，低于"十五"13.28个百分点，也低于"十一五"20.50个百分点。此时，海南城镇人均值高于乡村，城镇年度增幅极显著高于乡村增幅30.18个百分点,意味着城乡差距扩大。海南文化消费城乡比相对于2010年极显著扩大78.94%,城乡比排序处于31个省域里第26位。

2. 城镇人均文化消费地区差

2000年以来海南城镇人均文化消费与全国地区差变动态势见图6。

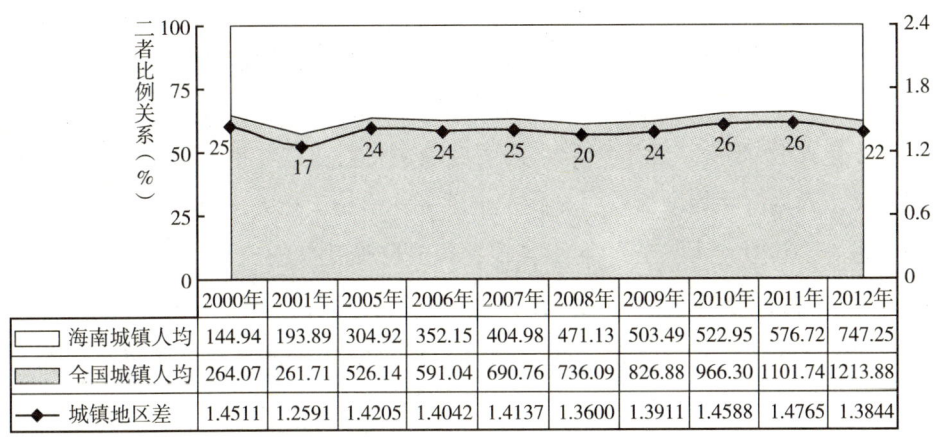

图6　海南城镇人均文化消费与全国地区差变动态势

注:左轴面积:城镇人均文化消费(元转换为%),当地与全国数值历年升降呈直观比例关系;右轴曲线:城镇人均文化消费地区差(无差距=1),标明历年地区差省域排序。

2000~2012年,海南城镇人均文化消费与全国城镇地区差由1.4511缩小至1.3844,在31个省域里排序从第25位上升到第22位。其间,最小地区差为2001年1.2591,最大地区差为2011年1.4765。仅从图6中所列年度来看,地区差在2001年、2006年、2008年、2012年出现缩减,其余年度均为扩增。"十五"以来,海南城镇文化消费地区差缩小4.60%,地区差扩减变化状况处于31个省域里第10位。这意味着,海南属于城镇文化消费地区差扩减变化态势良好的省域之一。

海南和全国两个方面城镇人均文化消费历年增长对比演算详见本文人均绝对值一节,此处侧重检验其间增长差异的具体情况。2000~2012年,海南城镇人均文化消费年均增幅较明显高于全国增幅1.10个百分点,海南城镇文化消费需求与全国的地区差较明显缩小。

"十二五"头2年,海南城镇人均文化消费年均增长高于自身"十五"年均增长3.50个百分点,也高于自身"十一五"年均增长8.15个百分点,同时极显著高于全国增幅7.46个百分点。此时,海南城镇人均值低于全国城镇平均值,增长高于全国意味着地区差距缩小,与全国城镇地区差相对于2010年显著缩小5.10%,地区差排序处于31个省域里第22位。

四 海南城镇文化消费需求景气测评

综合以上分析:"十五"以来海南城镇文化消费总量年均增长略微高于全国增长,人均值年均增长较明显高于全国平均增长;相关比值全面呈现轻微的提升态势,其中"十一五"期间各项比值升降变化状况全面不及"十五"期间;城乡比极显著扩大,与全国城镇地区差较明显缩小。这些都集中体现在海南城镇文化消费需求景气指数的测评演算中。2000年以来海南城镇文化消费需求景气指数变动态势见图7。

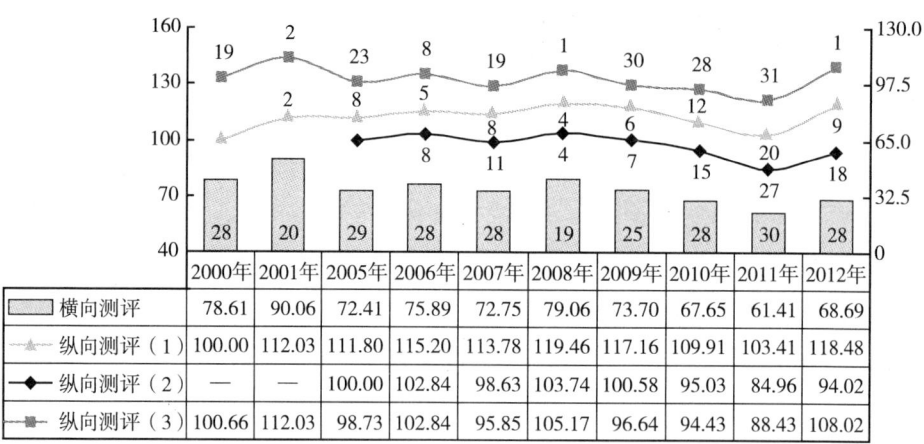

图7 海南城镇文化消费需求景气指数变动态势

注:左轴柱形:横向测评(城乡、地区无差异理想值=100);左轴曲线:纵向测评(起点年基数值=100),(1)2000年起点,(2)2005年起点;右轴曲线:纵向测评(3)上年起点。标明历年各项测评省域排行位次。

1. 各年度横向测评景气指数

以全国城镇文化消费总量份额值、人均绝对值、各项比值为基准,并以城

乡之间、地区之间实现无差距状态为"理想值"100来衡量，2012年海南城镇此项景气指数为68.69，低于理想值31.31，但高于上一年7.28。海南城镇此项景气指数在31个省域里排行，2000年为第28位，2005年为第29位，2010年为第28位，2012年从上一年第30位上升为第28位。

2. "十五"以来纵向测评景气指数

以"九五"末年2000年为起点基数值100，2012年海南城镇此项景气指数为118.48，高于2000年起点基数18.48，也高于上一年15.07。海南城镇此项景气指数在31个省域里排行，2001年为第2位，2005年为第8位，2010年为第12位，2012年从上一年第20位上升为第9位。

3. "十一五"以来纵向测评景气指数

以"十五"末年2005年为起点基数值100，2012年海南城镇此项景气指数为94.02，低于2005年起点基数5.98，但高于上一年9.06。海南城镇此项景气指数在31个省域里排行，2006年为第8位，2010年为第15位，2012年从上一年第27位上升为第18位。

4. "十二五"以来纵向测评景气指数

以"十一五"末年2010年为起点基数值100，2012年海南城镇此项景气指数为97.04，低于2010年起点基数2.96，但高于上一年8.61。海南城镇此项景气指数在31个省域里排行，2011年为第31位，2012年上升为第24位。此项测评参见本书《省域城乡文化消费需求景气排行》一文。

5. 逐年度纵向测评景气指数

以上一年2011年为起点基数值100，2012年海南城镇此项景气指数为108.02，高于2011年起点基数8.02。海南城镇此项景气指数在31个省域里排行，2000年为第19位，2005年为第23位，2010年为第28位，2012年从上一年第31位上升为第1位。

B.14 天津:"十二五"以来城镇景气提升第1位

孔志坚[*]

摘　要:

2012年,天津城镇文化消费总量增长处于第26位,人均值增长处于第29位。景气评价排行结果:天津城镇在省域横向测评中,2012年景气指数处于第17位;在自身纵向测评中,2000~2012年景气指数处于第16位,2005~2012年景气指数处于第6位,2010~2012年景气指数处于第1位,2011~2012年景气指数处于第2位。

关键词:

天津城镇　文化消费　景气评价

本文充分展示2000~2012年间天津相关各方面的增长态势,全面分析检测天津城镇文化消费需求状况。

一　天津城镇文化消费需求增长状况

1. 文化消费总量份额值变化

2000年以来天津城镇文化消费总量增长、份额变化态势见图1。

2000~2012年,天津城镇文化消费总量由27.61亿元增高为149.06亿元,增加121.45亿元,12年间总增长439.88%,年均增长率15.09%,增长幅度

---

[*] 孔志坚,云南省社会科学院东南亚研究所副研究员,主要从事东南亚政治与经济研究。

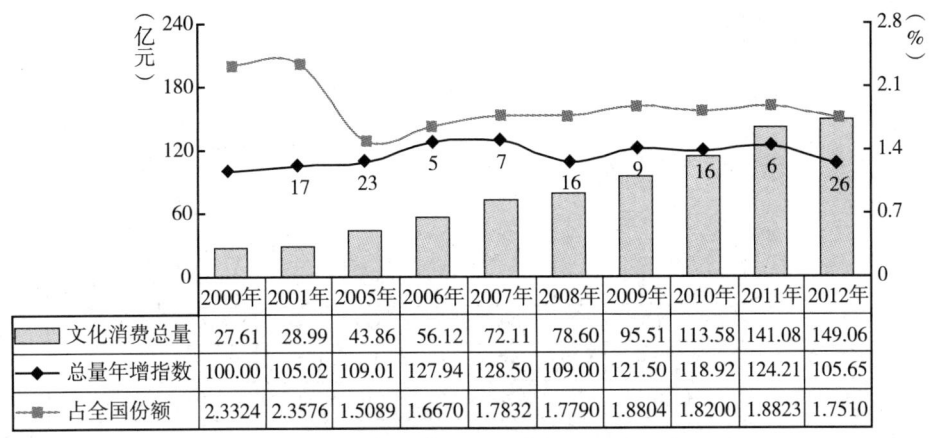

图 1　天津城镇文化消费总量增长、份额变化态势

注：左轴柱形：城镇文化消费总量（亿元）；左轴曲线：年度增长指数（上年=100），标明历年增长省域排序，2000年起点不计；右轴曲线：占全国城镇份额（%）。

处于31个省域里第24位。其中，"十五"期间年均增长9.70%；"十一五"期间年均增长20.96%；"十二五"头2年年均增长14.56%。"十二五"头2年年均增幅低于"十一五"6.40个百分点；高于"十五"4.86个百分点。总量最高增长年度为2007年，增长率28.50%；最低增长年度为2003年，负增长7.99%。

同期，全国城镇文化消费总量年均增长率17.87%，明显高于天津2.78个百分点。天津城镇文化消费总量占全国份额由2.33%降低为1.75%，下降幅度为24.93%，增长幅度和份额升降变化排序处于31个省域里第24位。

"十二五"头2年，全国城镇文化消费总量年均增长率16.80%，天津城镇文化消费总量年均增长率14.56%，明显低于全国2.24个百分点，占全国份额比2010年下降3.80%。同时，天津总量增长高于自身"十五"年均增长4.86个百分点，但低于自身"十一五"年均增长6.40个百分点，增长幅度和占全国份额变化排序处于31个省域里第26位。

2. 文化消费人均绝对值增长

2000年以来天津城镇人均文化消费增长、增幅变化态势见图2。

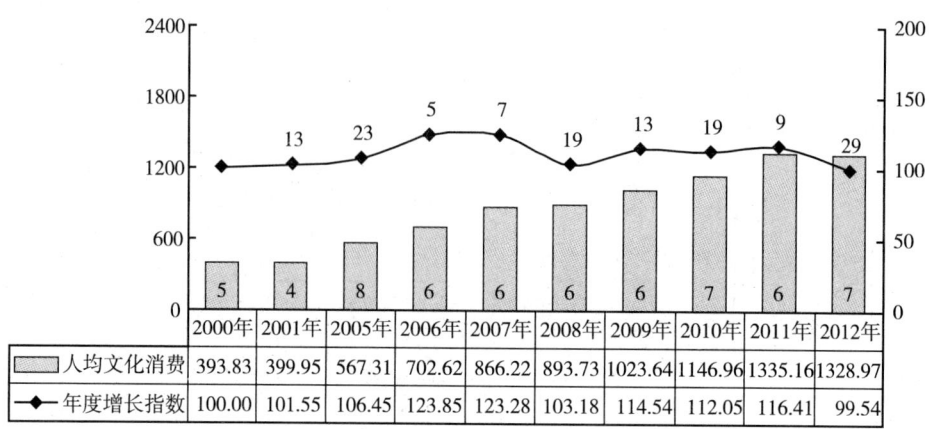

图2 天津城镇人均文化消费增长、增幅变化态势

注：左轴柱形：城镇人均文化消费（元）；右轴曲线：年度增长指数（上年＝100，小于100为负增长），标明历年增长省域排序，2000年起点不计。

2000～2012年，天津城镇人均文化消费由393.83元增高为1328.97元，增加935.14元，总增长237.45%，年均增长10.67%，增长幅度处于31个省域里第25位。其中，"十五"期间人均值总增长44.05%，年均增长率7.57%；"十一五"期间人均值总增长102.18%，年均增长率15.12%。"十一五"年均增长率高于"十五"7.55个百分点。人均值最高增长年度为2006年，增长率23.85%；最低增长年度为2003年，负增长9.09%。

同期，全国城镇人均文化消费年均增长率13.55%，明显高于天津。天津城镇人均文化消费从全国城镇人均值的149.14%降低至109.48%（对照本文图5），人均绝对值在31个省域里排序由第5位降低为第7位。

"十二五"头2年，全国城镇人均文化消费年均增长率12.08%，天津增长率7.64%，显著低于全国，同时高于自身"十五"年均增长，但低于自身"十一五"年均增长，增长幅度排序处于31个省域里第29位。

二 天津城镇文化消费相关背景情况

2000年以来天津人均产值与城镇人均收入、消费（分为非文消费与文化消费）、积蓄关系态势见图3。

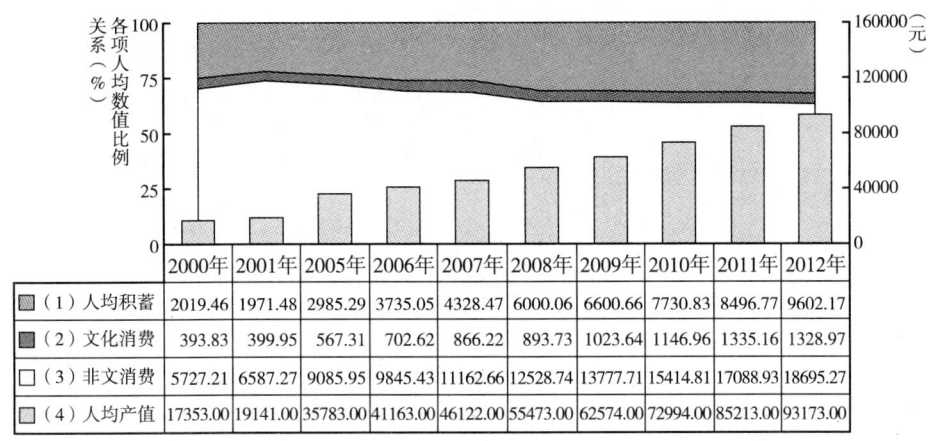

图3 天津人均产值与城镇人均收入、消费、积蓄关系态势

注：左轴面积：城镇人均积蓄、文化消费、非文消费（元转换为%），（1）+（2）+（3）= 收入，（2）+（3）= 总消费，（1）+（2）= 非文消费剩余，各项数值历年升降呈直观比例；右轴柱形：人均产值（元）。

2000~2012年，天津人均产值年均增长15.03%；城镇人均收入年均增长11.37%，明显低于产值增长3.66个百分点；人均总消费年均增长10.38%，显著低于产值增长4.65个百分点，略低于收入增长0.99个百分点；人均积蓄年均增长13.87%，较明显低于产值增长1.16个百分点，明显高于收入增长2.50个百分点，明显高于总消费增长3.49个百分点；人均文化消费年均增长10.67%，显著低于产值增长4.36个百分点，略低于收入增长0.70个百分点，略高于总消费增长0.29个百分点，明显低于积蓄增长3.20个百分点。

"十二五"头2年，天津人均产值年均增长12.98%，城镇人均收入年均增长10.43%，人均总消费年均增长9.96%，人均积蓄年均增长11.45%，人均文化消费年均增长7.64%。文化消费年均增幅低于产值增幅5.34个百分点，低于收入增幅2.79个百分点，低于总消费增幅2.32个百分点，低于积蓄增幅3.81个百分点。文化消费与诸方面关系比值全面呈现下降态势。

这一切在天津城镇人均文化消费相关比值分析演算中得到了体现。2000年以来天津城镇文化消费比值变动态势见图4。

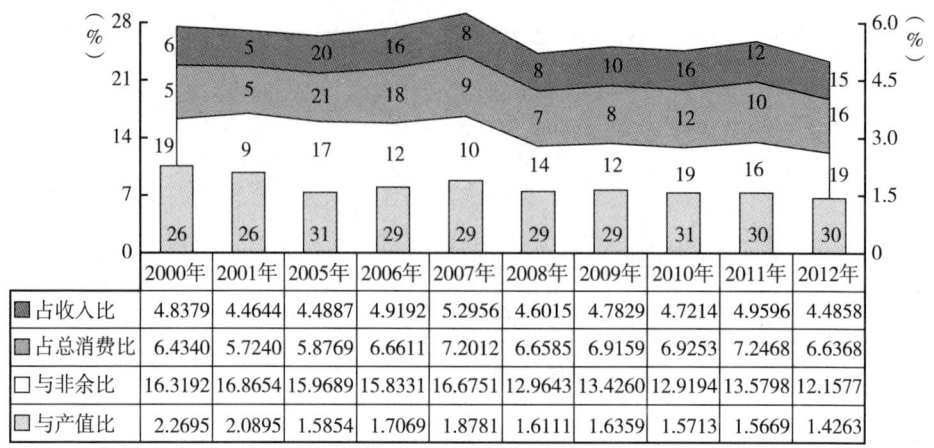

图 4　天津城镇文化消费比值变动态势

注：左轴面积：城镇人均文化消费占收入比、占总消费比、与非文消费剩余（图例简称"非余"）比（%），各项比值历年升降呈直观比例叠加；右轴柱形：城镇人均文化消费与产值比（%）。标明历年各项比值省域排序。

1. 人均文化消费与人均产值的比例

2000～2012年，天津城镇人均文化消费与人均产值的比例由2.27%降低至1.43%，在31个省域里排序从第26位下降到第30位。仅从图4中所列年度来看，此项比值在2006～2007年、2009年出现增高，其余年度均为降低。"十五"以来，天津城镇此项比值下降37.15%，升降变化程度处于31个省域里第20位。

分阶段看，天津城镇此项比值在"十五"期间降低0.68个百分点；在"十一五"期间降低0.0141个百分点。"十二五"头2年，天津城镇此项比值降低0.15个百分点，降幅为9.23%，文化消费需求增长与经济发展的协调性比2010年略有下降。其间，最高值为2002年2.29%，最低值为2012年1.43%。

2. 人均文化消费占人均收入的比重

2000～2012年，天津城镇人均文化消费占人均收入的比重由4.84%降低至4.49%，在31个省域里排序从第6位下降到第15位。仅从图4中所列年度来看，此项比值在2005～2007年、2009年、2011年出现增高，其余年度均为降低。"十五"以来，天津城镇此项比值下降7.28%，升降变化程度处于31个省域里第25位。

分阶段看，天津城镇此项比值在"十五"期间降低0.35个百分点；在"十一五"期间提高0.23个百分点。"十二五"头2年，天津城镇此项比值降低0.24个百分点，降幅为4.99%，文化消费需求增长与收入增高的协调性比2010年较明显下降。其间，最高值为2007年5.30%，最低值为2003年4.32%。

3. 人均文化消费占人均总消费的比重

2000~2012年，天津城镇人均文化消费占人均总消费的比重由6.43%提高至6.64%，由于其他省域此项比值提高更加明显，天津从第5位下降到第16位。仅从图4中所列年度来看，此项比值在2005~2007年、2009~2011年出现增高，其余年度均为降低。"十五"以来，天津城镇此项比值上升3.15%，升降变化程度处于31个省域里第26位。

分阶段看，天津城镇此项比值在"十五"期间降低0.56个百分点；在"十一五"期间提高1.05个百分点。"十二五"头2年，天津城镇此项比值降低0.29个百分点，降幅为4.17%，文化消费需求增长与总消费增加的协调性比2010年较明显下降。其间，最高值为2011年7.25%，最低值为2003年5.66%。

4. 人均文化消费与人均非文消费剩余的比例

2000~2012年，天津城镇人均文化消费与人均非文消费剩余的比例由16.32%降低至12.16%，在31个省域里排序保持在第19位。仅从图4中所列年度来看，此项比值在2001年、2007年、2009年、2011年出现增高，其余年度均为降低。"十五"以来，天津城镇此项比值下降25.50%，升降变化程度处于31个省域里第15位。

分阶段看，天津城镇此项比值在"十五"期间降低0.35个百分点；在"十一五"期间降低3.05个百分点。"十二五"头2年，天津城镇此项比值降低0.76个百分点，降幅为5.90%，文化消费需求增长与"必需消费"之外"余钱"增多的协调性比2010年显著下降。其间，最高值为2002年18.59%，最低值为2012年12.16%。

三 天津文化消费城乡、区域协调状况

1. 人均文化消费城乡比

本节分析与省域城乡篇同构（见197～198页），不赘述。

2. 城镇人均文化消费地区差

2000年以来天津城镇人均文化消费与全国地区差变动态势见图5。

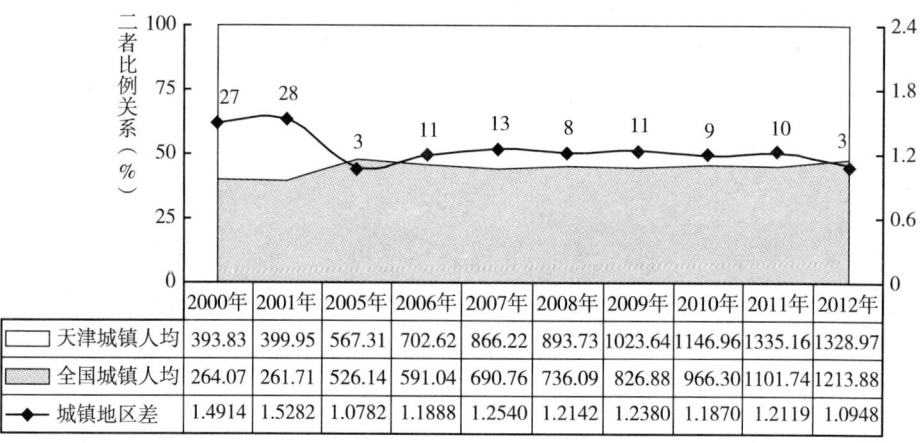

图5 天津城镇人均文化消费与全国地区差变动态势

注：左轴面积：城镇人均文化消费（元转换为%），当地与全国数值历年升降呈直观比例关系；右轴曲线：城镇人均文化消费地区差（无差距=1），标明历年地区差省域排序。

2000～2012年，天津城镇人均文化消费与全国城镇地区差由1.4914缩小至1.0948，在31个省域里排序从第27位上升到第3位。其间，最小地区差为2003年1.0598，最大地区差为2001年1.5282。仅从图5中所列年度来看，地区差在2005年、2008年、2010年、2012年出现缩减，其余年度均为扩增。"十五"以来，天津城镇文化消费地区差缩小26.59%，地区差扩减变化状况处于31个省域里第1位。这意味着，天津属于城镇文化消费地区差扩减变化态势良好的省域之一。

天津城镇文化消费地区差发生变动，同时受到自身与全国两个方面的动态影响。天津和全国两个方面城镇人均文化消费历年增长对比演算详见本文人均

绝对值一节，此处侧重检验其间增长差异的具体情况。2000～2012年，天津城镇人均文化消费年均增幅明显低于全国增幅2.88个百分点，天津城镇文化消费需求与全国的地区差极显著缩小。

"十二五"头2年，天津城镇人均文化消费年均增长高于自身"十五"年均增长0.07个百分点，但低于自身"十一五"年均增长7.48个百分点，同时显著低于全国增幅4.44个百分点。此时，天津城镇人均值高于全国城镇平均值，增长低于全国意味着地区差距缩小，与全国城镇地区差相对于2010年显著缩小7.77%，地区差排序处于31个省域里第3位。

四 天津城镇文化消费需求景气测评

综合以上分析："十五"以来天津城镇文化消费总量年均增长明显低于全国增长，人均值年均增长也明显低于全国平均增长；占总消费比呈提升态势，与产值比、占收入比、与非文消费剩余比呈下降态势，其中"十一五"期间与产值比、占收入比、占总消费比升降变化状况好于"十五"期间，其余比值升降变化状况不及"十五"期间；城乡比略有扩大，与全国城镇地区差极显著缩小。这些都集中体现在天津城镇文化消费需求景气指数的测评演算中。2000年以来天津城镇文化消费需求景气指数变动态势见图6。

1. 各年度横向测评景气指数

以全国城镇文化消费总量份额值、人均绝对值、各项比值为基准，并以城乡之间、地区之间实现无差距状态为"理想值"100来衡量，2012年天津城镇此项景气指数为79.81，低于理想值20.19，但高于上一年0.64。天津城镇此项景气指数在31个省域里排行，2000年为第22位，2005年为第24位，2010年为第23位，2012年与上一年持平，皆为第17位。

2. "十五"以来纵向测评景气指数

以"九五"末年2000年为起点基数值100，2012年天津城镇此项景气指数为108.26，高于2000年起点基数8.26，也高于上一年4.02。天津城镇此项景气指数在31个省域里排行，2001年为第18位，2005年为第26位，2010年为第20位，2012年从上一年第19位上升为第16位。

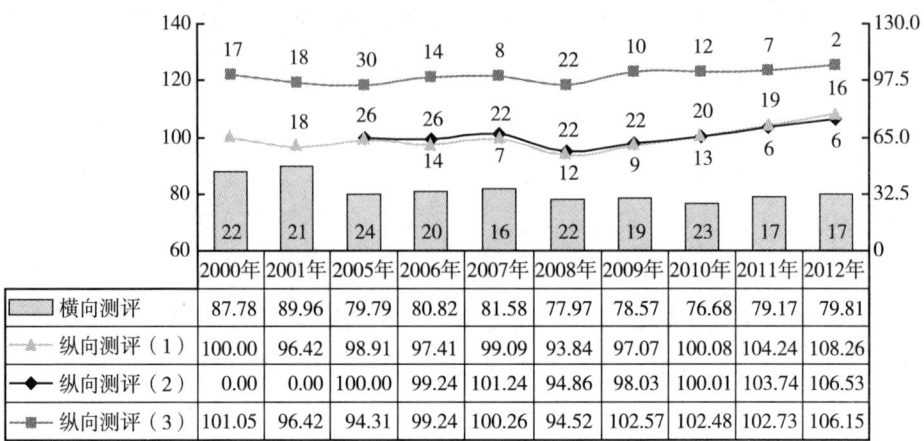

图6 天津城镇文化消费需求景气指数变动态势

注：左轴柱形：横向测评（城乡、地区无差异理想值=100）；左轴曲线：纵向测评（起点年基数值=100），（1）2000年起点，（2）2005年起点；右轴曲线：纵向测评（3）上年起点。标明历年各项测评省域排行位次。

3. "十一五"以来纵向测评景气指数

以"十五"末年2005年为起点基数值100，2012年天津城镇此项景气指数为106.53，高于2005年起点基数6.53，也高于上一年2.79。天津城镇此项景气指数在31个省域里排行，2006年为第14位，2010年为第13位，2012年与上一年持平，皆为第6位。

4. "十二五"以来纵向测评景气指数

以"十一五"末年2010年为起点基数值100，2012年天津城镇此项景气指数为108.73，高于2010年起点基数8.73，也高于上一年6.00。天津城镇此项景气指数在31个省域里排行，2011年为第7位，2012年上升为第1位。此项测评制表不便，仅以文字阐述，参见本书《省域城乡文化消费需求景气排行》一文。

5. 逐年度纵向测评景气指数

以上一年2011年为起点基数值100，2012年天津城镇此项景气指数为106.15，高于2011年起点基数6.15。天津城镇此项景气指数在31个省域里排行，2000年为第17位，2005年为第30位，2010年为第12位，2012年从上一年第7位上升为第2位。

B.15 安徽:"十一五"以来城镇景气提升第2位

李 淼*

摘 要: 2012年,安徽城镇文化消费总量增长处于第10位,人均值增长处于第9位。景气评价排行结果:安徽城镇在省域横向测评中,2012年景气指数处于第8位;在自身纵向测评中,2000~2012年景气指数处于第8位,2005~2012年景气指数处于第2位,2010~2012年景气指数处于第27位,2011~2012年景气指数处于第16位。

关键词: 安徽城镇 文化消费 景气评价

一 安徽城镇文化消费需求增长状况

1. 文化消费总量份额值变化

2000年以来安徽城镇文化消费总量增长、份额变化态势见图1。

2000~2012年,安徽城镇文化消费总量由32.63亿元增高为268.71亿元,增加236.08亿元,12年间总增长723.51%,年均增长率19.21%,增长幅度处于31个省域里第7位。其中,"十五"期间年均增长15.95%;"十一五"期间年均增长24.33%;"十二五"头2年年均增长15.00%。"十二五"头2年年均增幅低于"十一五"9.33个百分点;低于"十五"0.95个百分点。总

---

* 李淼,云南师范大学传媒学院讲师,主要从事民族文化传播与影视艺术研究。

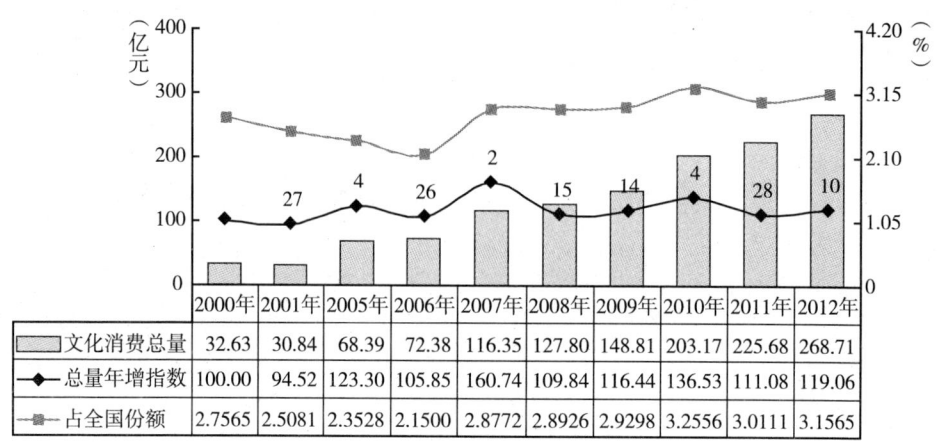

图1 安徽城镇文化消费总量增长、份额变化态势

注：左轴柱形：城镇文化消费总量（亿元）；左轴曲线：年度增长指数（上年＝100，小于100为负增长），标明历年增长省域排序，2000年起点不计；右轴曲线：占全国城镇份额（%）。

量最高增长年度为2007年，增长率60.74%；最低增长年度为2001年，负增长5.48%。

同期，全国城镇文化消费总量年均增长率17.87%，较明显低于安徽1.34个百分点。安徽城镇文化消费总量占全国份额由2.76%升高为3.16%，上升幅度为14.51%，增长幅度和份额升降变化排序处于31个省域里第7位。

"十二五"头2年，全国城镇文化消费总量年均增长率16.80%，安徽城镇文化消费总量年均增长率15.00%，较明显低于全国1.80个百分点，占全国份额比2010年下降3.04%。同时，安徽总量增长低于自身"十五"年均增长0.95个百分点，也低于自身"十一五"年均增长9.33个百分点，增长幅度和占全国份额变化排序处于31个省域里第10位。

2. 文化消费人均绝对值增长

2000年以来安徽城镇人均文化消费增长、增幅变化态势见图2。

2000～2012年，安徽城镇人均文化消费由192.03元增高为984.62元，增加792.59元，总增长412.74%，年均增长14.59%，增长幅度处于31个省域里第8位。其中，"十五"期间人均值总增长63.32%，年均增长率10.31%；

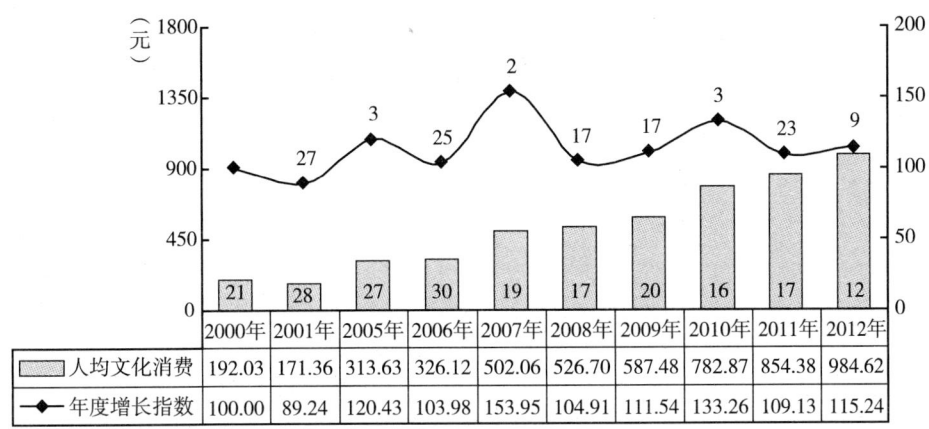

图 2　安徽城镇人均文化消费增长、增幅变化态势

注：左轴柱形：城镇人均文化消费（元）；右轴曲线：年度增长指数（上年=100，小于100为负增长），标明历年增长省域排序，2000年起点不计。

"十一五"期间人均值总增长149.62%，年均增长率20.08%。"十一五"年均增长率高于"十五"9.77个百分点。人均值最高增长年度为2007年，增长率53.95%；最低增长年度为2001年，负增长10.76%。

同期，全国城镇人均文化消费年均增长率13.55%，较明显低于安徽。安徽城镇人均文化消费从全国城镇人均值的72.72%提高至81.11%（对照本文图6），人均绝对值在31个省域里排序由第21位提高为第12位。

"十二五"头2年，全国城镇人均文化消费年均增长率12.08%，安徽增长率12.15%，略微高于全国，同时高于自身"十五"年均增长，但低于自身"十一五"年均增长，增长幅度排序处于31个省域里第9位。

二　安徽城镇文化消费相关背景情况

2000年以来安徽人均产值与城镇人均收入、消费（分为非文消费与文化消费）、积蓄关系态势见图3。

2000~2012年，安徽人均产值年均增长16.14%；城镇人均收入年均增长12.18%，明显低于产值增长3.96个百分点；人均总消费年均增长11.13%，显著低于产值增长5.01个百分点，较明显低于收入增长1.05个百

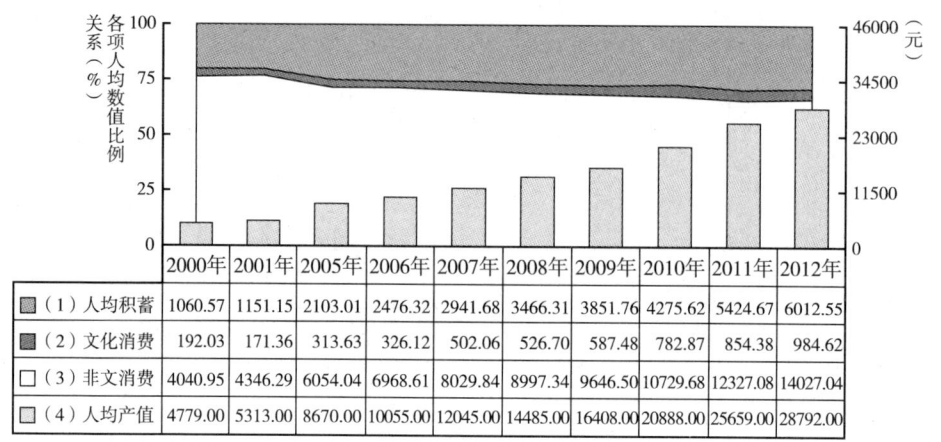

图3 安徽人均产值与城镇人均收入、消费、积蓄关系态势

注：左轴面积：城镇人均积蓄、文化消费、非文消费（元转换为%），（1）+（2）+（3）=收入，（2）+（3）=总消费，（1）+（2）=非文消费剩余，各项数值历年升降呈直观比例；右轴柱形：人均产值（元）。

分点；人均积蓄年均增长15.56%，略低于产值增长0.58个百分点，明显高于收入增长3.38个百分点，显著高于总消费增长4.43个百分点；人均文化消费年均增长14.59%，较明显低于产值增长1.55个百分点，明显高于收入增长2.41个百分点，明显高于总消费增长3.46个百分点，略低于积蓄增长0.97个百分点。

"十二五"头2年，安徽人均产值年均增长17.41%，城镇人均收入年均增长15.40%，人均总消费年均增长14.19%，人均积蓄年均增长18.59%，人均文化消费年均增长12.15%。文化消费年均增幅低于产值增幅5.26个百分点，低于收入增幅3.25个百分点，低于总消费增幅2.04个百分点，低于积蓄增幅6.44个百分点。文化消费与诸方面关系比值全面呈现下降态势。

2000年以来安徽城镇文化消费比值变动态势见图4。

1. 人均文化消费与人均产值的比例

2000~2012年，安徽城镇人均文化消费与人均产值的比例由4.02%降低至3.42%，由于其他省域此项比值降低更加明显，安徽从第10位上升到第5位。仅从图4中所列年度来看，此项比值在2005年、2007年、2010年、2012

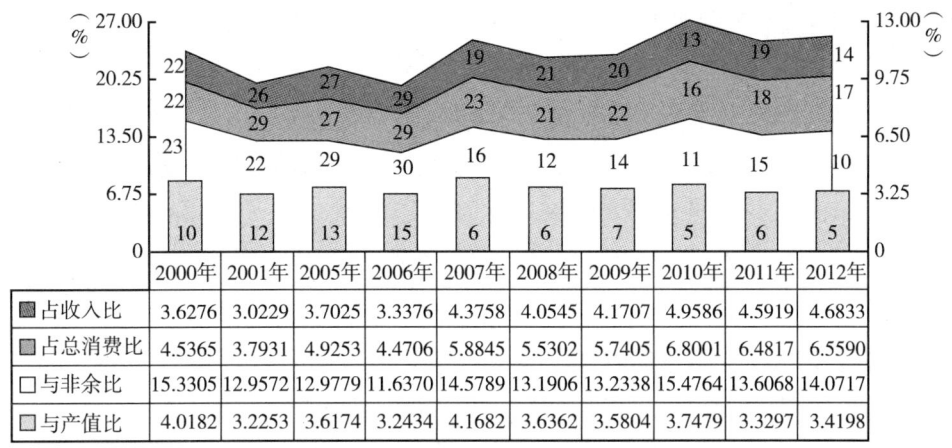

图 4　安徽城镇文化消费比值变动态势

注：左轴面积：城镇人均文化消费占收入比、占总消费比、与非文消费剩余（图例简称"非余"）比（%），各项比值历年升降呈直观比例叠加；右轴柱形：城镇人均文化消费与产值比（%）。标明历年各项比值省域排序。

年出现增高，其余年度均为降低。"十五"以来，安徽城镇此项比值下降14.89%，升降变化程度处于31个省域里第11位。

分阶段看，安徽城镇此项比值在"十五"期间降低0.40个百分点；在"十一五"期间提高0.13个百分点。"十二五"头2年，安徽城镇此项比值降低0.33个百分点，降幅为8.75%，文化消费需求增长与经济发展的协调性比2010年较明显下降。其间，最高值为2007年4.17%，最低值为2001年3.23%。

2. 人均文化消费占人均收入的比重

2000~2012年，安徽城镇人均文化消费占人均收入的比重由3.63%提高至4.68%，在31个省域里排序从第22位上升到第14位。仅从图4中所列年度来看，此项比值在2005年、2007年、2009~2010年、2012年出现增高，其余年度均为降低。"十五"以来，安徽城镇此项比值上升29.10%，升降变化程度处于31个省域里第10位。

分阶段看，安徽城镇此项比值在"十五"期间提高0.07个百分点；在"十一五"期间提高1.26个百分点。"十二五"头2年，安徽城镇此项比值降低

0.28个百分点,降幅为5.55%,文化消费需求增长与收入增高的协调性比2010年较明显下降。其间,最高值为2010年4.96%,最低值为2001年3.02%。

3. 人均文化消费占人均总消费的比重

2000~2012年,安徽城镇人均文化消费占人均总消费的比重由4.54%提高至6.56%,在31个省域里排序从第22位上升到第17位。仅从图4中所列年度来看,此项比值在2005年、2007年、2009~2010年、2012年出现增高,其余年度均为降低。"十五"以来,安徽城镇此项比值上升44.58%,升降变化程度处于31个省域里第10位。

分阶段看,安徽城镇此项比值在"十五"期间提高0.39个百分点;在"十一五"期间提高1.87个百分点。"十二五"头2年,安徽城镇此项比值降低0.24个百分点,降幅为3.55%,文化消费需求增长与总消费增加的协调性比2010年较明显下降。其间,最高值为2010年6.80%,最低值为2001年3.79%。

4. 人均文化消费与人均非文消费剩余的比例

2000~2012年,安徽城镇人均文化消费与人均非文消费剩余的比例由15.33%降低至14.07%,由于其他省域此项比值降低更加明显,安徽从第23位上升到第10位。仅从图4中所列年度来看,此项比值在2005年、2007年、2009~2010年、2012年出现增高,其余年度均为降低。"十五"以来,安徽城镇此项比值下降8.21%,升降变化程度处于31个省域里第9位。

分阶段看,安徽城镇此项比值在"十五"期间降低2.35个百分点;在"十一五"期间提高2.50个百分点。"十二五"头2年,安徽城镇此项比值降低1.40个百分点,降幅为9.08%,文化消费需求增长与"必需消费"之外"余钱"增多的协调性比2010年极显著下降。其间,最高值为2010年15.48%,最低值为2006年11.64%。

三 安徽文化消费城乡、区域协调状况

1. 人均文化消费城乡比

2000年以来安徽人均文化消费城乡比变动态势见图5。

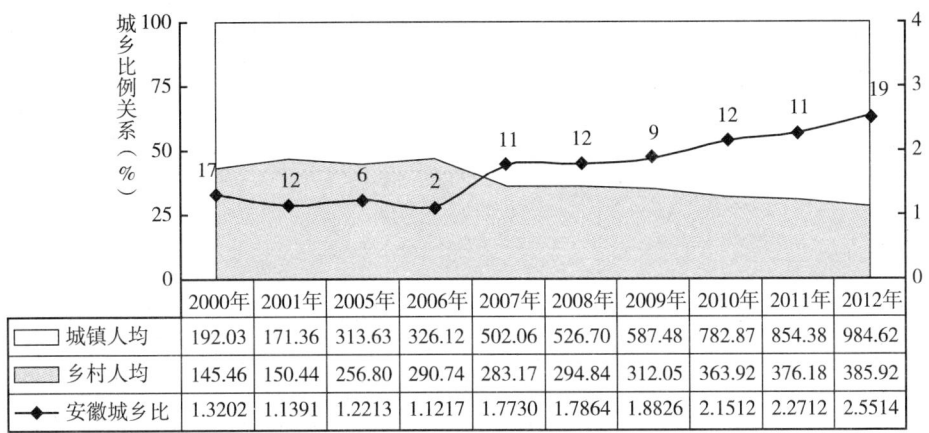

图 5　安徽人均文化消费城乡比变动态势

注：左轴面积：城镇、乡村人均文化消费（元转换为%），城乡间历年升降呈直观比例关系；右轴曲线：人均文化消费城乡比（乡村=1），标明历年城乡比省域排序。

2000~2012 年，安徽人均文化消费城乡比由 1.3202 扩大至 2.5514，在 31 个省域里排序从第 17 位下降到第 19 位。其间，最小城乡比为 2006 年 1.1217，最大城乡比为 2012 年 2.5514。仅从图 5 中所列年度来看，城乡比在 2001 年、2006 年出现缩减，其余年度均为扩增。"十五"以来，安徽文化消费城乡比扩大 93.26%，城乡比扩减变化状况处于 31 个省域里第 20 位。这意味着，安徽属于文化消费城乡比扩减变化态势很严重的省域之一。

同期，安徽城镇人均文化消费增长见本文人均值一节。乡村人均文化消费由 145.46 元增高为 385.92 元，增加 240.46 元，12 年间总增长 165.31%，年均增长率 8.47%。乡村人均值最高增长年度为 2005 年，增长率 28.43%；最低增长年度为 2007 年，负增长 2.60%。此间，安徽城镇人均文化消费需求年均增长极显著高于乡村年均增长 6.12 个百分点，导致安徽文化消费需求的城乡比显著扩大。

"十二五"头 2 年，安徽城镇人均文化消费年均增长率 12.15%，高于"十五"1.84 个百分点，但低于"十一五"7.93 个百分点；乡村人均文化消费年均增长率 2.98%，低于"十五"9.06 个百分点，也低于"十一五"4.24 个百分点。此时，安徽城镇人均值高于乡村，城镇年度增幅极显著高于乡村增幅9.17个百分点,意味着城乡差距扩大。安徽文化消费城乡比相对于2010年显著扩大18.60%,城乡比排序处于31个省域里第19位。

2. 城镇人均文化消费地区差

2000年以来安徽城镇人均文化消费与全国地区差变动态势见图6。

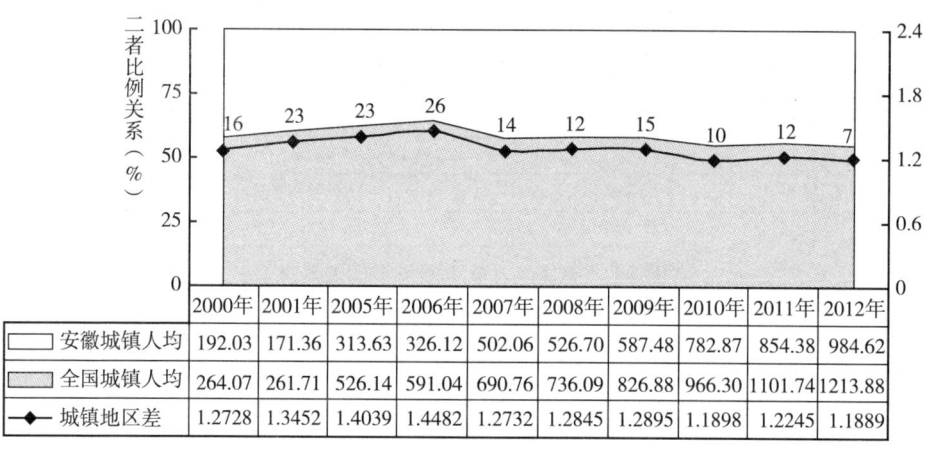

图6 安徽城镇人均文化消费与全国地区差变动态势

注：左轴面积：城镇人均文化消费（元转换为%），当地与全国数值历年升降呈直观比例关系；
右轴曲线：城镇人均文化消费地区差（无差距=1），标明历年地区差省域排序。

2000~2012年，安徽城镇人均文化消费与全国城镇地区差由1.2728缩小至1.1889，在31个省域里排序从第16位上升到第7位。其间，最小地区差为2012年1.1889，最大地区差为2002年1.4944。仅从图6中所列年度来看，地区差在2007年、2010年、2012年出现缩减，其余年度均为扩增。"十五"以来，安徽城镇文化消费地区差缩小6.59%，地区差扩减变化状况处于31个省域里第9位。这意味着，安徽属于城镇文化消费地区差扩减变化态势良好的省域之一。

安徽和全国两个方面城镇人均文化消费历年增长对比演算详见本文人均绝对值一节，此处侧重检验其间增长差异的具体情况。2000~2012年，安徽城镇人均文化消费年均增幅较明显高于全国增幅1.04个百分点，安徽城镇文化消费需求与全国的地区差明显缩小。

"十二五"头2年，安徽城镇人均文化消费年均增长高于自身"十五"年均增长 1.84 个百分点,但低于自身"十一五"年均增长 7.93 个百分点,同时略微高于全国增幅 0.07 个百分点。此时,安徽城镇人均值低于全国城镇平均值,增长高于全国意味着地区差距缩小,与全国城镇地区差相对于 2010 年略有缩小 0.08%,地区差排序处于 31 个省域里第 7 位。

四 安徽城镇文化消费需求景气测评

综合以上分析:"十五"以来安徽城镇文化消费总量年均增长较明显高于全国增长,人均值年均增长较明显高于全国平均增长;占收入比、占总消费比呈提升态势,与产值比、与非文消费剩余比呈下降态势,其中"十一五"期间各项比值升降变化状况全面好于"十五"期间;城乡比显著扩大,与全国城镇地区差明显缩小。这些都集中体现在安徽城镇文化消费需求景气指数的测评演算中。2000 年以来安徽城镇文化消费需求景气指数变动态势见图 7。

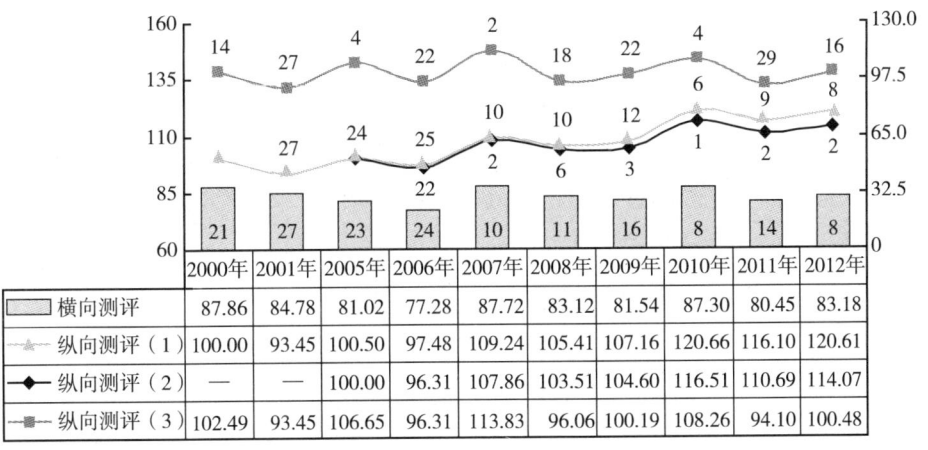

图 7 安徽城镇文化消费需求景气指数变动态势

注:左轴柱形:横向测评(城乡、地区无差异理想值=100);左轴曲线:纵向测评(起点年基数值=100),(1) 2000 年起点,(2) 2005 年起点;右轴曲线:纵向测评(3)上年起点。标明历年各项测评省域排行位次。

1. 各年度横向测评景气指数

以全国城镇文化消费总量份额值、人均绝对值、各项比值为基准,并以城

乡之间、地区之间实现无差距状态为"理想值"100来衡量，2012年安徽城镇此项景气指数为83.18，低于理想值16.82，但高于上一年2.73。安徽城镇此项景气指数在31个省域里排行，2000年为第21位，2005年为第23位，2010年为第8位，2012年从上一年第14位上升为第8位。

2. "十五"以来纵向测评景气指数

以"九五"末年2000年为起点基数值100，2012年安徽城镇此项景气指数为120.61，高于2000年起点基数20.61，也高于上一年4.51。安徽城镇此项景气指数在31个省域里排行，2001年为第27位，2005年为第24位，2010年为第6位，2012年从上一年第9位上升为第8位。

3. "十一五"以来纵向测评景气指数

以"十五"末年2005年为起点基数值100，2012年安徽城镇此项景气指数为114.07，高于2005年起点基数14.07，也高于上一年3.38。安徽城镇此项景气指数在31个省域里排行，2006年为第22位，2010年为第1位，2012年与上一年持平，皆为第2位。

4. "十二五"以来纵向测评景气指数

以"十一五"末年2010年为起点基数值100，2012年安徽城镇此项景气指数为94.63，低于2010年起点基数5.37，但高于上一年0.53。安徽城镇此项景气指数在31个省域里排行，2011年为第29位，2012年上升为第27位。此项测评参见本书《省域城乡文化消费需求景气排行》一文。

5. 逐年度纵向测评景气指数

以上一年2011年为起点基数值100，2012年安徽城镇此项景气指数为100.48，高于2011年起点基数0.48。安徽城镇此项景气指数在31个省域里排行，2000年为第14位，2005年为第4位，2010年与之持平，2012年从上一年第29位上升为第16位。

B.16 江西:"十五"以来城镇景气提升第1位

刘 婷*

摘 要:
2012年,江西城镇文化消费总量增长处于第11位,人均值增长处于第10位。景气评价排行结果:江西城镇在省域横向测评中,2012年景气指数处于第14位;在自身纵向测评中,2000~2012年景气指数处于第1位,2005~2012年景气指数处于第20位,2010~2012年景气指数处于第14位,2011~2012年景气指数处于第15位。

关键词:
江西城镇 文化消费 景气评价

一 江西城镇文化消费需求增长状况

1. 文化消费总量份额值变化

2000年以来江西城镇文化消费总量增长、份额变化态势见图1。

2000~2012年,江西城镇文化消费总量由16.65亿元增高为196.70亿元,增加180.05亿元,12年间总增长1081.38%,年均增长率22.85%,增长幅度处于31个省域里第1位。其中,"十五"期间年均增长30.85%;"十一五"期间年均增长16.68%;"十二五"头2年年均增长19.34%。"十二五"头2

---

* 刘婷,云南省社会科学院文化开发研究中心副研究员,主要从事艺术人类学及休闲文化、休闲产业研究。

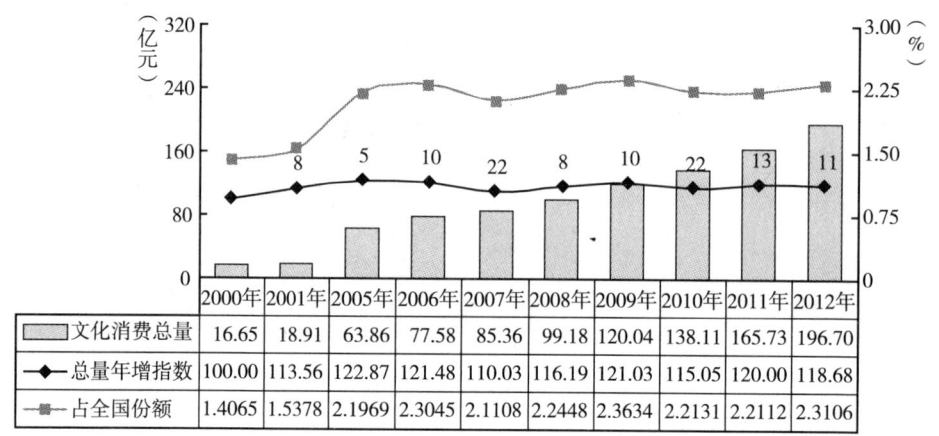

图1 江西城镇文化消费总量增长、份额变化态势

注：左轴柱形：城镇文化消费总量（亿元）；左轴曲线：年度增长指数（上年＝100），标明历年增长省域排序，2000年起点不计；右轴曲线：占全国城镇份额（%）。

年年均增幅高于"十一五"2.66个百分点；低于"十五"11.51个百分点。总量最高增长年度为2002年，增长率76.36%；最低增长年度为2000年，增长率8.58%。

同期，全国城镇文化消费总量年均增长率17.87%，显著低于江西4.98个百分点。江西城镇文化消费总量占全国份额由1.41%升高为2.31%，上升幅度为64.28%，增长幅度和份额升降变化排序处于31个省域里第1位。

"十二五"头2年，全国城镇文化消费总量年均增长率16.80%，江西城镇文化消费总量年均增长率19.34%，明显高于全国2.54个百分点，占全国份额比2010年上升4.40%。同时，江西总量增长低于自身"十五"年均增长11.51个百分点，但高于自身"十一五"年均增长2.66个百分点，增长幅度和占全国份额变化排序处于31个省域里第11位。

2. 文化消费人均绝对值增长

2000年以来江西城镇人均文化消费增长、增幅变化态势见图2。

2000～2012年，江西城镇人均文化消费由146.42元增高为938.65元，增加792.23元，总增长541.07%，年均增长16.75%，增长幅度处于31个省域里第2位。其中，"十五"期间人均值总增长181.79%，年均增长率23.02%；

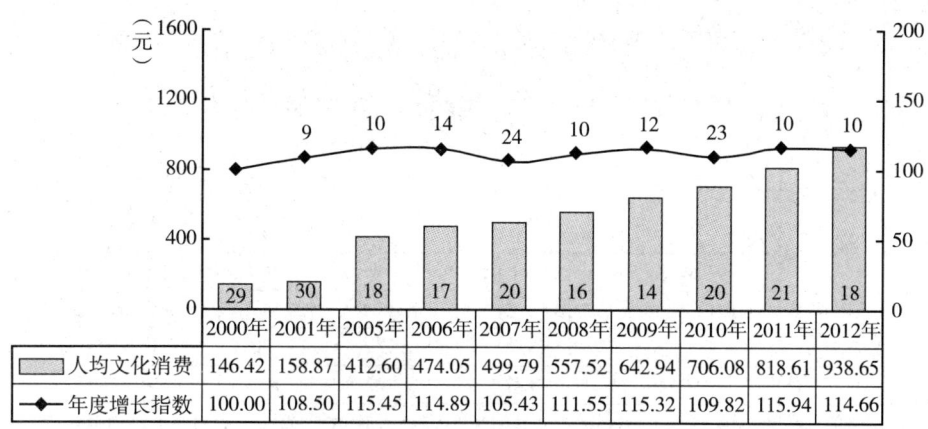

图 2 江西城镇人均文化消费增长、增幅变化态势

注：左轴柱形：城镇人均文化消费（元）；右轴曲线：年度增长指数（上年＝100），标明历年增长省域排序，2000 年起点不计。

"十一五"期间人均值总增长 71.13%，年均增长率 11.34%。"十一五"年均增长率低于"十五"11.68 个百分点。人均值最高增长年度为 2002 年，增长率 64.59%；最低增长年度为 2000 年，增长率 4.90%。

同期，全国城镇人均文化消费年均增长率 13.55%，明显低于江西。江西城镇人均文化消费从全国城镇人均值的 55.45% 提高至 77.33%（对照本文图 6），人均绝对值在 31 个省域里排序由第 29 位提高为第 18 位。

"十二五"头 2 年，全国城镇人均文化消费年均增长率 12.08%，江西增长率 15.30%，明显高于全国，同时低于自身"十五"年均增长，但高于自身"十一五"年均增长，增长幅度排序处于 31 个省域里第 10 位。

二 江西城镇文化消费相关背景情况

2000 年以来江西人均产值与城镇人均收入、消费（分为非文消费与文化消费）、积蓄关系态势见图 3。

2000~2012 年，江西人均产值年均增长 16.00%；城镇人均收入年均增长 11.99%，显著低于产值增长 4.01 个百分点；人均总消费年均增长 11.07%，显著低于产值增长 4.93 个百分点，略低于收入增长 0.92 个百分

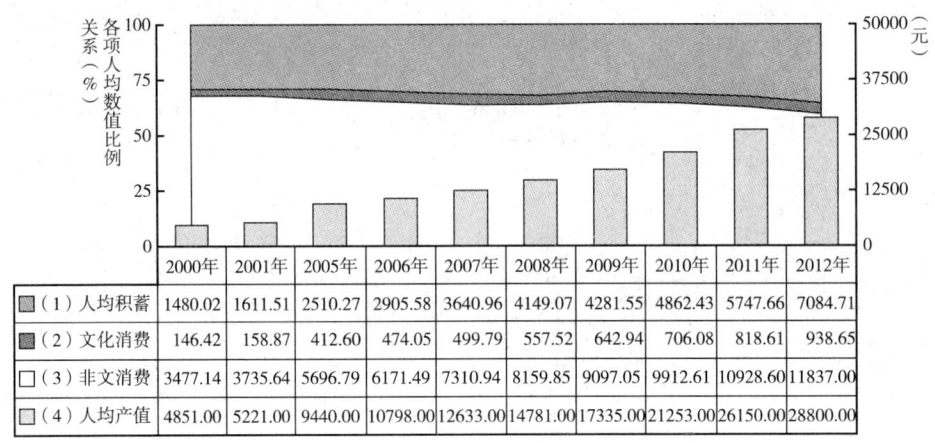

图 3　江西人均产值与城镇人均收入、消费、积蓄关系态势

注：左轴面积：城镇人均积蓄、文化消费、非文消费（元转换为%），（1）+（2）+（3）=收入，（2）+（3）=总消费，（1）+（2）=非文消费剩余，各项数值历年升降呈直观比例；右轴柱形：人均产值（元）。

点；人均积蓄年均增长13.94%，明显低于产值增长2.06个百分点，较明显高于收入增长1.95个百分点，明显高于总消费增长2.87个百分点；人均文化消费年均增长16.75%，略高于产值增长0.75个百分点，显著高于收入增长4.76个百分点，显著高于总消费增长5.68个百分点，明显高于积蓄增长2.81个百分点。

"十二五"头2年，江西人均产值年均增长16.41%，城镇人均收入年均增长13.26%，人均总消费年均增长9.69%，人均积蓄年均增长20.71%，人均文化消费年均增长15.30%。文化消费年均增幅低于产值增幅1.11个百分点，高于收入增幅2.04个百分点，高于总消费增幅5.61个百分点，低于积蓄增幅5.41个百分点。文化消费与收入、与总消费关系比值呈现提升态势。

2000年以来江西城镇文化消费比值变动态势见图4。

1. 人均文化消费与人均产值的比例

2000～2012年，江西城镇人均文化消费与人均产值的比例由3.02%提高至3.26%，在31个省域里排序从第19位上升到第8位。仅从图4中所列年度来看，此项比值在2001年、2005～2006年、2012年出现增高，其余年度均为

江西："十五"以来城镇景气提升第1位

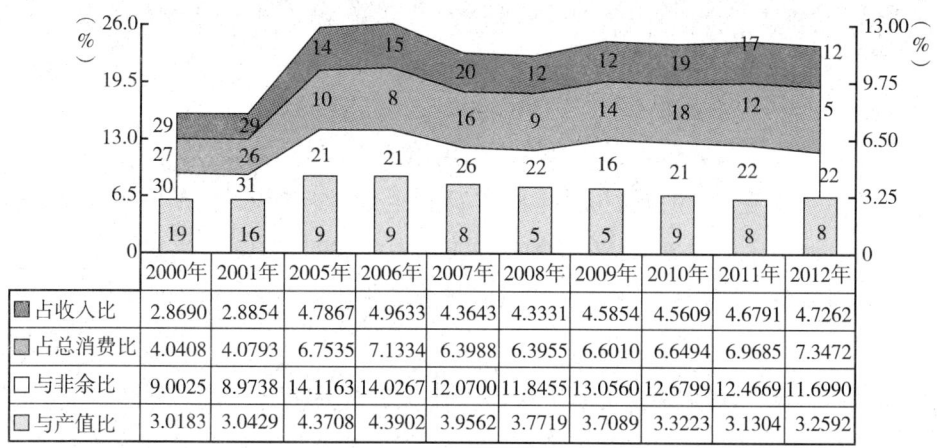

图 4　江西城镇文化消费比值变动态势

注：左轴面积：城镇人均文化消费占收入比、占总消费比、与非文消费剩余（图例简称"非余"）比（%），各项比值历年升降呈直观比例叠加；右轴柱形：城镇人均文化消费与产值比（%）。标明历年各项比值省域排序。

降低。"十五"以来，江西城镇此项比值上升7.98%，升降变化程度处于31个省域里第7位。

分阶段看，江西城镇此项比值在"十五"期间提高1.35个百分点；在"十一五"期间降低1.05个百分点。"十二五"头2年，江西城镇此项比值降低0.06个百分点，降幅为1.90%，文化消费需求增长与经济发展的协调性比2010年略有下降。其间，最高值为2002年4.49%，最低值为2000年3.02%。

2. 人均文化消费占人均收入的比重

2000～2012年，江西城镇人均文化消费占人均收入的比重由2.87%提高至4.73%，在31个省域里排序从第29位上升到第12位。仅从图4中所列年度来看，此项比值在2001年、2005～2006年、2009年、2011～2012年出现增高，其余年度均为降低。"十五"以来，江西城镇此项比值上升64.73%，升降变化程度处于31个省域里第1位。

分阶段看，江西城镇此项比值在"十五"期间提高1.92个百分点；在"十一五"期间降低0.23个百分点。"十二五"头2年，江西城镇此项比值提高0.17个百分点，升幅为3.62%，文化消费需求增长与收入增高的协调性比 2010 年略有上升。其间，最高值为 2006 年 4.96%，最低值为 2000 年 2.87%。

3. 人均文化消费占人均总消费的比重

2000~2012 年，江西城镇人均文化消费占人均总消费的比重由 4.04% 提高至 7.35%，在 31 个省域里排序从第 27 位上升到第 5 位。仅从图 4 中所列年度来看，此项比值在 2001 年、2005~2006 年、2009~2012 年出现增高，其余年度均为降低。"十五"以来，江西城镇此项比值上升 81.83%，升降变化程度处于 31 个省域里第 2 位。

分阶段看，江西城镇此项比值在"十五"期间提高 2.71 个百分点；在"十一五"期间降低 0.10 个百分点。"十二五"头 2 年，江西城镇此项比值提高 0.70 个百分点，升幅为 10.49%，文化消费需求增长与总消费增加的协调性比 2010 年显著上升。其间，最高值为 2012 年 7.35%，最低值为 2000 年 4.04%。

4. 人均文化消费与人均非文消费剩余的比例

2000~2012 年，江西城镇人均文化消费与人均非文消费剩余的比例由 9.00% 提高至 11.70%，在 31 个省域里排序从第 30 位上升到第 22 位。仅从图 4 中所列年度来看，此项比值在 2005 年、2009 年出现增高，其余年度均为降低。"十五"以来，江西城镇此项比值上升 29.95%，升降变化程度处于 31 个省域里第 2 位。

分阶段看，江西城镇此项比值在"十五"期间提高 5.11 个百分点；在"十一五"期间降低 1.44 个百分点。"十二五"头 2 年，江西城镇此项比值降低 0.98 个百分点，降幅为 7.74%，文化消费需求增长与"必需消费"之外"余钱"增多的协调性比 2010 年极显著下降。其间，最高值为 2005 年 14.12%，最低值为 2001 年 8.97%。

三 江西文化消费城乡、区域协调状况

1. 人均文化消费城乡比

2000 年以来江西人均文化消费城乡比变动态势见图 5。

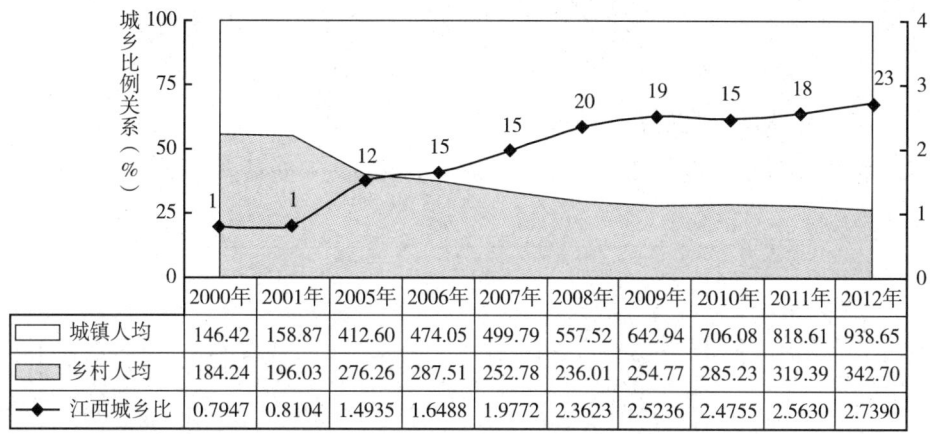

图5 江西人均文化消费城乡比变动态势

注：左轴面积：城镇、乡村人均文化消费（元转换为%），城乡间历年升降呈直观比例关系；右轴曲线：人均文化消费城乡比（乡村=1，小于1为"城乡倒挂"，即城镇人均值低于乡村），标明历年城乡比省域排序。

2000～2012年，江西人均文化消费城乡比由0.7947扩大至2.7390，在31个省域里排序从第1位下降到第23位。其间，最小城乡比为2000年0.7947，最大城乡比为2012年2.7390。仅从图5中所列年度来看，城乡比在2010年出现缩减，其余年度均为扩增。"十五"以来，江西文化消费城乡比扩大244.66%，城乡比扩减变化状况处于31个省域里第30位。这意味着，江西属于文化消费城乡比扩减变化态势极严重的省域之一。

同期，江西城镇人均文化消费增长见本文人均值一节。乡村人均文化消费由184.24元增高为342.70元，增加158.46元，12年间总增长86.01%，年均增长率5.31%。乡村人均值最高增长年度为2005年，增长率16.43%；最低增长年度为2007年，负增长12.08%。此间，江西城镇人均文化消费需求年均增长极显著高于乡村年均增长11.44个百分点，导致江西文化消费需求的城乡比极显著扩大。

"十二五"头2年，江西城镇人均文化消费年均增长率15.30%，低于"十五"7.72个百分点，但高于"十一五"3.96个百分点；乡村人均文化消费年均增长率9.61%，高于"十五"1.17个百分点，也高于"十一五"8.97个百分点。此时，江西城镇人均值高于乡村，城镇年度增幅显著高于乡村增幅

5.69个百分点,意味着城乡差距扩大。江西文化消费城乡比相对于2010年明显扩大10.64%,城乡比排序处于31个省域里第23位。

2. 城镇人均文化消费地区差

2000年以来江西城镇人均文化消费与全国地区差变动态势见图6。

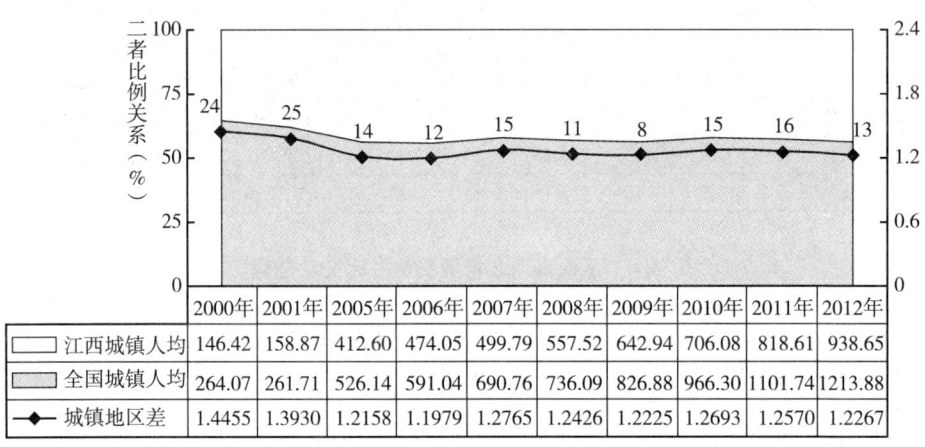

图6 江西城镇人均文化消费与全国地区差变动态势

注:左轴面积:城镇人均文化消费(元转换为%),当地与全国数值历年升降呈直观比例关系;
右轴曲线:城镇人均文化消费地区差(无差距=1),标明历年地区差省域排序。

2000~2012年,江西城镇人均文化消费与全国城镇地区差由1.4455缩小至1.2267,在31个省域里排序从第24位上升到第13位。其间,最小地区差为2006年1.1979,最大地区差为2000年1.4455。仅从图6中所列年度来看,地区差在2001年、2005~2006年、2008~2009年、2011~2012年出现缩减,其余年度均为扩增。"十五"以来,江西城镇文化消费地区差缩小15.14%,地区差扩减变化状况处于31个省域里第6位。这意味着,江西属于城镇文化消费地区差扩减变化态势良好的省域之一。

江西和全国两个方面城镇人均文化消费历年增长对比演算详见本文人均绝对值一节,此处侧重检验其间增长差异的具体情况。2000~2012年,江西城镇人均文化消费年均增幅明显高于全国增幅3.20个百分点,江西城镇文化消费需求与全国的地区差极显著缩小。

"十二五"头2年,江西城镇人均文化消费年均增长低于自身"十五"年均增长7.72个百分点,但高于自身"十一五"年均增长3.96个百分点,同时明显高于全国增幅3.22个百分点。此时,江西城镇人均值低于全国城镇平均值,增长高于全国意味着地区差距缩小,与全国城镇地区差相对于2010年明显缩小3.36%,地区差排序处于31个省域里第13位。

四 江西城镇文化消费需求景气测评

综合以上分析:"十五"以来江西城镇文化消费总量年均增长显著高于全国增长,人均值年均增长明显高于全国平均增长;相关比值全面呈现较明显的提升态势,其中"十一五"期间各项比值升降变化状况全面不及"十五"期间;城乡比极显著扩大,与全国城镇地区差极显著缩小。这些都集中体现在江西城镇文化消费需求景气指数的测评演算中。2000年以来江西城镇文化消费需求景气指数变动态势见图7。

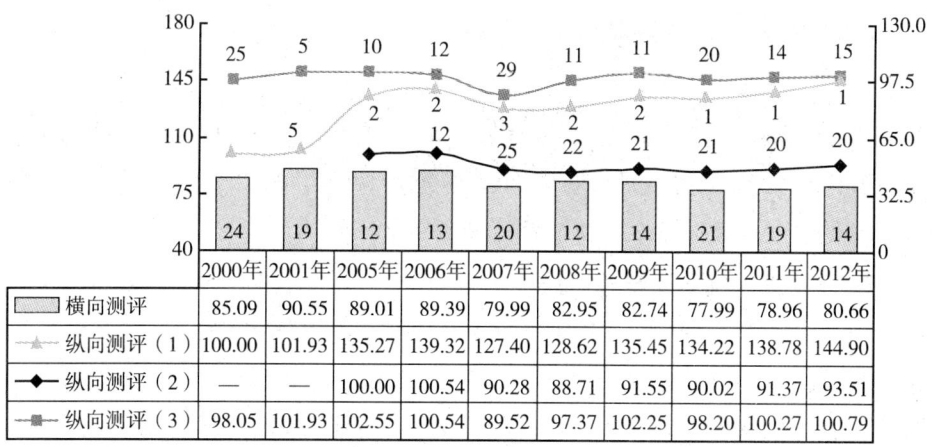

图7 江西城镇文化消费需求景气指数变动态势

注:左轴柱形:横向测评(城乡、地区无差异理想值=100);左轴曲线:纵向测评(起点年基数值=100),(1)2000年起点,(2)2005年起点;右轴曲线:纵向测评(3)上年起点。标明历年各项测评省域排行位次。

1. 各年度横向测评景气指数

以全国城镇文化消费总量份额值、人均绝对值、各项比值为基准,并以城

乡之间、地区之间实现无差距状态为"理想值"100来衡量，2012年江西城镇此项景气指数为80.66，低于理想值19.34，但高于上一年1.70。江西城镇此项景气指数在31个省域里排行，2000年为第24位，2005年为第12位，2010年为第21位，2012年从上一年第19位上升为第14位。

2. "十五"以来纵向测评景气指数

以"九五"末年2000年为起点基数值100，2012年江西城镇此项景气指数为144.90，高于2000年起点基数44.90，也高于上一年6.12。江西城镇此项景气指数在31个省域里排行，2001年为第5位，2005年为第2位，2010年为第1位，2012年与上一年持平，皆为第1位。

3. "十一五"以来纵向测评景气指数

以"十五"末年2005年为起点基数值100，2012年江西城镇此项景气指数为93.51，低于2005年起点基数6.49，但高于上一年2.14。江西城镇此项景气指数在31个省域里排行，2006年为第12位，2010年为第21位，2012年与上一年持平，皆为第20位。

4. "十二五"以来纵向测评景气指数

以"十一五"末年2010年为起点基数值100，2012年江西城镇此项景气指数为101.26，高于2010年起点基数1.26，也高于上一年0.99。江西城镇此项景气指数在31个省域里排行，2011年为第14位，2012年与之持平。此项测评参见本书《省域城乡文化消费需求景气排行》一文。

5. 逐年度纵向测评景气指数

以上一年2011年为起点基数值100，2012年江西城镇此项景气指数为100.79，高于2011年起点基数0.79。江西城镇此项景气指数在31个省域里排行，2000年为第25位，2005年为第10位，2010年为第20位，2012年从上一年第14位下降为第15位。

省域乡村篇

Reports on Rural Areas Among Provinces

B.17
青海：2012年横向测评乡村景气升至首位

袁春生*

摘　要： 2012年，青海乡村文化消费总量增长处于第24位，人均值增长处于第24位。景气评价排行结果：青海乡村在省域横向测评中，2012年景气指数处于第1位；在自身纵向测评中，2000~2012年景气指数处于第1位，2005~2012年景气指数处于第1位，2010~2012年景气指数处于第8位，2011~2012年景气指数处于第22位。

关键词： 青海乡村　文化消费　景气评价

---

* 袁春生，云南省社会科学院科研处助理研究员，主要从事民族文化和政治社会学研究。

一 青海乡村文化消费需求增长状况

1. 文化消费总量份额值变化

2000年以来青海乡村文化消费总量增长、份额变化态势见图1。

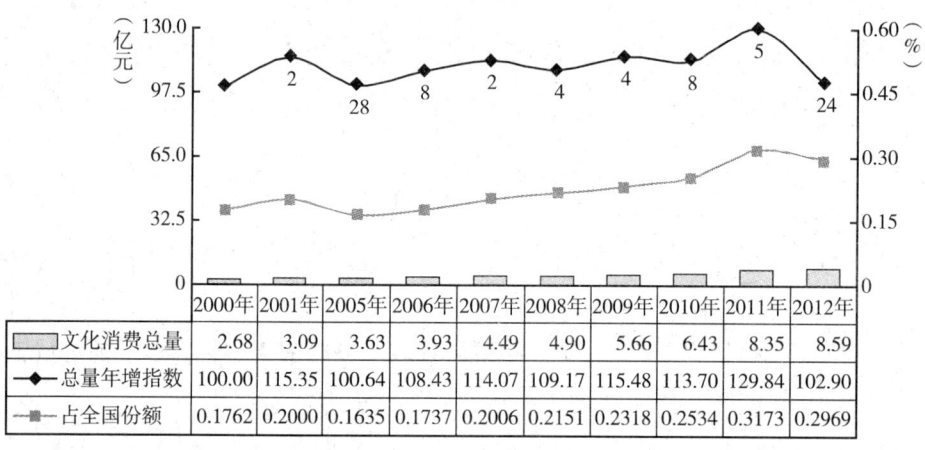

图1 青海乡村文化消费总量增长、份额变化态势

注：左轴柱形：乡村文化消费总量（亿元）；左轴曲线：年度增长指数（上年=100），标明历年增长省域排序，2000年起点不计；右轴曲线：占全国乡村份额（%）。

2000~2012年，青海乡村文化消费总量由2.68亿元增高为8.59亿元，增加5.91亿元，12年间总增长220.52%，年均增长率10.19%，增长幅度处于31个省域里第3位。其中，"十五"期间年均增长6.26%；"十一五"期间年均增长12.11%；"十二五"头2年年均增长15.58%。"十二五"头2年年均增幅高于"十一五"3.47个百分点；高于"十五"9.32个百分点。总量最高增长年度为2000年，增长率57.72%；最低增长年度为2004年，负增长18.31%。

同期，全国乡村文化消费总量年均增长率5.51%，显著低于青海4.68个百分点。青海乡村文化消费总量占全国份额由0.18%升高为0.30%，上升幅度为68.50%，增长幅度和份额升降变化排序处于31个省域里第3位。

"十二五"头2年，全国乡村文化消费总量年均增长率6.77%，青海乡村文化消费总量年均增长率15.58%，极显著高于全国8.81个百分点，占全国份额比2010年上升17.21%。同时，青海总量增长高于自身"十五"年均增长9.32个百分点，也高于自身"十一五"年均增长3.47个百分点，增长幅度和占全国份额变化排序处于31个省域里第24位。

2. 文化消费人均绝对值增长

2000年以来青海乡村人均文化消费增长、增幅变化态势见图2。

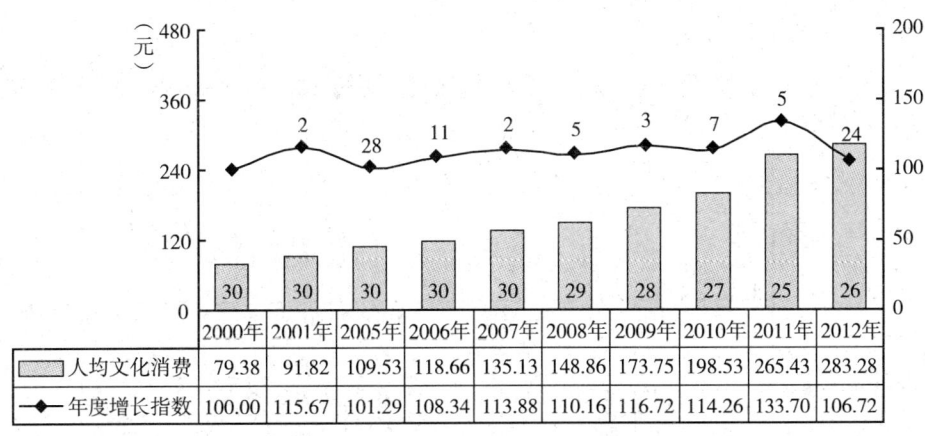

图2 青海乡村人均文化消费增长、增幅变化态势

注：左轴柱形：乡村人均文化消费（元）；右轴曲线：年度增长指数（上年=100），标明历年增长省域排序，2000年起点不计。

2000~2012年，青海乡村人均文化消费由79.38元增高为283.28元，增加203.90元，总增长256.87%，年均增长11.18%，增长幅度处于31个省域里第4位。其中，"十五"期间人均值总增长37.98%，年均增长率6.65%；"十一五"期间人均值总增长81.26%，年均增长率12.63%。"十一五"年均增长率高于"十五"5.98个百分点。人均值最高增长年度为2000年，增长率58.22%；最低增长年度为2004年，负增长17.90%。

同期，全国乡村人均文化消费年均增长率7.52%，明显低于青海。青海乡村人均文化消费从全国乡村人均值的42.51%提高至63.59%（对照本文图5），人均绝对值在31个省域里排序由第30位提高为第26位。

"十二五"头2年，全国乡村人均文化消费年均增长率10.22%，青海增长率19.45%,极显著高于全国,同时高于自身"十五"年均增长,也高于自身"十一五"年均增长,增长幅度排序处于31个省域里第24位。

二 青海乡村文化消费相关背景情况

2000年以来青海人均产值与乡村人均收入、消费(分为非文消费与文化消费)、积蓄关系态势见图3。

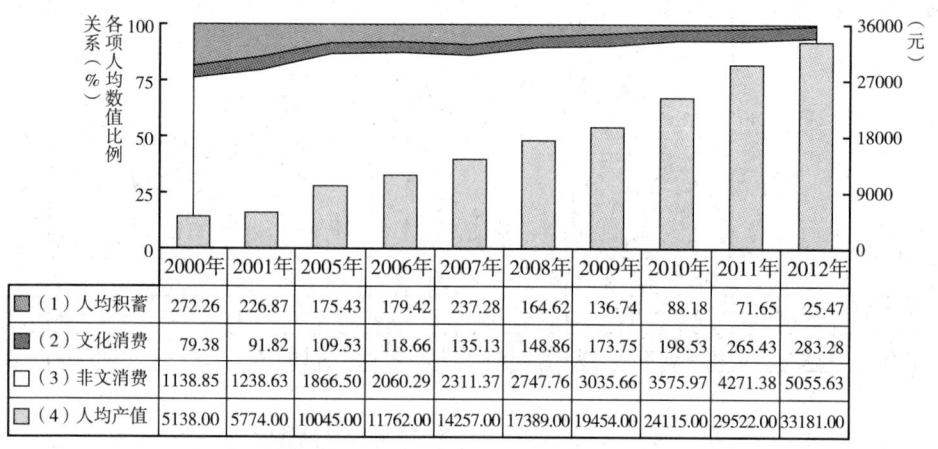

图3 青海人均产值与乡村人均收入、消费、积蓄关系态势

注:左轴面积:乡村人均积蓄、文化消费、非文消费(元转换为%),(1)+(2)+(3)=收入,(2)+(3)=总消费,(1)+(2)=非文消费剩余,各项数值历年升降呈直观比例;右轴柱形:人均产值(元)。

2000~2012年,青海人均产值年均增长16.82%;乡村人均收入年均增长11.26%,显著低于产值增长5.56个百分点;人均总消费年均增长13.10%,明显低于产值增长3.72个百分点,较明显高于收入增长1.84个百分点;人均积蓄年均负增长17.92%,极显著低于产值增长34.74个百分点,极显著低于收入增长29.18个百分点,极显著低于总消费增长31.02个百分点;人均文化消费年均增长11.18%,显著低于产值增长5.64个百分点,略低于收入增长0.08个百分点,较明显低于总消费增长1.92个百分点,极显著高于积蓄增长29.10个百分点。

青海：2012年横向测评乡村景气升至首位

"十二五"头2年，青海人均产值年均增长17.30%，乡村人均收入年均增长17.85%，人均总消费年均增长18.93%，人均积蓄年均负增长46.26%，人均文化消费年均增长19.45%。文化消费年均增幅高于产值增幅2.15个百分点，高于收入增幅1.60个百分点，高于总消费增幅0.52个百分点，高于积蓄增幅65.71个百分点。文化消费与诸方面关系比值全面呈现提升态势。

2000年以来青海乡村文化消费比值变动态势见图4。

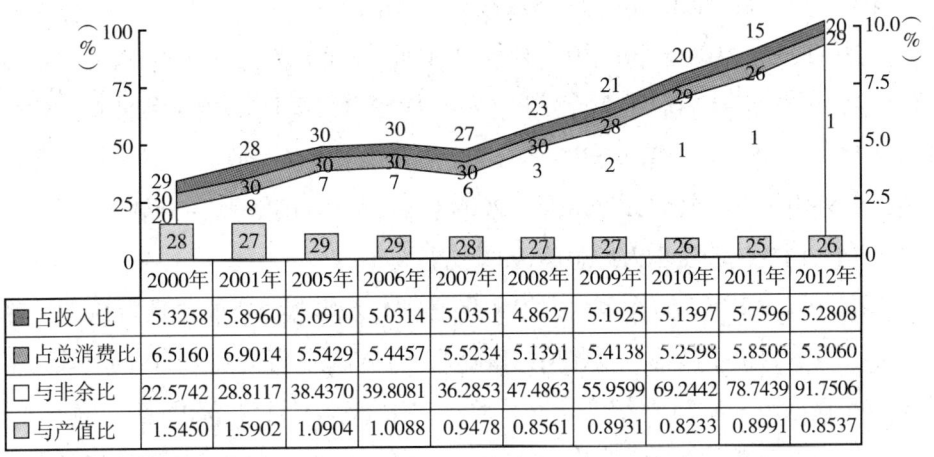

图4 青海乡村文化消费比值变动态势

注：左轴面积：乡村人均文化消费占收入比、占总消费比、与非文消费剩余（图例简称"非余"）比（%），各项比值历年升降呈直观比例叠加；右轴柱形：乡村人均文化消费与产值比（%）。标明历年各项比值省域排序。

1. 人均文化消费与人均产值的比例

2000～2012年，青海乡村人均文化消费与人均产值的比例由1.54%降低至0.85%，由于其他省域此项比值降低更加明显，青海从第28位上升到第26位。仅从图4中所列年度来看，此项比值在2001年、2009年、2011年出现增高，其余年度均为降低。"十五"以来，青海乡村此项比值下降44.74%，升降变化程度处于31个省域里第13位。

分阶段看，青海乡村此项比值在"十五"期间降低0.45个百分点；在"十一五"期间降低0.27个百分点。"十二五"头2年，青海乡村此项比值提高0.03个百分点，升幅为3.69%，文化消费需求增长与经济发展的协调性比

2010年略有上升。其间,最高值为2003年1.79%,最低值为2010年0.82%。

2. 人均文化消费占人均收入的比重

2000~2012年,青海乡村人均文化消费占人均收入的比重由5.33%降低至5.28%,由于其他省域此项比值降低更加明显,青海从第29位上升到第20位。仅从图4中所列年度来看,此项比值在2001年、2007年、2009年、2011年出现增高,其余年度均为降低。"十五"以来,青海乡村此项比值下降0.84%,升降变化程度处于31个省域里第3位。

分阶段看,青海乡村此项比值在"十五"期间降低0.23个百分点;在"十一五"期间提高0.05个百分点。"十二五"头2年,青海乡村此项比值提高0.14个百分点,升幅为2.75%,文化消费需求增长与收入增高的协调性比2010年略有上升。其间,最高值为2003年7.34%,最低值为2008年4.86%。

3. 人均文化消费占人均总消费的比重

2000~2012年,青海乡村人均文化消费占人均总消费的比重由6.52%降低至5.31%,由于其他省域此项比值降低更加明显,青海从第30位上升到第29位。仅从图4中所列年度来看,此项比值在2001年、2007年、2009年、2011年出现增高,其余年度均为降低。"十五"以来,青海乡村此项比值下降18.57%,升降变化程度处于31个省域里第7位。

分阶段看,青海乡村此项比值在"十五"期间降低0.97个百分点;在"十一五"期间降低0.28个百分点。"十二五"头2年,青海乡村此项比值提高0.05个百分点,升幅为0.88%,文化消费需求增长与总消费增加的协调性比2010年略有上升。其间,最高值为2003年8.43%,最低值为2008年5.14%。

4. 人均文化消费与人均非文消费剩余的比例

2000~2012年,青海乡村人均文化消费与人均非文消费剩余的比例由22.57%提高至91.75%,在31个省域里排序从第20位上升到第1位。仅从图4中所列年度来看,此项比值在2001年、2005~2006年、2008~2012年出现增高,其余年度均为降低。"十五"以来,青海乡村此项比值上升306.44%,升降变化程度处于31个省域里第1位。

分阶段看,青海乡村此项比值在"十五"期间提高15.86个百分点;在"十一五"期间提高30.81个百分点。"十二五"头2年,青海乡村此项比值提高22.51个百分点,升幅为32.50%,文化消费需求增长与"必需消费"之外"余钱"增多的协调性比2010年极显著提升。其间,最高值为2012年91.75%,最低值为2000年22.57%。

三 青海文化消费城乡、区域协调状况

1. 人均文化消费城乡比

本节分析与省域城乡篇同构(见217~218页),不赘述。

2. 乡村人均文化消费地区差

2000年以来青海乡村人均文化消费与全国地区差变动态势见图5。

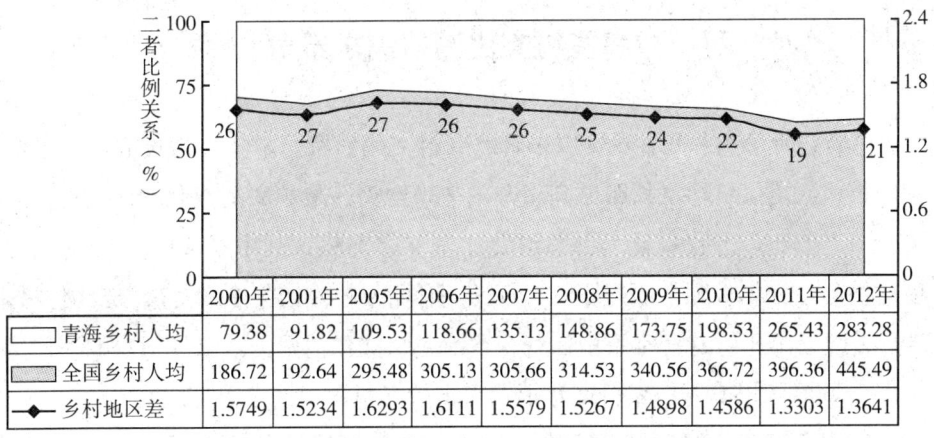

图5 青海乡村人均文化消费与全国地区差变动态势

注:左轴面积:乡村人均文化消费(元转换为%),当地与全国数值历年升降呈直观比例关系;
右轴曲线:乡村人均文化消费地区差(无差距=1),标明历年地区差省域排序。

2000~2012年,青海乡村人均文化消费与全国乡村地区差由1.5749缩小至1.3641,在31个省域里排序从第26位上升到第21位。其间,最小地区差为2011年1.3303,最大地区差为2005年1.6293。仅从图5中所列年度来看,地区差在2001年、2006~2011年出现缩减,其余年度均为扩增。"十五"以来,青海乡村文化消费地区差缩小13.38%,地区差扩减变化状况处于31个省域里第3位。这意味着,青海属于乡村文化消费地区差扩减变化态势良好的

省域之一。

青海和全国两个方面乡村人均文化消费历年增长对比演算详见本文人均绝对值一节，此处侧重检验其间增长差异的具体情况。2000~2012年，青海乡村人均文化消费年均增幅明显高于全国增幅3.66个百分点，青海乡村文化消费需求与全国的地区差显著缩小。

"十二五"头2年，青海乡村人均文化消费年均增长高于自身"十五"年均增长12.80个百分点，也高于自身"十一五"年均增长6.82个百分点，同时极显著高于全国增幅9.23个百分点。此时，青海乡村人均值低于全国乡村平均值，增长高于全国意味着地区差距缩小，与全国乡村地区差相对于2010年显著缩小6.48%，地区差排序处于31个省域里第21位。

四 青海乡村文化消费需求景气测评

综合以上分析："十五"以来青海乡村文化消费总量年均增长显著高于全国增长，人均值年均增长明显高于全国平均增长；与非文消费剩余比呈提升态势，与产值比、占收入比、占总消费比呈下降态势，其中"十一五"期间各项比值升降变化状况全面好于"十五"期间；城乡比略有扩大，与全国乡村地区差显著缩小。这些都集中体现在青海乡村文化消费需求景气指数的测评演算中。2000年以来青海乡村文化消费需求景气指数变动态势见图6。

1. 各年度横向测评景气指数

以全国乡村文化消费总量份额值、人均绝对值、各项比值为基准，并以城乡之间、地区之间实现无差距状态为"理想值"100来衡量，2012年青海乡村此项景气指数为118.06，高于理想值18.06，也高于上一年2.46。青海乡村此项景气指数在31个省域里排行，2000年为第28位，2005年为第30位，2010年为第7位，2012年从上一年第2位上升为第1位。

2. "十五"以来纵向测评景气指数

以"九五"末年2000年为起点基数值100，2012年青海乡村此项景气指数为150.47，高于2000年起点基数50.47，也高于上一年3.86。青海乡村此项景气指数在31个省域里排行，2001年为第5位，2005年为第22位，2010

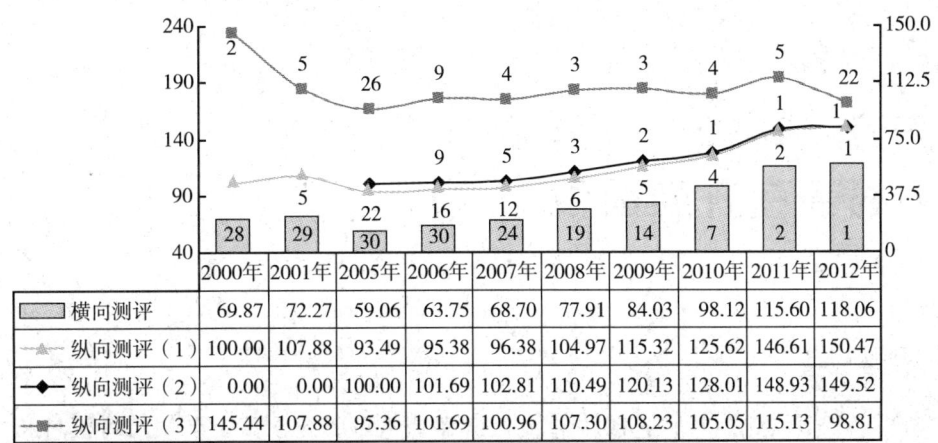

图 6　青海乡村文化消费需求景气指数变动态势

注：左轴柱形：横向测评（城乡、地区无差异理想值=100）；左轴曲线：纵向测评（起点年基数值=100），（1）2000 年起点，（2）2005 年起点；右轴曲线：纵向测评（3）上年起点。标明历年各项测评省域排行位次。

年为第 4 位，2012 年从上一年第 2 位上升为第 1 位。

3. "十一五"以来纵向测评景气指数

以"十五"末年 2005 年为起点基数值 100，2012 年青海乡村此项景气指数为 149.52，高于 2005 年起点基数 49.52，也高于上一年 0.59。青海乡村此项景气指数在 31 个省域里排行，2006 年为第 9 位，2010 年为第 1 位，2012 年与上一年持平，皆为第 1 位。

4. "十二五"以来纵向测评景气指数

以"十一五"末年 2010 年为起点基数值 100，2012 年青海乡村此项景气指数为 113.86，高于 2010 年起点基数 13.86，但低于上一年 1.27。青海乡村此项景气指数在 31 个省域里排行，2011 年为第 5 位，2012 年下降为第 8 位。此项测评参见本书《省域城乡文化消费需求景气排行》一文。

5. 逐年度纵向测评景气指数

以上一年 2011 年为起点基数值 100，2012 年青海乡村此项景气指数为 98.81，低于 2011 年起点基数 1.19。青海乡村此项景气指数在 31 个省域里排行，2000 年为第 2 位，2005 年为第 26 位，2010 年为第 4 位，2012 年从上一年第 5 位下降为第 22 位。

B.18 天津：2012年纵向测评乡村景气升至首位

常 飞*

摘 要： 2012年，天津乡村文化消费总量增长处于第1位，人均值增长处于第1位。景气评价排行结果：天津乡村在省域横向测评中，2012年景气指数处于第13位；在自身纵向测评中，2000~2012年景气指数处于第6位，2005~2012年景气指数处于第2位，2010~2012年景气指数处于第4位，2011~2012年景气指数处于第1位。

关键词： 天津乡村 文化消费 景气评价

本文充分展示2000~2012年间天津相关各方面的增长态势，全面分析检测天津乡村文化消费需求状况。

一 天津乡村文化消费需求增长状况

1. 文化消费总量份额值变化

2000年以来天津乡村文化消费总量增长、份额变化态势见图1。

2000~2012年，天津乡村文化消费总量由6.56亿元增高为20.11亿元，增加13.55亿元，12年间总增长206.55%，年均增长率9.78%，增长幅度处

---

* 常飞，云南省社会科学院办公室副主任、副研究员，主要从事历史文化、社会研究。

天津：2012年纵向测评乡村景气升至首位

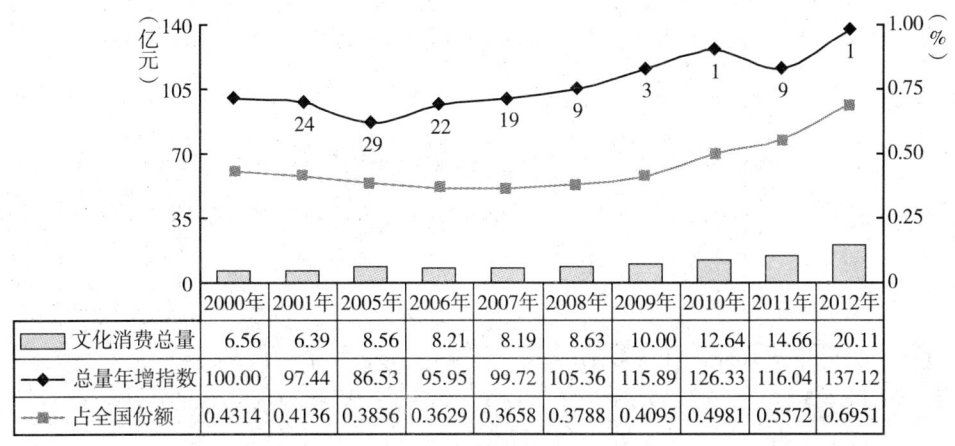

图1 天津乡村文化消费总量增长、份额变化态势

注：左轴柱形：乡村文化消费总量（亿元）；左轴曲线：年度增长指数（上年=100，小于100为负增长），标明历年增长省域排序，2000年起点不计；右轴曲线：占全国乡村份额（%）。

于31个省域里第6位。其中，"十五"期间年均增长5.47%；"十一五"期间年均增长8.11%；"十二五"头2年年均增长26.13%。"十二五"头2年年均增幅高于"十一五"18.02个百分点；高于"十五"20.66个百分点。总量最高增长年度为2003年，增长率38.17%；最低增长年度为2005年，负增长13.47%。

同期，全国乡村文化消费总量年均增长率5.51%，显著低于天津4.27个百分点。天津乡村文化消费总量占全国份额由0.43%升高为0.70%，上升幅度为61.13%，增长幅度和份额升降变化排序处于31个省域里第6位。

"十二五"头2年，全国乡村文化消费总量年均增长率6.77%，天津乡村文化消费总量年均增长率26.13%，极显著高于全国19.36个百分点，占全国份额比2010年上升39.55%。同时，天津总量增长高于自身"十五"年均增长20.66个百分点，也高于自身"十一五"年均增长18.02个百分点，增长幅度和占全国份额变化排序处于31个省域里第1位。

2. 文化消费人均绝对值增长

2000年以来天津乡村人均文化消费增长、增幅变化态势见图2。

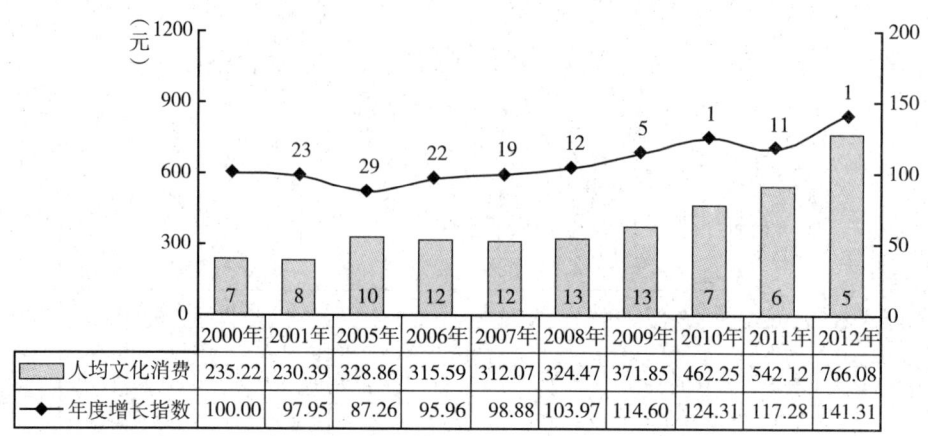

图 2　天津乡村人均文化消费增长、增幅变化态势

注：左轴柱形：乡村人均文化消费（元）；右轴曲线：年度增长指数（上年＝100，小于100为负增长），标明历年增长省域排序，2000年起点不计。

2000~2012年，天津乡村人均文化消费由235.22元增高为766.08元，增加530.86元，总增长225.69%，年均增长10.34%，增长幅度处于31个省域里第7位。其中，"十五"期间人均值总增长39.81%，年均增长率6.93%；"十一五"期间人均值总增长40.56%，年均增长率7.05%。"十一五"年均增长率高于"十五"0.12个百分点。人均值最高增长年度为2012年，增长率41.31%；最低增长年度为2005年，负增长12.74%。

同期，全国乡村人均文化消费年均增长率7.52%，明显低于天津。天津乡村人均文化消费从全国乡村人均值的125.97%提高至171.96%（对照本文图5），人均绝对值在31个省域里排序由第7位提高为第5位。

"十二五"头2年，全国乡村人均文化消费年均增长率10.22%，天津增长率28.74%，极显著高于全国，同时高于自身"十五"年均增长，也高于自身"十一五"年均增长，增长幅度排序处于31个省域里第1位。

二　天津乡村文化消费相关背景情况

2000年以来天津人均产值与乡村人均收入、消费（分为非文消费与文化消费）、积蓄关系态势见图3。

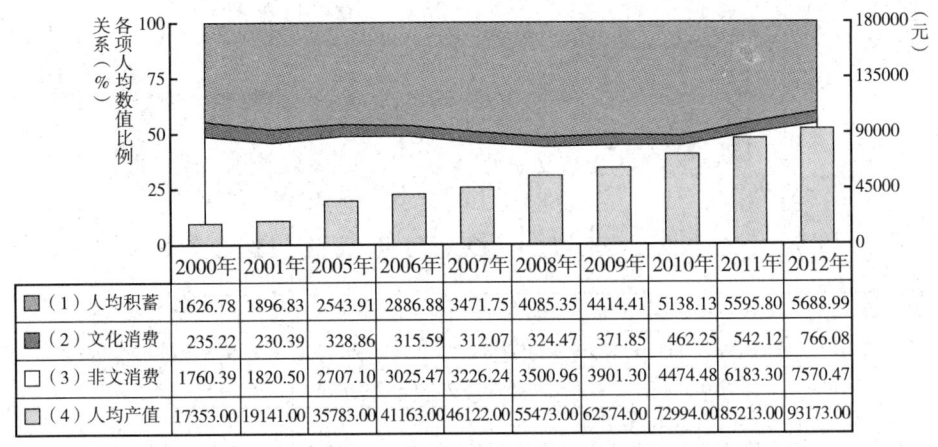

图 3 天津人均产值与乡村人均收入、消费、积蓄关系态势

注：左轴面积：乡村人均积蓄、文化消费、非文消费（元转换为%），（1）+（2）+（3）= 收入，（2）+（3）= 总消费，（1）+（2）= 非文消费剩余，各项数值历年升降呈直观比例；右轴柱形：人均产值（元）。

2000～2012 年，天津人均产值年均增长 15.03%；乡村人均收入年均增长 11.94%，明显低于产值增长 3.09 个百分点；人均总消费年均增长 12.65%，明显低于产值增长 2.38 个百分点，略高于收入增长 0.71 个百分点；人均积蓄年均增长 11.00%，显著低于产值增长 4.03 个百分点，略低于收入增长 0.94 个百分点，较明显低于总消费增长 1.65 个百分点；人均文化消费年均增长 10.34%，显著低于产值增长 4.69 个百分点，较明显低于收入增长 1.60 个百分点，明显低于总消费增长 2.31 个百分点，略低于积蓄增长 0.66 个百分点。

"十二五"头 2 年，天津人均产值年均增长 12.98%，乡村人均收入年均增长 17.99%，人均总消费年均增长 29.95%，人均积蓄年均增长 5.22%，人均文化消费年均增长 28.74%。文化消费年均增幅高于产值增幅 15.76 个百分点，高于收入增幅 10.75 个百分点，低于总消费增幅 1.21 个百分点，高于积蓄增幅 23.52 个百分点。文化消费与产值、与收入、与积蓄关系比值呈现提升态势。

这一切在天津乡村人均文化消费相关比值分析演算中得到了体现。2000 年以来天津乡村文化消费比值变动态势见图 4。

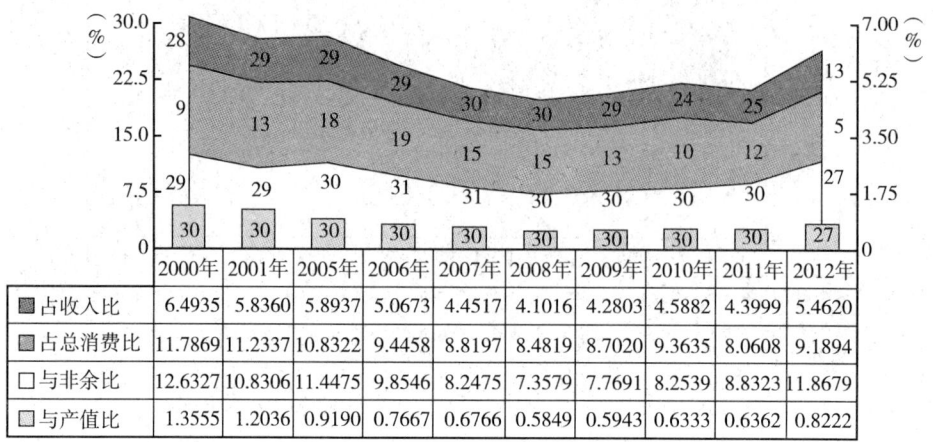

图 4　天津乡村文化消费比值变动态势

注：左轴面积：乡村人均文化消费占收入比、占总消费比、与非文消费剩余（图例简称"非余"）比（%），各项比值历年升降呈直观比例叠加；右轴柱形：乡村人均文化消费与产值比（%）。标明历年各项比值省域排序。

1. 人均文化消费与人均产值的比例

2000～2012 年，天津乡村人均文化消费与人均产值的比例由 1.36% 降低至 0.82%，由于其他省域此项比值降低更加明显，天津从第 30 位上升到第 27 位。仅从图 4 中所列年度来看，此项比值在 2009～2012 年出现增高，其余年度均为降低。"十五"以来，天津乡村此项比值下降 39.34%，升降变化程度处于 31 个省域里第 6 位。

分阶段看，天津乡村此项比值在"十五"期间降低 0.44 个百分点；在"十一五"期间降低 0.29 个百分点。"十二五"头 2 年，天津乡村此项比值提高 0.19 个百分点，升幅为 29.83%，文化消费需求增长与经济发展的协调性比 2010 年略有上升。其间，最高值为 2003 年 1.49%，最低值为 2008 年 0.58%。

2. 人均文化消费占人均收入的比重

2000～2012 年，天津乡村人均文化消费占人均收入的比重由 6.49% 降低至 5.46%，由于其他省域此项比值降低更加明显，天津从第 28 位上升到第 13 位。仅从图 4 中所列年度来看，此项比值在 2005 年、2009～2010 年、2012 年出现增高，其余年度均为降低。"十五"以来，天津乡村此项比值下降

15.89%，升降变化程度处于31个省域里第7位。

分阶段看，天津乡村此项比值在"十五"期间降低0.60个百分点；在"十一五"期间降低1.31个百分点。"十二五"头2年，天津乡村此项比值提高0.87个百分点，升幅为19.04%，文化消费需求增长与收入增高的协调性比2010年极显著上升。其间，最高值为2003年8.31%，最低值为2008年4.10%。

3. 人均文化消费占人均总消费的比重

2000～2012年，天津乡村人均文化消费占人均总消费的比重由11.79%降低至9.19%，由于其他省域此项比值降低更加明显，天津从第9位上升到第5位。仅从图4中所列年度来看，此项比值在2009～2010年、2012年出现增高，其余年度均为降低。"十五"以来，天津乡村此项比值下降22.04%，升降变化程度处于31个省域里第8位。

分阶段看，天津乡村此项比值在"十五"期间降低0.95个百分点；在"十一五"期间降低1.47个百分点。"十二五"头2年，天津乡村此项比值降低0.17个百分点，降幅为1.86%，文化消费需求增长与总消费增加的协调性比2010年略有下降。其间，最高值为2003年16.36%，最低值为2011年8.06%。

4. 人均文化消费与人均非文消费剩余的比例

2000～2012年，天津乡村人均文化消费与人均非文消费剩余的比例由12.63%降低至11.87%，由于其他省域此项比值降低更加明显，天津从第29位上升到第27位。仅从图4中所列年度来看，此项比值在2005年、2009～2012年出现增高，其余年度均为降低。"十五"以来，天津乡村此项比值下降6.05%，升降变化程度处于31个省域里第8位。

分阶段看，天津乡村此项比值在"十五"期间降低1.19个百分点；在"十一五"期间降低3.19个百分点。"十二五"头2年，天津乡村此项比值提高3.61个百分点，升幅为43.79%，文化消费需求增长与"必需消费"之外"余钱"增多的协调性比2010年极显著提升。其间，最高值为2003年14.45%，最低值为2008年7.36%。

三 天津文化消费城乡、区域协调状况

1. 人均文化消费城乡比

本节分析与省域城乡篇同构（见197~198页），不赘述。

2. 乡村人均文化消费地区差

2000年以来天津乡村人均文化消费与全国地区差变动态势见图5。

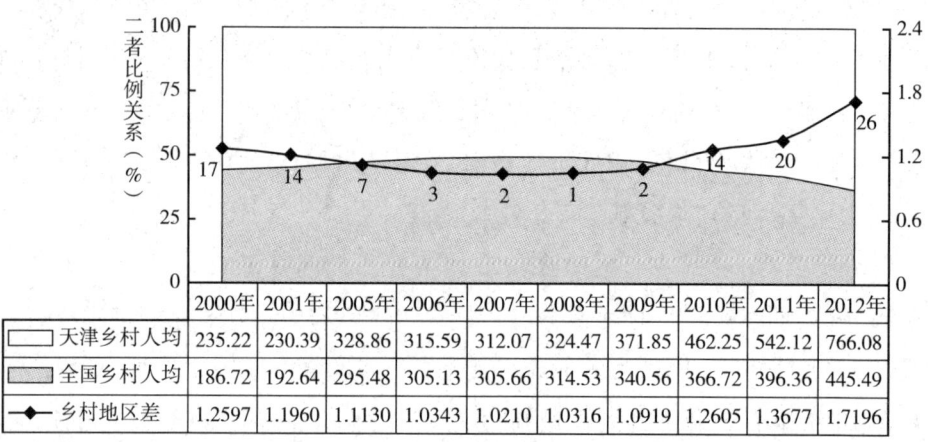

图5 天津乡村人均文化消费与全国地区差变动态势

注：左轴面积：乡村人均文化消费（元转换为%），当地与全国数值历年升降呈直观比例关系；右轴曲线：乡村人均文化消费地区差（无差距=1），标明历年地区差省域排序。

2000~2012年，天津乡村人均文化消费与全国乡村地区差由1.2597扩大至1.7196，在31个省域里排序从第17位下降到第26位。其间，最小地区差为2007年1.0210，最大地区差为2012年1.7196。仅从图5中所列年度来看，地区差在2001年、2005~2007年出现缩减，其余年度均为扩增。"十五"以来，天津乡村文化消费地区差扩大36.51%，地区差扩减变化状况处于31个省域里第29位。这意味着，天津属于乡村文化消费地区差扩减变化态势很严重的省域之一。

天津乡村文化消费地区差发生变动，同时受到自身与全国两个方面的动态影响。天津和全国两个方面乡村人均文化消费历年增长对比演算详见本文人均绝对值一节，此处侧重检验其间增长差异的具体情况。2000~2012年，天津

乡村人均文化消费年均增幅明显高于全国增幅2.82个百分点，天津乡村文化消费需求与全国的地区差极显著扩大。

"十二五"头2年，天津乡村人均文化消费年均增长高于自身"十五"年均增长21.81个百分点，也高于自身"十一五"年均增长21.69个百分点，同时极显著高于全国增幅18.52个百分点。此时，天津乡村人均值高于全国乡村平均值，增长高于全国意味着地区差距扩大，与全国乡村地区差相对于2010年极显著扩大36.42%，地区差排序处于31个省域里第26位。

四 天津乡村文化消费需求景气测评

综合以上分析："十五"以来天津乡村文化消费总量年均增长显著高于全国增长，人均值年均增长明显高于全国平均增长；相关比值全面呈现轻微的下降态势，其中"十一五"期间与产值比升降变化状况好于"十五"期间，其余比值升降变化状况不及"十五"期间；城乡比略有扩大，与全国乡村地区差极显著扩大。这些都集中体现在天津乡村文化消费需求景气指数的测评演算中。2000年以来天津乡村文化消费需求景气指数变动态势见图6。

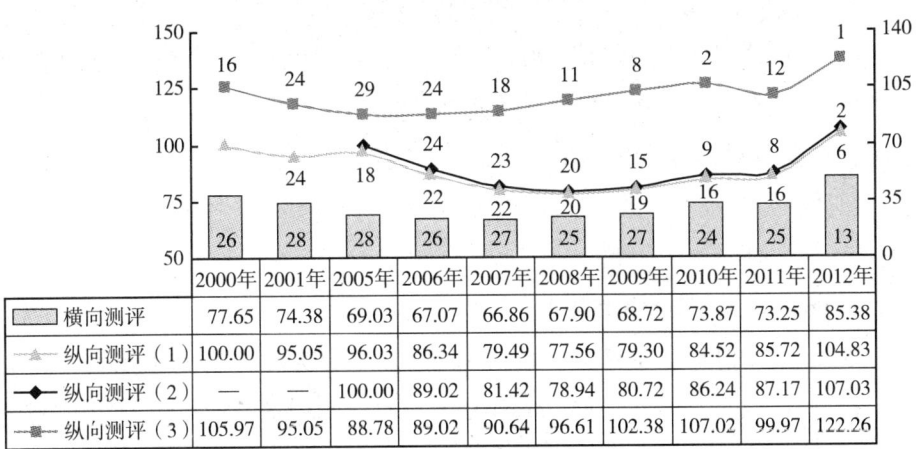

图6 天津乡村文化消费需求景气指数变动态势

注：左轴柱形：横向测评（城乡、地区无差异理想值=100）；左轴曲线：纵向测评（起点年基数值=100），（1）2000年起点，（2）2005年起点；右轴曲线：纵向测评（3）上年起点。标明历年各项测评省域排行位次。

1. 各年度横向测评景气指数

以全国乡村文化消费总量份额值、人均绝对值、各项比值为基准，并以城乡之间、地区之间实现无差距状态为"理想值"100来衡量，2012年天津乡村此项景气指数为85.38，低于理想值14.62，但高于上一年12.13。天津乡村此项景气指数在31个省域里排行，2000年为第26位，2005年为第28位，2010年为第24位，2012年从上一年第25位上升为第13位。

2. "十五"以来纵向测评景气指数

以"九五"末年2000年为起点基数值100，2012年天津乡村此项景气指数为104.83，高于2000年起点基数4.83，也高于上一年19.11。天津乡村此项景气指数在31个省域里排行，2001年为第24位，2005年为第18位，2010年为第16位，2012年从上一年第16位上升为第6位。

3. "十一五"以来纵向测评景气指数

以"十五"末年2005年为起点基数值100，2012年天津乡村此项景气指数为107.03，高于2005年起点基数7.03，也高于上一年19.86。天津乡村此项景气指数在31个省域里排行，2006年为第24位，2010年为第9位，2012年从上一年第8位上升为第2位。

4. "十二五"以来纵向测评景气指数

以"十一五"末年2010年为起点基数值100，2012年天津乡村此项景气指数为123.25，高于2010年起点基数23.25，也高于上一年23.28。天津乡村此项景气指数在31个省域里排行，2011年为第12位，2012年上升为第4位。此项测评制表不便，仅以文字阐述，参见本书《省域城乡文化消费需求景气排行》一文。

5. 逐年度纵向测评景气指数

以上一年2011年为起点基数值100，2012年天津乡村此项景气指数为122.26，高于2011年起点基数22.26。天津乡村此项景气指数在31个省域里排行，2000年为第16位，2005年为第29位，2010年为第2位，2012年从上一年第12位上升为第1位。

B.19 重庆:"十二五"以来乡村景气提升第1位

陆双梅*

摘　要:

2012年,重庆乡村文化消费总量增长处于第10位,人均值增长处于第8位。景气评价排行结果:重庆乡村在省域横向测评中,2012年景气指数处于第19位;在自身纵向测评中,2000~2012年景气指数处于第17位,2005~2012年景气指数处于第13位,2010~2012年景气指数处于第1位,2011~2012年景气指数处于第6位。

关键词:

重庆乡村　文化消费　景气评价

一　重庆乡村文化消费需求增长状况

1. 文化消费总量份额值变化

2000年以来重庆乡村文化消费总量增长、份额变化态势见图1。

2000~2012年,重庆乡村文化消费总量由32.22亿元增高为50.85亿元,增加18.63亿元,12年间总增长57.82%,年均增长率3.88%,增长幅度处于31个省域里第24位。其中,"十五"期间年均增长5.19%;"十一五"期间年均负增长4.66%;"十二五"头2年年均增长24.74%。"十二五"头2年年均增幅高于"十一五"29.40个百分点;高于"十五"19.55个百分点。总

---

* 陆双梅,云南师范大学传媒学院副教授,主要从事信息传播与民族地区发展研究。

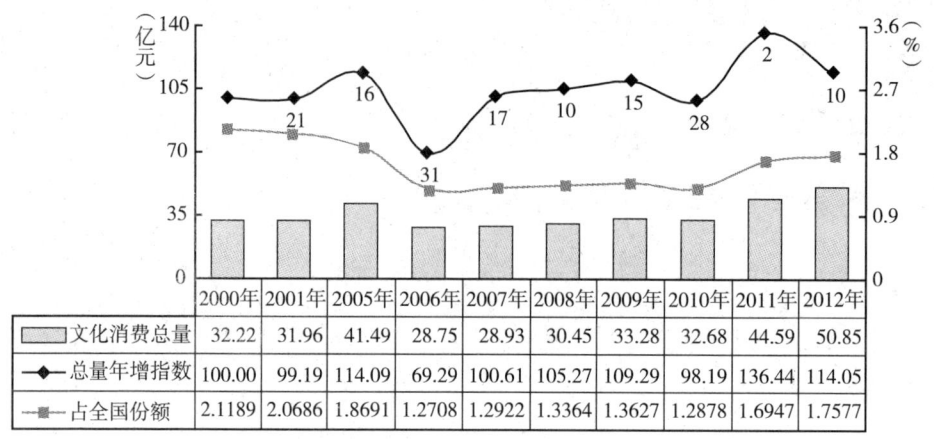

图1 重庆乡村文化消费总量增长、份额变化态势

注：左轴柱形：乡村文化消费总量（亿元）；左轴曲线：年度增长指数（上年＝100，小于100为负增长），标明历年增长省域排序，2000年起点不计；右轴曲线：占全国乡村份额（％）。

量最高增长年度为2000年，增长率36.94％；最低增长年度为2006年，负增长30.71％。

同期，全国乡村文化消费总量年均增长率5.51％，较明显高于重庆1.63个百分点。重庆乡村文化消费总量占全国份额由2.12％降低为1.76％，下降幅度为17.05％，增长幅度和份额升降变化排序处于31个省域里第24位。

"十二五"头2年，全国乡村文化消费总量年均增长率6.77％，重庆乡村文化消费总量年均增长率24.74％，极显著高于全国17.97个百分点，占全国份额比2010年上升36.49％。同时，重庆总量增长高于自身"十五"年均增长19.55个百分点，也高于自身"十一五"年均增长29.40个百分点，增长幅度和占全国份额变化排序处于31个省域里第10位。

2. 文化消费人均绝对值增长

2000年以来重庆乡村人均文化消费增长、增幅变化态势见图2。

2000~2012年，重庆乡村人均文化消费由154.52元增高为394.23元，增加239.71元，总增长155.13％，年均增长8.12％，增长幅度处于31个省域里第15位。其中，"十五"期间人均值总增长61.60％，年均增长率10.08％；"十一五"期间人均值总负增长4.28％，年均负增长0.87％。"十一五"年均

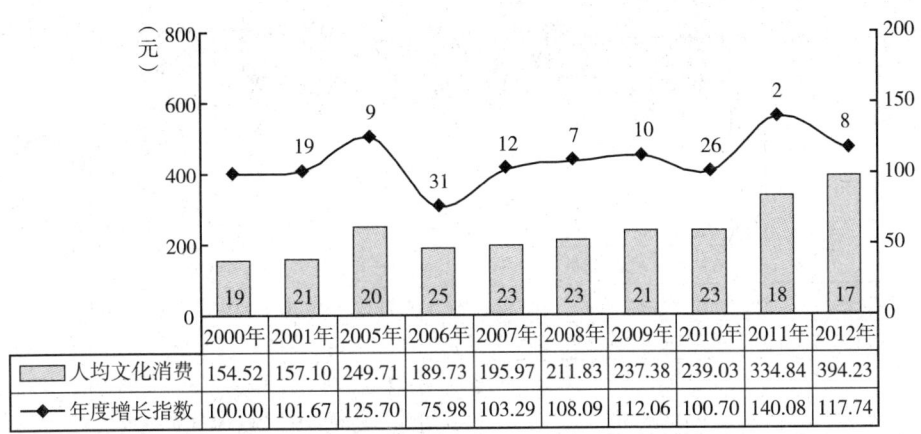

图 2　重庆乡村人均文化消费增长、增幅变化态势

注：左轴柱形：乡村人均文化消费（元）；右轴曲线：年度增长指数（上年=100，小于100为负增长），标明历年增长省域排序，2000年起点不计。

增长率低于"十五"10.95个百分点。人均值最高增长年度为2011年，增长率40.08%；最低增长年度为2006年，负增长24.02%。

同期，全国乡村人均文化消费年均增长率7.52%，略微低于重庆。重庆乡村人均文化消费从全国乡村人均值的82.75%提高至88.49%（对照本文图6），人均绝对值在31个省域里排序由第19位提高为第17位。

"十二五"头2年，全国乡村人均文化消费年均增长率10.22%，重庆增长率28.42%，极显著高于全国，同时高于自身"十五"年均增长，也高于自身"十一五"年均增长，增长幅度排序处于31个省域里第8位。

二　重庆乡村文化消费相关背景情况

2000年以来重庆人均产值与乡村人均收入、消费（分为非文消费与文化消费）、积蓄关系态势见图3。

2000~2012年，重庆人均产值年均增长17.51%；乡村人均收入年均增长12.01%，显著低于产值增长5.50个百分点；人均总消费年均增长11.26%，极显著低于产值增长6.25个百分点，略低于收入增长0.75个百分点；人均积蓄年均增长13.88%，明显低于产值增长3.63个百分点，较明显

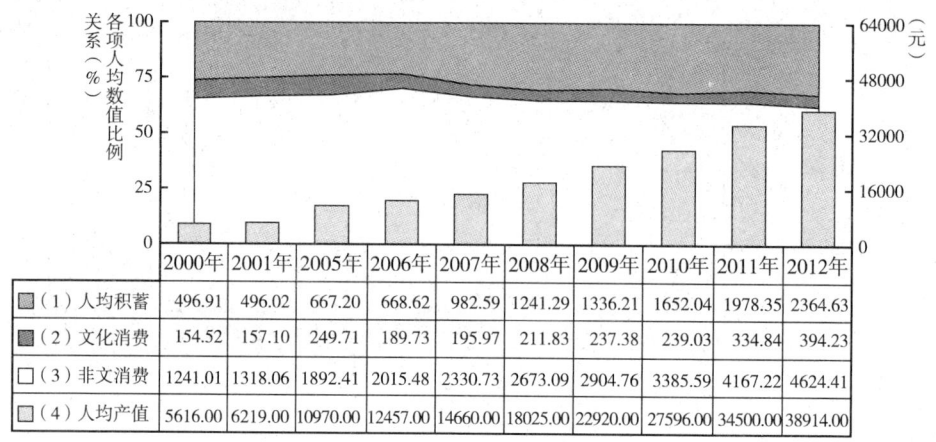

图3 重庆人均产值与乡村人均收入、消费、积蓄关系态势

注：左轴面积：乡村人均积蓄、文化消费、非文消费（元转换为%），（1）+（2）+（3）=收入，（2）+（3）=总消费，（1）+（2）=非文消费剩余，各项数值历年升降呈直观比例；右轴柱形：人均产值（元）。

高于收入增长 1.87 个百分点，明显高于总消费增长 2.62 个百分点；人均文化消费年均增长 8.12%，极显著低于产值增长 9.39 个百分点，明显低于收入增长 3.89 个百分点，明显低于总消费增长 3.14 个百分点，显著低于积蓄增长 5.76 个百分点。

"十二五"头 2 年，重庆人均产值年均增长 18.75%，乡村人均收入年均增长 18.29%，人均总消费年均增长 17.67%，人均积蓄年均增长 19.64%，人均文化消费年均增长 28.42%。文化消费年均增幅高于产值增幅 9.67 个百分点，高于收入增幅 10.13 个百分点，高于总消费增幅 10.75 个百分点，高于积蓄增幅 8.78 个百分点。文化消费与诸方面关系比值全面呈现提升态势。

2000 年以来重庆乡村文化消费比值变动态势见图4。

1. 人均文化消费与人均产值的比例

2000~2012 年，重庆乡村人均文化消费与人均产值的比例由 2.75% 降低至 1.01%，在 31 个省域里排序从第 11 位下降到第 20 位。仅从图4中所列年度来看，此项比值在 2011~2012 年出现增高，其余年度均为降低。"十五"以来，重庆乡村此项比值下降 63.18%，升降变化程度处于 31 个省域里

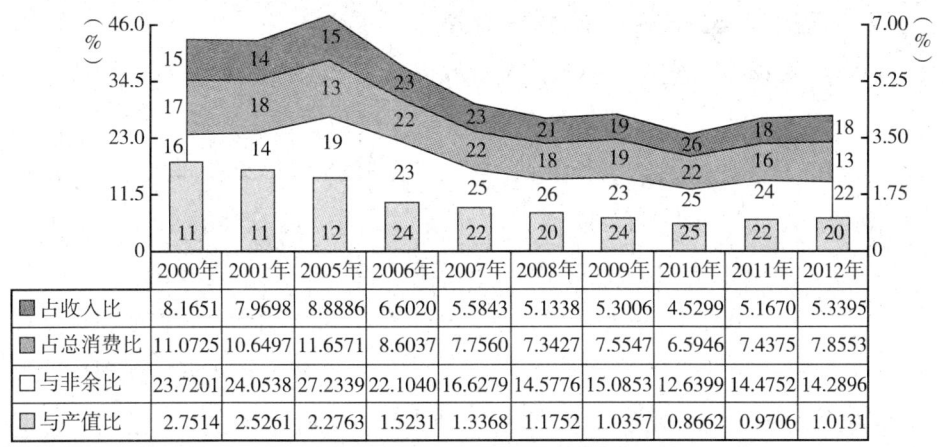

图4　重庆乡村文化消费比值变动态势

注：左轴面积：乡村人均文化消费占收入比、占总消费比、与非文消费剩余（图例简称"非余"）比（%），各项比值历年升降呈直观比例叠加；右轴柱形：乡村人均文化消费与产值比（%）。标明历年各项比值省域排序。

第21位。

分阶段看，重庆乡村此项比值在"十五"期间降低0.48个百分点；在"十一五"期间降低1.41个百分点。"十二五"头2年，重庆乡村此项比值提高0.15个百分点，升幅为16.96%，文化消费需求增长与经济发展的协调性比2010年略有上升。其间，最高值为2000年2.75%，最低值为2010年0.87%。

2. 人均文化消费占人均收入的比重

2000～2012年，重庆乡村人均文化消费占人均收入的比重由8.17%降低至5.34%，在31个省域里排序从第15位下降到第18位。仅从图4中所列年度来看，此项比值在2005年、2009年、2011～2012年出现增高，其余年度均为降低。"十五"以来，重庆乡村此项比值下降34.61%，升降变化程度处于31个省域里第20位。

分阶段看，重庆乡村此项比值在"十五"期间提高0.72个百分点；在"十一五"期间降低4.36个百分点。"十二五"头2年，重庆乡村此项比值提高0.81个百分点，升幅为17.87%，文化消费需求增长与收入增高的协调性比2010年极显著上升。其间，最高值为2005年8.89%，最低值为2010年4.53%。

3. 人均文化消费占人均总消费的比重

2000~2012年，重庆乡村人均文化消费占人均总消费的比重由11.07%降低至7.86%，由于其他省域此项比值降低更加明显，重庆从第17位上升到第13位。仅从图4中所列年度来看，此项比值在2005年、2009年、2011~2012年出现增高，其余年度均为降低。"十五"以来，重庆乡村此项比值下降29.06%，升降变化程度处于31个省域里第12位。

分阶段看，重庆乡村此项比值在"十五"期间提高0.58个百分点；在"十一五"期间降低5.06个百分点。"十二五"头2年，重庆乡村此项比值提高1.26个百分点，升幅为19.12%，文化消费需求增长与总消费增加的协调性比2010年极显著上升。其间，最高值为2005年11.66%，最低值为2010年6.59%。

4. 人均文化消费与人均非文消费剩余的比例

2000~2012年，重庆乡村人均文化消费与人均非文消费剩余的比例由23.72%降低至14.29%，在31个省域里排序从第16位下降到第22位。仅从图4中所列年度来看，此项比值在2001年、2005年、2009年、2011年出现增高，其余年度均为降低。"十五"以来，重庆乡村此项比值下降39.76%，升降变化程度处于31个省域里第24位。

分阶段看，重庆乡村此项比值在"十五"期间提高3.51个百分点；在"十一五"期间降低14.59个百分点。"十二五"头2年，重庆乡村此项比值提高1.65个百分点，升幅为13.05%，文化消费需求增长与"必需消费"之外"余钱"增多的协调性比2010年极显著提升。其间，最高值为2005年27.23%，最低值为2010年12.64%。

三 重庆文化消费城乡、区域协调状况

1. 人均文化消费城乡比

2000年以来重庆人均文化消费城乡比变动态势见图5。

2000~2012年，重庆人均文化消费城乡比由1.8691扩大至2.5114，由于其他省域文化消费城乡比扩大更为严重，重庆城乡比在31个省域里排序从第

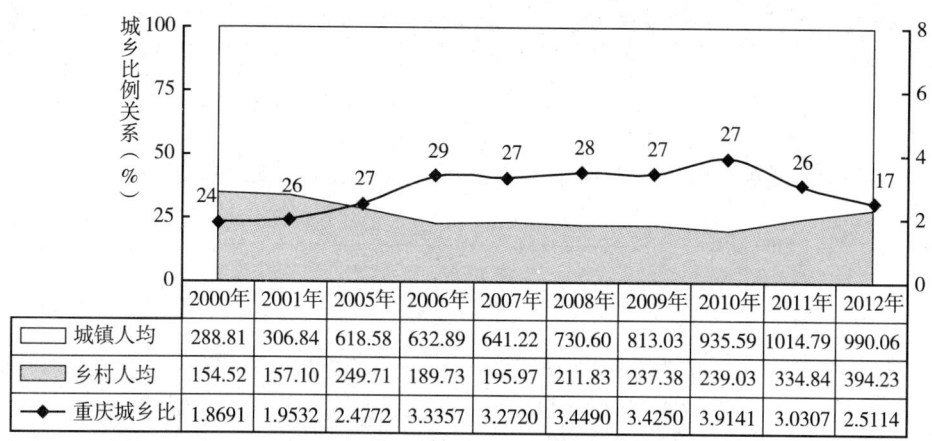

图 5　重庆人均文化消费城乡比变动态势

注：左轴面积：城镇、乡村人均文化消费（元转换为%），城乡间历年升降呈直观比例关系；右轴曲线：人均文化消费城乡比（乡村=1），标明历年城乡比省域排序。

24位上升到第17位。其间，最小城乡比为2000年1.8691，最大城乡比为2010年3.9141。仅从图5中所列年度来看，城乡比在2007年、2009年、2011～2012年出现缩减，其余年度均为扩增。"十五"以来，重庆文化消费城乡比扩大34.36%，城乡比扩减变化状况处于31个省域里第14位。这意味着，重庆属于文化消费城乡比扩减变化态势不甚严重的省域之一。

同期，重庆城镇人均文化消费由288.81元增高为990.06元，增加701.25元，12年间总增长242.81%，年均增长率10.81%。城镇人均值最高增长年度为2002年，增长率40.83%；最低增长年度为2000年，负增长4.29%。乡村人均文化消费增长见本文人均值一节。此间，重庆城镇人均文化消费需求年均增长明显高于乡村年均增长2.69个百分点，导致重庆文化消费需求的城乡比较明显扩大。

"十二五"头2年，重庆城镇人均文化消费年均增长率2.87%，低于"十五"13.58个百分点，也低于"十一五"5.76个百分点；乡村人均文化消费年均增长率28.42%，高于"十五"18.34个百分点，也高于"十一五"29.29个百分点。此时，重庆城镇人均值高于乡村，城镇年度增幅极显著低于乡村增幅25.55个百分点，意味着城乡差距缩小。重庆文化消费城乡比相对于2010年极显著缩小35.84%，城乡比排序处于31个省域里第17位。

2. 乡村人均文化消费地区差

2000年以来重庆乡村人均文化消费与全国地区差变动态势见图6。

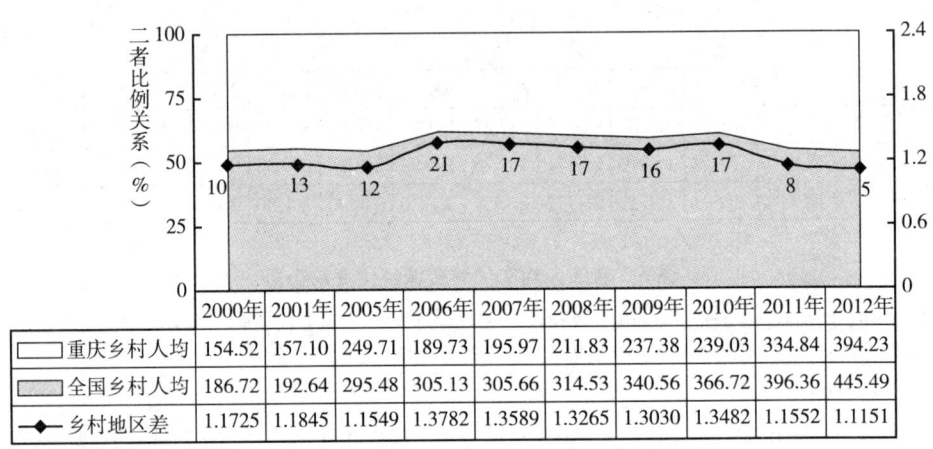

图6 重庆乡村人均文化消费与全国地区差变动态势

注：左轴面积：乡村人均文化消费（元转换为%），当地与全国数值历年升降呈直观比例关系；右轴曲线：乡村人均文化消费地区差（无差距=1），标明历年地区差省域排序。

2000~2012年，重庆乡村人均文化消费与全国乡村地区差由1.1725缩小至1.1151，在31个省域里排序从第10位上升到第5位。其间，最小地区差为2012年1.1151，最大地区差为2006年1.3782。仅从图6中所列年度来看，地区差在2005年、2007~2009年、2011~2012年出现缩减，其余年度均为扩增。"十五"以来，重庆乡村文化消费地区差缩小4.90%，地区差扩减变化状况处于31个省域里第12位。这意味着，重庆属于乡村文化消费地区差扩减变化态势良好的省域之一。

重庆和全国两个方面乡村人均文化消费历年增长对比演算详见本文人均绝对值一节，此处侧重检验其间增长差异的具体情况。2000~2012年，重庆乡村人均文化消费年均增幅略微高于全国增幅0.60个百分点，重庆乡村文化消费需求与全国的地区差较明显缩小。

"十二五"头2年，重庆乡村人均文化消费年均增长高于自身"十五"年均增长18.34个百分点,也高于自身"十一五"年均增长29.29个百分点,同时极显著高于全国增幅18.20个百分点。此时,重庆乡村人均值低于全国乡村平均值,增长高于全国意味着地区差距缩小,与全国乡村地区差相对于2010年极显著缩小17.29%,地区差排序处于31个省域里第5位。

四 重庆乡村文化消费需求景气测评

综合以上分析:"十五"以来重庆乡村文化消费总量年均增长较明显低于全国增长,人均值年均增长略微高于全国平均增长;相关比值全面呈现明显的下降态势,其中"十一五"期间各项比值升降变化状况全面不及"十五"期间;城乡比较明显扩大,与全国乡村地区差较明显缩小。这些都集中体现在重庆乡村文化消费需求景气指数的测评演算中。2000年以来重庆乡村文化消费需求景气指数变动态势见图7。

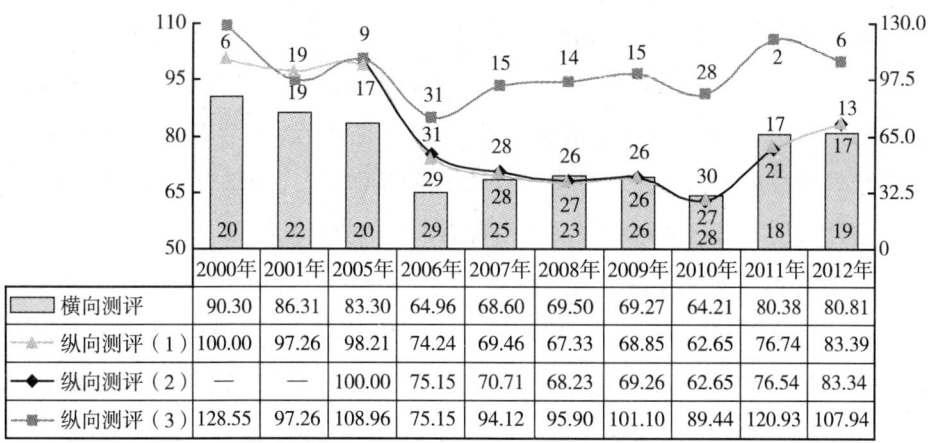

图7 重庆乡村文化消费需求景气指数变动态势

注:左轴柱形:横向测评(城乡、地区无差异理想值=100);左轴曲线:纵向测评(起点年基数值=100),(1)2000年起点,(2)2005年起点;右轴曲线:纵向测评(3)上年起点。标明历年各项测评省域排行位次。

1. 各年度横向测评景气指数

以全国乡村文化消费总量份额值、人均绝对值、各项比值为基准,并以城乡之间、地区之间实现无差距状态为"理想值"100来衡量，2012年重庆乡村此项景气指数为80.81，低于理想值19.19，但高于上一年0.43。重庆乡村此项景气指数在31个省域里排行，2000年为第20位，2005年与之持平，2010年为第28位，2012年从上一年第18位下降为第19位。

2. "十五"以来纵向测评景气指数

以"九五"末年2000年为起点基数值100，2012年重庆乡村此项景气指数为83.39，低于2000年起点基数16.61，但高于上一年6.65。重庆乡村此项景气指数在31个省域里排行，2001年为第19位，2005年为第17位，2010年为第27位，2012年从上一年第21位上升为第17位。

3. "十一五"以来纵向测评景气指数

以"十五"末年2005年为起点基数值100，2012年重庆乡村此项景气指数为83.34，低于2005年起点基数16.66，但高于上一年6.80。重庆乡村此项景气指数在31个省域里排行，2006年为第31位，2010年为第30位，2012年从上一年第17位上升为第13位。

4. "十二五"以来纵向测评景气指数

以"十一五"末年2010年为起点基数值100，2012年重庆乡村此项景气指数为131.01，高于2010年起点基数31.01，也高于上一年10.08。重庆乡村此项景气指数在31个省域里排行，2011年为第2位，2012年上升为第1位。此项测评参见本书《省域城乡文化消费需求景气排行》一文。

5. 逐年度纵向测评景气指数

以上一年2011年为起点基数值100，2012年重庆乡村此项景气指数为107.94，高于2011年起点基数7.94。重庆乡村此项景气指数在31个省域里排行，2000年为第6位，2005年为第9位，2010年为第28位，2012年从上一年第2位下降为第6位。

B.20 江苏："十一五"以来乡村景气提升第3位

赵 娟*

摘 要：

2012年，江苏乡村文化消费总量增长处于第20位，人均值增长处于第16位。景气评价排行结果：江苏乡村在省域横向测评中，2012年景气指数处于第2位；在自身纵向测评中，2000～2012年景气指数处于第4位，2005～2012年景气指数处于第3位，2010～2012年景气指数处于第19位，2011～2012年景气指数处于第19位。

关键词：

江苏乡村 文化消费 景气评价

本文充分展示2000～2012年间江苏相关各方面的增长态势，全面分析检测江苏乡村文化消费需求状况。

一 江苏乡村文化消费需求增长状况

1. 文化消费总量份额值变化

2000年以来江苏乡村文化消费总量增长、份额变化态势见图1。

2000～2012年，江苏乡村文化消费总量由116.41亿元增高为351.71亿元，增加235.30亿元，12年间总增长202.13%，年均增长率9.65%，增长幅

---

* 赵娟，云南省社会科学院文化开发研究中心助理研究员，主要从事民族文化和文化产业研究。

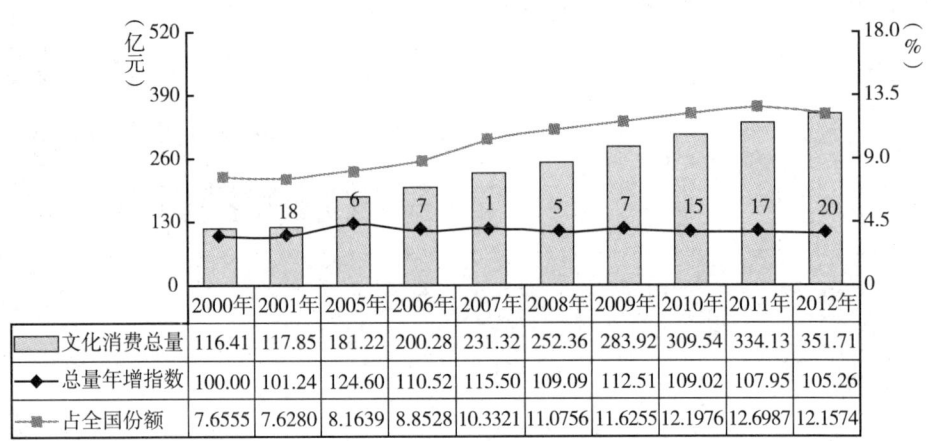

图 1　江苏乡村文化消费总量增长、份额变化态势

注：左轴柱形：乡村文化消费总量（亿元）；左轴曲线：年度增长指数（上年＝100），标明历年增长省域排序，2000 年起点不计；右轴曲线：占全国乡村份额（%）。

度处于 31 个省域里第 7 位。其中，"十五"期间年均增长 9.26%；"十一五"期间年均增长 11.30%；"十二五"头 2 年年均增长 6.59%。"十二五"头 2 年年均增幅低于"十一五"4.71 个百分点；低于"十五"2.67 个百分点。总量最高增长年度为 2005 年，增长率 24.60%；最低增长年度为 2004 年，负增长 4.33%。

同期，全国乡村文化消费总量年均增长率 5.51%，显著低于江苏 4.14 个百分点。江苏乡村文化消费总量占全国份额由 7.66% 升高为 12.16%，上升幅度为 58.81%，增长幅度和份额升降变化排序处于 31 个省域里第 7 位。

"十二五"头 2 年，全国乡村文化消费总量年均增长率 6.77%，江苏乡村文化消费总量年均增长率 6.59%，略微低于全国 0.18 个百分点，占全国份额比 2010 年下降 0.33%。同时，江苏总量增长低于自身"十五"年均增长 2.67 个百分点，也低于自身"十一五"年均增长 4.71 个百分点，增长幅度和占全国份额变化排序处于 31 个省域里第 20 位。

2. 文化消费人均绝对值增长

2000 年以来江苏乡村人均文化消费增长、增幅变化态势见图 2。

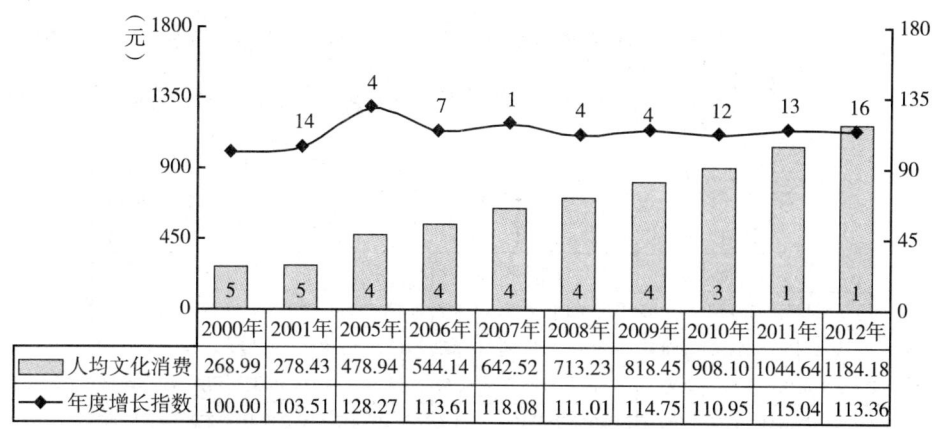

图2 江苏乡村人均文化消费增长、增幅变化态势

注：左轴柱形：乡村人均文化消费（元）；右轴曲线：年度增长指数（上年=100），标明历年增长省域排序，2000年起点不计。

2000~2012年，江苏乡村人均文化消费由268.99元增高为1184.18元，增加915.19元，总增长340.23%，年均增长13.15%，增长幅度处于31个省域里第1位。其中，"十五"期间人均值总增长78.05%，年均增长率12.23%；"十一五"期间人均值总增长89.61%，年均增长率13.65%。"十一五"年均增长率高于"十五"1.42个百分点。人均值最高增长年度为2005年，增长率28.27%；最低增长年度为2004年，负增长1.52%。

同期，全国乡村人均文化消费年均增长率7.52%，显著低于江苏。江苏乡村人均文化消费从全国乡村人均值的144.06%提高至265.82%（对照本文图5），人均绝对值在31个省域里排序由第5位提高为第1位。

"十二五"头2年，全国乡村人均文化消费年均增长率10.22%，江苏增长率14.19%，明显高于全国，同时高于自身"十五"年均增长，也高于自身"十一五"年均增长，增长幅度排序处于31个省域里第16位。

二 江苏乡村文化消费相关背景情况

2000年以来江苏人均产值与乡村人均收入、消费（分为非文消费与文化消费）、积蓄关系态势见图3。

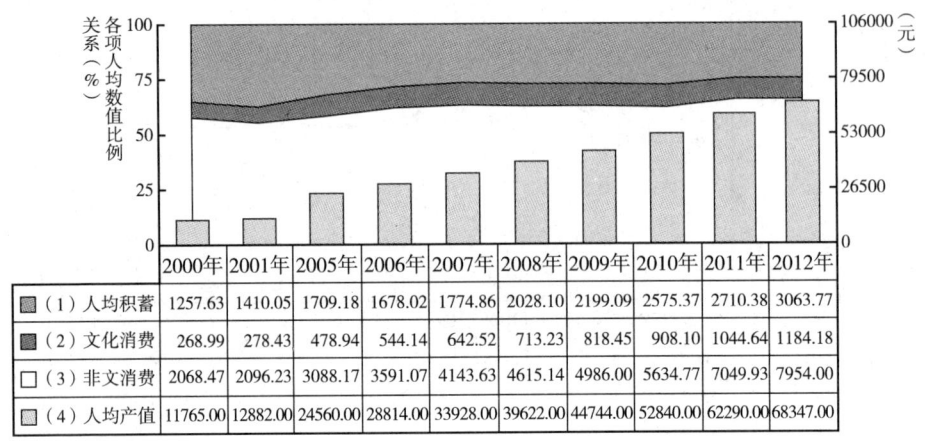

图 3　江苏人均产值与乡村人均收入、消费、积蓄关系态势

注：左轴面积：乡村人均积蓄、文化消费、非文消费（元转换为%），（1）+（2）+（3）=收入，（2）+（3）=总消费，（1）+（2）=非文消费剩余，各项数值历年升降呈直观比例；右轴柱形：人均产值（元）。

2000~2012年，江苏人均产值年均增长15.79%；乡村人均收入年均增长10.72%，显著低于产值增长5.07个百分点；人均总消费年均增长12.03%，明显低于产值增长3.76个百分点，较明显高于收入增长1.31个百分点；人均积蓄年均增长7.70%，极显著低于产值增长8.09个百分点，明显低于收入增长3.02个百分点，显著低于总消费增长4.33个百分点；人均文化消费年均增长13.15%，明显低于产值增长2.64个百分点，明显高于收入增长2.43个百分点，较明显高于总消费增长1.12个百分点，显著高于积蓄增长5.45个百分点。

"十二五"头2年，江苏人均产值年均增长13.73%，乡村人均收入年均增长15.68%，人均总消费年均增长18.18%，人均积蓄年均增长9.07%，人均文化消费年均增长14.19%。文化消费年均增幅高于产值增幅0.46个百分点，低于收入增幅1.49个百分点，低于总消费增幅3.99个百分点，高于积蓄增幅5.12个百分点。文化消费与产值、与积蓄关系比值呈现提升态势。

这一切在江苏乡村人均文化消费相关比值分析演算中得到了体现。2000年以来江苏乡村文化消费比值变动态势见图4。

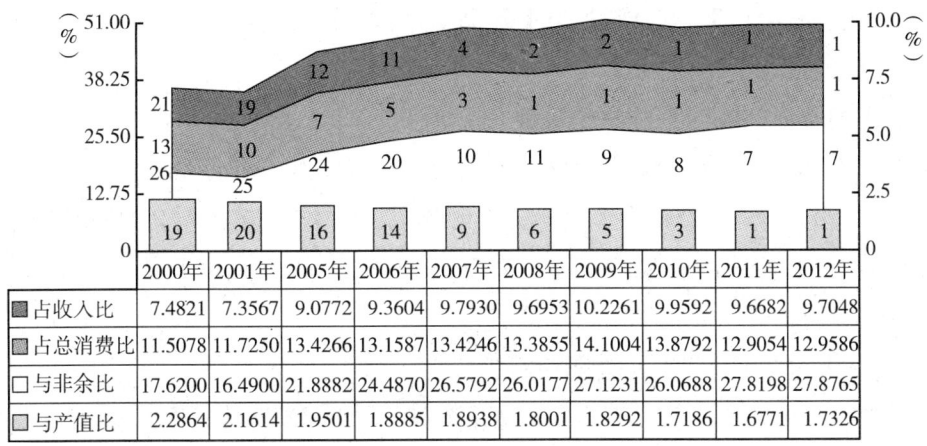

图 4 江苏乡村文化消费比值变动态势

注：左轴面积：乡村人均文化消费占收入比、占总消费比、与非文消费剩余（图例简称"非余"）比（%），各项比值历年升降呈直观比例叠加；右轴柱形：乡村人均文化消费与产值比（%）。标明历年各项比值省域排序。

1. 人均文化消费与人均产值的比例

2000～2012年，江苏乡村人均文化消费与人均产值的比例由2.29%降低至1.73%，由于其他省域此项比值降低更加明显，江苏从第19位上升到第1位。仅从图3中所列年度来看，此项比值在2007年、2009年、2012年出现增高，其余年度均为降低。江苏乡村此项比值下降24.22%，升降变化程度处于31个省域里第2位。

分阶段看，江苏乡村此项比值在"十五"期间降低0.34个百分点；在"十一五"期间降低0.23个百分点。"十二五"头2年，江苏乡村此项比值提高0.014个百分点，升幅为0.81%，文化消费需求增长与经济发展的协调性比2010年略有上升。其间，最高值为2000年2.29%，最低值为2011年1.68%。

2. 人均文化消费占人均收入的比重

2000～2012年，江苏乡村人均文化消费占人均收入的比重由7.48%提高至9.70%，在31个省域里排序从第21位上升到第1位。仅从图3中所列年度来看，此项比值在2005～2007年、2009年、2012年出现增高，其余年度均为降低。江苏乡村此项比值上升29.71%,升降变化程度处于31个省域里第1位。

分阶段看,江苏乡村此项比值在"十五"期间提高1.60个百分点;在"十一五"期间提高0.88个百分点。"十二五"头2年,江苏乡村此项比值降低0.25个百分点,降幅为2.55%,文化消费需求增长与收入增高的协调性比2010年较明显下降。其间,最高值为2009年10.23%,最低值为2001年7.36%。

3. 人均文化消费占人均总消费的比重

2000~2012年,江苏乡村人均文化消费占人均总消费的比重由11.51%提高至12.96%,在31个省域里排序从第13位上升到第1位。仅从图3中所列年度来看,此项比值在2001年、2005年、2007年、2009年、2012年出现增高,其余年度均为降低。江苏乡村此项比值上升12.61%,升降变化程度处于31个省域里第2位。

分阶段看,江苏乡村此项比值在"十五"期间提高1.92个百分点;在"十一五"期间提高0.45个百分点。"十二五"头2年,江苏乡村此项比值降低0.92个百分点,降幅为6.63%,文化消费需求增长与总消费增加的协调性比2010年极显著下降。其间,最高值为2009年14.10%,最低值为2000年11.51%。

4. 人均文化消费与人均非文消费剩余的比例

2000~2012年,江苏乡村人均文化消费与人均非文消费剩余的比例由17.62%提高至27.88%,在31个省域里排序从第26位上升到第7位。仅从图3中所列年度来看,此项比值在2005~2007年、2009年、2011~2012年出现增高,其余年度均为降低。江苏乡村此项比值上升58.21%,升降变化程度处于31个省域里第4位。

分阶段看,江苏乡村此项比值在"十五"期间提高4.27个百分点;在"十一五"期间提高4.18个百分点。"十二五"头2年,江苏乡村此项比值提高1.81个百分点,升幅为6.93%,文化消费需求增长与"必需消费"之外"余钱"增多的协调性比2010年极显著提升。其间,最高值为2012年27.88%,最低值为2001年16.49%。

三 江苏文化消费城乡、区域协调状况

1. 人均文化消费城乡比

本节分析与省域城乡篇同构（见187~188页），不赘述。

2. 乡村人均文化消费地区差

2000年以来江苏乡村人均文化消费与全国地区差变动态势见图5。

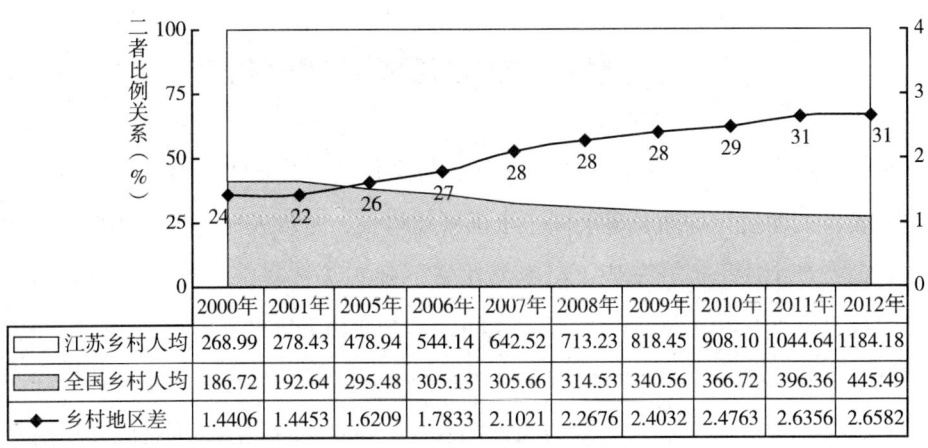

图5 江苏乡村人均文化消费与全国地区差变动态势

注：左轴面积：乡村人均文化消费（元转换为%），当地与全国数值历年升降呈直观比例关系；
右轴曲线：乡村人均文化消费地区差（无差距=1），标明历年地区差省域排序。

2000~2012年，江苏乡村人均文化消费与全国乡村地区差由1.4406扩大至2.6582，在31个省域里排序从第24位下降到第31位。其间，最小地区差为2000年1.4406，最大地区差为2012年2.6582。仅从图5中所列年度来看，地区差历年均为扩增。"十五"以来，江苏乡村文化消费地区差扩大84.52%，地区差扩减变化状况处于31个省域里第31位。这意味着，江苏属于乡村文化消费地区差扩减变化态势最为严重的省域。

江苏乡村文化消费地区差发生变动，同时受到自身与全国两个方面的动态影响。江苏和全国两个方面乡村人均文化消费历年增长对比演算详见本文人均绝对值一节，此处侧重检验其间增长差异的具体情况。2000~2012年，江苏

乡村人均文化消费年均增幅显著高于全国增幅5.63个百分点，江苏乡村文化消费需求与全国的地区差极显著扩大。

"十二五"头2年，江苏乡村人均文化消费年均增长高于自身"十五"年均增长1.96个百分点，也高于自身"十一五"年均增长0.54个百分点，同时明显高于全国增幅3.97个百分点。此时，江苏乡村人均值高于全国乡村平均值，增长高于全国意味着地区差距扩大，与全国乡村地区差相对于2010年显著扩大7.35%，地区差排序处于31个省域里最末位。

四 江苏乡村文化消费需求景气测评

综合以上分析："十五"以来江苏乡村文化消费总量年均增长显著高于全国增长，人均值年均增长显著高于全国平均增长；占收入比、占总消费比、与非文消费剩余比呈提升态势，与产值比呈下降态势，其中"十一五"期间与产值比升降变化状况好于"十五"期间，其余比值升降变化状况不及"十五"期间；城乡比明显扩大，与全国乡村地区差极显著扩大。这些都集中体现在江苏乡村文化消费需求景气指数的测评演算中。2000年以来江苏乡村文化消费需求景气指数变动态势见图6。

1. 各年度横向测评景气指数

以全国乡村文化消费总量份额值、人均绝对值、各项比值为基准，并以城乡之间、地区之间实现无差距状态为"理想值"100来衡量，2012年江苏乡村此项景气指数为116.98，高于理想值16.98，但低于上一年0.42。江苏乡村此项景气指数在31个省域里排行，2000年为第17位，2005年为第16位，2010年为第3位，2012年从上一年第1位下降为第2位。

2. "十五"以来纵向测评景气指数

以"九五"末年2000年为起点基数值100，2012年江苏乡村此项景气指数为118.59，高于2000年起点基数18.59，也高于上一年2.04。江苏乡村此项景气指数在31个省域里排行，2001年为第12位，2005年为第15位，2010年为第5位，2012年与上一年持平，皆为第4位。

江苏："十一五"以来乡村景气提升第3位

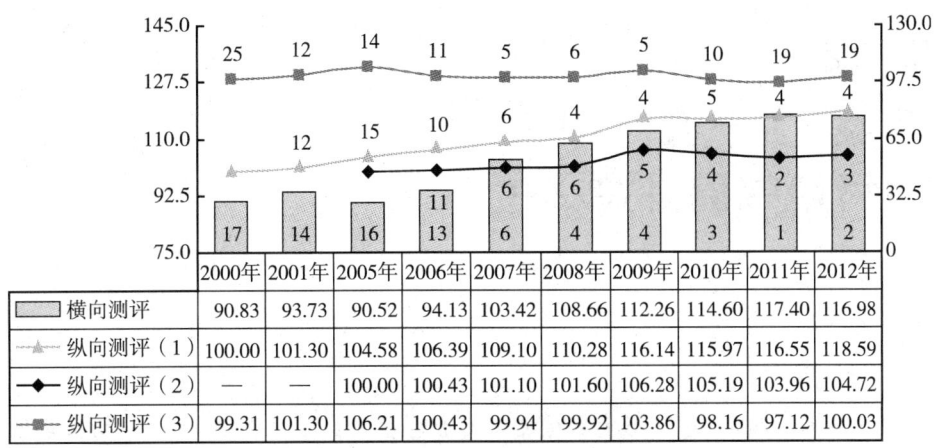

图6 江苏乡村文化消费需求景气指数变动态势

注：左轴柱形：横向测评（城乡、地区无差异理想值=100）；左轴曲线：纵向测评（起点年基数值=100），（1）2000年起点，（2）2005年起点；右轴曲线：纵向测评（3）上年起点。标明历年各项测评省域排行位次。

3. "十一五"以来纵向测评景气指数

以"十五"末年2005年为起点基数值100，2012年江苏乡村此项景气指数为104.72，高于2005年起点基数4.72，也高于上一年0.76。江苏乡村此项景气指数在31个省域里排行，2006年为第11位，2010年为第4位，2012年从上一年第2位下降为第3位。

4. "十二五"以来纵向测评景气指数

以"十一五"末年2010年为起点基数值100，2012年江苏乡村此项景气指数为97.31，低于2010年起点基数2.69，但高于上一年0.19。江苏乡村此项景气指数在31个省域里排行，2011年为第19位，2012年与之持平。此项测评制表不便，仅以文字阐述，参见本书《省域城乡文化消费需求景气排行》一文。

5. 逐年度纵向测评景气指数

以上一年2011年为起点基数值100，2012年江苏乡村此项景气指数为100.03，高于2011年起点基数0.03。江苏乡村此项景气指数在31个省域里排行，2000年为第25位，2005年为第14位，2010年为第10位，2012年与上一年持平，皆为第19位。

B.21
西藏："十五"以来乡村景气提升第2位

李汶娟*

摘　要：

2012年，西藏乡村文化消费总量增长处于第26位，人均值增长处于第30位。景气评价排行结果：西藏乡村在省域横向测评中，2012年景气指数处于第31位；在自身纵向测评中，2000～2012年景气指数处于第2位，2005～2012年景气指数处于第10位，2010～2012年景气指数处于第30位，2011～2012年景气指数处于第31位。

关键词：

西藏乡村　文化消费　景气评价

本文充分展示2000～2012年间西藏相关各方面的增长态势，全面分析检测西藏乡村文化消费需求状况。

一　西藏乡村文化消费需求增长状况

1. 文化消费总量份额值变化

2000～2012年西藏乡村文化消费总量增长、份额变化态势见图1。

2000～2012年，西藏乡村文化消费总量由0.23亿元增高为0.96亿元，增加0.73亿元，12年间总增长317.39%，年均增长率12.65%，增长幅度处于

---

* 李汶娟，云南省社会科学院人事处副处长，副研究员，主要从事民族文化研究。

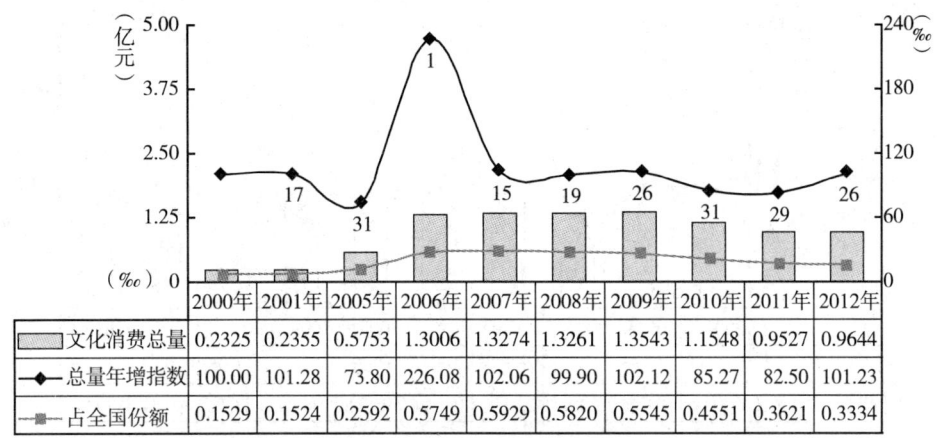

图 1　西藏乡村文化消费总量增长、份额变化态势

注：左轴柱形：乡村文化消费总量（亿元）；左轴曲线：占全国乡村份额变化（‰，千分比）；右轴曲线：年度增长指数（上年＝100，小于100为负增长）。标明历年增长省域排序，2000年起点不计。

31个省域里第1位。其中，"十五"期间年均增长20.32%；"十一五"期间年均增长14.67%；"十二五"头2年年均负增长8.63%。"十二五"头2年年均增幅低于"十一五"23.30个百分点；低于"十五"28.95个百分点。总量最高增长年度为2002年，增长率152.68%；最低增长年度为2005年，负增长26.20%。

同期，全国乡村文化消费总量年均增长率5.51%，极显著低于西藏7.14个百分点。西藏乡村文化消费总量占全国份额由0.15‰升高为0.33‰，上升幅度为117.65%，增长幅度和份额升降变化排序处于31个省域里第1位。

"十二五"头2年，全国乡村文化消费总量年均增长率6.77%，西藏乡村文化消费总量年均负增长8.63%，极显著低于全国15.40个百分点，占全国份额比2010年下降26.74%。同时，西藏总量增长低于自身"十五"年均增长28.95个百分点，也低于自身"十一五"年均增长23.30个百分点，增长幅度和占全国份额变化排序处于31个省域里第26位。

2. 文化消费人均绝对值增长

2000~2012年西藏乡村人均文化消费增长、增幅变化态势见图2。

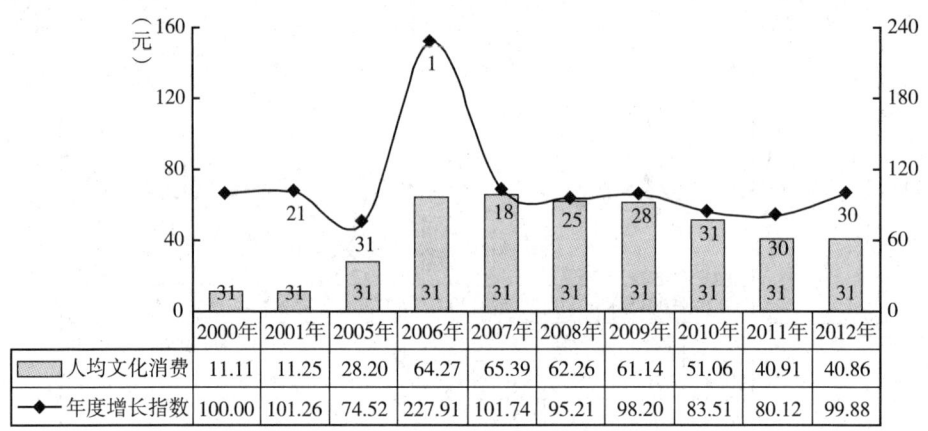

图 2　西藏乡村人均文化消费增长、增幅变化态势

注：左轴柱形：乡村人均文化消费（元）；右轴曲线：年度增长指数（上年＝100，小于100为负增长），标明历年增长省域排序，2000年起点不计。

2000～2012年，西藏乡村人均文化消费由11.11元增高为40.86元，增加29.75元，总增长267.78%，年均增长11.46%，增长幅度处于31个省域里第3位。其中，"十五"期间人均值总增长153.83%，年均增长率20.48%；"十一五"期间人均值总增长81.06%，年均增长率12.61%。"十一五"年均增长率低于"十五"7.87个百分点。人均值最高增长年度为2002年，增长率152.98%；最低增长年度为2005年，负增长25.48%。

同期，全国乡村人均文化消费年均增长率7.52%，明显低于西藏。西藏乡村人均文化消费从全国乡村人均值的5.95%提高至9.17%（对照本文图6），人均绝对值在31个省域里排序保持在第31位。

"十二五"头2年，全国乡村人均文化消费年均增长率10.22%，西藏负增长10.54%，极显著低于全国，同时低于自身"十五"年均增长，也低于自身"十一五"年均增长，增长幅度排序处于31个省域里第30位。

二　西藏乡村文化消费相关背景情况

2000年以来西藏人均产值与乡村人均收入、消费（分为非文消费与文化消费）、积蓄关系态势见图3。

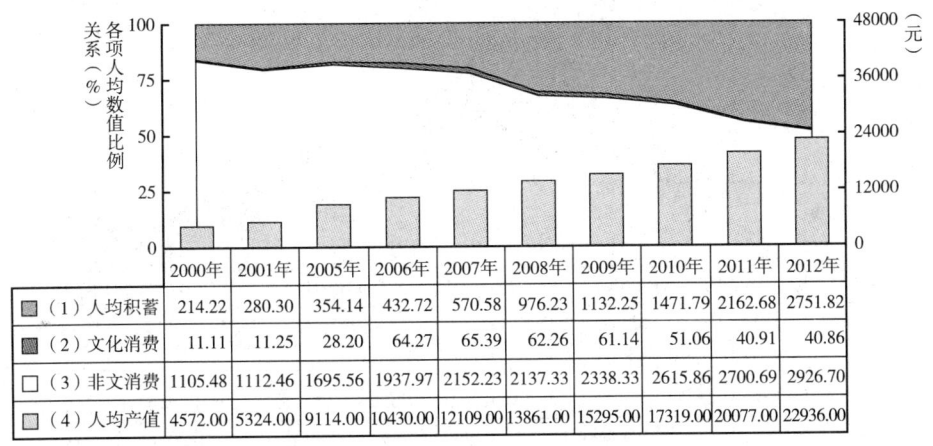

图 3　西藏人均产值与乡村人均收入、消费、积蓄关系态势

注：左轴面积：乡村人均积蓄、文化消费、非文消费（元转换为%），（1）+（2）+（3）=收入，（2）+（3）=总消费，（1）+（2）=非文消费剩余，各项数值历年升降呈直观比例；右轴柱形：人均产值（元）。

2000~2012年，西藏人均产值年均增长14.38%；乡村人均收入年均增长12.92%，较明显低于产值增长1.46个百分点；人均总消费年均增长8.49%，显著低于产值增长5.89个百分点，显著低于收入增长4.43个百分点；人均积蓄年均增长23.71%，极显著高于产值增长9.33个百分点，极显著高于收入增长10.79个百分点，极显著高于总消费增长15.22个百分点；人均文化消费年均增长11.46%，明显低于产值增长2.92个百分点，较明显低于收入增长1.46个百分点，明显高于总消费增长2.97个百分点，极显著低于积蓄增长12.25个百分点。

"十二五"头2年，西藏人均产值年均增长15.08%，乡村人均收入年均增长17.56%，人均总消费年均增长5.49%，人均积蓄年均增长36.74%，人均文化消费年均负增长10.54%。文化消费年均增幅低于产值增幅25.62个百分点，低于收入增幅28.10个百分点，低于总消费增幅16.03个百分点，低于积蓄增幅47.28个百分点。文化消费与诸方面关系比值全面呈现下降态势。

这一切在西藏乡村人均文化消费相关比值分析演算中得到了体现。2000年以来西藏乡村文化消费比值变动态势见图4。

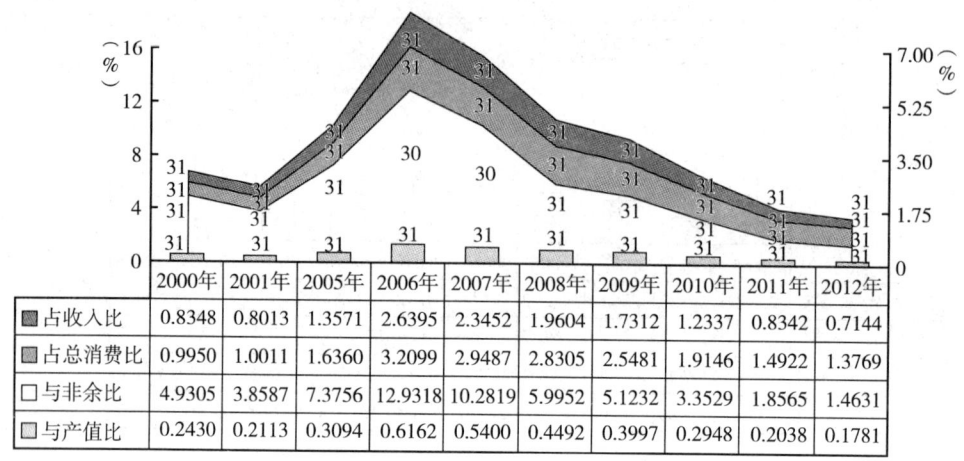

图4 西藏乡村文化消费比值变动态势

注：左轴面积：乡村人均文化消费占收入比、占总消费比、与非文消费剩余（图例简称"非余"）比（%），各项比值历年升降呈直观比例叠加；右轴柱形：乡村人均文化消费与产值比（%）。标明历年各项比值省域排序。

1. 人均文化消费与人均产值的比例

2000~2012年，西藏乡村人均文化消费与人均产值的比例由0.24%降低至0.18%，在31个省域里排序保持在第31位。仅从图4中所列年度来看，此项比值在2005~2006年出现增高，其余年度均为降低。"十五"以来，西藏乡村此项比值下降26.71%，升降变化程度处于31个省域里第3位。

分阶段看，西藏乡村此项比值在"十五"期间提高0.07个百分点；在"十一五"期间降低0.0146个百分点。"十二五"头2年，西藏乡村此项比值降低0.12个百分点，降幅为39.59%，文化消费需求增长与经济发展的协调性比2010年略有下降。其间，最高值为2006年0.62%，最低值为2012年0.18%。

2. 人均文化消费占人均收入的比重

2000~2012年，西藏乡村人均文化消费占人均收入的比重由0.83%降低至0.71%，在31个省域里排序保持在第31位。仅从图4中所列年度来看，此项比值在2005~2006年出现增高，其余年度均为降低。"十五"以来，西藏乡村此项比值下降14.42%，升降变化程度处于31个省域里第5位。

分阶段看,西藏乡村此项比值在"十五"期间提高0.52个百分点;在"十一五"期间降低0.12个百分点。"十二五"头2年,西藏乡村此项比值降低0.52个百分点,降幅为42.09%,文化消费需求增长与收入增高的协调性比2010年明显下降。其间,最高值为2006年2.64%,最低值为2012年0.71%。

3. 人均文化消费占人均总消费的比重

2000~2012年,西藏乡村人均文化消费占人均总消费的比重由0.99%提高至1.38%,在31个省域里排序保持在第31位。仅从图4中所列年度来看,此项比值在2001年、2005~2006年出现增高,其余年度均为降低。"十五"以来,西藏乡村此项比值上升38.38%,升降变化程度处于31个省域里第1位。

分阶段看,西藏乡村此项比值在"十五"期间提高0.64个百分点;在"十一五"期间提高0.28个百分点。"十二五"头2年,西藏乡村此项比值降低0.54个百分点,降幅为28.08%,文化消费需求增长与总消费增加的协调性比2010年明显下降。其间,最高值为2006年3.21%,最低值为2000年0.99%。

4. 人均文化消费与人均非文消费剩余的比例

2000~2012年,西藏乡村人均文化消费与人均非文消费剩余的比例由4.93%降低至1.46%,在31个省域里排序保持在第31位。仅从图4中所列年度来看,此项比值在2005~2006年出现增高,其余年度均为降低。"十五"以来,西藏乡村此项比值下降70.33%,升降变化程度处于31个省域里第31位。

分阶段看,西藏乡村此项比值在"十五"期间提高2.45个百分点;在"十一五"期间降低4.02个百分点。"十二五"头2年,西藏乡村此项比值降低1.89个百分点,降幅为56.36%,文化消费需求增长与"必需消费"之外"余钱"增多的协调性比2010年极显著下降。其间,最高值为2006年12.93%,最低值为2012年1.46%。

三 西藏文化消费城乡、区域协调状况

1. 人均文化消费城乡比

2000~2012年西藏人均文化消费城乡比变动态势见图5。

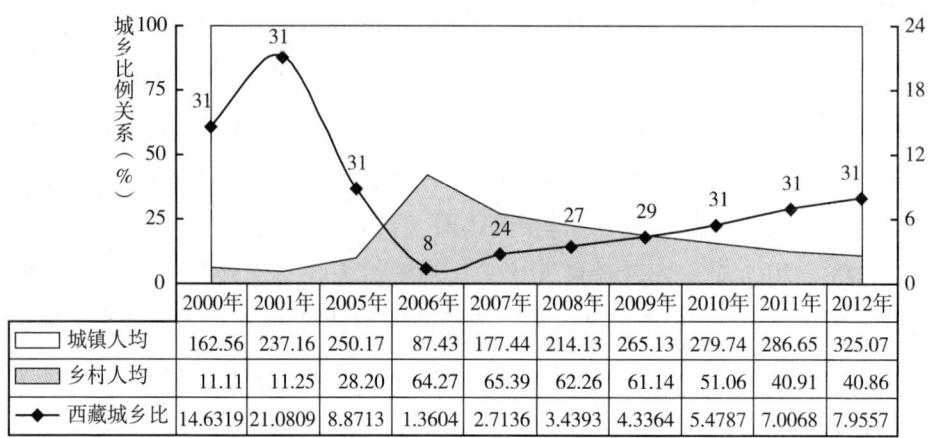

图 5　西藏人均文化消费城乡比变动态势

注：左轴面积：城镇、乡村人均文化消费（元转换为%），城乡间历年升降呈直观比例关系；右轴曲线：人均文化消费城乡比（乡村=1），标明历年城乡比省域排序。

2000～2012年，西藏人均文化消费城乡比由14.6319缩小至7.9557，在31个省域里排序保持在第31位。其间，最小城乡比为2006年1.3604，最大城乡比为2001年21.0809。仅从图5中所列年度来看，城乡比在2005～2006年出现缩减，其余年度均为扩增。"十五"以来，西藏文化消费城乡比缩小45.63%，城乡比扩减变化状况处于31个省域里第1位。这意味着，西藏属于文化消费城乡比扩减变化态势良好的省域之一。

西藏文化消费城乡比发生变动，同时受到自身城镇与乡村两个方面的动态影响。同期，西藏城镇人均文化消费由162.56元增高为325.07元，增加162.51元，12年间总增长99.97%，年均增长率5.94%。城镇人均值最高增长年度为2007年，增长率102.95%；最低增长年度为2006年，负增长65.05%。乡村人均文化消费增长见本文人均值一节。此间，西藏城镇人均文化消费需求年均增长显著低于乡村年均增长5.52个百分点，导致西藏文化消费需求的城乡比明显缩小。

"十二五"头2年，西藏城镇人均文化消费年均增长率7.80%，低于"十五"1.20个百分点，但高于"十一五"5.54个百分点；乡村人均文化消费年均负增长10.54%，低于"十五"31.02个百分点，也低于"十一五"23.15

个百分点。此时，西藏城镇人均值高于乡村，城镇年度增幅极显著高于乡村增幅18.34个百分点，意味着城乡差距扩大。西藏文化消费城乡比相对于2010年极显著扩大45.21%，城乡比排序处于31个省域里第31位。

2. 乡村人均文化消费地区差

2000~2012年西藏乡村人均文化消费与全国地区差变动态势见图6。

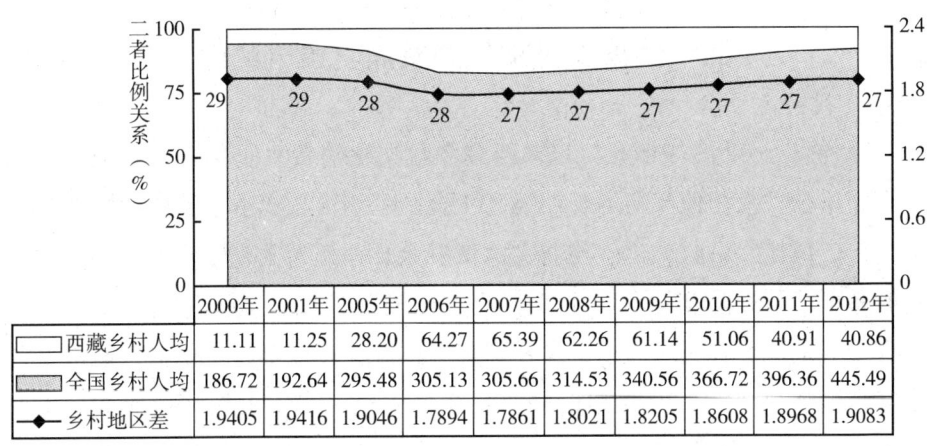

图6 西藏乡村人均文化消费与全国地区差变动态势

注：左轴面积：乡村人均文化消费（元转换为%），当地与全国数值历年升降呈直观比例关系；右轴曲线：乡村人均文化消费地区差（无差距=1），标明历年地区差省域排序。

2000~2012年，西藏乡村人均文化消费与全国乡村地区差由1.9405缩小至1.9083，在31个省域里排序从第29位上升到第27位。其间，最小地区差为2007年1.7861，最大地区差为2001年1.9416。仅从图6中所列年度来看，地区差在2005~2007年出现缩减，其余年度均为扩增。"十五"以来，西藏乡村文化消费地区差缩小1.66%，地区差扩减变化状况处于31个省域里第16位。这意味着，西藏属于乡村文化消费地区差扩减变化态势良好的省域之一。

西藏乡村文化消费地区差发生变动，同时受到自身与全国两个方面的动态影响。西藏和全国两个方面乡村人均文化消费历年增长对比演算详见本文人均绝对值一节，此处侧重检验其间增长差异的具体情况。2000~2012年，西藏乡村人均文化消费年均增幅明显高于全国增幅3.94个百分点，西藏乡村文化消费需求与全国的地区差较明显缩小。

"十二五"头2年,西藏乡村人均文化消费年均增长低于自身"十五"年均增长31.02个百分点,也低于自身"十一五"年均增长23.15个百分点,同时极显著低于全国增幅20.76个百分点。此时,西藏乡村人均值低于全国乡村平均值,增长低于全国意味着地区差距扩大,与全国乡村地区差相对于2010年较明显扩大2.55%,地区差排序处于31个省域里第27位。

四 西藏乡村文化消费需求景气测评

综合以上分析:"十五"以来西藏乡村文化消费总量年均增长极显著高于全国增长,人均值年均增长明显高于全国平均增长;占总消费比呈提升态势,与产值比、占收入比、与非文消费剩余比呈下降态势,其中"十一五"期间各项比值升降变化状况全面不及"十五"期间;城乡比明显缩小,与全国乡村地区差较明显缩小。这些都集中体现在西藏乡村文化消费需求景气指数的测评演算中。2000年以来西藏乡村文化消费需求景气指数变动态势见图7。

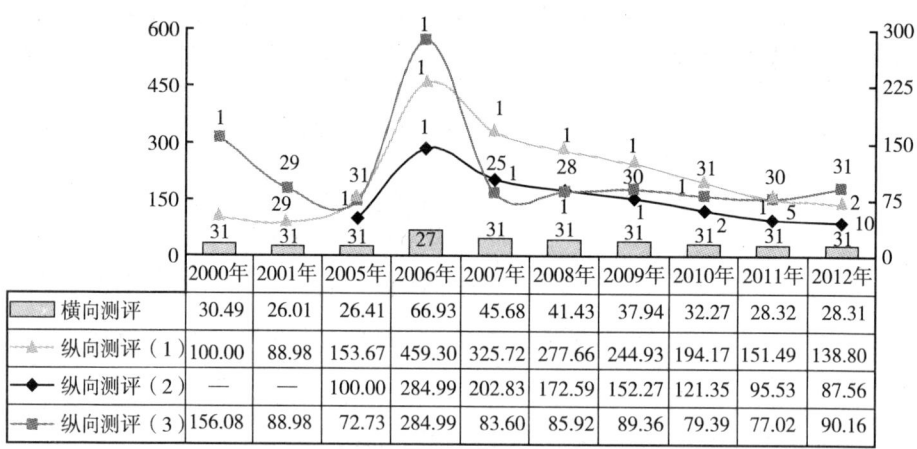

图7 西藏乡村文化消费需求景气指数变动态势

注:左轴柱形:横向测评(城乡、地区无差异理想值=100);左轴曲线:纵向测评(起点年基数值=100),(1)2000年起点,(2)2005年起点;右轴曲线:纵向测评(3)上年起点。标明历年各项测评省域排行位次。

1. 各年度横向测评景气指数

以全国乡村文化消费总量份额值、人均绝对值、各项比值为基准,并以城乡之间、地区之间实现无差距状态为"理想值"100来衡量,2012年西藏乡村此项景气指数为28.31,低于理想值71.69,也低于上一年0.01。西藏乡村此项景气指数在31个省域里排行,2000年为第31位,2005年与之持平,2010年与之持平,2012年与上一年持平,皆为第31位。

2. "十五"以来纵向测评景气指数

以"九五"末年2000年为起点基数值100,2012年西藏乡村此项景气指数为138.80,高于2000年起点基数38.80,但低于上一年12.69。西藏乡村此项景气指数在31个省域里排行,2001年为第29位,2005年为第1位,2010年与之持平,2012年从上一年第1位下降为第2位。

3. "十一五"以来纵向测评景气指数

以"十五"末年2005年为起点基数值100,2012年西藏乡村此项景气指数为87.56,低于2005年起点基数12.44,也低于上一年7.97。西藏乡村此项景气指数在31个省域里排行,2006年为第1位,2010年为第2位,2012年从上一年第5位下降为第10位。

4. "十二五"以来纵向测评景气指数

以"十一五"末年2010年为起点基数值100,2012年西藏乡村此项景气指数为70.13,低于2010年起点基数29.87,也低于上一年6.89。西藏乡村此项景气指数在31个省域里排行,2011年为第30位,2012年与之持平。此项测评制表不便,仅以文字阐述,参见本书《省域城乡文化消费需求景气排行》一文。

5. 逐年度纵向测评景气指数

以上一年2011年为起点基数值100,2012年西藏乡村此项景气指数为90.16,低于2011年起点基数9.84。西藏乡村此项景气指数在31个省域里排行,2000年为第1位,2005年为第31位,2010年与之持平,2012年从上一年第30位下降为第31位。

中心城市篇

Reports on Key Cities

B.22
广州：2012年横向测评
城市景气保持首位

汪 洋*

摘 要： 2012年在各中心城市里，广州市（市辖区）文化教育消费总量增长处于第7位，人均值增长处于第4位。景气评价排行结果：广州市在城市横向测评中，2012年景气指数处于第1位；在自身纵向测评中，2005~2012景气指数处于第4位，2010~2012景气指数处于第9位，2011~2012年景气指数处于第6位。

关键词： 广州市 文化教育消费 景气评价

---

* 汪洋，云南省社会科学院信息中心主任助理、助理研究员，主要从事民族文化、社会经济研究。

本文充分展示 2005~2012 年间广州市（限于市辖区）相关各方面的增长态势，全面分析检测广州市文化教育消费需求状况。

一 广州市文化教育消费需求增长状况

1. 文化教育消费总量份额值变化

2005 年以来广州市文化教育消费总量增长、份额变化态势见图1。

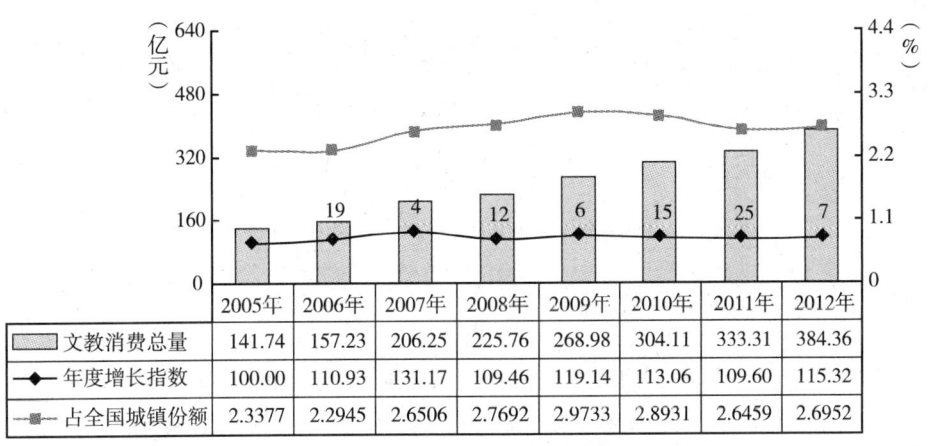

图1 广州市文化教育消费总量增长、份额变化态势

注：左轴柱形：文教消费总量（亿元）；左轴曲线：年度增长指数（上年=100），标明历年增长城市排序，2005 年起点不计；右轴曲线：占全国城镇份额。

2005~2012 年，广州市文化教育消费总量由 141.74 亿元增高为 384.36 亿元，增加 242.62 亿元，总增长 171.17%，年均增长率 15.32%，增长幅度排序处于 36 个中心城市里第 7 位。其中，总量最高增长年度为 2007 年，增长率 31.17%；最低增长年度为 2008 年，增长率 9.46%。

同期，全国城镇文化教育消费总量年均增长 13.00%，广州市年均增幅明显高于全国增幅 2.32 个百分点。广州市文化教育消费总量占全国城镇份额由 2.34% 升高为 2.70%，升幅为 15.38%，增长幅度和份额升降变化排序处于 36 个中心城市里第 7 位。

"十二五"头 2 年，全国城镇文化教育消费总量年均增长 16.48%，广州市总量年均增长12.42%，显著低于全国增幅4.06个百分点，同时显著低于自身"十一五"年均增长4.08个百分点。广州市占全国城镇份额比2010年下降6.84%，增长幅度和份额变化排序处于36个中心城市里第7位。

2. 文化教育消费人均绝对值增长

2005年以来广州市人均文化教育消费增长、增幅变化态势见图2。

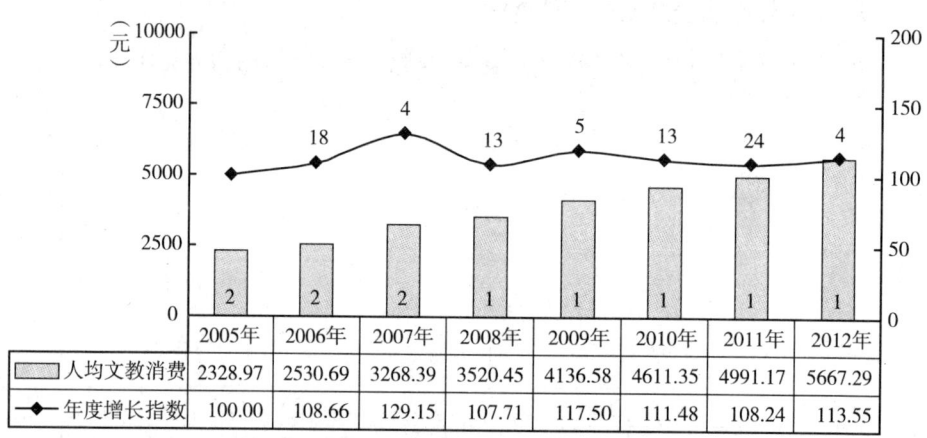

图2 广州市人均文化教育消费增长、增幅变化态势

注：左轴柱形：人均文教消费（元），标明历年人均值36城市排序；右轴曲线：年度增长指数（上年=100），标明历年增长36城市排序，2005年起点不计。

2005~2012年，广州市文化教育消费人均值由2328.97元增高为5667.29元，增加3338.32元，总增长143.34%，年均增长率13.55%，增长幅度排序处于36个中心城市里第4位。其中，人均值最高增长年度为2007年，增长率29.15%；最低增长年度为2008年，增长率7.71%。

同期，全国城镇人均文化教育消费年均增长9.21%。广州市年均增幅显著高于全国城镇平均增长，人均值从全国城镇人均值的212.21%提高至278.70%（对照本文图6），人均绝对值在36个中心城市里排序由第2位提高为第1位。

"十二五"头2年，全国城镇人均文化教育消费年均增长11.77%，广州市人均值年均增长10.86%，略微低于全国城镇平均增长。广州市人均值年度增长同时明显低于自身"十一五"年均增长，增长幅度排序处于36个中心城市里第4位。

二 广州市文化教育消费相关背景情况

2005年以来广州市人均产值与城市人均收入、消费（分为非文消费与文教消费）、积蓄关系态势见图3。

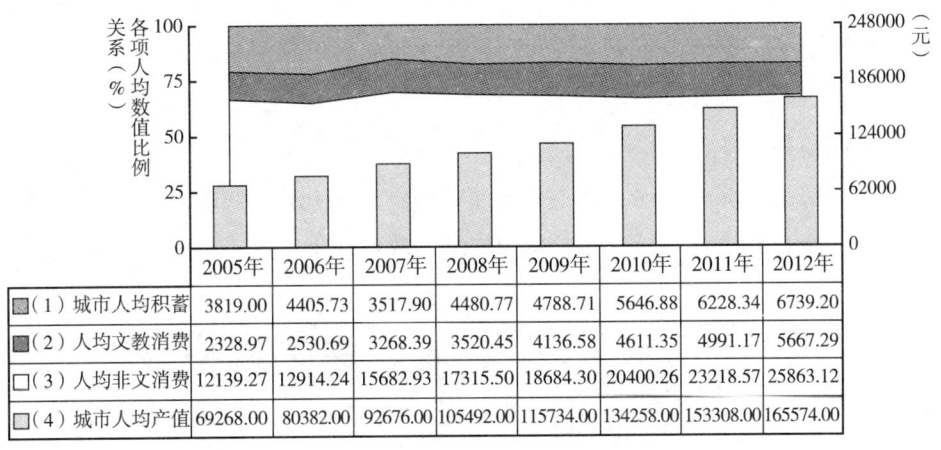

图3 广州市人均产值与城市人均收入、消费、积蓄关系态势

注：左轴面积：乡村人均积蓄、文化消费、非文消费（元转换为%），（1）+（2）+（3）=收入，（2）+（3）=总消费，（1）+（2）=非文消费剩余，各项数值历年升降呈直观比例；右轴柱形：人均产值（元）。

2005~2012年，广州市人均产值年均增长13.26%；城市人均收入年均增长11.13%，明显低于产值增长2.13个百分点；人均总消费年均增长11.77%，较明显低于产值增长1.49个百分点，略微高于收入增长0.64个百分点；人均积蓄年均增长8.45%，显著低于产值增长4.81个百分点，明显低于收入增长2.68个百分点，明显低于总消费增长3.32个百分点；人均文化教育消费年均增长13.55%，略微高于产值增长0.29个百分点，明显高于收入增长2.42个百分点，较明显高于总消费增长1.78个百分点，显著高于积蓄增长5.10个百分点。

其中，"十一五"期间，广州市人均产值年均增长14.15%，城市人均收入年均增长10.89%，人均总消费年均增长11.57%，人均积蓄年均增长

8.14%，人均文化教育消费年均增长14.64%。文化教育消费年均增幅高于产值增幅0.49个百分点，高于收入增幅3.75个百分点，高于总消费增幅3.07个百分点，高于积蓄增幅6.50个百分点。

"十二五"头2年，广州市人均产值年均增长11.05%，城市人均收入年均增长11.73%，人均总消费年均增长12.28%，人均积蓄年均增长9.24%，人均文化教育消费年均增长10.86%。文化教育消费年均增幅低于产值增幅0.19个百分点，低于收入增幅0.87个百分点，低于总消费增幅1.42个百分点，高于积蓄增幅1.62个百分点。2012年，广州市文化教育消费与积蓄关系比值呈现提升态势。

这一切在广州市人均文化教育消费的各项比值分析演算中得到了体现。2005年以来广州市文化教育消费比值变动态势见图4。

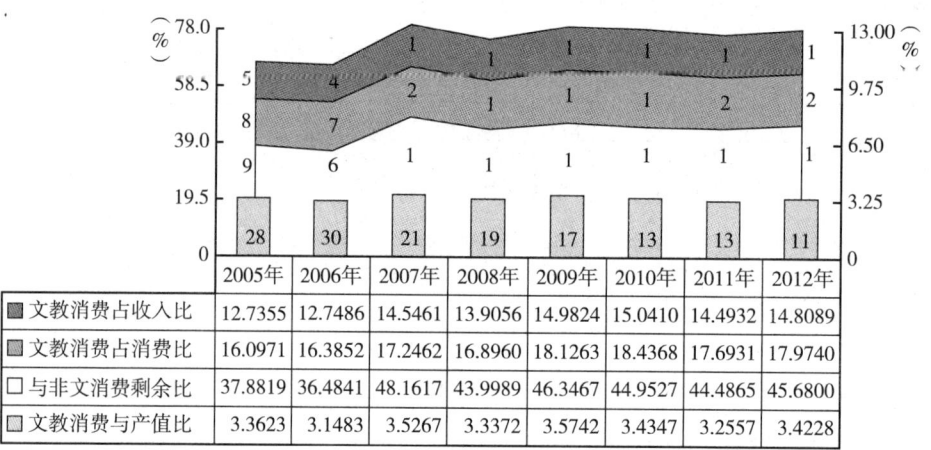

图4　广州市文化教育消费比值变动态势

注：左轴面积：人均文教消费占收入比、占总消费比、与非文消费剩余比（%），各项比值历年升降呈直观比例叠加；右轴柱形：人均文教消费与产值比（%）。标明历年各项比值36城市排序。

1. 人均文化教育消费与人均产值的比例

2005~2012年，广州市人均文化教育消费与人均产值的比例由3.36%提高至3.42%，在36个中心城市里排序从第28位上升到第11位。"十一五"以来，广州市此项比值上升0.06个百分点，升幅为1.80%，升降变化程度处于36个中心城市里第3位。

其间，广州市此项比值在2007年、2009年、2012年出现增高，其余年度为降低。最高值为2009年3.57%，最低值为2006年3.15%。在"十一五"期间提高0.07个百分点，升幅为2.15%；在"十二五"头2年降低0.0119个百分点，降幅为0.35%。文化教育消费需求增长与城市经济发展之间协调关系变化，"十一五"期间略微提升，"十二五"头2年逆转为略微下降。

2. 人均文化教育消费占人均收入的比重

2005~2012年，广州市人均文化教育消费占人均收入的比重由12.74%提高至14.81%，在36个中心城市里排序从第5位上升到第1位。"十一五"以来，广州市此项比值上升2.07个百分点，升幅为16.28%，升降变化程度处于36个中心城市里第2位。

其间，广州市此项比值在2006~2007年、2009~2010年、2012年出现增高，其余年度为降低。最高值为2010年15.04%，最低值为2005年12.74%。在"十一五"期间提高2.31个百分点，升幅为18.10%；在"十二五"头2年降低0.23个百分点，降幅为1.54%。文化教育消费需求增长与城市居民收入增高之间协调关系变化，"十一五"期间极显著提升，"十二五"头2年逆转为较明显下降。

3. 人均文化教育消费占人均总消费的比重

2005~2012年，广州市人均文化教育消费占人均总消费的比重由16.10%提高至17.97%，在36个中心城市里排序从第8位上升到第2位。"十一五"以来，广州市此项比值上升1.88个百分点，升幅为11.66%，升降变化程度处于36个中心城市里第4位。

其间，广州市此项比值在2006~2007年、2009~2010年、2012年出现增高，其余年度为降低。最高值为2010年18.44%，最低值为2005年16.10%。在"十一五"期间提高2.34个百分点，升幅为14.53%；在"十二五"头2年降低0.46个百分点，降幅为2.51%。文化教育消费需求增长与城市居民总消费增加之间协调关系变化，"十一五"期间极显著提升，"十二五"头2年逆转为较明显下降。

4. 人均文化教育消费与人均非文消费剩余的比例

2005~2012年，广州市人均文化教育消费与人均非文消费剩余的比例由

37.88%提高至45.68%，在36个中心城市里排序从第9位上升到第1位。"十一五"以来，广州市此项比值上升7.80个百分点，升幅为20.59%，升降变化程度处于36个中心城市里第3位。

其间，广州市此项比值在2007年、2009年、2012年出现增高，其余年度为降低。最高值为2007年48.16%，最低值为2006年36.48%。在"十一五"期间提高7.07个百分点，升幅为18.67%；在"十二五"头2年提高0.73个百分点，升幅为1.62%。文化教育消费需求增长与城市居民"必需消费"之外"余钱"增多之间协调关系变化，"十一五"期间极显著提升，"十二五"头2年仍保持较明显提升态势。

三 文化教育消费城乡、区域协调状况

1. 所在省域人均文化教育消费城乡比

2005年以来所在省域人均文化教育消费城乡比变动态势见图5。

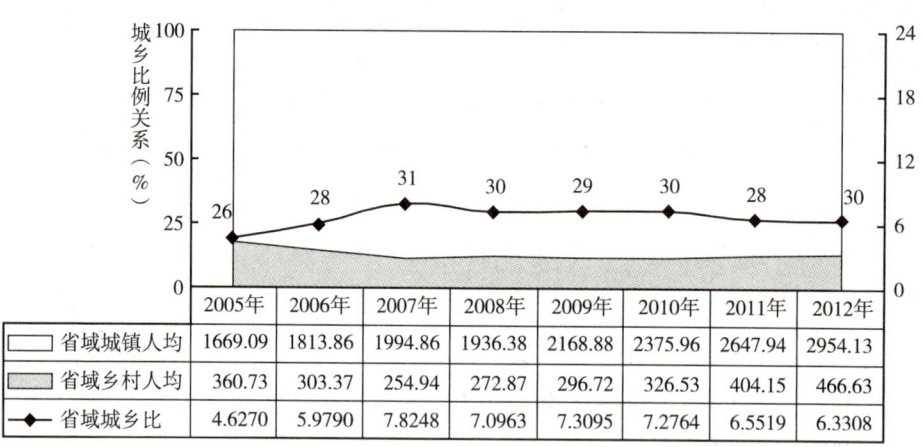

图5 所在省域人均文化教育消费城乡比变动态势

注：左轴面积：省域城镇、乡村人均文教消费（元转换为%），城乡间历年升降呈直观比例关系；右轴曲线：人均文教消费城乡比（乡村=1）。标明历年城乡比31省域排序。

2005~2012年，广东省域人均文化教育消费城乡比由4.6270扩大至6.3308，在31个省域里排序从第26位下降到第30位。其间，城乡比在2008

年、2010～2012年出现缩减，其余年度为扩增。最小城乡比为2005年4.6270，最大城乡比为2007年7.8248。"十一五"以来，广东省域文化教育消费城乡比扩大36.82%，城乡比扩减变化状况处于31个省域里第26位。这意味着，广东省域属于文化教育消费城乡比扩减变化态势很严重的省域之一。

广东省域文化教育消费城乡比发生变动，同时受到自身城镇与乡村两个方面的历年需求动态影响。中心城市在省域范围发挥作用，不但直接拉动了城镇增长，而且还应带动乡村增长。

2005～2012年，广东省域城镇人均文化教育消费由1669.09元增高为2954.13元，增加1285.04元，总增长76.99%，年均增长8.50%。城镇人均值最高增长年度为2009年，增长率12.01%；最低增长年度为2008年，负增长2.93%。乡村人均文化教育消费由360.73元增高为466.63元，增加105.90元，总增长29.36%，年均增长3.75%。乡村人均值最高增长年度为2011年，增长率23.77%；最低增长年度为2007年，负增长15.96%。7年间，城镇人均文化教育消费需求年均增幅显著高于乡村年均增幅4.75个百分点，导致广东省域文化教育消费需求的城乡比明显扩大。

"十二五"头2年，广东省域城镇人均值年均增长11.51%，高于自身"十一五"年均增长4.19个百分点；乡村人均值年均增长19.54%，高于自身"十一五"年均增长21.51个百分点。2012年，城镇人均值高于乡村，城镇年均增幅低于乡村增幅8.03个百分点，意味着差距缩小。广东省域文化教育消费需求城乡比相对于2010年明显缩小13.00%，城乡比排序处于31个省域里第30位。

2. 城市人均文化教育消费地区差

2005年以来广州市人均文化教育消费与全国城镇地区差变动态势见图6。

2005～2012年，广州市人均文化教育消费与全国城镇地区差由2.1221扩大至2.7870，在36个中心城市里排序从第35位下降到第36位。其间，广州市地区差在2006年、2011年出现缩减，其余年度为扩增。最小地区差为2006年2.1036，最大地区差为2010年2.8332。"十一五"以来，广州市文化教育消费与全国城镇地区差扩大31.33%，广州市地区差扩减变化状况处于36个中心城市里第36位。这意味着，广州市属于文化教育消费地区差扩减变化态

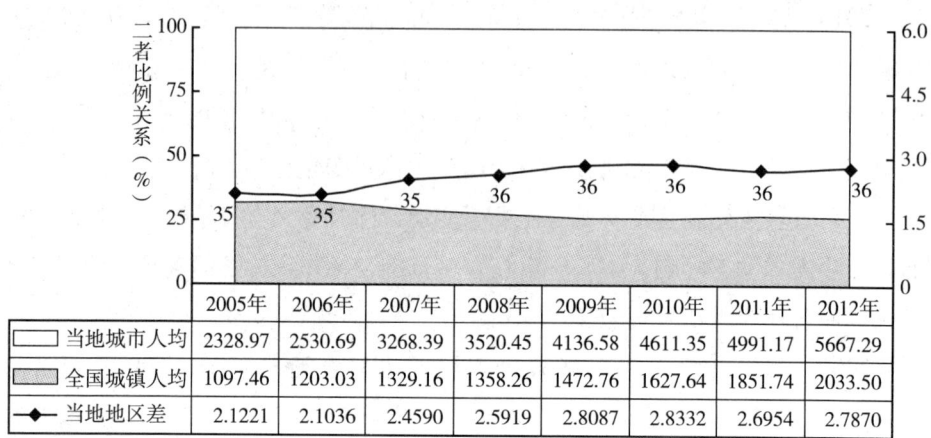

图6　广州市文化教育消费与全国城镇地区差变动态势

注：左轴面积：人均文教消费（元转换为%），当地与全国数值历年升降呈直观比例关系；右轴曲线：人均文教消费地区差（无差距=1）。标明历年地区差36城市排序。

势很严重的城市之一。

广州市文化教育消费地区差发生变动，同时受到广州市与全国城镇两个方面的历年需求动态影响。全国城镇和广州市人均文化教育消费增长对比演算详见本文人均值一节，此处检验其间增长的具体差异。

2005～2012年，广州市年均增长幅度显著高于全国城镇平均增幅4.34个百分点，广州市文化教育消费需求与全国城镇的地区差极显著扩大。

"十二五"头2年，广州市年均增长幅度明显低于自身"十一五"年均增长3.78个百分点，同时略微低于全国城镇平均增长0.91个百分点。2012年，广州市人均值高于全国城镇平均值，年均增长低于全国城镇平均增长，意味着差距缩小。广州市文化教育消费与全国城镇地区差相对于2010年较明显缩小1.63%，地区差排序处于36个中心城市里第36位。

四　广州市文化教育消费需求景气测评

综合以上分析："十一五"以来广州市文化教育消费总量年均增长明显高于全国城镇平均增长，人均值年均增长也显著高于全国城镇平均增长；文

广州：2012年横向测评城市景气保持首位

化教育消费各项比值全面呈现明显的提升态势；所在省域城乡比明显扩大，与全国城镇地区差极显著扩大。这些都集中体现在广州市文化教育消费需求景气指数的测评演算中。2005年以来广州市文化教育消费需求景气指数变动态势见图7。

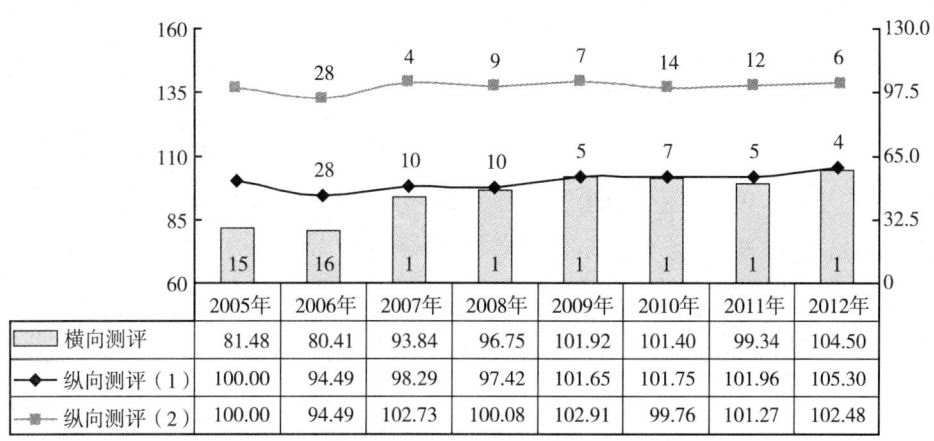

图7　广州市文化教育消费需求景气指数变动态势

注：左轴柱形：横向测评（城乡、地区无差异理想值＝100）；左轴曲线：纵向测评（起点年基数值＝100），（1）2005年起点；右轴曲线：（2）上年起点。标明历年各项测评36城市排行位次。

1. 各年度横向测评景气指数

以全国城镇文化教育消费总量份额值、人均绝对值、各项比值为基准，并以城乡之间、地区之间实现无差距状态为"理想值"100来衡量，2012年广州市此项景气指数为104.50，高于理想值4.50，也高于上一年5.16。各年度对比，广州市此项景气指数在36个中心城市里排行，2005年为第15位，2010年为第1位，2012年与上一年持平，皆为第1位。

2. "十一五"以来纵向测评景气指数

以"十五"末年2005年为起点基数值100，2012年广州市此项景气指数为105.30，高于2005年起点基数5.30，也高于上一年3.34。"十一五"以来对比，广州市此项景气指数在36个中心城市里排行，2006年为第28位，2010年为第7位，2012年从上一年第5位上升为第4位。

3. "十二五"以来纵向测评景气指数

以"十一五"末年2010年为起点基数值100，2012年广州市此项景气指数为103.80，高于2010年起点基数3.80，也高于上一年2.53。"十二五"以来对比，广州市此项景气指数在36个中心城市里排行，2011年为第12位，2012年上升为第9位。此项测评制表不便，仅以文字阐述，参见本书《省域城乡文化消费需求景气排行》一文。

4. 逐年度纵向测评景气指数

以上一年2011年为起点基数值100，2012年广州市此项景气指数为102.48，高于2011年起点基数2.48。逐年对比，广州市此项景气指数在36个中心城市里排行，2006年为第28位，2010年为第14位，2012年从上一年第12位上升为第6位。

B.23
天津：2012年纵向测评城市景气升至首位

邓云斐*

摘 要： 2012年在各中心城市里，天津市（市辖区）文化教育消费总量增长处于第21位，人均值增长处于第18位。景气评价排行结果：天津市在城市横向测评中，2012年景气指数处于第24位；在自身纵向测评中，2005～2012景气指数处于第8位，2010～2012景气指数处于第6位，2011～2012年景气指数处于第1位。

关键词： 天津市 文化教育消费 景气评价

本文充分展示2005～2012年间天津市（限于市辖区）相关各方面的增长态势，全面分析检测天津市文化教育消费需求状况。

一 天津市文化教育消费需求增长状况

1. 文化教育消费总量份额值变化

2005年以来天津市文化教育消费总量增长、份额变化态势见图1。

2005～2012年，天津市文化教育消费总量由98.46亿元增高为188.44亿元，增加89.98亿元，总增长91.39%，年均增长率9.72%，增长幅度排序处

---

* 邓云斐，云南省社会科学院东南亚研究所助理研究员，主要从事文化、社会研究。

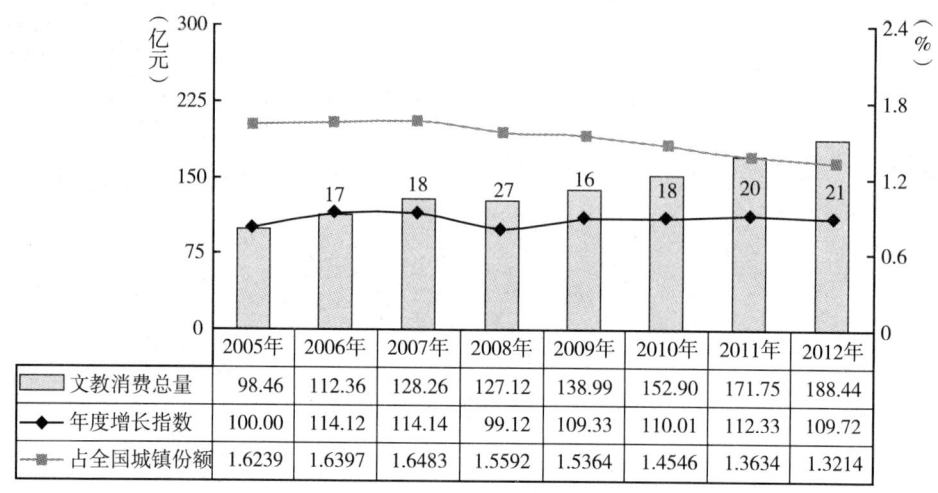

图 1 天津市文化教育消费总量增长、份额变化态势

注：左轴柱形：文教消费总量（亿元）；左轴曲线：年度增长指数（上年=100，小于100为负增长），标明历年增长城市排序，2005年起点不计；右轴曲线：占全国城镇份额。

于36个中心城市里第21位。其中，总量最高增长年度为2007年，增长率14.14%；最低增长年度为2008年，负增长0.88%。

同期，全国城镇文化教育消费总量年均增长13.00%，天津市年均增幅明显低于全国增幅3.28个百分点。天津市文化教育消费总量占全国城镇份额由1.62%降低为1.32%，降幅为18.51%，增长幅度和份额升降变化排序处于36个中心城市里第21位。

"十二五"头2年，全国城镇文化教育消费总量年均增长16.48%，天津市总量年均增长11.02%，显著低于全国增幅5.46个百分点，同时较明显高于自身"十一五"年均增长1.82个百分点。天津市占全国城镇份额比2010年下降9.16%，增长幅度和份额变化排序处于36个中心城市里第21位。

2. 文化教育消费人均绝对值增长

2005年以来天津市人均文化教育消费增长、增幅变化态势见图2。

2005~2012年，天津市文化教育消费人均值由1283.70元增高为2299.82元，增加1016.12元，总增长79.16%，年均增长率8.69%，增长幅度排序处

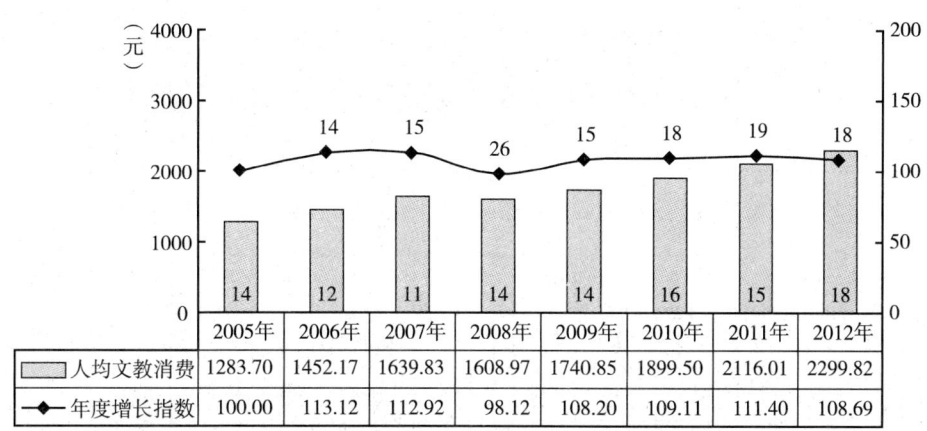

图 2　天津市人均文化教育消费增长、增幅变化态势

注：左轴柱形：人均文教消费（元），标明历年人均值 36 城市排序；右轴曲线：年度增长指数（上年 = 100，小于 100 为负增长），标明历年增长 36 城市排序，2005 年起点不计。

于 36 个中心城市里第 18 位。其中，人均值最高增长年度为 2006 年，增长率 13.12%；最低增长年度为 2008 年，负增长 1.88%。

同期，全国城镇人均文化教育消费年均增长 9.21%。天津市年均增幅略微低于全国城镇平均增长，人均值从全国城镇人均值的 116.97% 降低至 113.10%（对照本文图 6），人均绝对值在 36 个中心城市里排序由第 14 位降低为第 18 位。

"十二五"头 2 年，全国城镇人均文化教育消费年均增长 11.77%，天津市人均值年均增长 10.03%，较明显低于全国城镇平均增长。天津市人均值年度增长同时较明显高于自身"十一五"年均增长，增长幅度排序处于 36 个中心城市里第 18 位。

二　天津市文化教育消费相关背景情况

2005 年以来天津市人均产值与城市人均收入、消费（分为非文消费与文教消费）、积蓄关系态势见图 3。

2005～2012 年，天津市人均产值年均增长 18.50%；城市人均收入年均增

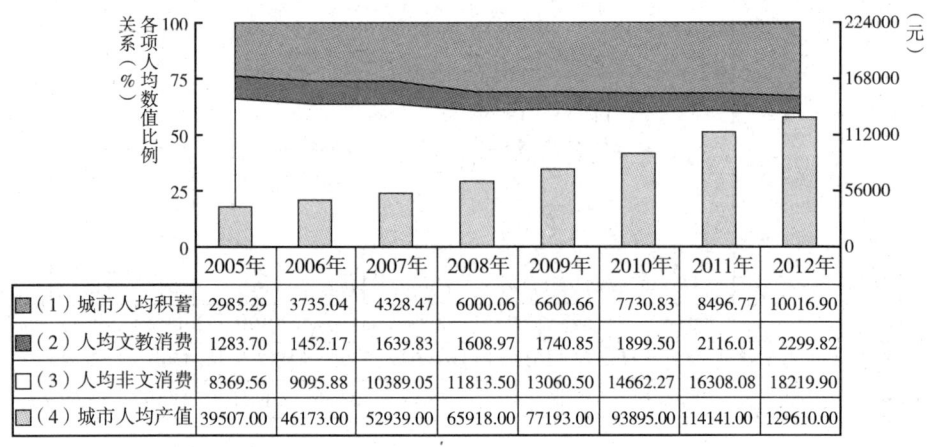

图3 天津市人均产值与城市人均收入、消费、积蓄关系态势

注：左轴面积：乡村人均积蓄、文化消费、非文消费（元转换为%），（1）+（2）+（3）= 收入，（2）+（3）= 总消费，（1）+（2）= 非文消费剩余，各项数值历年升降呈直观比例；右轴柱形：人均产值（元）。

长13.43%，显著低于产值增长5.07个百分点；人均总消费年均增长11.37%，极显著低于产值增长7.13个百分点，明显低于收入增长2.06个百分点；人均积蓄年均增长18.88%，略微高于产值增长0.38个百分点，显著高于收入增长5.45个百分点，极显著高于总消费增长7.51个百分点；人均文化教育消费年均增长8.69%，极显著低于产值增长9.81个百分点，显著低于收入增长4.74个百分点，明显低于总消费增长2.68个百分点，极显著低于积蓄增长10.19个百分点。

其中，"十一五"期间，天津市人均产值年均增长18.90%，城市人均收入年均增长13.96%，人均总消费年均增长11.40%，人均积蓄年均增长20.96%，人均文化教育消费年均增长8.15%。文化教育消费年均增幅低于产值增幅10.75个百分点，低于收入增幅5.81个百分点，低于总消费增幅3.25个百分点，低于积蓄增幅12.81个百分点。

"十二五"头2年，天津市人均产值年均增长17.49%，城市人均收入年均增长12.12%，人均总消费年均增长11.31%，人均积蓄年均增长13.83%，人均文化教育消费年均增长10.03%。文化教育消费年均增幅低于产值增幅

7.46个百分点，低于收入增幅2.09个百分点，低于总消费增幅1.28个百分点，低于积蓄增幅3.80个百分点。2012年，天津市文化教育消费与诸方面关系比值全面呈现下降态势。

这一切在天津市人均文化教育消费的各项比值分析演算中得到了体现。2005年以来天津市文化教育消费比值变动态势见图4。

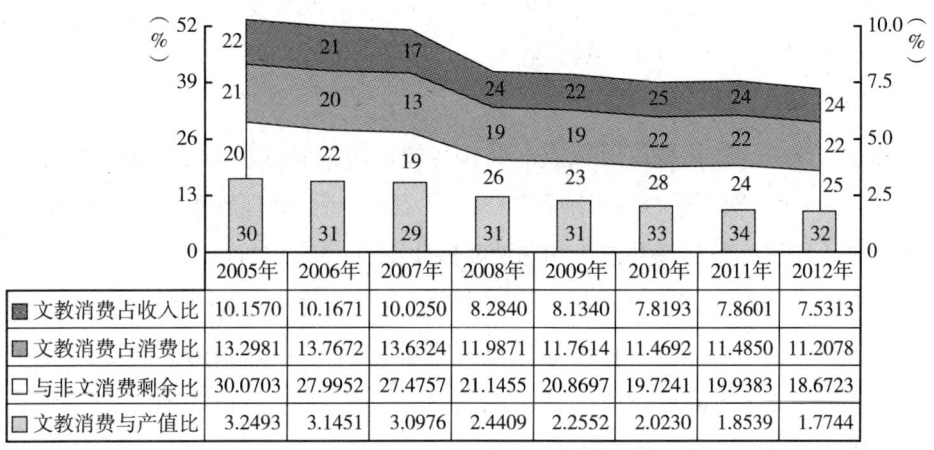

图4 天津市文化教育消费比值变动态势

注：左轴面积：人均文教消费占收入比、占总消费比、与非文消费剩余比（%），各项比值历年升降呈直观比例叠加；右轴柱形：人均文教消费与产值比（%）。标明历年各项比值36城市排序。

1. 人均文化教育消费与人均产值的比例

2005~2012年，天津市人均文化教育消费与人均产值的比例由3.25%降低至1.77%，在36个中心城市里排序从第30位下降到第32位。"十一五"以来，天津市此项比值下降1.47个百分点，降幅为45.39%，升降变化程度处于36个中心城市里第28位。

其间，天津市此项比值历年均为降低。最高值为2005年3.25%，最低值为2012年1.77%。在"十一五"期间降低1.23个百分点，降幅为37.74%；在"十二五"头2年降低0.25个百分点，降幅为12.29%。文化教育消费需求增长与城市经济发展之间协调关系变化，"十一五"期间显著下降，"十二五"头2年仍呈现较明显下降态势。

2. 人均文化教育消费占人均收入的比重

2005~2012年，天津市人均文化教育消费占人均收入的比重由10.16%降低至7.53%，在36个中心城市里排序从第22位下降到第24位。"十一五"以来，天津市此项比值下降2.63个百分点，降幅为25.85%，升降变化程度处于36个中心城市里第22位。

其间，天津市此项比值在2006年、2011年出现增高，其余年度为降低。最高值为2006年10.17%，最低值为2012年7.53%。在"十一五"期间降低2.34个百分点，降幅为23.02%；在"十二五"头2年降低0.29个百分点，降幅为3.68%。文化教育消费需求增长与城市居民收入增高之间协调关系变化，"十一五"期间极显著下降，"十二五"头2年仍呈现较明显下降态势。

3. 人均文化教育消费占人均总消费的比重

2005~2012年，天津市人均文化教育消费占人均总消费的比重由13.30%降低至11.21%，在36个中心城市里排序从第21位下降到第22位。"十一五"以来，天津市此项比值下降2.09个百分点，降幅为15.72%，升降变化程度处于36个中心城市里第18位。

其间，天津市此项比值在2006年、2011年出现增高，其余年度为降低。最高值为2006年13.77%，最低值为2012年11.21%。在"十一五"期间降低1.83个百分点，降幅为13.75%；在"十二五"头2年降低0.26个百分点，降幅为2.28%。文化教育消费需求增长与城市居民总消费增加之间协调关系变化，"十一五"期间显著下降，"十二五"头2年仍呈现较明显下降态势。

4. 人均文化教育消费与人均非文消费剩余的比例

2005~2012年，天津市人均文化教育消费与人均非文消费剩余的比例由30.07%降低至18.67%，在36个中心城市里排序从第20位下降到第25位。"十一五"以来，天津市此项比值下降11.40个百分点，降幅为37.90%，升降变化程度处于36个中心城市里第23位。

其间，天津市此项比值在2011年出现增高，其余年度为降低。最高值为2005年30.07%，最低值为2012年18.67%。在"十一五"期间降低10.35个百分点，降幅为34.41%；在"十二五"头2年降低1.05个百分点，降幅为5.33%。文化教育消费需求增长与城市居民"必需消费"之外"余钱"增多之间协调关系变化，"十一五"期间极显著下降，"十二五"头2年仍呈现明显下降态势。

三 文化教育消费城乡、区域协调状况

1. 全域人均文化教育消费城乡比

2005年以来天津全域人均文化教育城乡比变动态势见图5。

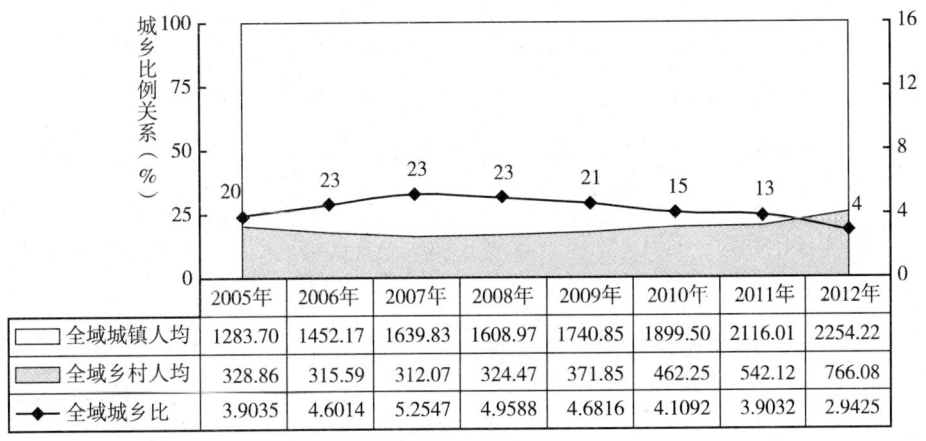

图5 全域人均文化教育消费城乡比变动态势

注：左轴面积：全域城镇、乡村人均文教消费（元转换为%），城乡间历年升降呈直观比例关系；右轴曲线：人均文教消费城乡比（乡村=1）。标明历年城乡比31省域排序。

2005~2012年，天津全域人均文化教育消费城乡比由3.9035缩小至2.9425，在31个省域里排序从第20位上升到第4位。其间，城乡比在2008~2012年出现缩减，其余年度为扩增。最小城乡比为2012年2.9425，最大城乡比为2007年5.2547。"十一五"以来，天津全域文化教育消费城乡比缩小24.62%，城乡比扩减变化状况处于31个省域里第4位。这意味着，天津全域属于文化教育消费城乡比扩减变化态势良好的省域之一。

天津全域文化教育消费城乡比发生变动，同时受到自身城镇与乡村两个方面的历年需求动态影响。中心城市在全域范围发挥作用，不但直接拉动了城镇增长，而且还应带动乡村增长。

2005~2012年，天津全域城镇人均文化教育消费由1283.70元增高为2254.22元，增加970.52元，总增长75.60%，年均增长8.38%。城镇人均值最高增长年度为2006年，增长率13.12%；最低增长年度为2008年，负增长1.88%。乡村人均文化教育消费由328.86元增高为766.08元，增加437.22元，总增长132.95%，年均增长12.84%。乡村人均值最高增长年度为2012年，增长率41.31%；最低增长年度为2006年，负增长4.04%。7年间，城镇人均文化教育消费需求年增幅显著低于乡村年均增幅4.46个百分点，导致天津全域文化教育消费需求的城乡比较明显缩小。

"十二五"头2年，天津全域城镇人均值年均增长8.94%，高于自身"十一五"年均增长0.79个百分点；乡村人均值年均增长28.74%，高于自身"十一五"年均增长21.69个百分点。2012年，城镇人均值高于乡村，城镇年均增幅低于乡村增幅19.80个百分点，意味着差距缩小。天津全域文化教育消费需求城乡比相对于2010年极严重缩小28.39%，城乡比排序处于31个省域里第4位。

2. 城市人均文化教育消费地区差

2005年以来天津市人均文化教育消费与全国城镇地区差变动态势见图6。

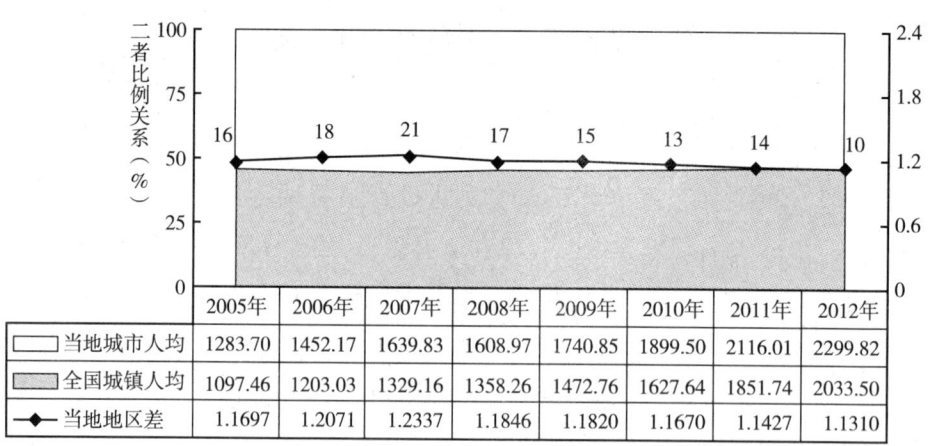

图6 天津市文化教育消费与全国城镇地区差变动态势

注：左轴面积：人均文教消费（元转换为%），当地与全国数值历年升降呈直观比例关系；右轴曲线：人均文教消费地区差（无差距=1）。标明历年地区差36城市排序。

2005～2012年，天津市人均文化教育消费与全国城镇地区差由1.1697缩小至1.1310，在36个中心城市里排序从第16位上升到第10位。其间，天津市地区差在2008～2012年出现缩减，其余年度为扩增。最小地区差为2012年1.1310，最大地区差为2007年1.2337。"十一五"以来，天津市文化教育消费与全国城镇地区差缩小3.31%，天津市地区差扩减变化状况处于36个中心城市里第15位。这意味着，天津市属于文化教育消费地区差扩减变化态势良好的城市之一。

天津市文化教育消费地区差发生变动，同时受到天津市与全国城镇两个方面的历年需求动态影响。全国城镇和天津市人均文化教育消费增长对比演算详见本文人均值一节，此处检验其间增长的具体差异。

2005～2012年，天津市年均增长幅度略微低于全国城镇平均增幅0.52个百分点，天津市文化教育消费需求与全国城镇的地区差较明显缩小。

"十二五"头2年，天津市年均增长幅度较明显高于自身"十一五"年均增长1.88个百分点，同时较明显低于全国城镇平均增长1.74个百分点。2012年，天津市人均值高于全国城镇平均值，年均增长低于全国城镇平均增长，意味着差距缩小。天津市文化教育消费与全国城镇地区差相对于2010年明显缩小3.08%，地区差排序处于36个中心城市里第10位。

四 天津市文化教育消费需求景气测评

综合以上分析："十一五"以来天津市文化教育消费总量年均增长明显低于全国城镇平均增长，人均值年均增长也略微低于全国城镇平均增长；文化教育消费各项比值全面呈现显著的下降态势；所在省域城乡比较明显缩小，与全国城镇地区差较明显缩小。这些都集中体现在天津市文化教育消费需求景气指数的测评演算中。2005年以来天津市文化教育消费需求景气指数变动态势见图7。

1. 各年度横向测评景气指数

以全国城镇文化教育消费总量份额值、人均绝对值、各项比值为基准，并以城乡之间、地区之间实现无差距状态为"理想值"100来衡量，2012年天津市此项景气指数为73.51，低于理想值26.49，但高于上一年1.65。各年度对比，天津市此项景气指数在36个中心城市里排行，2005年为第21位，

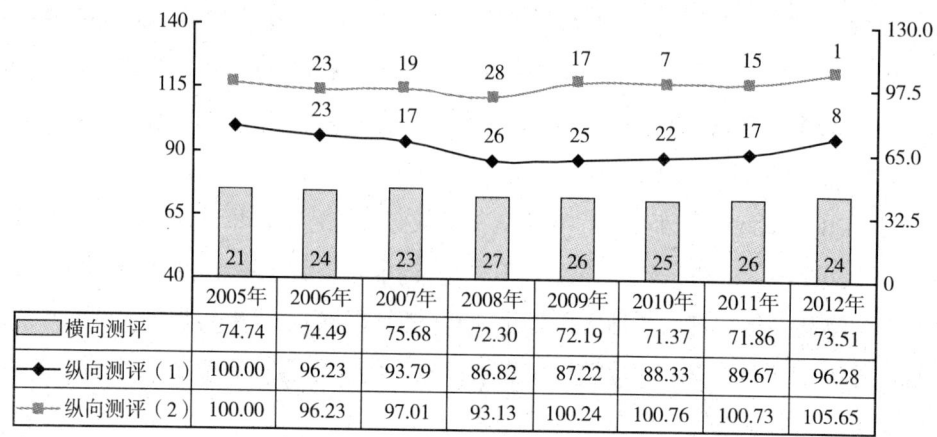

图 7　天津市文化教育消费需求景气指数变动态势

注：左轴柱形：横向测评（城乡、地区无差异理想值=100）；左轴曲线：纵向测评（起点年基数值=100），（1）2005年起点；右轴曲线：（2）上年起点。标明历年各项测评36城市排行位次。

2010年为第25位，2012年从上一年第26位上升为第24位。

2. "十一五"以来纵向测评景气指数

以"十五"末年2005年为起点基数值100，2012年天津市此项景气指数为96.28，低于2005年起点基数3.72，但高于上一年6.61。"十一五"以来对比，天津市此项景气指数在36个中心城市里排行，2006年为第23位，2010年为第22位，2012年从上一年第17位上升为第8位。

3. "十二五"以来纵向测评景气指数

以"十一五"末年2010年为起点基数值100，2012年天津市此项景气指数为106.88，高于2010年起点基数6.88，也高于上一年6.15。"十二五"以来对比，天津市此项景气指数在36个中心城市里排行，2011年为第15位，2012年上升为第6位。此项测评制表不便，仅以文字阐述，参见本书《省域城乡文化消费需求景气排行》一文。

4. 逐年度纵向测评景气指数

以上一年2011年为起点基数值100，2012年天津市此项景气指数为105.65，高于2011年起点基数5.65。逐年对比，天津市此项景气指数在36个中心城市里排行，2006年为第23位，2010年为第7位，2012年从上一年第15位上升为第1位。

B.24
武汉："十二五"以来城市景气提升第1位

方 彧[*]

摘 要：

2012年在各中心城市里，武汉市（市辖区）文化教育消费总量增长处于第34位，人均值增长处于第8位。景气评价排行结果：武汉市在城市横向测评中，2012年景气指数处于第17位；在自身纵向测评中，2005~2012年景气指数处于第17位，2010~2012景气指数处于第1位，2011~2012年景气指数处于第17位。

关键词：

武汉市 文化教育消费 景气评价

本文充分展示2005~2012年间武汉市（限于市辖区）相关各方面的增长态势，全面分析检测武汉市文化教育消费需求状况。

一 武汉市文化教育消费需求增长状况

1. 文化教育消费总量份额值变化

2005年以来武汉市文化教育消费总量增长、份额变化态势见图1。

2005~2012年，武汉市文化教育消费总量由81.05亿元增高为114.15亿

---

[*] 方彧，国家民政部老龄科学研究中心助理研究员，主要从事口头传统、老龄文化和文化产业研究。

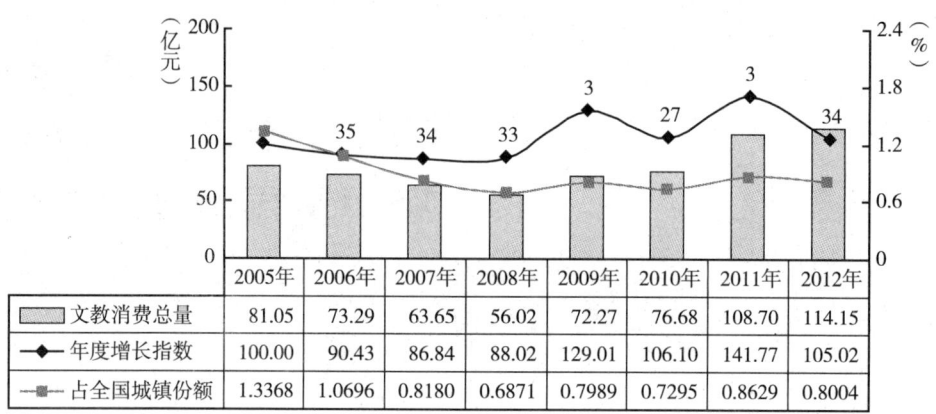

图 1　武汉市文化教育消费总量增长、份额变化态势

注：左轴柱形：文教消费总量（亿元）；左轴曲线：年度增长指数（上年＝100，小于100为负增长），标明历年增长城市排序，2005年起点不计；右轴曲线：占全国城镇份额。

元，增加33.10亿元，总增长40.84%，年均增长率5.01%，增长幅度排序处于36个中心城市里第34位。其中，总量最高增长年度为2011年，增长率41.77%；最低增长年度为2007年，负增长13.16%。

同期，全国城镇文化教育消费总量年均增长13.00%，武汉市年均增幅极显著低于全国增幅7.99个百分点。武汉市文化教育消费总量占全国城镇份额由1.34%降低为0.80%，降幅为40.13%，增长幅度和份额升降变化排序处于36个中心城市里第34位。

"十二五"头2年，全国城镇文化教育消费总量年均增长16.48%，武汉市总量年均增长22.01%，显著高于全国增幅5.53个百分点，同时极显著高于自身"十一五"年均增长23.11个百分点。武汉市占全国城镇份额比2010年上升9.72%，增长幅度和份额变化排序处于36个中心城市里第34位。

2. 文化教育消费人均绝对值增长

2005年以来武汉市人均文化教育消费增长、增幅变化态势见图2。

2005～2012年，武汉市文化教育消费人均值由1021.21元增高为2366.57元，增加1345.36元，总增长131.74%，年均增长率12.76%，增长幅度排序处于36个中心城市里第8位。其中，人均值最高增长年度为2011年，增长率

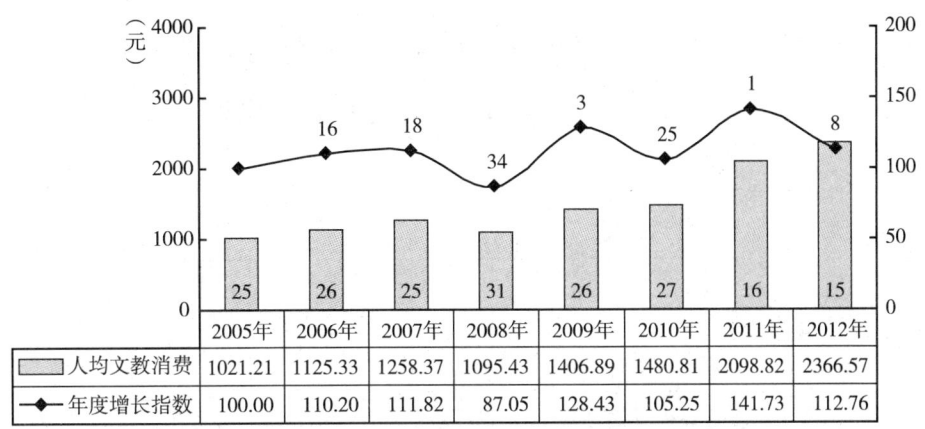

图 2　武汉市人均文化教育消费增长、增幅变化态势

注：左轴柱形：人均文教消费（元），标明历年人均值 36 城市排序；右轴曲线：年度增长指数（上年＝100，小于 100 为负增长），标明历年增长 36 城市排序，2005 年起点不计。

41.73%；最低增长年度为 2008 年，负增长 12.95%。

同期，全国城镇人均文化教育消费年均增长 9.21%。武汉市年均增幅明显高于全国城镇平均增长，人均值从全国城镇人均值的 93.05% 提高至 116.38%（对照本文图 6），人均绝对值在 36 个中心城市里排序由第 25 位提高为第 15 位。

"十二五"头 2 年，全国城镇人均文化教育消费年均增长 11.77%，武汉市人均值年均增长 26.42%，极显著高于全国城镇平均增长。武汉市人均值年度增长同时极显著高于自身"十一五"年均增长，增长幅度排序处于 36 个中心城市里第 8 位。

二　武汉市文化教育消费相关背景情况

2005 年以来武汉市人均产值与城市人均收入、消费（分为非文消费与文教消费）、积蓄关系态势见图 3。

2005~2012 年，武汉市人均产值年均增长 19.32%；城市人均收入年均增长 13.94%，显著低于产值增长 5.38 个百分点；人均总消费年均增长 13.00%，极显著低于产值增长 6.32 个百分点，略微低于收入增长 0.94 个百

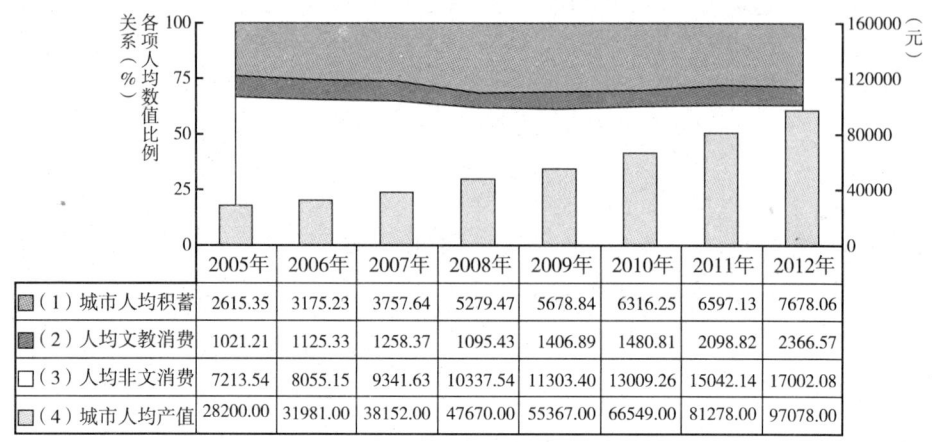

图 3 武汉市人均产值与城市人均收入、消费、积蓄关系态势

注：左轴面积：人均积蓄、文教消费、非文消费（元转换为%），（1）+（2）+（3）=收入，（2）+（3）=总消费，（1）+（2）=非文消费剩余，各项数值历年升降呈直观比例；右轴柱形：人均产值（元）。

分点；人均积蓄年均增长16.63%，明显低于产值增长2.69个百分点，明显高于收入增长2.69个百分点，明显高于总消费增长3.63个百分点；人均文化教育消费年均增长12.76%，极显著低于产值增长6.56个百分点，较明显低于收入增长1.18个百分点，略微低于总消费增长0.24个百分点，明显低于积蓄增长3.87个百分点。

其中，"十一五"期间，武汉市人均产值年均增长18.74%，城市人均收入年均增长13.91%，人均总消费年均增长11.97%，人均积蓄年均增长19.29%，人均文化教育消费年均增长7.72%。文化教育消费年均增幅低于产值增幅11.02个百分点，低于收入增幅6.19个百分点，低于总消费增幅4.25个百分点，低于积蓄增幅11.57个百分点。

"十二五"头2年，武汉市人均产值年均增长20.78%，城市人均收入年均增长14.01%，人均总消费年均增长15.62%，人均积蓄年均增长10.25%，人均文化教育消费年均增长26.42%。文化教育消费年均增幅高于产值增幅5.64个百分点，高于收入增幅12.41个百分点，高于总消费增幅10.80个百分点，高于积蓄增幅16.17个百分点。2012年，武汉市文化教育消费与诸方面关系比值全面呈现提升态势。

这一切在武汉市人均文化教育消费的各项比值分析演算中得到了体现。2005年以来武汉市文化教育消费比值变动态势见图4。

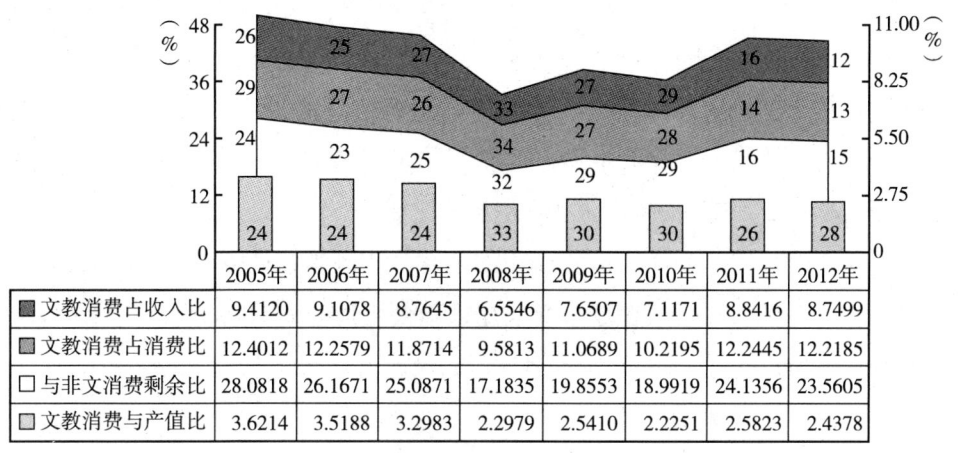

图4 武汉市文化教育消费比值变动态势

注：左轴面积：人均文教消费占收入比、占总消费比、与非文消费剩余比（%），各项比值历年升降呈直观比例叠加；右轴柱形：人均文教消费与产值比（%）。标明历年各项比值36城市排序。

1. 人均文化教育消费与人均产值的比例

2005～2012年，武汉市人均文化教育消费与人均产值的比例由3.62%降低至2.44%，在36个中心城市里排序从第24位下降到第28位。"十一五"以来，武汉市此项比值下降1.18个百分点，降幅为32.68%，升降变化程度处于36个中心城市里第15位。

其间，武汉市此项比值在2009年、2011年出现增高，其余年度为降低。最高值为2005年3.62%，最低值为2010年2.23%。在"十一五"期间降低1.40个百分点，降幅为38.56%；在"十二五"头2年提高0.21个百分点，升幅为9.56%。文化教育消费需求增长与城市经济发展之间协调关系变化，"十一五"期间显著下降，"十二五"头2年逆转为较明显提升。

2. 人均文化教育消费占人均收入的比重

2005～2012年，武汉市人均文化教育消费占人均收入的比重由9.41%降低至8.75%，由于其他城市此项比值降低更加明显，武汉市从第26位上升到第12位。"十一五"以来，武汉市此项比值下降0.66个百分点，降幅为

7.03%，升降变化程度处于36个中心城市里第7位。

其间，武汉市此项比值在2009年、2011年出现增高，其余年度为降低。最高值为2005年9.41%，最低值为2008年6.55%。在"十一五"期间降低2.29个百分点，降幅为24.38%；在"十二五"头2年提高1.63个百分点，升幅为22.94%。文化教育消费需求增长与城市居民收入增高之间协调关系变化，"十一五"期间极显著下降，"十二五"头2年逆转为显著提升。

3. 人均文化教育消费占人均总消费的比重

2005~2012年，武汉市人均文化教育消费占人均总消费的比重由12.40%降低至12.22%，由于其他城市此项比值降低更加明显，武汉市从第29位上升到第13位。"十一五"以来，武汉市此项比值下降0.18个百分点，降幅为1.47%，升降变化程度处于36个中心城市里第6位。

其间，武汉市此项比值在2009年、2011年出现增高，其余年度为降低。最高值为2005年12.40%，最低值为2008年9.58%。在"十一五"期间降低2.18个百分点，降幅为17.59%；在"十二五"头2年提高2.00个百分点，升幅为19.56%。文化教育消费需求增长与城市居民总消费增加之间协调关系变化，"十一五"期间极显著下降，"十二五"头2年逆转为显著提升。

4. 人均文化教育消费与人均非文消费剩余的比例

2005~2012年，武汉市人均文化教育消费与人均非文消费剩余的比例由28.08%降低至23.56%，由于其他城市此项比值降低更加明显，武汉市从第24位上升到第15位。"十一五"以来，武汉市此项比值下降4.52个百分点，降幅为16.10%，升降变化程度处于36个中心城市里第8位。

其间，武汉市此项比值在2009年、2011年出现增高，其余年度为降低。最高值为2005年28.08%，最低值为2008年17.18%。在"十一五"期间降低9.09个百分点，降幅为32.37%；在"十二五"头2年提高4.57个百分点，升幅为24.06%。文化教育消费需求增长与城市居民"必需消费"之外"余钱"增多之间协调关系变化，"十一五"期间极显著下降，"十二五"头2年逆转为显著提升。

三 文化教育消费城乡、区域协调状况

1. 所在省域人均文化教育消费城乡比

2005年以来湖北省域人均文化教育消费城乡比变动态势见图5。

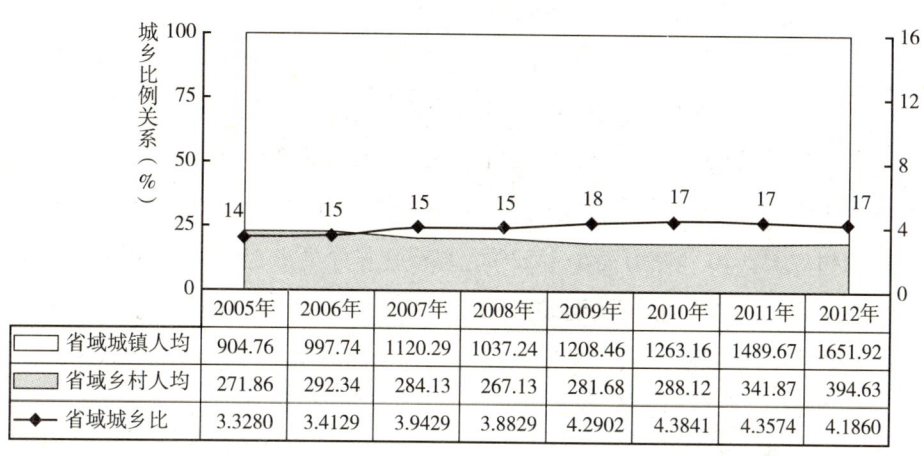

图5 湖北省域人均文化教育消费城乡比变动态势

注：左轴面积：省域城镇、乡村人均文教消费（元转换为%），城乡间历年升降呈直观比例关系；右轴曲线：人均文教消费城乡比（乡村=1）。标明历年城乡比31省域排序。

2005~2012年，湖北省域人均文化教育消费城乡比由3.3280扩大至4.1860，在31个省域里排序从第14位下降到第17位。其间，城乡比在2008年、2011~2012年出现缩减，其余年度为扩增。最小城乡比为2005年3.3280，最大城乡比为2010年4.3841。"十一五"以来，湖北省域文化教育消费城乡比扩大25.78%，城乡比扩减变化状况处于31个省域里第22位。这意味着，湖北省域属于文化教育消费城乡比扩减变化态势较为严重的省域之一。

湖北省域文化教育消费城乡比发生变动，同时受到自身城镇与乡村两个方面的历年需求动态影响。中心城市在省域范围发挥作用，不但直接拉动了城镇增长，而且还应带动乡村增长。

2005~2012年，湖北省域城镇人均文化教育消费由904.76元增高为1651.92元，增加747.16元，总增长82.58%，年均增长8.98%。城镇人均值

最高增长年度为2011年，增长率17.93%；最低增长年度为2008年，负增长7.41%。乡村人均文化教育消费由271.86元增高为394.63元，增加122.77元，总增长45.16%，年均增长5.47%。乡村人均值最高增长年度为2011年，增长率18.66%；最低增长年度为2008年，负增长5.98%。7年间，城镇人均文化教育消费需求年均增幅明显高于乡村年均增幅3.51个百分点，导致湖北省域文化教育消费需求的城乡比较明显扩大。

"十二五"头2年，湖北省域城镇人均值年均增长14.36%，高于自身"十一五"年均增长7.46个百分点；乡村人均值年均增长17.03%，高于自身"十一五"年均增长15.86个百分点。2012年，城镇人均值高于乡村，城镇年均增幅低于乡村增幅2.67个百分点，意味着差距缩小。湖北省域文化教育消费需求城乡比相对于2010年略有缩小4.52%，城乡比排序处于31个省域里第17位。

2. 城市人均文化教育消费地区差

2005年以来武汉市人均文化教育消费与全国城镇地区差变动态势见图6。

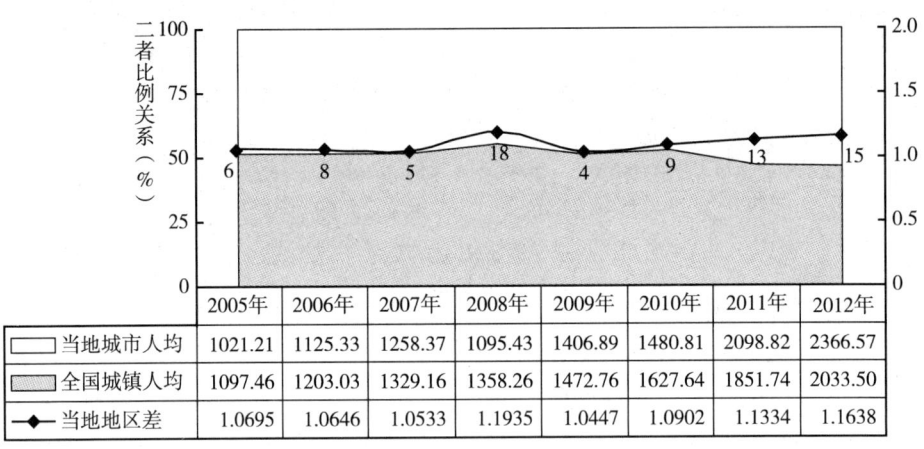

图6 武汉市文化教育消费与全国城镇地区差变动态势

注：左轴面积：人均文教消费（元转换为%），当地与全国数值历年升降呈直观比例关系；右轴曲线：人均文教消费地区差（无差距=1）。标明历年地区差36城市排序。

2005～2012年，武汉市人均文化教育消费与全国城镇地区差由1.0695扩大至1.1638，在36个中心城市里排序从第6位下降到第15位。其间，武汉市地区差在2006～2007年、2009年出现缩减，其余年度为扩增。最小地区差为

2009年1.0447,最大地区差为2008年1.1935。"十一五"以来,武汉市文化教育消费与全国城镇地区差扩大8.82%,武汉市地区差扩减变化状况处于36个中心城市里第24位。这意味着,武汉市属于文化教育消费地区差扩减变化态势较严重的城市之一。

武汉市文化教育消费地区差发生变动,同时受到武汉市与全国城镇两个方面的历年需求动态影响。全国城镇和武汉市人均文化教育消费增长对比演算详见本文人均值一节,此处检验其间增长的具体差异。

2005~2012年,武汉市年均增长幅度明显高于全国城镇平均增幅3.55个百分点,武汉市文化教育消费需求与全国城镇的地区差明显扩大。

"十二五"头2年,武汉市年均增长幅度极显著高于自身"十一五"年均增长18.70个百分点,同时极显著高于全国城镇平均增长14.65个百分点。2012年,武汉市人均值高于全国城镇平均值,年均增长高于全国城镇平均增长,意味着差距扩大。武汉市文化教育消费与全国城镇地区差相对于2010年显著扩大6.75%,地区差排序处于36个中心城市里第15位。

四 武汉市文化教育消费需求景气测评

综合以上分析:"十一五"以来武汉市文化教育消费总量年均增长极显著低于全国城镇平均增长,人均值年均增长明显高于全国城镇平均增长;文化教育消费各项比值呈现较明显的下降态势,但"十二五"头2年全面回升;所在省域城乡比较明显扩大,与全国城镇地区差明显扩大。这些都集中体现在武汉市文化教育消费需求景气指数的测评演算中。2005年以来武汉市文化教育消费需求景气指数变动态势见图7。

1. 各年度横向测评景气指数

以全国城镇文化教育消费总量份额值、人均绝对值、各项比值为基准,并以城乡之间、地区之间实现无差距状态为"理想值"100来衡量,2012年武汉市此项景气指数为77.17,低于理想值22.83,也低于上一年2.55。各年度对比,武汉市此项景气指数在36个中心城市里排行,2005年为第22位,2010年为第30位,2012年从上一年第14位下降为第17位。

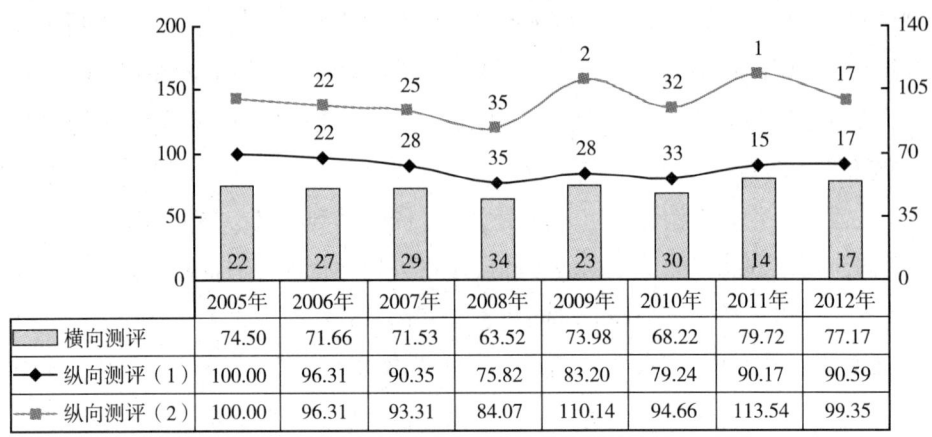

图 7　武汉市文化教育消费需求景气指数变动态势

注：左轴柱形：横向测评（城乡、地区无差异理想值=100）；左轴曲线：纵向测评（起点年基数值=100），（1）2005 年起点；右轴曲线：（2）上年起点。标明历年各项测评 36 城市排行位次。

2."十一五"以来纵向测评景气指数

以"十五"末年 2005 年为起点基数值 100，2012 年武汉市此项景气指数为 90.59，低于 2005 年起点基数 9.41，但高于上一年 0.42。"十一五"以来对比，武汉市此项景气指数在 36 个中心城市里排行，2006 年为第 22 位，2010 年为第 33 位，2012 年从上一年第 15 位下降为第 17 位。

3."十二五"以来纵向测评景气指数

以"十一五"末年 2010 年为起点基数值 100，2012 年武汉市此项景气指数为 112.86，高于 2010 年起点基数 12.86，但低于上一年 0.68。"十二五"以来对比，武汉市此项景气指数在 36 个中心城市里排行，2011 年为第 1 位，2012 年与之持平。此项测评制表不便，仅以文字阐述，参见本书《省域城乡文化消费需求景气排行》一文。

4. 逐年度纵向测评景气指数

以上一年 2011 年为起点基数值 100，2012 年武汉市此项景气指数为 99.35，低于 2011 年起点基数 0.65。逐年对比，武汉市此项景气指数在 36 个中心城市里排行，2006 年为第 22 位，2010 年为第 32 位，2012 年从上一年第 1 位下降为第 17 位。

B.25 合肥:"十一五"以来城市景气提升第1位

沈宗涛*

摘　要:

2012年在各中心城市里,合肥市(市辖区)文化教育消费总量增长处于第1位,人均值增长处于第1位。景气评价排行结果:合肥市在城市横向测评中,2012年景气指数处于第7位;在自身纵向测评中,2005~2012景气指数处于第1位,2010~2012景气指数处于第20位,2011~2012年景气指数处于第2位。

关键词:

合肥市　文化教育消费　景气评价

本文充分展示2005~2012年间合肥市(限于市辖区)相关各方面的增长态势,全面分析检测合肥市文化教育消费需求状况。

一 合肥市文化教育消费需求增长状况

1. 文化教育消费总量份额值变化

2005年以来合肥市文化教育消费总量增长、份额变化态势见图1。

2005~2012年,合肥市文化教育消费总量由9.65亿元增高为59.76亿元,增加50.11亿元,总增长519.27%,年均增长率29.76%,增长幅度排序处于

---

* 沈宗涛,云南省社会科学院信息中心助理研究员,主要从事网络舆情信息分析研究。

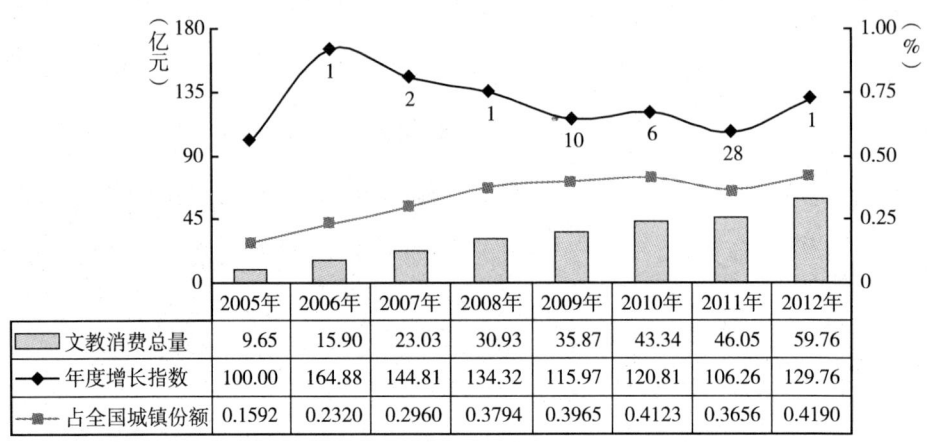

图 1　合肥市文化教育消费总量增长、份额变化态势

注：左轴柱形：文教消费总量（亿元）；左轴曲线：年度增长指数（上年＝100），标明历年增长城市排序，2005年起点不计；右轴曲线：占全国城镇份额。

36个中心城市里第1位。其中，总量最高增长年度为2006年，增长率64.88%；最低增长年度为2011年，增长率6.26%。

同期，全国城镇文化教育消费总量年均增长13.00%，合肥市年均增幅极显著高于全国增幅16.76个百分点。合肥市文化教育消费总量占全国城镇份额由0.16%升高为0.42%，升幅为162.50%，增长幅度和份额升降变化排序处于36个中心城市里第1位。

"十二五"头2年，全国城镇文化教育消费总量年均增长16.48%，合肥市总量年均增长17.43%，略微高于全国增幅0.95个百分点，同时极显著低于自身"十一五"年均增长17.61个百分点。合肥市占全国城镇份额比2010年上升1.63%，增长幅度和份额变化排序处于36个中心城市里第1位。

2. 文化教育消费人均绝对值增长

2005年以来合肥市人均文化教育消费增长、增幅变化态势见图2。

2005~2012年，合肥市文化教育消费人均值由569.32元增高为2643.34元，增加2074.02元，总增长364.30%，年均增长率24.53%，增长幅度排序处于36个中心城市里第1位。其中，人均值最高增长年度为2006年，增长率

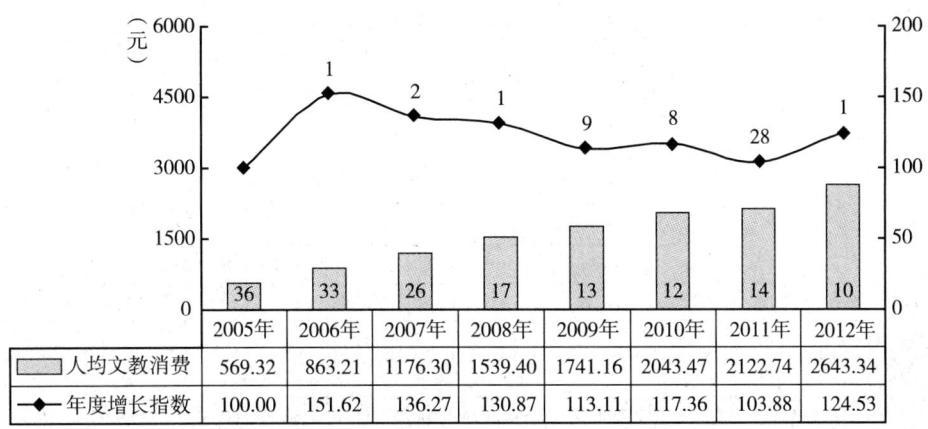

图2 合肥市人均文化教育消费增长、增幅变化态势

注：左轴柱形：人均文教消费（元），标明历年人均值36城市排序；右轴曲线：年度增长指数（上年＝100），标明历年增长36城市排序，2005年起点不计。

51.62%；最低增长年度为2011年，增长率3.88%。

同期，全国城镇人均文化教育消费年均增长9.21%。合肥市年均增幅极显著高于全国城镇平均增长，人均值从全国城镇人均值的51.88%提高至129.99%（对照本文图6），人均绝对值在36个中心城市里排序由第36位提高为第10位。

"十二五"头2年，全国城镇人均文化教育消费年均增长11.77%，合肥市人均值年均增长13.73%，较明显高于全国城镇平均增长。合肥市人均值年度增长同时极显著低于自身"十一五"年均增长，增长幅度排序处于36个中心城市里第1位。

二 合肥市文化教育消费相关背景情况

2005年以来合肥市人均产值与城市人均收入、消费（分为非文消费与文教消费）、积蓄关系态势见图3。

2005~2012年，合肥市人均产值年均增长17.55%；城市人均收入年均增长15.05%，明显低于产值增长2.50个百分点；人均总消费年均增长13.36%，显著低于产值增长4.19个百分点，较明显低于收入增长1.69个百

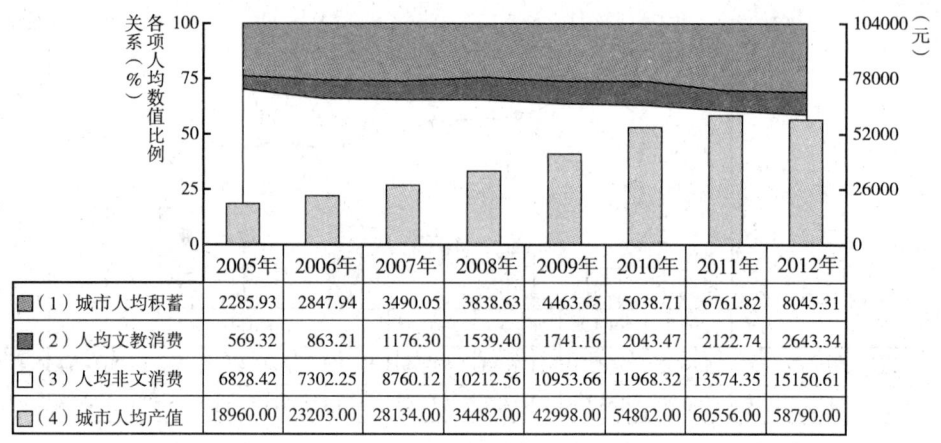

图 3　合肥市人均产值与城市人均收入、消费、积蓄关系态势

注：左轴面积：人均积蓄、文教消费、非文消费（元转换为%），（1）+（2）+（3）=收入，（2）+（3）=总消费，（1）+（2）=非文消费剩余，各项数值历年升降呈直观比例；右轴柱形：人均产值（元）。

分点；人均积蓄年均增长 19.69%，明显高于产值增长 2.14 个百分点，显著高于收入增长 4.64 个百分点，极显著高于总消费增长 6.33 个百分点；人均文化教育消费年均增长 24.53%，极显著高于产值增长 6.98 个百分点，极显著高于收入增长 9.48 个百分点，极显著高于总消费增长 11.17 个百分点，显著高于积蓄增长 4.84 个百分点。

其中，"十一五"期间，合肥市人均产值年均增长 23.65%，城市人均收入年均增长 14.49%，人均总消费年均增长 13.63%，人均积蓄年均增长 17.13%，人均文化教育消费年均增长 29.12%。文化教育消费年均增幅高于产值增幅 5.47 个百分点，高于收入增幅 14.63 个百分点，高于总消费增幅 15.49 个百分点，高于积蓄增幅 11.99 个百分点。

"十二五"头 2 年，合肥市人均产值年均增长 3.57%，城市人均收入年均增长 16.46%，人均总消费年均增长 12.69%，人均积蓄年均增长 26.36%，人均文化教育消费年均增长 13.73%。文化教育消费年均增幅高于产值增幅 10.16 个百分点，低于收入增幅 2.73 个百分点，高于总消费增幅 1.04 个百分点，低于积蓄增幅 12.63 个百分点。2012 年，合肥市文化教育消费与产值、与总消费关系比值呈现提升态势。

这一切在合肥市人均文化教育消费的各项比值分析演算中得到了体现。2005年以来合肥市文化教育消费比值变动态势见图4。

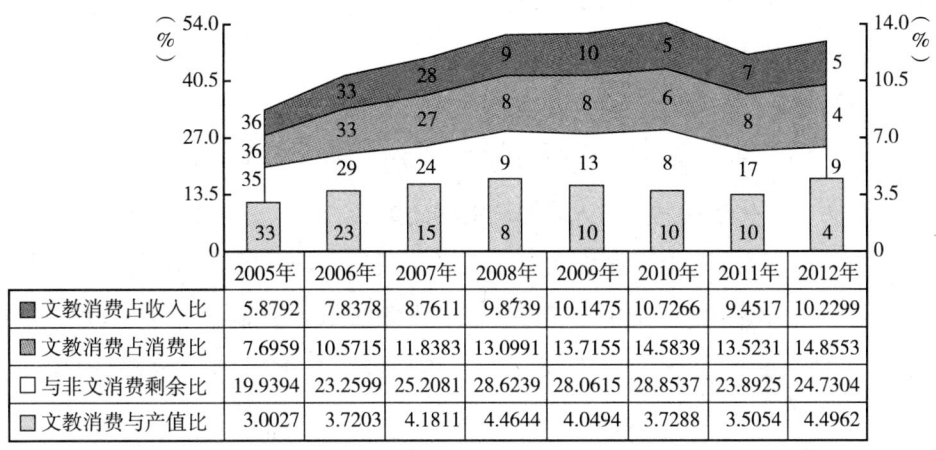

图4 合肥市文化教育消费比值变动态势

注：左轴面积：人均文教消费占收入比、占总消费比、与非文消费剩余比（%），各项比值历年升降呈直观比例叠加；右轴柱形：人均文教消费与产值比（%）。标明历年各项比值36城市排序。

1. 人均文化教育消费与人均产值的比例

2005~2012年，合肥市人均文化教育消费与人均产值的比例由3.00%提高至4.50%，在36个中心城市里排序从第33位上升到第4位。"十一五"以来，合肥市此项比值上升1.49个百分点，升幅为49.74%，升降变化程度处于36个中心城市里第1位。

其间，合肥市此项比值在2006~2008年、2012年出现增高，2009~2011年为降低。最高值为2012年4.50%，最低值为2005年3.00%。在"十一五"期间提高0.73个百分点，升幅为24.18%；在"十二五"头2年提高0.77个百分点，升幅为20.58%。文化教育消费需求增长与城市经济发展之间协调关系变化，"十一五"期间明显提升，"十二五"头2年仍保持明显提升态势。

2. 人均文化教育消费占人均收入的比重

2005~2012年，合肥市人均文化教育消费占人均收入的比重由5.88%提高至10.23%，在36个中心城市里排序从第36位上升到第5位。"十一五"以来，合肥市此项比值上升4.35个百分点，升幅为74.00%，升降变化程度处于36个中心城市里第1位。

其间，合肥市此项比值在2006~2010年、2012年出现增高，2011年为降低。最高值为2010年10.73%，最低值为2005年5.88%。在"十一五"期间提高4.85个百分点，升幅为82.45%；在"十二五"头2年降低0.50个百分点，降幅为4.63%。文化教育消费需求增长与城市居民收入增高之间协调关系变化，"十一五"期间极显著提升，"十二五"头2年逆转为较明显下降。

3. 人均文化教育消费占人均总消费的比重

2005~2012年，合肥市人均文化教育消费占人均总消费的比重由7.70%提高至14.86%，在36个中心城市里排序从第36位上升到第4位。"十一五"以来，合肥市此项比值上升7.16个百分点，升幅为93.03%，升降变化程度处于36个中心城市里第1位。

其间，合肥市此项比值在2006~2010年、2012年出现增高，2011年为降低。最高值为2012年14.86%，最低值为2005年7.70%。在"十一五"期间提高6.89个百分点，升幅为89.50%；在"十二五"头2年提高0.27个百分点，升幅为1.86%。文化教育消费需求增长与城市居民总消费增加之间协调关系变化，"十一五"期间极显著提升，"十二五"头2年仍保持较明显提升态势。

4. 人均文化教育消费与人均非文消费剩余的比例

2005~2012年，合肥市人均文化教育消费与人均非文消费剩余的比例由19.94%提高至24.73%，在36个中心城市里排序从第35位上升到第9位。"十一五"以来，合肥市此项比值上升4.79个百分点，升幅为24.03%，升降变化程度处于36个中心城市里第1位。

其间，合肥市此项比值在2006~2008年、2010年、2012年出现增高，2009年、2011年为降低。最高值为2010年28.85%，最低值为2005年19.94%。在"十一五"期间提高8.91个百分点，升幅为44.71%；在"十二五"头2年降低4.12个百分点，降幅为14.29%。文化教育消费需求增长与城市居民"必需消费"之外"余钱"增多之间协调关系变化，"十一五"期间极显著提升，"十二五"头2年逆转为显著下降。

三 文化教育消费城乡、区域协调状况

1. 所在省域人均文化教育消费城乡比

2005年以来所在省域人均文化教育消费城乡比变动态势见图5。

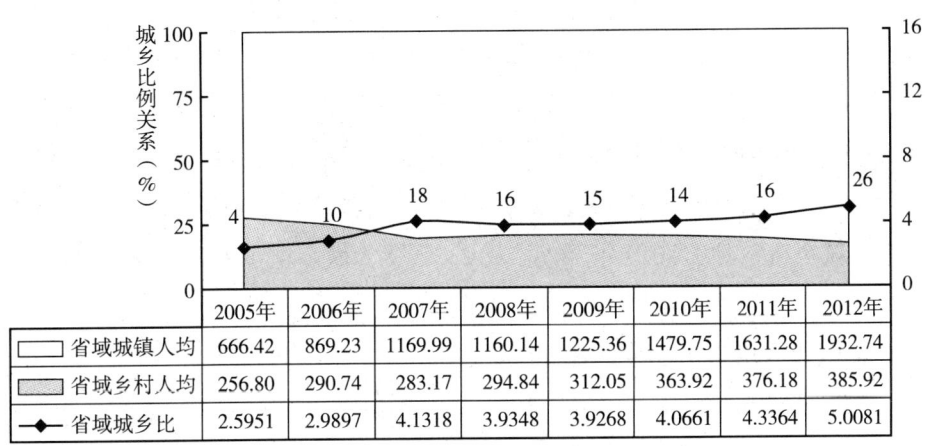

图5 所在省域人均文化教育消费城乡比变动态势

注：左轴面积：省域城镇、乡村人均文教消费（元转换为%），城乡间历年升降呈直观比例关系；右轴曲线：人均文教消费城乡比（乡村=1）。标明历年城乡比31省域排序。

2005~2012年，安徽省域人均文化教育消费城乡比由2.5951扩大至5.0081，在31个省域里排序从第4位下降到第26位。其间，城乡比在2008~2009年出现缩减，其余年度为扩增。最小城乡比为2005年2.5951，最大城乡比为2012年5.0081。"十一五"以来，安徽省域文化教育消费城乡比扩大92.98%，城乡比扩减变化状况处于31个省域里第31位。这意味着，安徽省域属于文化教育消费城乡比扩减变化态势极严重的省域之一。

安徽省域文化教育消费城乡比发生变动，同时受到自身城镇与乡村两个方面的历年需求动态影响。中心城市在省域范围发挥作用，不但直接拉动了城镇增长，而且还应带动乡村增长。

2005~2012年，安徽省域城镇人均文化教育消费由666.42元增高为1932.74元，增加1266.32元，总增长190.02%，年均增长16.43%。城镇人

均值最高增长年度为2007年,增长率34.60%;最低增长年度为2008年,负增长0.84%。乡村人均文化教育消费由256.80元增高为385.92元,增加129.12元,总增长50.28%,年均增长5.99%。乡村人均值最高增长年度为2010年,增长率16.62%;最低增长年度为2007年,负增长2.60%。7年间,城镇人均文化教育消费需求年均增幅极显著高于乡村年均增幅10.44个百分点,导致安徽省域文化教育消费需求的城乡比显著扩大。

"十二五"头2年,安徽省域城镇人均值年均增长14.29%,低于自身"十一五"年均增长3.01个百分点;乡村人均值年均增长2.98%,低于自身"十一五"年均增长4.24个百分点。2012年,城镇人均值高于乡村,城镇年均增幅高于乡村增幅11.31个百分点,意味着差距扩大。安徽省域文化教育消费需求城乡比相对于2010年严重扩大23.17%,城乡比排序处于31个省域里第26位。

2. 城市人均文化教育消费地区差

2005年以来合肥市人均文化教育消费与全国城镇地区差变动态势见图6。

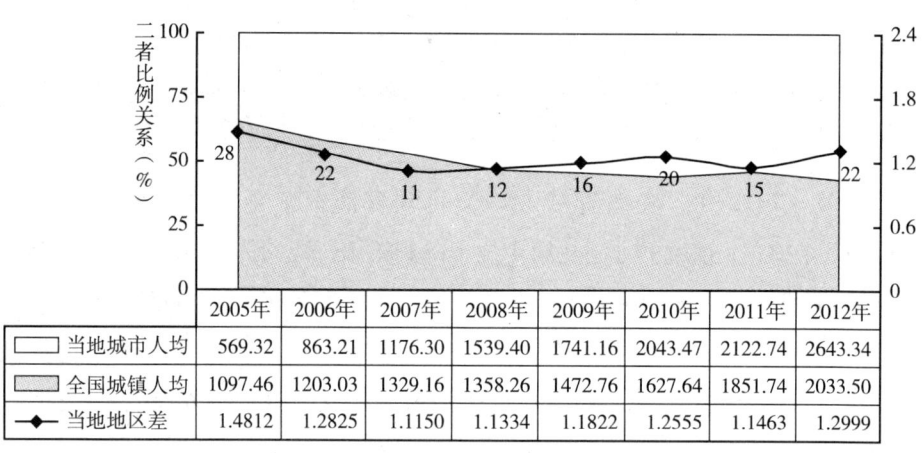

图6 合肥市文化教育消费与全国城镇地区差变动态势

注:左轴面积:人均文教消费(元转换为%),当地与全国数值历年升降呈直观比例关系;右轴曲线:人均文教消费地区差(无差距=1)。标明历年地区差36城市排序。

2005～2012年,合肥市人均文化教育消费与全国城镇地区差由1.4812缩小至1.2999,在36个中心城市里排序从第28位上升到第22位。其间,合肥市地区差在2006～2007年、2011年出现缩减，其余年度为扩增。最小地区差为2007年1.1150，最大地区差为2005年1.4812。"十一五"以来，合肥市文化教育消费与全国城镇地区差缩小12.24%，合肥市地区差扩减变化状况处于36个中心城市里第8位。这意味着，合肥市属于文化教育消费地区差扩减变化态势良好的城市之一。

合肥市文化教育消费地区差发生变动，同时受到合肥市与全国城镇两个方面的历年需求动态影响。全国城镇和合肥市人均文化教育消费增长对比演算详见本文人均值一节，此处检验其间增长的具体差异。

2005～2012年，合肥市年均增长幅度极显著高于全国城镇平均增幅15.32个百分点，合肥市文化教育消费需求与全国城镇的地区差显著缩小。

"十二五"头2年，合肥市年均增长幅度极显著低于自身"十一五"年均增长15.39个百分点，同时较明显高于全国城镇平均增长1.96个百分点。2012年，合肥市人均值高于全国城镇平均值，年均增长高于全国城镇平均增长，意味着差距扩大。合肥市文化教育消费与全国城镇地区差相对于2010年明显扩大3.54%，地区差排序处于36个中心城市里第22位。

四　合肥市文化教育消费需求景气测评

综合以上分析："十一五"以来合肥市文化教育消费总量年均增长极显著高于全国城镇平均增长，人均值年均增长也极显著高于全国城镇平均增长；文化教育消费各项比值全面呈现显著的提升态势；所在省域城乡比显著扩大，与全国城镇地区差显著缩小。这些都集中体现在合肥市文化教育消费需求景气指数的测评演算中。2005年以来合肥市文化教育消费需求景气指数变动态势见图7。

1. 各年度横向测评景气指数

以全国城镇文化教育消费总量份额值、人均绝对值、各项比值为基准，并以城乡之间、地区之间实现无差距状态为"理想值"100来衡量，2012年合肥市此项景气指数为87.33，低于理想值12.67，但高于上一年7.18。各年度对比，合肥市此项景气指数在36个中心城市里排行，2005年为第35位，2010年为第8位，2012年从上一年第12位上升为第7位。

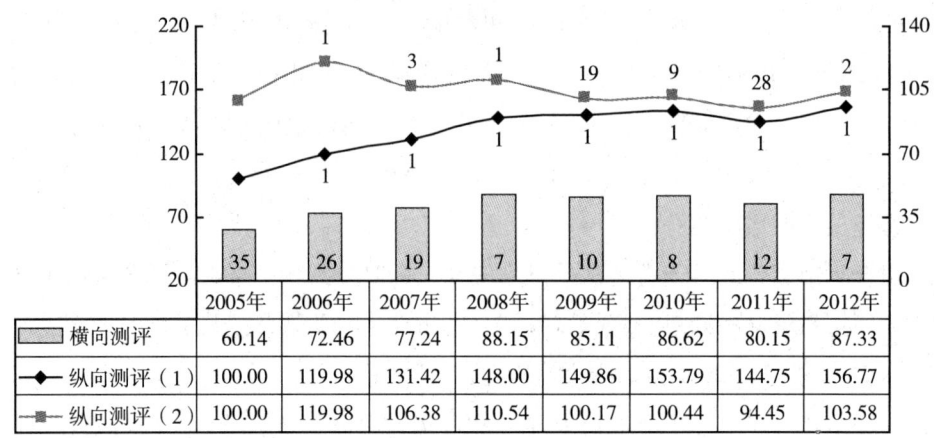

图7 合肥市文化教育消费需求景气指数变动态势

注：左轴柱形：横向测评（城乡、地区无差异理想值=100）；左轴曲线：纵向测评（起点年基数值=100），（1）2005年起点；右轴曲线：（2）上年起点。标明历年各项测评36城市排行位次。

2．"十一五"以来纵向测评景气指数

以"十五"末年2005年为起点基数值100，2012年合肥市此项景气指数为156.77，高于2005年起点基数56.77，也高于上一年12.02。"十一五"以来对比，合肥市此项景气指数在36个中心城市里排行，2006年为第1位，2010年与之持平，2012年与上一年持平，皆为第1位。

3．"十二五"以来纵向测评景气指数

以"十一五"末年2010年为起点基数值100，2012年合肥市此项景气指数为97.45，低于2010年起点基数2.55，但高于上一年3.00。"十二五"以来对比，合肥市此项景气指数在36个中心城市里排行，2011年为第28位，2012年上升为第20位。此项测评制表不便，仅以文字阐述，参见本书《省域城乡文化消费需求景气排行》一文。

4．逐年度纵向测评景气指数

以上一年2011年为起点基数值100，2012年合肥市此项景气指数为103.58，高于2011年起点基数3.58。逐年对比，合肥市此项景气指数在36个中心城市里排行，2006年为第1位，2010年为第9位，2012年从上一年第28位上升为第2位。

Abstract

In 2012, the cultural consumption demand in urban and rural areas maintained high growth: total cultural consumption went up by 12.64%, reaching 1140.6 billion yuan; the per capita value went up by 12.09%, reaching 844.45 yuan. As measured by per capita value, the annual growth of cultural consumption in urban and rural areas was evidently higher than the GDP growth, evidently lower than the residents' income growth and slightly lower than the total consumption growth, also significantly lower than the savings growth. The disparity in cultural consumption between urban and rural areas shrank by 1.97%; the regional gap of cultural consumption in urban and rural areas among various provinces shrank by 1.04% over the previous year.

The total cultural consumption in urban and rural areas increased by over 10% in 21 provinces, in 11 of which by over 15% and 3 of which by over 20%; the per capita value of cultural consumption in urban and rural areas increased by over 10% in 19 provinces, in 10 of which by over 15% and in 3 of which by over 20%. It was the high growth in the urban and rural consumption demand in most provinces that resulted in the high growth of nationwide cultural consumption demand in urban and rural areas.

The ranking of the status evaluation of the cultural consumption demand among various regions is as follows: Jiangsu, Beijing, Shanghai ranked top three in the "2012 annual urban and rural leaders", Tianjin, Jilin, Henan ranked top three in the "2012 annual urban and rural runners-up"; Jiangsu, Beijing, Guangdong ranked top three in the "2012 annual city-towns leaders", Hainan, Tianjin, Henan ranked top three in the "2012 annual city-towns runners-up"; Qinghai, Jiangsu, Shanxi ranked the three in the "2012 annual rural leaders", Tianjin, Jilin, Guangxi ranked the top three in the "2012 annual rural runners-up"; Guangzhou, Xi'an, Nanjing ranked top three in the "2012 annual key cities leaders", Tianjin, Hefei, Changchun ranked top three in the "2012 annual key cities runners-up".

Contents

B I General Report

B.1 The Overall Status Evaluation of China's Cultural Consumption Demand in Urban-rural Areas
—The Analysis since 1991 and the Annual
Evaluation of 2012   *Wang Ya'nan et al.* / 001

   1. The Growth Trends of Countrywide Urban-rural Cultural Consumption Demand since the Past 21 Years / 002

   2. The Relevant Background of Countrywide Urban-rural Cultural Consumption since the Past 21 Years / 007

   3. The urban and rural and Regional Coordination Situation of Countrywide Cultural Consumption since the Past 21 Years / 013

   4. The Status Evaluation of Countrywide Urban-rural Cultural Consumption Demand since the Past 21 Years / 015

Abstract: In 2012, the countrywide cultural consumption demand in urban and rural areas continued to maintain high growth: the total cultural consumption went up by 12.64% reaching 11405.97 hundred million yuan; the per capita value went up by 12.09% reaching 844.45 yuan. As measured by per capita value, the annual growth of the cultural consumption in urban and rural areas was evidently higher than the GDP growth, evidently lower than the residents' income growth and slightly lower the total consumption growth, also significantly lower than the savings' growth. The disparity of cultural consumption between urban and rural areas shrank by 1.97%; the regional gap of cultural consumption in urban and rural areas among various provinces shrank by 1.04% over the previous year. The status evaluations of countrywide overall cultural consumption demand in urban and rural areas in 2012 are as follows: the value of vertical evaluation is remarkably higher than the base value since the "Ninth Five-Year Plan" period; it is slightly lower than the base value since the "Tenth Five-Year Plan" period; it is evidently lower than the base value since the "Eleventh Five-Year Plan" period and it is slightly higher than the base value of the previous year; the annual lateral evaluation without urban and rural and regional gaps is remarkably lower than the ideal value, because of the continuous presence of the urban and rural and the regional gaps.

Keywords: Countrywide urban and rural Areas; Cultural Consumption; Status Evaluation; Integrative Measure

ⒷⅡ Reports on Comprehensive Analysis and Evaluation

B.2 Technical Report on The Status Evaluation System of the China's Cultural Consumption Demand
—Concurring the Analysis of Basic Situation
from 1991 to 2012   *Wang Ya'nan et al.* / 019

Abstract: The paper is a technical report on "The Status Evaluation System of the China's Cultural Consumption Demand". Based on the comprehensive data calculation of the overall urban and rural areas, it illustrates the basic data source, the data inference method, the related numerical relationship and the specific index calculation. Thus, it analyses the basic situation of the countrywide cultural consumption demand in urban and rural areas revealed by the kinds of data. This evaluation system is in common use of the integrative measure of the urban and rural areas across the provinces, the single measure of the city-towns, and the rural areas, also the key cities. The index and the calculation methods are the same in the above measure.

Keywords: Cultural Consumption; Status Evaluation; Integrative Measure of the urban and rural Areas; Index and Method

B.3 Ranking on Status Evaluation of the Cultural Consumption Demand in urban and rural Areas Across the Provinces
—The Measure from 2000 to 2012 and the
Forecast for Latter Years　　　　　　　*Wang Ya'nan et al.* / 054

Abstract: In 2012, the total cultural consumption in urban and rural areas increased by over 10% in 21 provinces, 11 of which by over 15% and 3 of which by over 20%; the per capita value of cultural consumption in urban and rural areas increased by over 10% in 19 provinces, 10 of which by over 15% and 3 of which by over 20%. The rankings of the status evaluation of the cultural consumption demand in urban and rural areas across the provinces are as follows: in the lateral evaluation of ideal value without urban and rural and regional gaps, Jiangsu, Beijing, Shanghai ranked the top three in the "2012 annual urban and rural leaders"; in the vertical evaluation of own base value throughout the past years, Jiangsu, Qinghai, Liaoning ranked the top three in the "2000 -2012 urban and rural runners-up"; Jiangsu, Tianjin, Qinghai ranked the top three in the "2005 -2012 urban and rural runners-up"; Tianjin, Xinjiang, Ningxia ranked the top three in the "2010 -2012 urban and rural runners-up"; Tianjin, Jilin, Henan ranked the top three in the "2012 annual urban and rural runners-up".

Keywords: urban and rural Areas Across the Provinces; Cultural Consumption; Integrative Evaluation; Ranking of the Status

B.4 Ranking on Status Evaluation of the Cultural Consumption Demand in City-towns Across the Provinces
—The Measure from 2000 to 2012 and the
Forecast for Latter Years　　　　　　　*Hao Puning et al.* / 088

Abstract: In 2012, the total cultural consumption in city-towns increased by over 10% in 22 provinces, 15 of which by over 15% and 8 of which by over 20%; the per capita value of cultural consumption in city-towns increased by over 10% in 15 provinces, 9 of which by over 15% and 2 of which by over 20%. The rankings of the status evaluation of the cultural consumption demand in city-towns across the provinces are as follows: in the lateral evaluation of ideal value without urban and rural and regional gaps, Jiangsu, Beijing, Guangdong ranked the top three in the "2012 annual urban leaders"; in the vertical evaluation of own base value throughout the past years, Jiangxi, Jiangsu, Liaoning ranked the top three in the "2000 −2012 urban runners-up"; Jiangsu, Anhui, Liaoning ranked the top three in the "2005 − 2012 urban runners-up"; Tianjin, Hubei, Jiangsu ranked the top three in the "2010 −2012 urban runners-up"; Hainan, Tianjin, Henan ranked the top three in the "2012 annual urban runners-up".

Keywords: City-towns Across the Provinces; Cultural Consumption; Single Evaluation; Ranking of the Status

B. 5 Ranking on Status Evaluation of the Cultural Consumption Demand in Rural Areas Across the Provinces
—The Measure from 2000 to 2012 and the
Forecast for Latter Years   *Liu Ting et al.* / 121

Abstract: In 2012, the total cultural consumption in rural areas increased by over 10% in 16 provinces, 7 of which by over 15% and 4 of which by over 20%; the per capita value of cultural consumption in rural areas increased by over 10% in 21 provinces, 12 of which by over 15% and 5 of which by over 20%. The rankings of the status evaluation of the cultural consumption demand in rural areas across the provinces are as follows: in the lateral evaluation of ideal value without urban and rural and regional gaps, Qinghai, Jiangsu, Shanxi ranked the top three in the "2012 annual rural leaders"; in the vertical evaluation of own base value throughout the past years, Qinghai, Tibet, Shanxi ranked the top three in the "2000 – 2012 rural runners-up"; Qinghai, Tianjin, Jiangsu ranked the top three in the "2005 – 2012 rural runners-up"; Chongqing, Xinjiang, Ningxia ranked the top three in the "2010 – 2012 rural runners-up"; Tianjin, Jilin, Guangxi ranked the top three in the "2012 annual rural runners-up".

Keywords: Rural Areas Across the Provinces; Cultural Consumption; Single Evaluation; Ranking of the Status

B. 6 Ranking on Status Evaluation of the Cultural and Educational Consumption Demand in Key Cities
—The Measure from 2005 to 2012 and the Forecast for Latter Years

Wang Ya'nan et al. / 152

Abstract: In 2012, the total cultural and educational consumption increased by over 10% in 20 key cities, 8 of which by over 15% and 1 of which by over 20%; the per capita value of cultural and educational consumption increased by over 10% in 12 key cities, 3 of which by over 15% and 1 of which by over 20%. The rankings of the status evaluation of the cultural and educational consumption demand in key cities are as follows: in the lateral evaluation of ideal value without located provincial urban and rural and key cities regional gaps, Guangzhou, Xi'an, Nanjing ranked the top three in the "2012 annual key cities leaders"; in the vertical evaluation of own base value throughout the past years, Hefei, Kunming, Fuzhou ranked the top three in the "2005 – 2012 key cities runners-up"; Wuhan, Kunming, Nanning ranked the top three in the "2010 – 2012 key cities runners-up"; Tianjin, Hefei, Changchun ranked the top three in the "2012 annual key cities runners-up".

Keywords: Key Cities; Cultural and Educational Consumption; Integrative Evaluation; Ranking of the Status

B Ⅲ Reports on Urban and Rural Areas Among Provinces

B. 7 Jiangsu: Remaining in the First in the 2012 Lateral urban and rural Status Evaluation

Zhang Yongde / 185

Abstract: In 2012, Jiangsu ranked the 7th in the increase of the total cultural consumption in urban and rural areas and the 6th in the growth of per capita value. The rankings of the status evaluation are as follows: in the lateral evaluation among various provinces, Jiangsu ranked the 1st; in vertical evaluation itself, Jiangsu ranked the 1st, 1st, 14th and 13th during the periods of 2000 −2012, 2005 −2012, 2010 −2012 and 2011 −2012 respectively.

Keywords: Jiangsu's urban and rural Areas; Cultural Consumption; Status Evaluation

B. 8 Tianjin: Upgraded to the First in the 2012 Vertical urban and rural Status Evaluation

Rao Yuan / 196

Abstract: In 2012, Tianjin ranked the 26th in the increase of the total cultural consumption in urban and rural areas and the 28th in the growth of per capita value. The rankings of the status evaluation are as follows: in the lateral evaluation among various provinces, Tianjin ranked the 16th; in vertical evaluation itself, Tianjin ranked the 7th, 2nd, 1st and 1st during the periods of 2000 −2012, 2005 −2012, 2010 −2012 and 2011 −2012 respectively.

Keywords: Tianjin's urban and rural Areas; Cultural Consumption; Status Evaluation

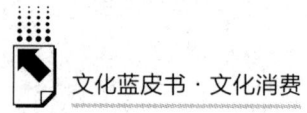
文化蓝皮书·文化消费

B.9 Xinjiang: Ranked the Second in the urban and rural Status Evaluation since the "Twelfth Five-year Plan"

Song Xihui / 206

Abstract: In 2012, Xinjiang ranked the 10th in the increase of the total cultural consumption in urban and rural areas and the 11th in the growth of per capita value. The rankings of the status evaluation are as follows: in the lateral evaluation among various provinces, Xinjiang ranked the 29th; in vertical evaluation itself, Xinjiang ranked the 21st, 10th, 2nd and 14th during the periods of 2000 −2012, 2005 −2012, 2010 −2012 and 2011 −2012 respectively.

Keywords: Xinjiang's Urban − Rural Areas; Cultural Consumption; Status Evaluation

B.10 Qinghai: Ranked the Third in the urban and rural Status Evaluation since the "Eleventh Five-year Plan"

Zou Jianda / 216

Abstract: In 2012, Qinghai ranked the 23rd in the increase of the total cultural consumption in urban and rural areas and the 24th in the growth of per capita value. The rankings of the status evaluation are as follows: in the lateral evaluation among various provinces, Qinghai ranked the 27th; in vertical evaluation itself, Qinghai ranked the 2nd, 3rd, 10th and 27th during the periods of 2000 −2012, 2005 −2012, 2010 −2012 and 2011 −2012 respectively.

Keywords: Qinghai's urban and rural Areas; Cultural Consumption; Status Evaluation

B.11 Liaoning: Ranked the Third in the urban and rural Status Evaluation since the "Tenth Five-year Plan"   *Wei Haiyan* / 226

Abstract: In 2012, Liaoning ranked the 9th in the increase of the total cultural consumption in urban and rural areas and the 9th in the growth of per capita value. The rankings of the status evaluation are as follows: in the lateral evaluation among various provinces, Liaoning ranked the 10th; in vertical evaluation itself, Liaoning ranked the 3rd, 11th, 24th and 24th during the periods of 2000 −2012, 2005 −2012, 2010 −2012 and 2011 −2012 respectively.

Keywords: Liaoning's urban and rural Areas; Cultural Consumption; Status Evaluation

B IV Reports on City-towns Among Provinces

B. 12 Jiangsu: Remaining in the First in the 2012 Lateral

City-towns Status Evaluation

Li Yufeng / 236

Abstract: In 2012, Jiangsu ranked the 5th in the increase of the total cultural consumption in city-towns and the 5th in the growth of per capita value. The rankings of the status evaluation are as follows: in the lateral evaluation among various provinces, Jiangsu ranked the 1st; in vertical evaluation itself, Jiangsu ranked the 2nd, 1st, 3rd and 9th during the periods of 2000 −2012, 2005 −2012, 2010 −2012 and 2011 −2012 respectively.

Keywords: Jiangsu's City-towns; Cultural Consumption; Status Evaluation

B. 13 Hainan: Upgraded to the First in the 2012 Vertical

City-towns Status Evaluation *Xiao Qing* / 246

Abstract: In 2012, Hainan ranked the 1st in the increase of the total cultural consumption in city-towns and the 1st in the growth of per capita value. The rankings of the status evaluation are as follows: in the lateral evaluation among various provinces, Hainan ranked the 28th; in vertical evaluation itself, Hainan ranked the 9th, 18th, 24th and 1st during the periods of 2000 −2012, 2005 −2012, 2010 −

2012 and 2011 -2012 respectively.

Keywords: Hainan's City-towns; Cultural Consumption; Status Evaluation

B. 14 Tianjin: Ranked the First in the City-towns Status Evaluation since the "Twelfth Five-year Plan" *Kong Zhijian* / 256

Abstract: In 2012, Tianjin ranked the 26th in the increase of the total cultural consumption in city-towns and the 29th in the growth of per capita value. The rankings of the status evaluation are as follows: in the lateral evaluation among various provinces, Tianjin ranked the 17th; in vertical evaluation itself, Tianjin ranked the 16th, 6th, 1st and 2nd during the periods of 2000 -2012, 2005 -2012, 2010 -2012 and 2011 -2012 respectively.

Keywords: Tianjin's City-towns; Cultural Consumption; Status Evaluation

B. 15 Anhui: Ranked the Second in the City-towns Status Evaluation since the "EleventhFive-year Plan" *Li Miao* / 265

Abstract: In 2012, Anhui ranked the 10th in the increase of the total cultural consumption in city-towns and the 9th in the growth of per capita value. The rankings of the status evaluation are as follows: in the lateral evaluation among various provinces, Anhui ranked the 8th; in vertical evaluation itself, Anhui ranked the 8th, 2nd, 27th and 16th during the periods of 2000 -2012, 2005 -2012, 2010 -2012 and 2011 -2012 respectively.

Keywords: Anhui's City-towns; Cultural Consumption; Status Evaluation

B. 16 Jiangxi: Ranked the First in the City-towns Status Evaluation since the "Tenth Five-year Plan" *Liu Ting* / 275

Abstract: In 2012, Jiangxi ranked the 11th in the increase of the total cultural consumption in city-towns and the 10th in the growth of per capita value. The rankings of the status evaluation are as follows: in the lateral evaluation among various provinces, Jiangxi ranked the 14th; in vertical evaluation itself, Jiangxi ranked the 1st, 20th, 14th and 15th during the periods of 2000 −2012, 2005 −2012, 2010 − 2012 and 2011 −2012 respectively.

Keywords: Jiangxi's City-towns; Cultural Consumption; Status Evaluation

B V Reports on Rural Areas Among Provinces

B. 17 Qinghai: Upgraded to the First in the 2012 Lateral Rural Status Evaluation

Yuan Chunsheng / 285

Abstract: In 2012, Qinghai ranked the 24th in the increase of the total cultural consumption in rural areas and the 24th in the growth of per capita value. The rankings of the status evaluation are as follows: in the lateral evaluation among various provinces, Qinghai ranked the 1st; in vertical evaluation itself, Qinghai ranked the 1st, 1st, 8th and 22nd during the periods of 2000 −2012, 2005 −2012, 2010 − 2012 and 2011 −2012 respectively.

Keywords: Qinghai's Rural Areas; Cultural Consumption; Status Evaluation

B. 18 Tianjin: Upgraded to the First in the 2012 Vertical Rural Status Evaluation

Chang Fei / 294

Abstract: In 2012, Tianjin ranked the 1st in the increase of the total cultural consumption in rural areas and the 1st in the growth of per capita value. The rankings of the status evaluation are as follows: in the lateral evaluation among various provinces, Tianjin ranked the 13th; in vertical evaluation itself, Tianjin ranked the 6th, 2nd, 4th and 1st during the periods of 2000 −2012, 2005 −2012, 2010 −2012

and 2011 -2012 respectively.

Keywords: Tianjin's Rural Areas; Cultural Consumption; Status Evaluation

B.19 Chongqing: Ranked the First in the Rural Status Evaluation since the "Twelfth Five-year Plan" *Lu Shuangmei* / 303

Abstract: In 2012, Chongqing ranked the 10th in the increase of the total cultural consumption in rural areas and the 8th in the growth of per capita value. The rankings of the status evaluation are as follows: in the lateral evaluation among various provinces, Chongqing ranked the 19th; in vertical evaluation itself, Chongqing ranked the 17th, 13th, 1st and 6th during the periods of 2000 -2012, 2005 -2012, 2010 -2012 and 2011 -2012 respectively.

Keywords: Chongqing's Rural Areas; Cultural Consumption; Status Evaluation

B.20 Jiangsu: Ranked the Third in the Rural Status Evaluation since the "Eleventh Five-year Plan" *Zhao Juan* / 313

Abstract: In 2012, Jiangsu ranked the 20th in the increase of the total cultural consumption in rural areas and the 16th in the growth of per capita value. The rankings of the status evaluation are as follows: in the lateral evaluation among various provinces, Jiangsu ranked the 2nd; in vertical evaluation itself, Jiangsu ranked the 4th, 3rd, 19th and 19th during the periods of 2000 -2012, 2005 -2012, 2010 -2012 and 2011 -2012 respectively.

Keywords: Jiangsu's Rural Areas; Cultural Consumption; Status Evaluation

B.21 Tibet: Ranked the Second in the Rural Status Evaluation since the "Tenth Five-year Plan" *Li Wenjuan* / 322

Abstract: In 2012, Tibet ranked the 26th in the increase of the total cultural consumption in rural areas and the 30th in the growth of per capita value. The rankings of the status evaluation are as follows: in the lateral evaluation among various provinces, Tibet ranked the 31st; in vertical evaluation itself, Tibet ranked the 2nd, 10th, 30th and 31st during the periods of 2000 −2012, 2005 −2012, 2010 −2012 and 2011 −2012 respectively.

Keywords: Tibet's Rural Areas; Cultural Consumption; Status Evaluation

B Ⅵ Reports on Key Cities

B. 22   Guangzhou: Remaining in the First in the 2012
Lateral Key Cities Status Evaluation   *Wang Yang* / 332

Abstract: In 2012, Guangzhou (municipal districts) ranked the 7th in the increase of the total cultural and educational consumption among various key cities and the 4th in the growth of per capita value. The rankings of the status evaluation are as follows: in the lateral evaluation among key cities, Guangzhou ranked the 1st; in vertical evaluation itself, Guangzhou ranked the 4th, 9th and 6th during the periods of 2005 −2012, 2010 −2012 and 2011 −2012 respectively.

Keywords: Guangzhou; Cultural and Educational Consumption; Status Evaluation

B. 23   Tianjin: Upgraded to the First in the 2012 Vertical
Key Cities Status Evaluation   *Deng Yunfei* / 343

Abstract: In 2012, Tianjin (municipal districts) ranked the 21st in the increase of the total cultural and educational consumption among various key cities and the 18th in the growth of per capita value. The rankings of the status evaluation are as follows: in the lateral evaluation among key cities, Tianjin ranked the 24th; in vertical evaluation itself, Tianjin ranked the 8th, 6th and 1st during the periods of 2005 −2012, 2010 −2012 and 2011 −2012 respectively.

Keywords: Tianjin; Cultural and Educational Consumption; Status Evaluation

B.24　Wuhan: Ranked the First in the Key Cities Status Evaluation since the "Twelfth Five-year Plan"　　*Fang Yu* / 353

Abstract: In 2012, Wuhan (municipal district) ranked the 34th in the increase of the total cultural and educational consumption among various key cities and the 8th in the growth of per capita value. The rankings of the status evaluation are as follows: in the lateral evaluation among key cities, Wuhan ranked the 17th; in vertical evaluation itself, Wuhan ranked the 17th, 1st and 17th during the periods of 2005 - 2012, 2010 -2012 and 2011 -2012 respectively.

Keywords: Wuhan; Cultural and Educational Consumption; Status Evaluation

B.25　Hefei: Ranked the First in the Key Cities Status Evaluation since the "Eleventh Five-year Plan"　　*Shen Zongtao* / 363

Abstract: In 2012, Hefei (municipal districts) ranked the 1st in the increase of the total cultural and educational consumption among various key cities and the 1st in the growth of per capita value. The rankings of the status evaluation are as follows: in the lateral evaluation among key cities, Hefei ranked the 7th; in vertical evaluation itself, Hefei ranked the 1st, 20th and 2nd during the periods of 2005 - 2012, 2010 -2012 and 2011 -2012 respectively.

Keywords: Hefei; Cultural and Educational Consumption; Status Evaluation

权威报告　热点资讯　海量资源

当代中国与世界发展的高端智库平台

皮书数据库　　www.pishu.com.cn

皮书数据库是专业的人文社会科学综合学术资源总库，以大型连续性图书——皮书系列为基础，整合国内外相关资讯构建而成。该数据库包含七大子库，涵盖两百多个主题，囊括了近十几年间中国与世界经济社会发展报告，覆盖经济、社会、政治、文化、教育、国际问题等多个领域。

皮书数据库以篇章为基本单位，方便用户对皮书内容的阅读需求。用户可进行全文检索，也可对文献题目、内容提要、作者名称、作者单位、关键字等基本信息进行检索，还可对检索到的篇章再作二次筛选，进行在线阅读或下载阅读。智能多维度导航，可使用户根据自己熟知的分类标准进行分类导航筛选，使查找和检索更高效、便捷。

权威的研究报告、独特的调研数据、前沿的热点资讯，皮书数据库已发展成为国内最具影响力的关于中国与世界现实问题研究的成果库和资讯库。

皮书俱乐部会员服务指南

1. 谁能成为皮书俱乐部成员？
- 皮书作者自动成为俱乐部会员
- 购买了皮书产品（纸质皮书、电子书）的个人用户

2. 会员可以享受的增值服务
- 加入皮书俱乐部，免费获赠该纸质图书的电子书
- 免费获赠皮书数据库100元充值卡
- 免费定期获赠皮书电子期刊
- 优先参与各类皮书学术活动
- 优先享受皮书产品的最新优惠

社会科学文献出版社　皮书系列
卡号：1344421486000602
密码：

3. 如何享受增值服务？

（1）加入皮书俱乐部，获赠该书的电子书

　　第1步 登录我社官网（www.ssap.com.cn），注册账号；

　　第2步 登录并进入"会员中心"—"皮书俱乐部"，提交加入皮书俱乐部申请；

　　第3步 审核通过后，自动进入俱乐部服务环节，填写相关购书信息即可自动兑换相应电子书。

（2）**免费获赠皮书数据库100元充值卡**

　　100元充值卡只能在皮书数据库中充值和使用

　　第1步 刮开附赠充值的涂层（左下）；

　　第2步 登录皮书数据库网站（www.pishu.com.cn），注册账号；

　　第3步 登录并进入"会员中心"—"在线充值"—"充值卡充值"，充值成功即可使用。

4. 声明

　　解释权归社会科学文献出版社所有

皮书俱乐部会员可享受社会科学文献出版社其他相关免费增值服务，有任何疑问，均可与我们联系
联系电话：010-59367227　企业QQ：800045692　邮箱：pishuclub@ssap.cn
欢迎登录社会科学文献出版社官网（www.ssap.com.cn）和中国皮书网（www.pishu.cn）了解更多信息

法律声明

"皮书系列"（含蓝皮书、绿皮书、黄皮书）由社会科学文献出版社最早使用并对外推广，现已成为中国图书市场上流行的品牌，是社会科学文献出版社的品牌图书。社会科学文献出版社拥有该系列图书的专有出版权和网络传播权，其LOGO（ ）与"经济蓝皮书"、"社会蓝皮书"等皮书名称已在中华人民共和国工商行政管理总局商标局登记注册，社会科学文献出版社合法拥有其商标专用权。

未经社会科学文献出版社的授权和许可，任何复制、模仿或以其他方式侵害"皮书系列"和LOGO（ ）、"经济蓝皮书"、"社会蓝皮书"等皮书名称商标专用权的行为均属于侵权行为，社会科学文献出版社将采取法律手段追究其法律责任，维护合法权益。

欢迎社会各界人士对侵犯社会科学文献出版社上述权利的违法行为进行举报。电话：010-59367121，电子邮箱：fawubu@ssap.cn。

社会科学文献出版社

权威·前沿·原创

社会科学文献出版社

皮书系列

2014年

盘点年度资讯　预测时代前程

社会科学文献出版社 学术传播中心 编制

社会科学文献出版社
SOCIAL SCIENCES ACADEMIC PRESS (CHINA)

社会科学文献出版社成立于1985年，是直属于中国社会科学院的人文社会科学专业学术出版机构。

成立以来，特别是1998年实施第二次创业以来，依托于中国社会科学院丰厚的学术出版和专家学者两大资源，坚持"创社科经典，出传世文献"的出版理念和"权威、前沿、原创"的产品定位，社科文献立足内涵式发展道路，从战略层面推动学术出版的五大能力建设，逐步走上了学术产品的系列化、规模化、数字化、国际化、市场化经营道路。

先后策划出版了著名的图书品牌和学术品牌"皮书"系列、"列国志"、"社科文献精品译库"、"中国史话"、"全球化译丛"、"气候变化与人类发展译丛""近世中国"等一大批既有学术价值又有市场价值的系列图书。形成了较强的学术出版能力和资源整合能力，年发稿3.5亿字，年出版新书1200余种，承印发行中国社科院院属期刊近70种。

2012年，《社会科学文献出版社学术著作出版规范》修订完成。同年10月，社会科学文献出版社参加了由新闻出版总署召开加强学术著作出版规范座谈会，并代表50多家出版社发起实施学术著作出版规范的倡议。2013年，社会科学文献出版社参与新闻出版总署学术著作规范国家标准的起草工作。

依托于雄厚的出版资源整合能力，社会科学文献出版社长期以来一直致力于从内容资源和数字平台两个方面实现传统出版的再造，并先后推出了皮书数据库、列国志数据库、中国田野调查数据库等一系列数字产品。

在国内原创著作、国外名家经典著作大量出版，数字出版突飞猛进的同时，社会科学文献出版社在学术出版国际化方面也取得了不俗的成绩。先后与荷兰博睿等十余家国际出版机构合作面向海外推出了《经济蓝皮书》《社会蓝皮书》等十余种皮书的英文版、俄文版、日文版等。

此外，社会科学文献出版社积极与中央和地方各类媒体合作，联合大型书店、学术书店、机场书店、网络书店、图书馆，逐步构建起了强大的学术图书的内容传播力和社会影响力，学术图书的媒体曝光率居全国之首，图书馆藏率居于全国出版机构前十位。

作为已经开启第三次创业梦想的人文社会科学学术出版机构，社会科学文献出版社结合社会需求、自身的条件以及行业发展，提出了新的创业目标：精心打造人文社会科学成果推广平台，发展成为一家集图书、期刊、声像电子和数字出版物为一体、面向海内外高端读者和客户，具备独特竞争力的人文社会科学内容资源供应商和海内外知名的专业学术出版机构。

社长致辞

我们是图书出版者，更是人文社会科学内容资源供应商；

我们背靠中国社会科学院，面向中国与世界人文社会科学界，坚持为人文社会科学的繁荣与发展服务；

我们精心打造权威信息资源整合平台，坚持为中国经济与社会的繁荣与发展提供决策咨询服务；

我们以读者定位自身，立志让爱书人读到好书，让求知者获得知识；

我们精心编辑、设计每一本好书以形成品牌张力，以优秀的品牌形象服务读者，开拓市场；

我们始终坚持"创社科经典，出传世文献"的经营理念，坚持"权威、前沿、原创"的产品特色；

我们"以人为本"，提倡阳光下创业，员工与企业共享发展之成果；

我们立足于现实，认真对待我们的优势、劣势，我们更着眼于未来，以不断的学习与创新适应不断变化的世界，以不断的努力提升自己的实力；

我们愿与社会各界友好合作，共享人文社会科学发展之成果，共同推动中国学术出版乃至内容产业的繁荣与发展。

社会科学文献出版社社长
中国社会学会秘书长

2014 年 1 月

社会科学文献出版社　　皮书系列

"皮书"起源于十七、十八世纪的英国，主要指官方或社会组织正式发表的重要文件或报告，多以"白皮书"命名。在中国，"皮书"这一概念被社会广泛接受，并被成功运作、发展成为一种全新的出版形态，则源于中国社会科学院社会科学文献出版社。

皮书是对中国与世界发展状况和热点问题进行年度监测，以专家和学术的视角，针对某一领域或区域现状与发展态势展开分析和预测，具备权威性、前沿性、原创性、实证性、时效性等特点的连续性公开出版物，由一系列权威研究报告组成。皮书系列是社会科学文献出版社编辑出版的蓝皮书、绿皮书、黄皮书等的统称。

皮书系列的作者以中国社会科学院、著名高校、地方社会科学院的研究人员为主，多为国内一流研究机构的权威专家学者，他们的看法和观点代表了学界对中国与世界的现实和未来最高水平的解读与分析。

自20世纪90年代末推出以经济蓝皮书为开端的皮书系列以来，至今已出版皮书近1000余部，内容涵盖经济、社会、政法、文化传媒、行业、地方发展、国际形势等领域。皮书系列已成为社会科学文献出版社的著名图书品牌和中国社会科学院的知名学术品牌。

皮书系列在数字出版和国际出版方面成就斐然。皮书数据库被评为"2008~2009年度数字出版知名品牌"；经济蓝皮书、社会蓝皮书等十几种皮书每年还由国外知名学术出版机构出版英文版、俄文版、韩文版和日文版，面向全球发行。

2011年，皮书系列正式列入"十二五"国家重点出版规划项目，一年一度的皮书年会升格由中国社会科学院主办；2012年，部分重点皮书列入中国社会科学院承担的国家哲学社会科学创新工程项目。

经济类

经 济 类

经济类皮书涵盖宏观经济、城市经济、大区域经济，提供权威、前沿的分析与预测

经济蓝皮书
2014年中国经济形势分析与预测（赠阅读卡）

李 扬 / 主编　　2013年12月出版　　估价:69.00元

◆ 本书课题为"总理基金项目"，由著名经济学家李扬领衔，联合数十家科研机构、国家部委和高等院校的专家共同撰写，对2013年中国宏观及微观经济形势，特别是全球金融危机及其对中国经济的影响进行了深入分析，并且提出了2014年经济走势的预测。

世界经济黄皮书
2014年世界经济形势分析与预测（赠阅读卡）

王洛林　张宇燕 / 主编　　2014年1月出版　　估价:69.00元

◆ 2013年的世界经济仍旧行进在坎坷复苏的道路上。发达经济体经济复苏继续巩固，美国和日本经济进入低速增长通道，欧元区结束衰退并呈复苏迹象。本书展望2014年世界经济，预计全球经济增长仍将维持在中低速的水平上。

工业化蓝皮书
中国工业化进程报告（2014）（赠阅读卡）

黄群慧　吕 铁　李晓华 等 / 著　　2014年11月出版　　估价:89.00元

◆ 中国的工业化是事关中华民族伟大复兴的伟大事业，分析跟踪研究中国的工业化进程，无疑具有重大意义。科学评价与客观认识我国的工业化水平，对于我国明确自身发展中的优势和不足，对于经济结构的升级与转型，对于制定经济发展政策，从而提升我国的现代化水平具有重要作用。

皮书系列 重点推荐　经济类

金融蓝皮书

中国金融发展报告（2014）（赠阅读卡）

李 扬 王国刚 / 主编　2013年12月出版　定价：69.00元

◆ 由中国社会科学院金融研究所组织编写的《中国金融发展报告（2014）》，概括和分析了2013年中国金融发展和运行中的各方面情况，研讨和评论了2013年发生的主要金融事件。本书由业内专家和青年精英联合编著，有利于读者了解掌握2013年中国的金融状况，把握2014年中国金融的走势。

城市竞争力蓝皮书

中国城市竞争力报告No.12（赠阅读卡）

倪鹏飞 / 主编　2014年5月出版　估价：89.00元

◆ 本书由中国社会科学院城市与竞争力研究中心主任倪鹏飞主持编写，汇集了众多研究城市经济问题的专家学者关于城市竞争力研究的最新成果。本报告构建了一套科学的城市竞争力评价指标体系，采用第一手数据材料，对国内重点城市年度竞争力格局变化进行客观分析和综合比较、排名，对研究城市经济及城市竞争力极具参考价值。

中国省域竞争力蓝皮书

中国省域经济综合竞争力发展报告（2012~2013）（赠阅读卡）

李建平　李闽榕　高燕京 / 主编　2014年3月出版　估价：188.00元

◆ 本书充分运用数理分析、空间分析、规范分析与实证分析相结合、定性分析与定量分析相结合的方法，建立起比较科学完善、符合中国国情的省域经济综合竞争力指标评价体系及数学模型，对2011~2012年中国内地31个省、市、区的经济综合竞争力进行全面、深入、科学的总体评价与比较分析。

农村经济绿皮书

中国农村经济形势分析与预测(2013~2014)（赠阅读卡）

中国社会科学院农村发展研究所　国家统计局农村社会经济调查司 / 著

2014年4月出版　估价：59.00元

◆ 本书对2013年中国农业和农村经济运行情况进行了系统的分析和评价，对2014年中国农业和农村经济发展趋势进行了预测，并提出相应的政策建议，专题部分将围绕某个重大的理论和现实问题进行多维、深入、细致的分析和探讨。

经济类　皮书系列 重点推荐

西部蓝皮书

中国西部经济发展报告（2014）（赠阅读卡）

姚慧琴　徐璋勇/主编　　2014年7月出版　　估价:69.00元

◆　本书由西北大学中国西部经济发展研究中心主编，汇集了源自西部本土以及国内研究西部问题的权威专家的第一手资料，对国家实施西部大开发战略进行年度动态跟踪，并对2014年西部经济、社会发展态势进行预测和展望。

气候变化绿皮书

应对气候变化报告（2014）（赠阅读卡）

王伟光　郑国光/主编　　2014年11月出版　　估价:79.00元

◆　本书由社科院城环所和国家气候中心共同组织编写，各篇报告的作者长期从事气候变化科学问题、社会经济影响，以及国际气候制度等领域的研究工作，密切跟踪国际谈判的进程，参与国家应对气候变化相关政策的咨询，有丰富的理论与实践经验。

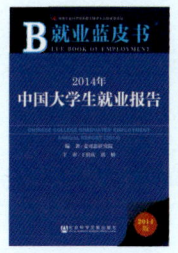

就业蓝皮书

2014年中国大学生就业报告（赠阅读卡）

麦可思研究院/编著　王伯庆　郭　娇/主审
2014年6月出版　　估价:98.00元

◆　本书是迄今为止关于中国应届大学毕业生就业、大学毕业生中期职业发展及高等教育人口流动情况的视野最为宽广、资料最为翔实、分类最为精细的实证调查和定量研究；为我国教育主管部门的教育决策提供了极有价值的参考。

企业社会责任蓝皮书

中国企业社会责任研究报告（2014）（赠阅读卡）

黄群慧　彭华岗　钟宏武　张　蒽/编著
2014年11月出版　　估价:69.00元

◆　本书系中国社会科学院经济学部企业社会责任研究中心组织编写的《企业社会责任蓝皮书》2014年分册。该书在对企业社会责任进行宏观总体研究的基础上，根据2013年企业社会责任及相关背景进行了创新研究，在全国企业中观层面对企业健全社会责任管理体系提供了弥足珍贵的丰富信息。

皮书系列 重点推荐　社会政法类

社会政法类

社会政法类皮书聚焦社会发展领域的热点、难点问题，提供权威、原创的资讯与视点

社会蓝皮书

2014年中国社会形势分析与预测（赠阅读卡）

李培林　陈光金　张　翼／主编　2013年12月出版　估价：69.00元

◆ 本报告是中国社会科学院"社会形势分析与预测"课题组2014年度分析报告，由中国社会科学院社会学研究所组织研究机构专家、高校学者和政府研究人员撰写。对2013年中国社会发展的各个方面内容进行了权威解读，同时对2014年社会形势发展趋势进行了预测。

法治蓝皮书

中国法治发展报告 No.12（2014）（赠阅读卡）

李　林　田　禾／主编　2014年2月出版　估价：98.00元

◆ 本年度法治蓝皮书一如既往秉承关注中国法治发展进程中的焦点问题的特点，回顾总结了2013年度中国法治发展取得的成就和存在的不足，并对2014年中国法治发展形势进行了预测和展望。

民间组织蓝皮书

中国民间组织报告（2014）（赠阅读卡）

黄晓勇／主编　2014年8月出版　估价：69.00元

◆ 本报告是中国社会科学院"民间组织与公共治理研究"课题组推出的第五本民间组织蓝皮书。基于国家权威统计数据、实地调研和广泛搜集的资料，本报告对2012年以来我国民间组织的发展现状、热点专题、改革趋势等问题进行了深入研究，并提出了相应的政策建议。

社会政法类　皮书系列 重点推荐

社会保障绿皮书

中国社会保障发展报告（2014）No.6（赠阅读卡）

王延中 / 主编　2014年9月出版　估价：69.00元

◆ 社会保障是调节收入分配的重要工具，随着社会保障制度的不断建立健全、社会保障覆盖面的不断扩大和社会保障资金的不断增加，社会保障在调节收入分配中的重要性不断提高。本书全面评述了2013年以来社会保障制度各个主要领域的发展情况。

环境绿皮书

中国环境发展报告（2014）（赠阅读卡）

刘鉴强 / 主编　2014年4月出版　估价：69.00元

◆ 本书由民间环保组织"自然之友"组织编写，由特别关注、生态保护、宜居城市、可持续消费以及政策与治理等版块构成，以公共利益的视角记录、审视和思考中国环境状况，呈现2013年中国环境与可持续发展领域的全局态势，用深刻的思考、科学的数据分析2013年的环境热点事件。

教育蓝皮书

中国教育发展报告（2014）（赠阅读卡）

杨东平 / 主编　2014年3月出版　估价：69.00元

◆ 本书站在教育前沿，突出教育中的问题，特别是对当前教育改革中出现的教育公平、高校教育结构调整、义务教育均衡发展等问题进行了深入分析，从教育的内在发展谈教育，又从外部条件来谈教育，具有重要的现实意义，对我国的教育体制的改革与发展具有一定的学术价值和参考意义。

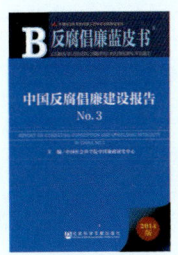

反腐倡廉蓝皮书

中国反腐倡廉建设报告No.3（赠阅读卡）

中国社会科学院中国廉政研究中心 / 主编
2013年12月出版　　估价：79.00元

◆ 本书抓住了若干社会热点和焦点问题，全面反映了新时期新阶段中国反腐倡廉面对的严峻局面，以及中国共产党反腐倡廉建设的新实践新成果。根据实地调研、问卷调查和舆情分析，梳理了当下社会普遍关注的与反腐败密切相关的热点问题。

皮书系列重点推荐　行业报告类

行 业 报 告 类

行业报告类皮书立足重点行业、新兴行业领域，提供及时、前瞻的数据与信息

房地产蓝皮书
中国房地产发展报告No.11（赠阅读卡）

魏后凯　李景国 / 主编　　2014年4月出版　　估价：79.00元

◆ 本书由中国社会科学院城市发展与环境研究所组织编写，秉承客观公正、科学中立的原则，深度解析2013年中国房地产发展的形势和存在的主要矛盾，并预测2014年及未来10年或更长时间的房地产发展大势。观点精辟，数据翔实，对关注房地产市场的各阶层人士极具参考价值。

旅游绿皮书
2013~2014年中国旅游发展分析与预测（赠阅读卡）

宋　瑞 / 主编　　2013年12月出版　　定价：69.00元

◆ 如何从全球的视野理性审视中国旅游，如何在世界旅游版图上客观定位中国，如何积极有效地推进中国旅游的世界化，如何制定中国实现世界旅游强国梦想的线路图？本年度开始，《旅游绿皮书》将围绕"世界与中国"这一主题进行系列研究，以期为推进中国旅游的长远发展提供科学参考和智力支持。

信息化蓝皮书
中国信息化形势分析与预测（2014）（赠阅读卡）

周宏仁 / 主编　　2014年7月出版　　估价：98.00元

◆ 本书在以中国信息化发展的分析和预测为重点的同时，反映了过去一年间中国信息化关注的重点和热点，视野宽阔，观点新颖，内容丰富，数据翔实，对中国信息化的发展有很强的指导性，可读性很强。

行业报告类　　皮书系列 重点推荐

企业蓝皮书
中国企业竞争力报告（2014）（赠阅读卡）

金　碚 / 主编　　2014年11月出版　　估价：89.00元

◆　中国经济正处于新一轮的经济波动中，如何保持稳健的经营心态和经营方式并进一步求发展，对于企业保持并提升核心竞争力至关重要。本书利用上市公司的财务数据，研究上市公司竞争力变化的最新趋势，探索进一步提升中国企业国际竞争力的有效途径，这无论对实践工作者还是理论研究者都具有重大意义。

食品药品蓝皮书
食品药品安全与监管政策研究报告（2014）（赠阅读卡）

唐民皓 / 主编　　2014年7月出版　　估价：69.00元

◆　食品药品安全是当下社会关注的焦点问题之一，如何破解食品药品安全监管重点难点问题是需要以社会合力才能解决的系统工程。本书围绕安全热点问题、监管重点问题和政策焦点问题，注重于对食品药品公共政策和行政监管体制的探索和研究。

流通蓝皮书
中国商业发展报告（2013~2014）（赠阅读卡）

荆林波 / 主编　　2014年5月出版　　估价：89.00元

◆　《中国商业发展报告》是中国社会科学院财经战略研究院与香港利丰研究中心合作的成果，并且在2010年开始以中英文版同步在全球发行。蓝皮书从关注中国宏观经济出发，突出中国流通业的宏观背景反映了本年度中国流通业发展的状况。

住房绿皮书
中国住房发展报告（2013~2014）（赠阅读卡）

倪鹏飞 / 主编　　2013年12月出版　　估价：79.00元

◆　本报告从宏观背景、市场主体、市场体系、公共政策和年度主题五个方面，对中国住宅市场体系做了全面系统的分析、预测与评价，并给出了相关政策建议，并在评述2012~2013年住房及相关市场走势的基础上，预测了2013~2014年住房及相关市场的发展变化。

皮书系列 重点推荐 国别与地区类

国别与地区类

国别与地区类皮书关注全球重点国家与地区，提供全面、独特的解读与研究

亚太蓝皮书

亚太地区发展报告（2014）（赠阅读卡）

李向阳 / 主编　　2013年12月出版　　定价：69.00元

◆ 本书是由中国社会科学院亚太与全球战略研究院精心打造的又一品牌皮书，关注时下亚太地区局势发展动向里隐藏的中长趋势，剖析亚太地区政治与安全格局下的区域形势最新动向以及地区关系发展的热点问题，并对2014年亚太地区重大动态作出前瞻性的分析与预测。

日本蓝皮书

日本研究报告（2014）（赠阅读卡）

李　薇 / 主编　　2014年2月出版　　估价：69.00元

◆ 本书由中华日本学会、中国社会科学院日本研究所合作推出，是以中国社会科学院日本研究所的研究人员为主完成的研究成果。对2013年日本的政治、外交、经济、社会文化作了回顾、分析与展望，并收录了该年度日本大事记。

欧洲蓝皮书

欧洲发展报告(2013~2014)（赠阅读卡）

周　弘 / 主编　　2014年3月出版　　估价：89.00元

◆ 本年度的欧洲发展报告，对欧洲经济、政治、社会、外交等面的形式进行了跟踪介绍与分析。力求反映作为一个整体的欧盟及30多个欧洲国家在2013年出现的各种变化。

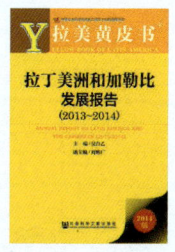

拉美黄皮书
拉丁美洲和加勒比发展报告（2013~2014）（赠阅读卡）
吴白乙 / 主编　2014 年 4 月出版　估价 :89.00 元

◆ 本书是中国社会科学院拉丁美洲研究所的第 13 份关于拉丁美洲和加勒比地区发展形势状况的年度报告。本书对 2013 年拉丁美洲和加勒比地区诸国的政治、经济、社会、外交等方面的发展情况做了系统介绍，对该地区相关国家的热点及焦点问题进行了总结和分析，并在此基础上对该地区各国 2014 年的发展前景做出预测。

澳门蓝皮书
澳门经济社会发展报告（2013~2014）（赠阅读卡）
吴志良　郝雨凡 / 主编　2014 年 3 月出版　估价 :79.00 元

◆ 本书集中反映 2013 年本澳各个领域的发展动态，总结评价近年澳门政治、经济、社会的总体变化，同时对 2014 年社会经济情况作初步预测。

日本经济蓝皮书
日本经济与中日经贸关系研究报告（2014）（赠阅读卡）
王洛林　张季风 / 主编　2014 年 5 月出版　估价 :79.00 元

◆ 本书对当前日本经济以及中日经济合作的发展动态进行了多角度、全景式的深度分析。本报告回顾并展望了 2013~2014 年度日本宏观经济的运行状况。此外，本报告还收录了大量来自于日本政府权威机构的数据图表，具有极高的参考价值。

美国蓝皮书
美国问题研究报告（2014）（赠阅读卡）
黄　平　倪　峰 / 主编　2014 年 6 月出版　估价 :89.00 元

◆ 本书是由中国社会科学院美国所主持完成的研究成果，它回顾了美国 2013 年的经济、政治形势与外交战略，对 2013 年以来美国内政外交发生的重大事件以及重要政策进行了较为全面的回顾和梳理。

皮书系列 重点推荐 地方发展类

地方发展类

地方发展类皮书关注大陆各省份、经济区域，提供科学、多元的预判与咨政信息

社会建设蓝皮书
2014年北京社会建设分析报告（赠阅读卡）

宋贵伦 / 主编　2014年4月出版　估价：69.00元

◆ 本书依据社会学理论框架和分析方法，对北京市的人口、就业、分配、社会阶层以及城乡关系等社会学基本问题进行了广泛调研与分析，对广受社会关注的住房、教育、医疗、养老、交通等社会热点问题做了深刻了解与剖析，对日益显现的征地搬迁、外籍人口管理、群体性心理障碍等进行了有益探讨。

温州蓝皮书
2014年温州经济社会形势分析与预测（赠阅读卡）

潘忠强　王春光　金 浩 / 主编　2014年4月出版　估价：69.00元

◆ 本书是由中共温州市委党校与中国社会科学院社会学研究所合作推出的第七本"温州经济社会形势分析与预测"年度报告，深入全面分析了2013年温州经济、社会、政治、文化发展的主要特点、经验、成效与不足，提出了相应的政策建议。

上海蓝皮书
上海资源环境发展报告（2014）（赠阅读卡）

周冯琦　汤庆合　王利民 / 著　2014年1月出版　估价：59.00元

◆ 本书在上海所面临资源环境风险的来源、程度、成因、对策等方面作了些有益的探索，希望能对有关部门完善上海的资源环境风险防控工作提供一些有价值的参考，也让普通民众更全面地了解上海资源环境风险及其防控的图景。

地方发展类　　皮书系列 重点推荐

广州蓝皮书

2014年中国广州社会形势分析与预测（赠阅读卡）

易佐永　杨　秦　顾涧清/主编　　2014年5月出版　　估价：65.00元

◆ 本书由广州大学与广州市委宣传部、广州市人力资源和社会保障局联合主编，汇集了广州科研团体、高等院校和政府部门诸多社会问题研究专家、学者和实际部门工作者的最新研究成果，是关于广州社会运行情况和相关专题分析与预测的重要参考资料。

河南经济蓝皮书

2014年河南经济形势分析与预测（赠阅读卡）

胡五岳/主编　　2014年4月出版　　估价:59.00元

◆ 本书由河南省统计局主持编纂。该分析与展望以2013年最新年度统计数据为基础，科学研判河南经济发展的脉络轨迹、分析年度运行态势；以客观翔实、权威资料为特征，突出科学性、前瞻性和可操作性，服务于科学决策和科学发展。

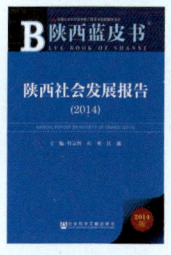

陕西蓝皮书

陕西社会发展报告（2014）（赠阅读卡）

任宗哲　石　英　江　波/主编　　2014年1月出版　　估价：65.00元

◆ 本书系统而全面地描述了陕西省2013年社会发展各个领域所取得的成就、存在的问题、面临的挑战及其应对思路，为更好地思考2014年陕西发展前景、政策指向和工作策略等方面提供了一个较为简洁清晰的参考蓝本。

上海蓝皮书

上海经济发展报告（2014）（赠阅读卡）

沈开艳/主编　　2014年1月出版　　估价:69.00元

◆ 本书系上海社会科学院系列之一，报告对2014年上海经济增长与发展趋势的进行了预测，把握了上海经济发展的脉搏和学术研究的前沿。

地方发展类·文化传媒类

广州蓝皮书
广州经济发展报告（2014）（赠阅读卡）

李江涛 刘江华 / 主编　　2014年6月出版　　估价：65.00元

◆ 本书是由广州市社会科学院主持编写的"广州蓝皮书"系列之一，本报告对广州2013年宏观经济运行情况作了深入分析，对2014年宏观经济走势进行了合理预测，并在此基础上提出了相应的政策建议。

文化传媒类

文化传媒类皮书透视文化领域、文化产业，
探索文化大繁荣、大发展的路径

新媒体蓝皮书
中国新媒体发展报告No.4(2013)（赠阅读卡）

唐绪军 / 主编　　2014年6月出版　　估价：69.00元

◆ 本书由中国社会科学院新闻与传播研究所和上海大学合作编写，在构建新媒体发展研究基本框架的基础上，全面梳理2013年中国新媒体发展现状，发表最前沿的网络媒体深度调查数据和研究成果，并对新媒体发展的未来趋势做出预测。

舆情蓝皮书
中国社会舆情与危机管理报告（2014）（赠阅读卡）

谢耘耕 / 主编　　2014年8月出版　　估价：85.00元

◆ 本书由上海交通大学舆情研究实验室和危机管理研究中心主编，已被列入教育部人文社会科学研究报告培育项目。本书以新媒体环境下的中国社会为立足点，对2013年中国社会舆情、分类舆情等进行了深入系统的研究，并预测了2014年社会舆情走势。

经济类

皮书系列 2014全品种

经济类

产业蓝皮书
中国产业竞争力报告（2014）No.4
著(编)者:张其仔　2014年5月出版 / 估价:79.00元

长三角蓝皮书
2014年率先基本实现现代化的长三角
著(编)者:刘志彪　2014年6月出版 / 估价:120.00元

城市竞争力蓝皮书
中国城市竞争力报告No.12
著(编)者:倪鹏飞　2014年5月出版 / 估价:89.00元

城市蓝皮书
中国城市发展报告No.7
著(编)者:潘家华　魏后凯　2014年7月出版 / 估价:69.00元

城市群蓝皮书
中国城市群发展指数报告(2014)
著(编)者:刘士林 刘新静　2014年10月出版 / 估价:59.00元

城乡统筹蓝皮书
中国城乡统筹发展报告（2014）
著(编)者:程志强、潘晨光　2014年3月出版 / 估价:59.00元

城乡一体化蓝皮书
中国城乡一体化发展报告（2014）
著(编)者:汝信 付崇兰　2014年8月出版 / 估价:59.00元

城镇化蓝皮书
中国城镇化健康发展报告（2014）
著(编)者:张占斌　2014年10月出版 / 估价:69.00元

低碳发展蓝皮书
中国低碳发展报告（2014）
著(编)者:齐晔　2014年7月出版 / 估价:69.00元

低碳经济蓝皮书
中国低碳经济发展报告（2014）
著(编)者:薛进军 赵忠秀　2014年5月出版 / 估价:79.00元

东北蓝皮书
中国东北地区发展报告（2014）
著(编)者:鲍振东 曹晓峰　2014年8月出版 / 估价:79.00元

发展和改革蓝皮书
中国经济发展和体制改革报告No.7
著(编)者:邹东涛　2014年7月出版 / 估价:79.00元

工业化蓝皮书
中国工业化进程报告（2014）
著(编)者: 黄群慧 吕铁 李晓华 等
2014年11月出版 / 估价:89.00元

国际城市蓝皮书
国际城市发展报告（2014）
著(编)者:屠启宇　2014年1月出版 / 估价:69.00元

国家创新蓝皮书
国家创新发展报告（2013~2014）
著(编)者:陈劲　2014年3月出版 / 估价:69.00元

国家竞争力蓝皮书
中国国家竞争力报告No.2
著(编)者:倪鹏飞　2014年10月出版 / 估价:98.00元

宏观经济蓝皮书
中国经济增长报告（2014）
著(编)者:张平 刘霞辉　2014年10月出版 / 估价:69.00元

减贫蓝皮书
中国减贫与社会发展报告
著(编)者:黄承伟　2014年7月出版 / 估价:69.00元

金融蓝皮书
中国金融发展报告（2014）
著(编)者:李扬 王国刚　2013年12月出版 / 定价:69.00元

经济蓝皮书
2014年中国经济形势分析与预测
著(编)者:李扬　2013年12月出版 / 估价:69.00元

经济蓝皮书春季号
中国经济前景分析——2014年春季报告
著(编)者:李扬　2014年4月出版 / 估价:59.00元

经济信息绿皮书
中国与世界经济发展报告（2014）
著(编)者:王长胜　2013年12月出版 / 定价:69.00元

就业蓝皮书
2014年中国大学生就业报告
著(编)者:麦可思研究院　2014年6月出版 / 估价:98.00元

民营经济蓝皮书
中国民营经济发展报告No.10（2013～2014）
著(编)者:黄孟复　2014年9月出版 / 估价:69.00元

民营企业蓝皮书
中国民营企业竞争力报告No.7（2014）
著(编)者:刘迎秋　2014年1月出版 / 估价:79.00元

农村绿皮书
中国农村经济形势分析与预测（2014）
著(编)者:中国社会科学院农村发展研究所
　　　　国家统计局农村社会经济调查司 著
2014年4月出版 / 估价:59.00元

企业公民蓝皮书
中国企业公民报告No.4
著(编)者:邹东涛　2014年7月出版 / 估价:69.00元

企业社会责任蓝皮书
中国企业社会责任研究报告（2014）
著(编)者:黄群慧 彭华岗 钟宏武 等
2014年11月出版 / 估价:59.00元

气候变化绿皮书
应对气候变化报告（2014）
著(编)者:王伟光 郑国光　2014年11月出版 / 估价:79.00元

区域蓝皮书
中国区域经济发展报告（2014）
著(编)者:梁昊光　2014年4月出版 / 估价:69.00元

经济类·社会政法类

人口与劳动绿皮书
中国人口与劳动问题报告No.15
著(编)者：蔡昉　2014年6月出版 / 估价：69.00元

生态经济（建设）绿皮书
中国经济（建设）发展报告（2013~2014）
著(编)者：黄浩涛　李周　2014年10月出版 / 估价：69.00元

世界经济黄皮书
2014年世界经济形势分析与预测
著(编)者：王洛林　张宇燕　2014年1月出版 / 估价：69.00元

西北蓝皮书
中国西北发展报告（2014）
著(编)者：张进海　陈冬红　段庆林　2014年1月出版 / 定价：65.00元

西部蓝皮书
中国西部发展报告（2014）
著(编)者：姚慧琴　徐璋勇　2014年7月出版 / 估价：69.00元

新型城镇化蓝皮书
新型城镇化发展报告（2014）
著(编)者：沈体雁　李伟　宋敏　2014年3月出版 / 估价：69.00元

新兴经济体蓝皮书
金砖国家发展报告（2014）
著(编)者：林跃勤　周文　2014年3月出版 / 估价：79.00元

循环经济绿皮书
中国循环经济发展报告（2013~2014）
著(编)者：齐建国　2014年12月出版 / 估价：69.00元

中部竞争力蓝皮书
中国中部经济社会竞争力报告（2014）
著(编)者：教育部人文社会科学重点研究基地
　　　　南昌大学中国中部经济社会发展研究中心
2014年7月出版 / 估价：59.00元

中部蓝皮书
中国中部地区发展报告（2014）
著(编)者：朱有志　2014年10月出版 / 估价：59.00元

中国科技蓝皮书
中国科技发展报告（2014）
著(编)者：陈劲　2014年4月出版 / 估价：69.00元

中国省域竞争力蓝皮书
中国省域经济综合竞争力发展报告（2012~2013）
著(编)者：李建平　李闽榕　高燕京　2014年3月出版 / 估价：188.00元

中三角蓝皮书
长江中游城市群发展报告（2013~2014）
著(编)者：秦尊文　2014年6月出版 / 估价：69.00元

中小城市绿皮书
中国中小城市发展报告（2014）
著(编)者：中国城市经济学会中小城市经济发展委员会
　　　　《中国中小城市发展报告》编纂委员会
2014年10月出版 / 估价：98.00元

中原蓝皮书
中原经济区发展报告（2014）
著(编)者：刘怀廉　2014年6月出版 / 估价：68.00元

社会政法类

殡葬绿皮书
中国殡葬事业发展报告（2014）
著(编)者：朱勇　副主编　李伯森　2014年3月出版 / 估价：59.00元

城市创新蓝皮书
中国城市创新报告（2014）
著(编)者：周天勇　旷建伟　2014年7月出版 / 估价：69.00元

城市管理蓝皮书
中国城市管理报告2014
著(编)者：谭维克　刘林　2014年7月出版 / 估价：98.00元

城市生活质量蓝皮书
中国城市生活质量指数报告（2014）
著(编)者：张平　2014年7月出版 / 估价：59.00元

城市政府能力蓝皮书
中国城市政府公共服务能力评估报告（2014）
著(编)者：何艳玲　2014年7月出版 / 估价：59.00元

创新蓝皮书
创新型国家建设报告（2014）
著(编)者：詹正茂　2014年7月出版 / 估价：69.00元

慈善蓝皮书
中国慈善发展报告（2014）
著(编)者：杨团　2014年6月出版 / 估价：69.00元

法治蓝皮书
中国法治发展报告No.12（2014）
著(编)者：李林　田禾　2014年2月出版 / 估价：98.00元

反腐倡廉蓝皮书
中国反腐倡廉建设报告No.3
著(编)者：李秋芳　2013年12月出版 / 估价：79.00元

非传统安全蓝皮书
中国非传统安全研究报告（2014）
著(编)者：余潇枫　2014年5月出版 / 估价：69.00元

社会政法类 — 皮书系列 2014全品种

妇女发展蓝皮书
福建省妇女发展报告（2014）
著(编)者:刘群英　2014年10月出版 / 估价:58.00元

妇女发展蓝皮书
中国妇女发展报告No.5
著(编)者:王金玲　高小贤　2014年5月出版 / 估价:65.00元

妇女教育蓝皮书
中国妇女教育发展报告No.3
著(编)者:张李玺　2014年10月出版 / 估价:69.00元

公共服务满意度蓝皮书
中国城市公共服务评价报告（2014）
著(编)者:胡伟　2014年11月出版 / 估价:69.00元

公共服务蓝皮书
中国城市基本公共服务力评价（2014）
著(编)者:侯惠勤　辛向阳　易定宏
2014年10月出版 / 估价:55.00元

公民科学素质蓝皮书
中国公民科学素质调查报告（2013~2014）
著(编)者:李群　许佳军　2014年2月出版 / 估价:69.00元

公益蓝皮书
中国公益发展报告（2014）
著(编)者:朱健刚　2014年5月出版 / 估价:78.00元

国际人才蓝皮书
中国海归创业发展报告（2014）No.2
著(编)者:王辉耀　路江涌　2014年10月出版 / 估价:69.00元

国际人才蓝皮书
中国留学发展报告（2014）No.3
著(编)者:王辉耀　2014年9月出版 / 估价:59.00元

行政改革蓝皮书
中国行政体制改革报告（2014）No.3
著(编)者:魏礼群　2014年3月出版 / 估价:69.00元

华侨华人蓝皮书
华侨华人研究报告（2014）
著(编)者:丘进　2014年5月出版 / 估价:128.00元

环境竞争力绿皮书
中国省域环境竞争力发展报告（2014）
著(编)者:李建平　李闽榕　王金南
2014年12月出版 / 估价:148.00元

环境绿皮书
中国环境发展报告（2014）
著(编)者:刘鉴强　2014年4月出版 / 估价:69.00元

基本公共服务蓝皮书
中国省级政府基本公共服务发展报告（2014）
著(编)者:孙德超　2014年1月出版 / 估价:69.00元

基金会透明度蓝皮书
中国基金会透明度发展研究报告（2014）
著(编)者:基金会中心网　2014年7月出版 / 估价:79.00元

教师蓝皮书
中国中小学教师发展报告（2014）
著(编)者:曾晓东　2014年4月出版 / 估价:59.00元

教育蓝皮书
中国教育发展报告（2014）
著(编)者:杨东平　2014年3月出版 / 估价:69.00元

科普蓝皮书
中国科普基础设施发展报告（2014）
著(编)者:任福君　2014年6月出版 / 估价:79.00元

口腔健康蓝皮书
中国口腔健康发展报告（2014）
著(编)者:胡德渝　2014年12月出版 / 估价:59.00元

老龄蓝皮书
中国老龄事业发展报告（2014）
著(编)者:吴玉韶　2014年2月出版 / 估价:59.00元

连片特困区蓝皮书
中国连片特困区发展报告（2014）
著(编)者:丁建军　冷志明　游俊　2014年3月出版 / 估价:79.00元

民间组织蓝皮书
中国民间组织报告（2014）
著(编)者:黄晓勇　2014年8月出版 / 估价:69.00元

民族发展蓝皮书
中国民族区域自治发展报告（2014）
著(编)者:郝时远　2014年6月出版 / 估价:98.00元

女性生活蓝皮书
中国女性生活状况报告No.8（2014）
著(编)者:韩湘景　2014年3月出版 / 估价:78.00元

汽车社会蓝皮书
中国汽车社会发展报告（2014）
著(编)者:王俊秀　2014年1月出版 / 估价:59.00元

青年蓝皮书
中国青年发展报告（2014）No.2
著(编)者:廉思　2014年6月出版 / 估价:59.00元

全球环境竞争力绿皮书
全球环境竞争力发展报告（2014）
著(编)者:李建平　李闽榕　王金南　2014年11月出版 / 估价:69.00元

青少年蓝皮书
中国未成年人新媒体运用报告（2014）
著(编)者:李文革　沈杰　季为民　2014年6月出版 / 估价:69.00元

皮书系列 2014全品种
社会政法类·行业报告类

区域人才蓝皮书
中国区域人才竞争力报告No.2
著(编)者:桂昭明 王辉耀　2014年6月出版 / 估价:69.00元

人才蓝皮书
中国人才发展报告（2014）
著(编)者:潘晨光　2014年10月出版 / 估价:79.00元

人权蓝皮书
中国人权事业发展报告No.4（2014）
著(编)者:李君如　2014年7月出版 / 估价:98.00元

世界人才蓝皮书
全球人才发展报告No.1
著(编)者:孙学玉 张冠梓　2013年12月出版 / 估价:69.00元

社会保障绿皮书
中国社会保障发展报告（2014）No.6
著(编)者:王延中　2014年4月出版 / 估价:69.00元

社会工作蓝皮书
中国社会工作发展报告（2013~2014）
著(编)者:王杰秀 邹文开　2014年8月出版 / 估价:59.00元

社会管理蓝皮书
中国社会管理创新报告No.3
著(编)者:连玉明　2014年9月出版 / 估价:79.00元

社会蓝皮书
2014年中国社会形势分析与预测
著(编)者:李培林 陈光金 张翼　2013年12月出版 / 估价:69.00元

社会体制蓝皮书
中国社会体制改革报告（2014）No.2
著(编)者:龚维斌　2014年5月出版 / 估价:59.00元

社会心态蓝皮书
2014年中国社会心态研究报告
著(编)者:王俊秀 杨宜音　2014年1月出版 / 估价:59.00元

生态城市绿皮书
中国生态城市建设发展报告（2014）
著(编)者:李景源 孙伟平 刘举科　2014年6月出版 / 估价:128.00元

生态文明绿皮书
中国省域生态文明建设评价报告（ECI 2014）
著(编)者:严耕　2014年9月出版 / 估价:98.00元

世界创新竞争力黄皮书
世界创新竞争力发展报告（2014）
著(编)者:李建平 李闽榕 赵新力　2014年11月出版 / 估价:128.00元

水与发展蓝皮书
中国水风险评估报告（2014）
著(编)者:苏杨　2014年9月出版 / 估价:69.00元

危机管理蓝皮书
中国危机管理报告（2014）
著(编)者:文学国 范正青　2014年8月出版 / 估价:79.00元

小康蓝皮书
中国全面建设小康社会监测报告（2014）
著(编)者:潘璠　2014年11月出版 / 估价:59.00元

形象危机应对蓝皮书
形象危机应对研究报告（2014）
著(编)者:唐钧　2014年9月出版 / 估价:118.00元

政治参与蓝皮书
中国政治参与报告（2014）
著(编)者:房宁　2014年7月出版 / 估价:58.00元

政治发展蓝皮书
中国政治发展报告（2014）
著(编)者:房宁 杨海蛟　2014年6月出版 / 估价:98.00元

宗教蓝皮书
中国宗教报告（2014）
著(编)者:金泽 邱永辉　2014年8月出版 / 估价:59.00元

社会组织蓝皮书
中国社会组织评估报告（2014）
著(编)者:徐家良　2014年3月出版 / 估价:69.00元

政府绩效评估蓝皮书
中国地方政府绩效评估报告（2014）
著(编)者:贠杰　2014年9月出版 / 估价:69.00元

行业报告类

保健蓝皮书
中国保健服务产业发展报告No.2
著(编)者:中国保健协会 中共中央党校
2014年7月出版 / 估价:198.00元

保健蓝皮书
中国保健食品产业发展报告No.2
著(编)者:中国保健协会
　　　中国社会科学院食品药品产业发展与监管研究中心
2014年7月出版 / 估价:198.00元

保健蓝皮书
中国保健用品产业发展报告No.2
著(编)者:中国保健协会　2014年3月出版 / 估价:198.00元

保险蓝皮书
中国保险业竞争力报告（2014）
著(编)者:罗忠敏　2014年1月出版 / 估价:98.00元

行业报告类

皮书系列 2014全品种

餐饮产业蓝皮书
中国餐饮产业发展报告（2014）
著(编)者：中国烹饪协会 中国社会科学院财经战略研究院
2014年5月出版 / 估价：59.00元

测绘地理信息蓝皮书
中国地理信息产业发展报告（2014）
著(编)者：徐德明　2014年12月出版 / 估价：98.00元

茶业蓝皮书
中国茶产业发展报告（2014）
著(编)者：李闽榕 杨江帆　2014年4月出版 / 估价：79.00元

产权市场蓝皮书
中国产权市场发展报告（2014）
著(编)者：曹和平　2014年1月出版 / 估价：69.00元

产业安全蓝皮书
中国出版与传媒安全报告（2014）
著(编)者：北京交通大学中国产业安全研究中心
2014年1月出版 / 估价：59.00元

产业安全蓝皮书
中国医疗产业安全报告（2014）
著(编)者：北京交通大学中国产业安全研究中心
2014年1月出版 / 估价：59.00元

产业安全蓝皮书
中国医疗产业安全报告（2014）
著(编)者：李孟刚　2014年7月出版 / 估价：69.00元

产业安全蓝皮书
中国文化产业安全蓝皮书（2013~2014）
著(编)者：高海涛 刘益　2014年3月出版 / 估价：69.00元

产业安全蓝皮书
中国出版传媒产业安全报告（2014）
著(编)者：孙万军 王玉海　2014年12月出版 / 估价：69.00元

典当业蓝皮书
中国典当行业发展报告（2013~2014）
著(编)者：黄育华 王力 张红地
2014年10月出版 / 估价：69.00元

电子商务蓝皮书
中国城市电子商务影响力报告（2014）
著(编)者：荆林波　2014年5月出版 / 估价：69.00元

电子政务蓝皮书
中国电子政务发展报告（2014）
著(编)者：洪毅 王长胜　2014年2月出版 / 估价：59.00元

杜仲产业绿皮书
中国杜仲橡胶资源与产业发展报告（2014）
著(编)者：杜红岩 胡文臻 俞瑞
2014年9月出版 / 估价：99.00元

房地产蓝皮书
中国房地产发展报告No.11
著(编)者：魏后凯 李景国　2014年4月出版 / 估价：79.00元

服务外包蓝皮书
中国服务外包产业发展报告（2014）
著(编)者：王晓红 李皓　2014年4月出版 / 估价：89.00元

高端消费蓝皮书
中国高端消费市场研究报告
著(编)者：依绍华 王雪峰　2013年12月出版 / 估价：69.00元

会展经济蓝皮书
中国会展经济发展报告（2014）
著(编)者：过聚荣　2014年9月出版 / 估价：65.00元

会展蓝皮书
中外会展业动态评估年度报告（2014）
著(编)者：张敏　2014年8月出版 / 估价：68.00元

基金会绿皮书
中国基金会发展独立研究报告（2014）
著(编)者：基金会中心网　2014年8月出版 / 估价：58.00元

交通运输蓝皮书
中国交通运输服务发展报告（2014）
著(编)者：林晓言 卜伟 武剑红
2014年10月出版 / 估价：69.00元

金融监管蓝皮书
中国金融监管报告（2014）
著(编)者：胡滨　2014年9月出版 / 估价：65.00元

金融蓝皮书
中国金融中心发展报告（2014）
著(编)者：中国社会科学院金融研究所
中国博士后特华科研工作站 王力 黄育华
2014年10月出版 / 估价：59.00元

金融蓝皮书
中国商业银行竞争力报告（2014）
著(编)者：王松奇　2014年5月出版 / 估价：79.00元

金融蓝皮书
中国金融发展报告（2014）
著(编)者：李扬 王国刚　2013年12月出版 / 估价：69.00元

金融蓝皮书
中国金融法治报告（2014）
著(编)者：胡滨 全先银　2014年3月出版 / 估价：65.00元

金融蓝皮书
中国金融产品与服务报告（2014）
著(编)者：殷剑峰　2014年6月出版 / 估价：59.00元

金融信息服务蓝皮书
金融信息服务业发展报告（2014）
著(编)者：鲁广锦　2014年11月出版 / 估价：69.00元

皮书系列 2014全品种 | 行业报告类

抗衰老医学蓝皮书
抗衰老医学发展报告（2014）
著（编）者：罗伯特·高德曼 罗纳德·科莱兹
尼尔·布什 朱敏 金大鹏 郭弋
2014年3月出版 / 估价：69.00元

客车蓝皮书
中国客车产业发展报告（2014）
著（编）者：姚蔚 2014年12月出版 / 估价：69.00元

科学传播蓝皮书
中国科学传播报告（2014）
著（编）者：詹正茂 2014年4月出版 / 估价：69.00元

流通蓝皮书
中国商业发展报告（2014）
著（编）者：荆林波 2014年5月出版 / 估价：89.00元

旅游安全蓝皮书
中国旅游安全报告（2014）
著（编）者：郑向敏 谢朝武 2014年6月出版 / 估价：79.00元

旅游绿皮书
2013~2014年中国旅游发展分析与预测
著（编）者：宋瑞 2013年12月出版 / 估价：69.00元

旅游城市绿皮书
世界旅游城市发展报告（2013~2014）
著（编）者：张辉 2014年1月出版 / 估价：69.00元

贸易蓝皮书
中国贸易发展报告（2014）
著（编）者：荆林波 2014年5月出版 / 估价：49.00元

民营医院蓝皮书
中国民营医院发展报告（2014）
著（编）者：朱幼棣 2014年10月出版 / 估价：69.00元

闽商蓝皮书
闽商发展报告（2014）
著（编）者：李闽榕 王日根 2014年12月出版 / 估价：69.00元

能源蓝皮书
中国能源发展报告（2014）
著（编）者：崔民选 王军生 陈义和
2014年10月出版 / 估价：59.00元

农产品流通蓝皮书
中国农产品流通产业发展报告（2014）
著（编）者：贾敬敦 王炳南 张玉玺 张鹏毅 陈丽华
2014年9月出版 / 估价：89.00元

期货蓝皮书
中国期货市场发展报告（2014）
著（编）者：荆林波 2014年6月出版 / 估价：98.00元

企业蓝皮书
中国企业竞争力报告（2014）
著（编）者：金碚 2014年11月出版 / 估价：89.00元

汽车安全蓝皮书
中国汽车安全发展报告（2014）
著（编）者：赵福全 孙小端 等 2014年1月出版 / 估价：69.00元

汽车蓝皮书
中国汽车产业发展报告（2014）
著（编）者：国务院发展研究中心产业经济研究部
中国汽车工程学会 大众汽车集团（中国）
2014年7月出版 / 估价：79.00元

清洁能源蓝皮书
国际清洁能源发展报告（2014）
著（编）者：国际清洁能源论坛（澳门）
2014年9月出版 / 估价：89.00元

人力资源蓝皮书
中国人力资源发展报告（2014）
著（编）者：吴江 2014年9月出版 / 估价：69.00元

软件和信息服务业蓝皮书
中国软件和信息服务业发展报告（2014）
著（编）者：洪京一 工业和信息化部电子科学技术情报研究所
2014年6月出版 / 估价：98.00元

商会蓝皮书
中国商会发展报告 No.4（2014）
著（编）者：黄孟复 2014年4月出版 / 估价：59.00元

商品市场蓝皮书
中国商品市场发展报告（2014）
著（编）者：荆林波 2014年7月出版 / 估价：59.00元

上市公司蓝皮书
中国上市公司非财务信息披露报告（2014）
著（编）者：钟宏武 张旺 张蒽 等
2014年12月出版 / 估价：59.00元

食品药品蓝皮书
食品药品安全与监管政策研究报告（2014）
著（编）者：唐民皓 2014年7月出版 / 估价：69.00元

世界能源蓝皮书
世界能源发展报告（2014）
著（编）者：黄晓勇 2014年9月出版 / 估价：99.00元

私募市场蓝皮书
中国私募股权市场发展报告（2014）
著（编）者：曹和平 2014年4月出版 / 估价：69.00元

体育蓝皮书
中国体育产业发展报告（2014）
著（编）者：阮伟 钟秉枢 2013年2月出版 / 估价：69.00元

行业报告类

皮书系列 2014全品种

体育蓝皮书·公共体育服务
中国公共体育服务发展报告（2014）
著(编)者:戴健　2014年12月出版 / 估价:69.00元

投资蓝皮书
中国投资发展报告（2014）
著(编)者:杨庆蔚　2014年4月出版 / 估价:79.00元

投资蓝皮书
中国企业海外投资发展报告（2013~2014）
著(编)者:陈文晖　薛誉华　2013年12月出版 / 估价:69.00元

物联网蓝皮书
中国物联网发展报告（2014）
著(编)者:龚六堂　2014年1月出版 / 估价:59.00元

西部工业蓝皮书
中国西部工业发展报告（2014）
著(编)者:方行明　刘方健　姜凌等
2014年9月出版 / 估价:69.00元

西部金融蓝皮书
中国西部金融发展报告（2014）
著(编)者:李忠民　2014年10月出版 / 估价:69.00元

新能源汽车蓝皮书
中国新能源汽车产业发展报告（2014）
著(编)者:中国汽车技术研究中心
　　　　　日产（中国）投资有限公司
　　　　　东风汽车有限公司
2014年9月出版 / 估价:69.00元

信托蓝皮书
中国信托业研究报告（2014）
著(编)者:中建投信托研究中心　中国建设建投研究院
2014年9月出版 / 估价:59.00元

信托蓝皮书
中国信托投资报告（2014）
著(编)者:杨金龙　刘屹　2014年7月出版 / 估价:69.00元

信息化蓝皮书
中国信息化形势分析与预测（2014）
著(编)者:周宏仁　2014年7月出版 / 估价:98.00元

信用蓝皮书
中国信用发展报告（2014）
著(编)者:章政　田侃　2014年4月出版 / 估价:69.00元

休闲绿皮书
2014年中国休闲发展报告
著(编)者:刘德谦　唐兵　宋瑞
2014年6月出版 / 估价:59.00元

养老产业蓝皮书
中国养老产业发展报告（2013~2014年）
著(编)者:张车伟　2014年1月出版 / 估价:69.00元

移动互联网蓝皮书
中国移动互联网发展报告（2014）
著(编)者:官建文　2014年5月出版 / 估价:79.00元

医药蓝皮书
中国药品市场报告（2014）
著(编)者:程锦锥　朱恒鹏　2014年12月出版 / 估价:79.00元

中国林业竞争力蓝皮书
中国省域林业竞争力发展报告No.2（2014）
（上下册）
著(编)者:郑传芳　李闽榕　张春霞　张会儒
2014年8月出版 / 估价:139.00元

中国农业竞争力蓝皮书
中国省域农业竞争力发展报告No.2（2014）
著(编)者:郑传芳　宋洪远　李闽榕　张春霞
2014年7月出版 / 估价:128.00元

中国信托市场蓝皮书
中国信托业市场报告（2013~2014）
著(编)者:李旸　2014年10月出版 / 估价:69.00元

中国总部经济蓝皮书
中国总部经济发展报告（2014）
著(编)者:赵弘　2014年9月出版 / 估价:69.00元

珠三角流通蓝皮书
珠三角商圈发展研究报告（2014）
著(编)者:王先庆　林至颖　2014年8月出版 / 估价:69.00元

住房绿皮书
中国住房发展报告（2013~2014）
著(编)者:倪鹏飞　2013年12月出版 / 估价:79.00元

资本市场蓝皮书
中国场外交易市场发展报告（2014）
著(编)者:高峦　2014年3月出版 / 估价:79.00元

资产管理蓝皮书
中国信托业发展报告（2014）
著(编)者:智信资产管理研究院　2014年7月出版 / 估价:69.00元

支付清算蓝皮书
中国支付清算发展报告（2014）
著(编)者:杨涛　2014年4月出版 / 估价:45.00元

文化传媒类

传媒蓝皮书
中国传媒产业发展报告（2014）
著(编)者：崔保国　2014年4月出版 / 估价：79.00元

传媒竞争力蓝皮书
中国传媒国际竞争力研究报告（2014）
著(编)者：李本乾　2014年9月出版 / 估价：69.00元

创意城市蓝皮书
武汉市文化创意产业发展报告（2014）
著(编)者：张京成　黄永林　2014年10月出版 / 估价：69.00元

电视蓝皮书
中国电视产业发展报告（2014）
著(编)者：卢斌　2014年4月出版 / 估价：79.00元

电影蓝皮书
中国电影出版发展报告（2014）
著(编)者：卢斌　2014年4月出版 / 估价：79.00元

动漫蓝皮书
中国动漫产业发展报告（2014）
著(编)者：卢斌　郑玉明　牛兴侦　2014年4月出版 / 估价：79.00元

广电蓝皮书
中国广播电影电视发展报告（2014）
著(编)者：庞井君　杨明品　李岚
2014年6月出版 / 估价：88.00元

广告主蓝皮书
中国广告主营销传播趋势报告NO.8
著(编)者：中国传媒大学广告主研究所
　　　　中国广告主营销传播创新研究课题组
　　　　黄升民　杜国清　邵华冬等
2014年5月出版 / 估价：98.00元

国际传播蓝皮书
中国国际传播发展报告（2014）
著(编)者：胡正荣　李继东　姬德强
2014年1月出版 / 估价：69.00元

纪录片蓝皮书
中国纪录片发展报告（2014）
著(编)者：何苏六　2014年10月出版 / 估价：89.00元

两岸文化蓝皮书
两岸文化产业合作发展报告（2014）
著(编)者：胡惠林　肖夏勇　2014年6月出版 / 估价：59.00元

媒介与女性蓝皮书
中国媒介与女性发展报告（2014）
著(编)者：刘利群　2014年8月出版 / 估价：69.00元

全球传媒蓝皮书
全球传媒产业发展报告（2014）
著(编)者：胡正荣　2014年12月出版 / 估价：79.00元

视听新媒体蓝皮书
中国视听新媒体发展报告（2014）
著(编)者：庞井君　2014年6月出版 / 估价：148.00元

文化创新蓝皮书
中国文化创新报告（2014）No.5
著(编)者：于平　傅才武　2014年7月出版 / 估价：79.00元

文化科技蓝皮书
文化科技融合与创意城市发展报告（2014）
著(编)者：李凤亮　于平　2014年7月出版 / 估价：79.00元

文化蓝皮书
2014年中国文化产业发展报告
著(编)者：张晓明　胡惠林　章建刚
2014年3月出版 / 估价：69.00元

义文监皮书
中国文化产业供需协调增长测评报（2013）
著(编)者：高书生　王亚楠　2014年5月出版 / 估价：79.00元

文化蓝皮书
中国城镇文化消费需求景气评价报告（2014）
著(编)者：王亚南　张晓明　祁述裕
2014年5月出版 / 估价：79.00元

文化蓝皮书
中国公共文化服务发展报告（2014）
著(编)者：于群　李国新　2014年10月出版 / 估价：98.00元

文化蓝皮书
中国文化消费需求景气评价报告（2014）
著(编)者：王亚南　2014年5月出版 / 估价：79.00元

文化蓝皮书
中国乡村文化消费需求景气评价报告（2014）
著(编)者：王亚南　2014年5月出版 / 估价：79.00元

文化蓝皮书
中国中心城市文化消费需求景气评价报告（2014）
著(编)者：王亚南　2014年5月出版 / 估价：79.00元

文化蓝皮书
中国少数民族文化发展报告（2014）
著(编)者：武翠英　张晓明　张学进
2014年3月出版 / 估价：69.00元

皮书系列 2014全品种

文化传媒类·地方发展类

文化建设蓝皮书
中国文化建设发展报告（2014）
著（编）者：江畅　孙伟平　　2014年3月出版 / 估价:69.00元

文化品牌蓝皮书
中国文化品牌发展报告（2014）
著（编）者：欧阳友权　　2014年5月出版 / 估价:75.00元

文化软实力蓝皮书
中国文化软实力研究报告（2014）
著（编）者：张国祚　　2014年7月出版 / 估价:79.00元

文化遗产蓝皮书
中国文化遗产事业发展报告（2014）
著（编）者：刘世锦　　2014年3月出版 / 估价:79.00元

文学蓝皮书
中国文情报告（2014）
著（编）者：白烨　　2014年5月出版 / 估价:59.00元

新媒体蓝皮书
中国新媒体发展报告No.5（2014）
著（编）者：唐绪军　　2014年6月出版 / 估价:69.00元

移动互联网蓝皮书
中国移动互联网发展报告（2014）
著（编）者：官建文　　2014年4月出版 / 估价:79.00元

游戏蓝皮书
中国游戏产业发展报告（2014）
著（编）者：卢斌　　2014年4月出版 / 估价:79.00元

舆情蓝皮书
中国社会舆情与危机管理报告（2014）
著（编）者：谢耘耕　　2014年8月出版 / 估价:85.00元

粤港澳台文化蓝皮书
粤港澳台文化创意产业发展报告（2014）
著（编）者：丁未　　2014年4月出版 / 估价:69.00元

地方发展类

安徽蓝皮书
安徽社会发展报告（2014）
著（编）者：程桦　　2014年4月出版 / 估价:79.00元

安徽社会建设蓝皮书
安徽社会建设分析报告（2014）
著（编）者：黄家海　王开玉　蔡宪　　2014年4月出版 / 估价:69.00元

北京蓝皮书
北京城乡发展报告（2014）
著（编）者：黄序　　2014年4月出版 / 估价:59.00元

北京蓝皮书
北京公共服务发展报告（2014）
著（编）者：张耘　　2014年3月出版 / 估价:65.00元

北京蓝皮书
北京经济发展报告（2014）
著（编）者：赵弘　　2014年4月出版 / 估价:59.00元

北京蓝皮书
北京社会发展报告（2014）
著（编）者：缪青　　2014年10月出版 / 估价:59.00元

北京蓝皮书
北京文化发展报告（2014）
著（编）者：李建盛　　2014年5月出版 / 估价:69.00元

北京蓝皮书
中国社区发展报告（2014）
著（编）者：于燕燕　　2014年8月出版 / 估价:59.00元

北京蓝皮书
北京公共服务发展报告（2014）
著（编）者：施昌奎　　2014年8月出版 / 估价:59.00元

北京旅游绿皮书
北京旅游发展报告（2014）
著（编）者：鲁勇　　2014年7月出版 / 估价:98.00元

北京律师蓝皮书
北京律师发展报告No.2（2014）
著（编）者：王隽　周塞军　　2014年9月出版 / 估价:79.00元

北京人才蓝皮书
北京人才发展报告（2014）
著（编）者：于淼　　2014年10月出版 / 估价:89.00元

城乡一体化蓝皮书
中国城乡一体化发展报告·北京卷（2014）
著（编）者：张宝秀　黄序　　2014年6月出版 / 估价:59.00元

创意城市蓝皮书
北京文化创意产业发展报告（2014）
著（编）者：张京成　王国华　　2014年10月出版 / 估价:69.00元

创意城市蓝皮书
青岛文化创意产业发展报告（2014）
著（编）者：马达　　2014年5月出版 / 估价:69.00元

创意城市蓝皮书
无锡文化创意产业发展报告（2014）
著（编）者：庄若江　张鸣年　　2014年8月出版 / 估价:75.00元

23

服务业蓝皮书
广东现代服务业发展报告（2014）
著(编)者：祁明 程晓　　2014年1月出版 / 估价:69.00元

甘肃蓝皮书
甘肃舆情分析与预测（2014）
著(编)者：陈双梅 郝树声　2014年1月出版 / 估价:69.00元

甘肃蓝皮书
甘肃县域社会发展评价报告（2014）
著(编)者：魏胜文　　2014年1月出版 / 估价:69.00元

甘肃蓝皮书
甘肃经济发展分析与预测（2014）
著(编)者：魏胜文　　2014年1月出版 / 估价:69.00元

甘肃蓝皮书
甘肃社会发展分析与预测（2014）
著(编)者：安文华　　2014年1月出版 / 估价:69.00元

甘肃蓝皮书
甘肃文化发展分析与预测（2014）
著(编)者：周小华　　2014年1月出版 / 估价:69.00元

广东蓝皮书
广东省电子商务发展报告（2014）
著(编)者：黄建明 祁明　　2014年11月出版 / 估价:69.00元

广东蓝皮书
广东社会工作发展报告（2014）
著(编)者：罗观翠　　2013年12月出版 / 估价:69.00元

广东外经贸蓝皮书
广东对外经济贸易发展研究报告（2014）
著(编)者：陈万灵　　2014年3月出版 / 估价:65.00元

广西北部湾经济区蓝皮书
广西北部湾经济区开放开发报告（2014）
著(编)者：广西北部湾经济区规划建设管理委员会办公室
　　　　广西社会科学院 广西北部湾发展研究院
2014年7月出版 / 估价:69.00元

广州蓝皮书
2014年中国广州经济形势分析与预测
著(编)者：庾建设 郭志勇 沈奎　　2014年6月出版 / 估价:69.00元

广州蓝皮书
2014年中国广州社会形势分析与预测
著(编)者：易佐永 杨秦 顾涧清　　2014年5月出版 / 估价:65.00元

广州蓝皮书
广州城市国际化发展报告（2014）
著(编)者：朱名宏　　2014年9月出版 / 估价:59.00元

广州蓝皮书
广州创新型城市发展报告（2014）
著(编)者：李江涛　　2014年8月出版 / 估价:59.00元

广州蓝皮书
广州经济发展报告（2014）
著(编)者：李江涛 刘江华　　2014年6月出版 / 估价:65.00元

广州蓝皮书
广州农村发展报告（2014）
著(编)者：李江涛 汤锦华　　2014年8月出版 / 估价:59.00元

广州蓝皮书
广州青年发展报告（2014）
著(编)者：魏国华 张强　　2014年9月出版 / 估价:65.00元

广州蓝皮书
广州汽车产业发展报告（2014）
著(编)者：李江涛 杨再高　　2014年10月出版 / 估价:69.00元

广州蓝皮书
广州商贸业发展报告（2014）
著(编)者：陈家成 王旭东 荀振英
2014年7月出版 / 估价:69.00元

广州蓝皮书
广州文化创意产业发展报告（2014）
著(编)者：甘新　　2014年10月出版 / 估价:59.00元

广州蓝皮书
中国广州城市建设发展报告（2014）
著(编)者：董皞 冼伟雄 李俊夫
2014年8月出版 / 估价:69.00元

广州蓝皮书
中国广州科技与信息化发展报告（2014）
著(编)者：庾建设 谢学宁　　2014年8月出版 / 估价:59.00元

广州蓝皮书
中国广州文化创意产业发展报告（2014）
著(编)者：甘新　　2014年10月出版 / 估价:59.00元

广州蓝皮书
中国广州文化发展报告（2014）
著(编)者：徐俊忠 汤应武 陆志强
2014年8月出版 / 估价:69.00元

贵州蓝皮书
贵州法治发展报告（2014）
著(编)者：吴大华　　2014年3月出版 / 估价:69.00元

贵州蓝皮书
贵州社会发展报告（2014）
著(编)者：王兴骥　　2014年3月出版 / 估价:59.00元

贵州蓝皮书
贵州农村扶贫开发报告（2014）
著(编)者：王朝新 宋明　　2014年3月出版 / 估价:69.00元

贵州蓝皮书
贵州文化产业发展报告（2014）
著(编)者：李建国　　2014年3月出版 / 估价:69.00元

皮书系列 2014全品种

地方发展类

海淀蓝皮书
海淀区文化和科技融合发展报告（2014）
著（编）者：陈名杰 孟景伟　2014年5月出版 / 估价：75.00元

海峡经济区蓝皮书
海峡经济区发展报告（2014）
著（编）者：李闽榕 王秉安 谢明辉（台湾）
2014年10月出版 / 估价：78.00元

海峡西岸蓝皮书
海峡西岸经济区发展报告（2014）
著（编）者：福建省人民政府发展研究中心
2014年9月出版 / 估价：85.00元

杭州蓝皮书
杭州市妇女发展报告（2014）
著（编）者：魏颖 揭爱花　2014年2月出版 / 估价：69.00元

河北蓝皮书
河北省经济发展报告（2014）
著（编）者：马树强 张贵　2013年12月出版 / 估价：69.00元

河北蓝皮书
河北经济社会发展报告（2014）
著（编）者：周文夫　2013年12月出版 / 估价：69.00元

河南经济蓝皮书
2014年河南经济形势分析与预测
著（编）者：胡五岳　2014年3月出版 / 估价：65.00元

河南蓝皮书
2014年河南社会形势分析与预测
著（编）者：刘道兴 牛苏林　2014年1月出版 / 估价：59.00元

河南蓝皮书
河南城市发展报告（2014）
著（编）者：林宪斋 王建国　2014年1月出版 / 估价：69.00元

河南蓝皮书
河南经济发展报告（2014）
著（编）者：喻新安　2014年1月出版 / 估价：59.00元

河南蓝皮书
河南文化发展报告（2014）
著（编）者：谷建全 卫绍生　2014年1月出版 / 估价：69.00元

河南蓝皮书
河南工业发展报告（2014）
著（编）者：龚绍东　2014年1月出版 / 估价：59.00元

黑龙江产业蓝皮书
黑龙江产业发展报告（2014）
著（编）者：于渤　2014年10月出版 / 估价：79.00元

黑龙江蓝皮书
黑龙江经济发展报告（2014）
著（编）者：曲伟　2014年1月出版 / 估价：59.00元

黑龙江蓝皮书
黑龙江社会发展报告（2014）
著（编）者：艾书琴　2014年1月出版 / 估价：69.00元

湖南城市蓝皮书
城市社会管理
著（编）者：罗海藩　2014年10月出版 / 估价：59.00元

湖南蓝皮书
2014年湖南产业发展报告
著（编）者：梁志峰　2014年5月出版 / 估价：89.00元

湖南蓝皮书
2014年湖南法治发展报告
著（编）者：梁志峰　2014年5月出版 / 估价：79.00元

湖南蓝皮书
2014年湖南经济展望
著（编）者：梁志峰　2014年5月出版 / 估价：79.00元

湖南蓝皮书
2014年湖南两型社会发展报告
著（编）者：梁志峰　2014年5月出版 / 估价：79.00元

湖南县域绿皮书
湖南县域发展报告No.2
著（编）者：朱有志 袁准 周小毛　2014年7月出版 / 估价：69.00元

沪港蓝皮书
沪港发展报告（2014）
著（编）者：尤安山　2014年9月出版 / 估价：89.00元

吉林蓝皮书
2014年吉林经济社会形势分析与预测
著（编）者：马克　2014年1月出版 / 估价：69.00元

江苏法治蓝皮书
江苏法治发展报告No.3（2014）
著（编）者：李力 龚廷泰 严海良　2014年8月出版 / 估价：88.00元

京津冀蓝皮书
京津冀区域一体化发展报告（2014）
著（编）者：文魁 祝尔娟　2014年3月出版 / 估价：89.00元

经济特区蓝皮书
中国经济特区发展报告（2014）
著（编）者：陶一桃　2014年3月出版 / 估价：89.00元

辽宁蓝皮书
2014年辽宁经济社会形势分析与预测
著（编）者：曹晓峰 张晶 张卓民　2014年1月出版 / 估价：69.00元

流通蓝皮书
湖南省商贸流通产业发展报告No.2
著（编）者：柳思维　2014年10月出版 / 估价：75.00元

皮书系列 2014全品种 — 地方发展类

内蒙古蓝皮书
内蒙古经济发展蓝皮书(2013~2014)
著(编)者:黄育华　　2014年7月出版 / 估价:69.00元

内蒙古蓝皮书
内蒙古反腐倡廉建设报告No.1
著(编)者:张志华　无极　　2013年12月出版 / 估价:69.00元

浦东新区蓝皮书
上海浦东经济发展报告（2014）
著(编)者:左学金　陆沪根　　2014年1月出版 / 估价:59.00元

侨乡蓝皮书
中国侨乡发展报告（2014）
著(编)者:郑一省　　2013年12月出版 / 估价:69.00元

青海蓝皮书
2014年青海经济社会形势分析与预测
著(编)者:赵宗福　　2014年2月出版 / 估价:69.00元

人口与健康蓝皮书
深圳人口与健康发展报告（2014）
著(编)者:陆杰华　江捍平　　2014年10月出版 / 估价:98.00元

山西蓝皮书
山西资源型经济转型发展报告（2014）
著(编)者:李志强　容和平　　2014年3月出版 / 估价:79.00元

陕西蓝皮书
陕西经济发展报告（2014）
著(编)者:任宗哲　石英　裴成荣　　2014年3月出版 / 估价:65.00元

陕西蓝皮书
陕西社会发展报告（2014）
著(编)者:任宗哲　石英　江波　　2014年1月出版 / 估价:65.00元

陕西蓝皮书
陕西文化发展报告（2014）
著(编)者:任宗哲　石英　王长寿　　2014年3月出版 / 估价:59.00元

上海蓝皮书
上海传媒发展报告（2014）
著(编)者:强荧　焦雨虹　　2014年1月出版 / 估价:59.00元

上海蓝皮书
上海法治发展报告（2014）
著(编)者:潘世伟　叶青　　2014年1月出版 / 估价:59.00元

上海蓝皮书
上海经济发展报告（2014）
著(编)者:沈开艳　　2014年1月出版 / 估价:69.00元

上海蓝皮书
上海社会发展报告（2014）
著(编)者:卢汉龙　周海旺　　2014年1月出版 / 估价:59.00元

上海蓝皮书
上海文化发展报告（2014）
著(编)者:蒯大申　　2014年1月出版 / 估价:59.00元

上海蓝皮书
上海文学发展报告（2014）
著(编)者:陈圣来　　2014年1月出版 / 估价:59.00元

上海蓝皮书
上海资源环境发展报告（2014）
著(编)者:周冯琦　汤庆合　王利荣　　2014年1月出版 / 估价:59.00元

上海社会保障绿皮书
上海社会保障改革与发展报告（2013~2014）
著(编)者:汪泓　　2014年1月出版 / 估价:65.00元

社会建设蓝皮书
2014年北京社会建设分析报告
著(编)者:宋贵伦　　2014年4月出版 / 估价:69.00元

深圳蓝皮书
深圳经济发展报告（2014）
著(编)者:吴忠　　2014年6月出版 / 估价:69.00元

深圳蓝皮书
深圳劳动关系发展报告（2014）
著(编)者:汤庭芬　　2014年6月出版 / 估价:69.00元

深圳蓝皮书
深圳社会发展报告（2014）
著(编)者:吴忠　余智晟　　2014年7月出版 / 估价:69.00元

四川蓝皮书
四川文化产业发展报告（2014）
著(编)者:向宝云　　2014年1月出版 / 估价:69.00元

温州蓝皮书
2014年温州经济社会形势分析与预测
著(编)者:潘忠强　王春光　金浩　　2014年4月出版 / 估价:69.00元

温州蓝皮书
浙江温州金融综合改革试验区发展报告（2013~2014）
著(编)者:钱水土　王去非　李义超
2014年4月出版 / 估价:69.00元

扬州蓝皮书
扬州经济社会发展报告（2014）
著(编)者:张爱军　　2014年1月出版 / 估价:78.00元

义乌蓝皮书
浙江义乌市国际贸易综合改革试验区发展报告（2013~2014）
著(编)者:马淑琴　刘文革　周松强
2014年4月出版 / 估价:69.00元

云南蓝皮书
中国面向西南开放重要桥头堡建设发展报告（2014）
著(编)者:刘绍怀　　2014年12月出版 / 估价:69.00元

长株潭城市群蓝皮书
长株潭城市群发展报告（2014）
著(编)者:张萍　　2014年10月出版 / 估价:69.00元

地方发展类·国别与地区类　　　皮书系列 2014全品种

郑州蓝皮书
2014年郑州文化发展报告
著(编)者:王哲　2014年7月出版　估价:69.00元

中国省会经济圈蓝皮书
合肥经济圈经济社会发展报告No.4(2013~2014)
著(编)者:董昭礼　2014年4月出版　估价:79.00元

国别与地区类

G20国家创新竞争力黄皮书
二十国集团(G20)国家创新竞争力发展报告(2014)
著(编)者:李建平　李闽榕　赵新力
2014年9月出版　估价:118.00元

澳门蓝皮书
澳门经济社会发展报告(2013~2014)
著(编)者:吴志良　郝雨凡　2014年3月出版　估价:79.00元

北部湾蓝皮书
泛北部湾合作发展报告(2014)
著(编)者:吕余生　2014年7月出版　估价:79.00元

大湄公河次区域蓝皮书
大湄公河次区域合作发展报告(2014)
著(编)者:刘稚　2014年8月出版　估价:79.00元

大洋洲蓝皮书
大洋洲发展报告(2014)
著(编)者:魏明海　喻常森　2014年7月出版　估价:69.00元

德国蓝皮书
德国发展报告(2014)
著(编)者:李乐曾　郑春荣等　2014年5月出版　估价:69.00元

东北亚黄皮书
东北亚地区政治与安全报告(2014)
著(编)者:黄凤志　刘雪莲　2014年6月出版　估价:69.00元

东盟黄皮书
东盟发展报告(2014)
著(编)者:黄兴球　庄国土　2014年12月出版　估价:68.00元

东南亚蓝皮书
东南亚地区发展报告(2014)
著(编)者:王勤　2014年11月出版　估价:59.00元

俄罗斯黄皮书
俄罗斯发展报告(2014)
著(编)者:李永全　2014年7月出版　估价:79.00元

非洲黄皮书
非洲发展报告No.15(2014)
著(编)者:张宏明　2014年7月出版　估价:79.00元

港澳珠三角蓝皮书
粤港澳区域合作与发展报告(2014)
著(编)者:梁庆寅　陈广汉　2014年6月出版　估价:59.00元

国际形势黄皮书
全球政治与安全报告(2014)
著(编)者:李慎明　张宇燕　2014年1月出版　估价:69.00元

韩国蓝皮书
韩国发展报告(2014)
著(编)者:牛林杰　刘宝全　2014年6月出版　估价:69.00元

加拿大蓝皮书
加拿大国情研究报告(2014)
著(编)者:仲伟合　唐小松　2013年12月出版　估价:69.00元

柬埔寨蓝皮书
柬埔寨国情报告(2014)
著(编)者:毕世鸿　2014年6月出版　估价:79.00元

拉美黄皮书
拉丁美洲和加勒比发展报告(2014)
著(编)者:吴白乙　刘维广　2014年4月出版　估价:89.00元

老挝蓝皮书
老挝国情报告(2014)
著(编)者:卢光盛　方芸　吕星　2014年6月出版　估价:79.00元

美国蓝皮书
美国问题研究报告(2014)
著(编)者:黄平　倪峰　2014年5月出版　估价:79.00元

缅甸蓝皮书
缅甸国情报告(2014)
著(编)者:李晨阳　2014年4月出版　估价:79.00元

欧亚大陆桥发展蓝皮书
欧亚大陆桥发展报告(2014)
著(编)者:李忠民　2014年10月出版　估价:59.00元

欧洲蓝皮书
欧洲发展报告(2014)
著(编)者:周弘　2014年3月出版　估价:79.00元

皮书系列 2014全品种　国别与地区类

葡语国家蓝皮书
巴西发展与中巴关系报告2014（中英文）
著(编)者:张曙光　David T. Ritchie
2014年8月出版 / 估价:69.00元

日本经济蓝皮书
日本经济与中日经贸关系发展报告（2014）
著(编)者:王洛林　张季风　2014年5月出版 / 估价:79.00元

日本蓝皮书
日本发展报告（2014）
著(编)者:李薇　2014年2月出版 / 估价:69.00元

上海合作组织黄皮书
上海合作组织发展报告（2014）
著(编)者:李进峰　吴宏伟　李伟　2014年9月出版 / 估价:98.00元

世界创新竞争力黄皮书
世界创新竞争力发展报告（2014）
著(编)者:李建平　2014年1月出版 / 估价:148.00元

世界能源黄皮书
世界能源分析与展望（2013~2014）
著(编)者:张宇燕 等　2014年1月出版 / 估价:69.00元

世界社会主义黄皮书
世界社会主义跟踪研究报告（2014）
著(编)者:李慎明　2014年5月出版 / 估价:189.00元

泰国蓝皮书
泰国国情报告（2014）
著(编)者:邹春萌　2014年6月出版 / 估价:79.00元

亚太蓝皮书
亚太地区发展报告（2014）
著(编)者:李向阳　2013年12月出版 / 估价:69.00元

印度蓝皮书
印度国情报告（2014）
著(编)者:吕昭义　2014年1月出版 / 估价:69.00元

印度洋地区蓝皮书
印度洋地区发展报告（2014）
著(编)者:汪戎　万广华　2014年6月出版 / 估价:79.00元

越南蓝皮书
越南国情报告（2014）
著(编)者:吕余生　2014年8月出版 / 估价:65.00元

中东黄皮书
中东发展报告No.15（2014）
著(编)者:杨光　2014年10月出版 / 估价:59.00元

中欧关系蓝皮书
中国与欧洲关系发展报告（2014）
著(编)者:周弘　2013年12月出版 / 估价:69.00元

中亚黄皮书
中亚国家发展报告（2014）
著(编)者:孙力　2014年9月出版 / 估价:79.00元

中国皮书网
www.pishu.cn

栏目设置：

- □ 资讯：皮书动态、皮书观点、皮书数据、皮书报道、皮书新书发布会、电子期刊
- □ 标准：皮书评价、皮书研究、皮书规范、皮书专家、编撰团队
- □ 服务：最新皮书、皮书书目、重点推荐、在线购书
- □ 链接：皮书数据库、皮书博客、皮书微博、出版社首页、在线书城
- □ 搜索：资讯、图书、研究动态
- □ 互动：皮书论坛

皮书大事记

☆ 2012年12月,《中国社会科学院皮书资助规定(试行)》由中国社会科学院科研局正式颁布实施。

☆ 2011年,部分重点皮书纳入院创新工程。

☆ 2011年8月,2011年皮书年会在安徽合肥举行,这是皮书年会首次由中国社会科学院主办。

☆ 2011年2月,"2011年全国皮书研讨会"在北京京西宾馆举行。王伟光院长(时任常务副院长)出席并讲话。本次会议标志着皮书及皮书研创出版从一个具体出版单位的出版产品和出版活动上升为由中国社会科学院牵头的国家哲学社会科学智库产品和创新活动。

☆ 2010年9月,"2010年中国经济社会形势报告会暨第十一次全国皮书工作研讨会"在福建福州举行,高全立副院长参加会议并做学术报告。

☆ 2010年9月,皮书学术委员会成立,由我院李扬副院长领衔,并由在各个学科领域有一定的学术影响力、了解皮书编创出版并持续关注皮书品牌的专家学者组成。皮书学术委员会的成立为进一步提高皮书这一品牌的学术质量、为学术界构建一个更大的学术出版与学术推广平台提供了专家支持。

☆ 2009年8月,"2009年中国经济社会形势分析与预测暨第十次皮书工作研讨会"在辽宁丹东举行。李扬副院长参加本次会议,本次会议颁发了首届优秀皮书奖,我院多部皮书获奖。

皮书数据库
www.pishu.com.cn

皮书数据库三期即将上线

• 皮书数据库（SSDB）是社会科学文献出版社整合现有皮书资源开发的在线数字产品，全面收录"皮书系列"的内容资源，并以此为基础整合大量相关资讯构建而成。

• 皮书数据库现有中国经济发展数据库、中国社会发展数据库、世界经济与国际政治数据库等子库，覆盖经济、社会、文化等多个行业、领域，现有报告30000多篇，总字数超过5亿字，并以每年4000多篇的速度不断更新累积。2009年7月，皮书数据库荣获"2008~2009年中国数字出版知名品牌"。

• 2011年3月，皮书数据库二期正式上线，开发了更加灵活便捷的检索系统，可以实现精确查找和模糊匹配，并与纸书发行基本同步，可为读者提供更加广泛的资讯服务。

更多信息请登录

中国皮书网
http://www.pishu.cn

皮书微博
http://weibo.com/pishu

中国皮书网的BLOG [编辑]
http://blog.sina.com.cn/pishu

皮书博客
http://blog.sina.com.cn/pishu

皮书微信
皮书说

请到各地书店皮书专架/专柜购买，也可办理邮购

咨询/邮购电话：010-59367028　59367070　　　邮　　箱：duzhe@ssap.cn
邮购地址：北京市西城区北三环中路甲29号院3号楼华龙大厦13层读者服务中心
邮　　编：100029
银行户名：社会科学文献出版社
开户银行：中国工商银行北京北太平庄支行
账　　号：0200010019200365434
网上书店：010-59367070　　qq：1265056568
网　　址：www.ssap.com.cn　　　www.pishu.com